POUR L'AMOUR D'UN POÈTE...

Marilyn Z. Tomlins

Traduit de l'anglais (Royaume-Uni)

Par Hélène Crozier

Titre original

For the Love of a Poet

Éditeur Raven Crest Books

Copyright © 2015 Marilyn Z. Tomlins

ISBN livre de poche pour la traduction française : 978-0-9933747-1-5
ISBN livre de poche Edition originale : 978-0-9926700-7-8

Le Code de la propriété intellectuelle interdit les copies ou reproductions. Toute représentations ou reproduction intégrale ou partielle faite par quelque procédé que ce soit, sans le consentement de l'auteur ou de ses ayants droits, est illicite et constitue une contrefaçon sanctionnée par les articles L355-2 et suivants du Code de la propriété intellectuelle.

Ceci est une œuvre de fiction. Les personnages et les situations décrits dans ce livre sont purement imaginaires : toute ressemblance avec des personnages ou des événements existants ou ayant existé ne serait que pure coïncidence.

Dans ce roman vous reconnaîtrez quelques noms : Trotski, Gorki, Kroupskaïa, Iaroslavski, Iagoda, Iejov, Mussolini ... Hitler et bien sûr Lénine et Staline etc. Il aurait été impossible d'écrire ce roman sans y introduire ces personnages authentiques.

Prologue	1
Première Partie	5
1.	7
2.	9
3.	21
4.	35
5.	39
6.	47
7.	57
8.	61
9.	65
Deuxième Partie	73
1.	75
2.	81
3.	85
Troisième Partie	91
1.	93
2.	95
3.	99
4.	101
5.	105

6 107

7 111

8 115

9 117

10 119

11 121

Quatrième Partie 129

1 131

2 133

3 135

4 139

5 145

6 153

7 157

8 161

9 167

10 169

11 171

Cinquième Partie 179

1 181

2 185

3.	193
4.	195
5.	199
6.	203
7.	207
8.	209
Sixième Partie	**217**
1.	219
2.	221
3.	223
4.	227
5.	231
6.	233
7.	239
8.	243
9.	249
10.	253
11.	257
12.	259
13.	267
14.	271

15 275

16 277

17 283

18 285

19 289

20 293

21 297

22 307

23 311

24 315

25 317

26 323

27 325

28 331

29 335

30 337

31 341

32 345

Septième Partie 351

1 353

2 355

3... 365

4... 369

Notes 372

Croire qu'il est possible de changer sa vie en agissant sur les circonstances extérieures, reviendrait à croire qu'il suffirait de s'asseoir sur un bâton et d'en tenir les deux bouts, pour réussir à se soulever...

Tolstoï, 15 janvier 1891

PROLOGUE

Avril 2000 : Moscou (Gérard Lombard, biographe)

Chaque mercredi, elle se rendait à Moscou. C'est là que je l'ai trouvée. Elle arpentait la Place Rouge. Elle venait à Moscou pour parler à des étrangers, épiant ceux qu'elle entendait parler en anglais ou en français. Elle parlait les deux.

Il lui était plus facile de parler à des étrangers qu'à des gens qu'elle connaissait : ses voisins, la femme de la boulangerie, son médecin ou le vieil homme qui passait chaque matin devant sa *datcha*. (Note 1) Un jour il lui avait dit qu'il sortait promener son chien, mais elle n'avait jamais vu de chien.

Les étrangers étaient toujours attentifs à ce qu'elle leur disait.

D'après elle, ils l'écoutaient parce qu'ils avaient pitié. Ils croyaient sans doute qu'elle mendiait. Même lorsqu'il faisait très chaud, elle portait un vieil imperméable gris et des bottes bordées de fourrure. L'une des bottes n'avait plus qu'un demi-talon.

Mais il est possible que les étrangers m'écoutent parce qu'ils aiment entendre prononcer le nom de Zernoïe Selo, m'a-t-elle dit.

Zernoïe Selo : le village du blé.

C'était là qu'elle avait vécu, à cent cinquante kilomètres de Moscou. Sur la carte soviétique officielle, un petit point noir indiquait ce village qui tenait son nom du *kolkhoze* (Note 2) situé à sa périphérie et spécialisé dans la culture du blé. J'avais ce genre de carte dans ma chambre lorsque j'étais un jeune gars aux sympathies communistes. Mon père - riche agent de change - écœuré par la naïveté de son fils unique, me traitait alors de pauvre imbécile.

Elle me parla du village.

— Nous, les poètes, étions obligés de vivre dans ce village. C'était la volonté du *Vozdh*. (Note 3) Comme cela, sa *Guépéou* (Note 4) pouvait nous avoir à l'œil. Toutes les bêtes sauvages enfermées dans la même cage. Mais ce salopard – pardonnez-moi d'employer ce gros mot, Monsieur – voulait nous persuader que s'il avait choisi Zernoïe Selo c'était parce qu'il n'avait que notre bonheur à l'esprit. Camarades, vous aurez tous les jours du pain frais, sans parler des gâteaux à la crème que vous mangerez et vous aurez aussi une grande route et un train pour vous rendre à Moscou en moins de deux et encore moins que ça, nous avait-il dit. Et vous devez me croire, Monsieur, certains d'entre nous ont trouvé le moyen de pleurer quand ce salaud est mort !

Elle-même n'était pas poétesse, mais elle allait devenir l'une des habitantes de ce village où on appelait *poètes* tous ceux qui vivaient de leur plume – les journalistes; dramaturges; traducteurs; interprètes; imprimeurs ou véritables poètes, bien sûr.

Elle-même était correctrice pour la *Pravda* (Note 5) avant d'aller vivre à Zernoïe Selo.

-0-

Mon éditeur m'avait dit que je la trouverais sur la Place Rouge les mercredis de chaque mois.

— Même sous une tempête de neige, m'avait-il précisé.

Il m'avait parlé aussi de son imperméable et de ses bottes bordées de fourrure. Je n'aurais aucune difficulté à la repérer dans la foule bigarrée des vendeurs de glaces, des revendeurs de billets de théâtre au marché noir, des vendeurs de cartes-postales et des mendiants qui traînaient sur la Place.

— Êtes-vous Tatiana Nikolaïevna Brodovskaïa, lui demandai-je.

Elle me répondit aussitôt.

— Mes amis m'appelaient Tania; mon père, Tanochka. Il était français. Pour ma mère, j'ai toujours été Tania, jamais Tanochka. Pour le poète aussi, j'étais Tania. Les petits noms d'amour, ce n'était pas son genre. C'est bien ainsi que vous dites à l'Ouest : les petits noms d'amour, non ?

Je l'ai invitée à boire un verre.

— Ce serait vraiment merveilleux, mais jeune homme, votre russe n'est pas bon. En fait, il est même abominable. Je vous suggère de cesser pendant quelque temps de faire de l'argent et d'apprendre correctement ma langue.

Elle avait dit cela par sympathie.

Comme elle souriait, je pus constater qu'elle avait des dents magnifiques. De petits galets blancs qui me firent penser à des grains de blé pas encore mûrs.

Je l'emmenai au bar de mon hôtel. Le serveur bondit comme une sauterelle pour se placer derrière elle : il ne voulait pas qu'elle le voie agiter la tête en la désignant.

— Les mendiants ne sont pas admis ici, Monsieur, semblait-il vouloir dire.

— Madame et moi voudrions boire du champagne. Moët et Chandon. Une bouteille, je vous prie. Apportez-nous aussi quelque chose à manger, lui dis-je.

J'observai la vieille femme porter la flûte à ses lèvres. Ses mains calleuses tremblotaient. Du champagne dégoulina sur son menton et disparut dans un repli de peau fripée, entre ses seins tombants.

— Je présume que vous saviez que je venais tous les mercredis, parce que sans cela, vous ne m'auriez jamais reconnue, telle que je suis, dit-elle.

— Une jolie femme reste une jolie femme, lui dis-je bien que les années, ennemies de la femme, lui aient dérobé cette beauté qu'on lui avait connue.

Nous bûmes à la santé de Lili : ce fut moi qui proposai que nous portions un toast à Lili.

— Ah ! Vous connaissez donc l'histoire de Lili ? m'a-t-elle dit.

Je hochai la tête.

— Seulement par ce que les autres m'en ont dit. C'est pourquoi j'aimerais que ce soit vous qui me la racontiez. Que vous me racontiez votre relation avec le poète.

Je crus voir des larmes dans ses yeux.

— Le poète ! Boris Petrovitch Beretzkoï ! Le poète ... Mon poète, dit-elle.

Plus tard, elle écrivait à mon éditeur : *Il a pris mes pauvres mains ridées entre les siennes et nous avons trinqué en l'honneur de Lili, à tout ce qui avait disparu et ne reviendra jamais. Comme vos compatriotes français sont galants ! De vrais gentlemen. Dire qu'on prétend que ce sont les Anglais les plus galants !*

— Je suis en train d'écrire un livre sur Boris Petrovitch Beretzkoï, lui dis-je.

Elle posa sa flûte et me regarda droit dans les yeux.

— Je n'attendais que ça, Monsieur.

Elle resta silencieuse un moment.

— Alors ? lui demandai-je, anxieusement.

— Rassurez-vous, Monsieur, je vous parlerai de lui. Je vous parlerai de lui, me dit-elle.

Elle était toute souriante.

-0-

PREMIÈRE PARTIE

1

Le Français a prévu de rester deux mois. Il est là chez moi. Je l'observe par la fenêtre de ma cuisine. Il est assis, jambes croisées, sur le banc de mon jardin.

Nous sommes en été, il porte un short vert et une chemise jaune à manches courtes. Décidément les étrangers s'habillent bizarrement ! Comme il veut m'emmener plus tard au restaurant, j'espère qu'il mettra un pantalon convenable et son élégante cravate jaune : il aime les cravates jaunes.

Un cahier est posé en équilibre sur ses genoux nus et velus.

— Tania, est-ce qu'on peut commencer ? me crie-t-il.

— Pourquoi pas !

— J'attends, répond-il en prenant un crayon bien taillé.

C'est avec joie que je m'apprête à remonter le cours de mes souvenirs.

-0-

2

Nous sommes en Février 1931. Un mercredi au milieu de la matinée.

Je suis assise à mon bureau dans la salle de rédaction de la *Pravda*.

Voilà fait trois mois que mon mari est parti. Il neige comme le jour où les *Tchékistes* (Note 6) sont venus arrêter mon pauvre cher Vassili.

Notre salle de rédaction se trouve au second étage. C'est une pièce circulaire avec une seule fenêtre. Mon bureau fait face à la fenêtre. Certains collègues disent que je suis privilégiée d'occuper ce bureau, mais je les prie de cesser de dire des bêtises. La fenêtre surplombe la cour dans laquelle on stocke les poubelles. Il n'y a vraiment rien de beau à voir.

Ce matin-là, tous les services s'affairent au bouclage de l'édition du lendemain. Je dois corriger un reportage sur la collectivisation.

Pour être exacte, sur les *nuiseurs* de la collectivisation. (Note 7)

Depuis notre loi numéro 58 instaurée le 25 février 1927 pour arrêter les personnes soupçonnées d'activités contre l'état, le mot *nuiseur* est très en vogue. Quiconque en désaccord avec Staline est qualifié de *nuiseur* : Léon Trotski et tous les Trotskistes, ainsi que nos *Koulaks*. (Note 8) Certains traitaient Vassili de *nuiseur* et moi de même, forcément. Ici en Union soviétique, nous sommes tenus pour responsables des faits et dires de nos conjoints.

Le reportage que je dois corriger contient quatre-vingt-dix pages. C'est un reportage commandité par le Parti. (Note 9) C'est ce que j'en ai déduit lorsque j'ai vu notre camarade surveillant traverser la rédaction en courant. Son nom est Youri Fiodorovitch Makarov et il occupe un bureau pas plus large qu'un box donnant sur la salle de rédaction. Il n'est jamais plus empressé que lorsque le Parti lui transmet un article.

Le camarade Youri a une jambe de bois. Il a perdu sa jambe gauche au cours de notre guerre civile. Sa famille et ses amis disent aujourd'hui de lui qu'il a été *gratifié* d'une jambe de bois : d'une jambe de bois et d'une médaille qu'il porte toujours épinglée au revers de son veston. Où qu'il aille à Moscou, les gens le questionnent sur sa jambe de bois et lorsqu'ils apprennent qu'une balle de fusil tirée par un Blanc (Note 10) l'a privé de sa jambe gauche, ils le qualifient de grand héros soviétique.

La fin de l'histoire - je l'ai assez souvent entendue - c'est que malgré sa souffrance, malgré sa jambe gauche pendant de sa hanche comme celle d'un pantin brisé, il avait rechargé son fusil, tiré sur ce salaud de Blanc, juste entre les deux yeux, ses yeux répugnants d'adorateur d'un tsar.

Lorsqu'il fait bon et qu'il n'est pas obligé de porter un veston, il épingle sa médaille sur le col de sa chemise, mais il n'est pas question pour lui de s'en séparer.

Je sais aussi parce qu'il me l'a souvent dit, que de large bandes élastiques enroulées autour de sa taille servent à maintenir sa jambe de bois en place.

La médaille pèse dix grammes. La jambe de bois, dix kilogrammes.

— C'est un foutu poids à trimballer, mais il fallait le faire. Faire cette foutue guerre contre les foutus Blancs de ce foutu Nicolas II, se plaisait-il à dire.

Il ne demande jamais qu'on l'excuse pour ce langage.

Maintenant, le voilà debout près de mon bureau.

Il s'appuie sur sa bonne jambe.

Le pied de sa jambe de bois est tourné en dehors comme celle d'un danseur du Bolchoï prêt à exécuter une grande pirouette à la seconde.

— Le camarade Iaroslavski veut que l'article soit à la une de demain, dit-il.

Emilian Mikhaïlovitch Iaroslavski : notre rédacteur en chef.

Le titre doit être : *Gloire à la collectivisation - Gloire au prolétariat - Gloire à notre chef*.

Le camarade Victor Deni, notre caricaturiste, travaille sur une série de dessins destinés à accompagner l'article. Youri a vu l'un des dessins. Il représente un énorme tracteur écrasant une douzaine de *Koulaks*. Au volant du tracteur - Staline. Comme légende, le camarade Deni envisage d'écrire : *En sécurité tant qu'il dirigera la Russie*.

Il : Joseph Vissarionovitch Djougachvili – Staline.

-0-

Une horloge sonne les douze coups de midi. Il y a des horloges partout dans le bâtiment. Chez nous, on ne doit pas perdre de temps : la Révolution mondiale ne doit pas subir de retard !

Je me tourne et jette un œil dans la cour. Un chat noir aux pattes blanches est assis sur l'une des poubelles. Il arrondit le dos et tente d'attraper un flocon de neige avec l'une de ses pattes blanches.

La porte du bureau de Youri s'ouvre à nouveau. Je redoute qu'il vienne avec un autre article commandité par le Parti, mais il ne se presse pas. Sa démarche est légèrement chaloupée. Ce qui signifie qu'il vient annoncer quelque chose de peu important.

Je me replonge dans le reportage.

La vieille Russie était, comme nous le savons tous, un pays essentiellement agraire ... Soixante-quinze pour cent de la population était engagée dans l'agriculture ... L'agriculture...

Youri s'arrête près du bureau du camarade Konstantin Alexandrovitch Kasygin. Il est aussi correcteur. Je ne l'aime pas. Tout comme Youri, il porte une médaille épinglée au revers de son veston. C'est la médaille du Meilleur Étudiant de l'Institut des Journalistes Rouges de l'année 1928.

Ce n'est pas à cause de cette médaille que je le déteste.

Je le déteste parce qu'il a mis le grappin sur le bureau de Vassili sans attendre que son sang ait séché sur le parquet de la salle de rédaction.

Oui, le jour où les *Tchékistes* sont venus pour mon mari, le sang a coulé.

POUR L'AMOUR D'UN POÈTE...

Youri dit à Konstantin quelque chose qui les fait rire. Ils ont trente-cinq ans tous les deux, tout va bien pour eux puisqu'ils sont du côté des ennemis du tsar, comme ils disent.

Je n'écoute pas vraiment mais ce que j'entends, c'est que quelqu'un s'apprête à venir voir le camarade Iaroslavski.

— ... à quinze heures ...

— Tu sais pourquoi ? demande Konstantin.

Je retourne à mon article.

L'exploitation agricole collective à grande échelle est plus rentable ... Le regroupement de petits foyers de paysans pour former des exploitations agricoles collectives est un processus incontournable ...

— Oui, le camarade Beretzkoï va écrire pour nous un article sur Lev Tolstoï. Il va venir en parler avec le camarade Iaroslavski, répond Youri.

Beretzkoï ... !

Je lâche l'article et me tourne vers Youri.

— Beretzkoï ? Tu as bien dit Beretzkoï ?

— C'est ça, réplique-t-il.

Il s'appuie sur le bureau de Konstantin, ce bureau, qui pour moi est toujours celui de Vassili.

— Tu sais, le poète, répond Konstantin.

Il se retourne pour me dévisager de ses minuscules yeux bleus.

Je plante mon regard dans ces yeux-là.

— Tu n'as pas besoin de me préciser qui est Beretzkoï !

Konstantin se tourne vers Youri.

— Toujours aussi hautaine, hein ?

Youri fait un signe de tête affirmatif.

Il retourne à son bureau en marchant encore plus lentement. Certains jours, sa jambe de bois lui pèse davantage. Ces jours-là, il nous dit qu'il a du mal à lever la jambe, qu'il n'est même plus question de marcher. Alors il s'arrête un moment et dans un frémissement qui le submerge comme une vague au-dessus d'un poisson, il avance traînant sa jambe de bois derrière lui.

Je l'observe.

Il claque la porte de son bureau.

Il faut que je continue à rédiger mon article.

Je saisis mon crayon et me mets à lire le paragraphe suivant.

Le gouvernement soviétique apportera un très grand soutien financier ... En 1925 le pays. Collectivisation sera favorisée par le développement rapide de notre industrie ... Sans un ....

La mine de mon crayon s'apprête à écrire le mot suivant – doute – mais mon esprit s'est échappé de la collectivisation. Je repense à ce que Youri est venu nous dire.

Le poète Beretzkoï - Boris Petrovitch Beretzkoï - va venir à la *Pravda*.

Pendant des années j'ai été obsédée par cet homme. Quand mes parents disent que j'ai le béguin pour lui, je leur réponds que ce n'est pas le béguin, c'est de la vénération. De la vénération, non seulement pour l'homme, mais aussi pour son talent : sa poésie.

Si on me demande quel serait mon vœu le plus cher, je peux répondre sans hésitation : rencontrer le poète Beretzkoï.

Comme, le bureau du camarade Iaroslavski est situé de l'autre côté du vestibule derrière notre salle de rédaction, ses visiteurs sont bien obligés de traverser notre salle et nous les voyons toujours passer. Souvent, après l'avoir rencontré, ils s'arrêtent pour nous parler. Ils aimeraient savoir ce qu'il y aura dans le prochain numéro de la *Pravda*. Je pourrai donc voir Beretzkoï et peut-être — oui, peut-être – on me le présentera. Mon vœu sera alors exaucé.

Depuis que les *Tchékistes* ont emmené Vassili, c'est la première fois que je souris.

-0-

Je pense à Vassili tous les jours.

Nous nous sommes mariés onze mois après mon entrée à la *Pravda*.

Lui aussi était correcteur à la *Pravda*.

Ce mariage, c'était mon idée.

Les *Tchékistes* l'avaient mis sur leur liste. (Note 11) J'avais cru que moi, fille d'un homme qui a accompagné Lénine en exil, je pouvais, non je pourrais, le sauver.

Lorsque j'ai dit à mes parents qu'il faudrait que je l'épouse – c'est moi qui l'ai demandé en mariage - mon père m'a alors priée de m'asseoir pour que nous en discutions. Il voulait me parler de Voltaire, de ce que Voltaire avait écrit. À mon avis, ce n'était vraiment pas le moment de parler de littérature française ni de philosophie, mais il m'a demandé de me taire un moment, pour une fois.

— Tanochka, ma chérie, Voltaire a écrit *pour vivre heureux, vivons cachés*.

Autrefois, ce n'était pas sa façon de vivre, mais ça l'était devenu. Aujourd'hui, il voudrait que j'en fasse autant.

Mon père, Nicolas Jean Tissier, jeune Communiste français, avait abandonné son foyer confortable à Paris pour rejoindre Lénine alors en exil à Londres. C'est ainsi qu'en Avril 1917, il était auprès de Vladimir Ilitch – c'est toujours ainsi que mes parents appellent Lénine – lorsque le train scellé avait fait son entrée dans la Gare de Finlande à Saint-Pétersbourg.

En Russie – qui allait devenir l'Union soviétique – il a pris le nom de Nicolas — Nikolaïevitch Tisinski - puis il est tombé amoureux de ma mère, la jeune fille qui lui apprenait le russe : Tatiana Alexandrovna Bubnovskaïa. C'était la fille de deux révolutionnaires bolcheviques exécutés par Nicolas II. Alors ensemble, ils se sont engagés pour *la cause*, la transformation de notre pays en paradis socialiste. C'est ce qu'a fait mon père, au Kremlin, aux côtés de Lénine. Il a été nommé émissaire à Komintern (Note 12) pour le secteur français, tandis que ma mère s'occupait des *bezprizorni* (Note 13) avec Kroupskaïa, l'épouse de Lénine. (Note 14) Mais, aujourd'hui Lénine est mort et Staline a pris le pouvoir après avoir mis fin au triumvirat instauré après la mort de Lénine. Mes parents, qui n'avaient jamais aimé, ni cru en l'*homme d'acier* (Note 15) ont pensé, en se rappelant les mots de Voltaire, qu'il était plus prudent de vivre cachés. Mon père a donné sa démission au Kremlin pour prendre un poste d'assistant interprète-traducteur au Département d'Études du Français du Commissariat à l'Éducation. Ma mère a pris sa retraite.

Épouser un homme figurant sur la liste des *Tchékistes* ne pouvait qu'attirer l'attention sur moi.

— Tu es notre seul enfant, nous ne voulons pas te perdre, m'a dit mon père.

-0-

J'entends des pas dans l'escalier. Des pas et des bruits de voix. Je reconnais l'une d'elle. Celle de Nina Mikhaïlovna Ivanova, notre réceptionniste. C'est elle qui est chargée d'accompagner les visiteurs du camarade Iaroslavski. C'est une septuagénaire. Comme Youri, elle a accompli son devoir pour la patrie pendant la guerre civile, comme lui elle en a été récompensée. Pour récompense, elle n'a reçu ni médaille, ni jambe de bois, heureusement pour elle, mais un poste de réceptionniste à la *Pravda* : il lui appartient jusqu'à son dernier souffle.

Elle nous dit que le poids des ans se fait sentir tous les jours davantage, mais qu'elle est toujours apte à ce travail. S'il vous arrive de laisser tomber un crayon à terre, elle le ramasse, le taille puis vous le rend. Lorsque Youri lui demande d'accrocher un avis sur le tableau d'affichage, elle en fait aussitôt des copies et les placarde dans tout le bâtiment. Elle ne marche jamais normalement, mais d'une allure extrêmement rapide. Même lorsqu'il s'agit de conduire à l'étage l'un des invités du camarade Iaroslavski, aussi illustre soit-il, quels que soient l'âge et l'état de santé du camarade.

Aujourd'hui je suis prête à l'aider à tailler tous les crayons de Moscou ou l'aider à faire les copies de toutes les notes de service que Youri a rédigées en sa qualité de responsable, mais aujourd'hui il ne faut surtout pas qu'elle oblige le poète à traverser notre salle de rédaction à toute allure. Aujourd'hui je veux qu'elle l'accompagne lentement. Je veux prendre le temps de le regarder, de m'en mettre plein les yeux et plein le cœur.

J'entends maintenant des pas et des voix derrière la porte de notre salle de rédaction ouvrant sur la cage d'escalier. Je laisse tomber mon crayon. La porte s'ouvre tout grand. Nina porte sa robe vert bouteille, son uniforme comme elle dit, mais nous savons tous que c'est la seule qu'elle possède. D'ailleurs, qui possède une garde-robe bien remplie ? Derrière elle, le poète. Je le reconnais grâce aux photos que j'ai de lui. Je vois des mèches grises dans ses cheveux noirs. Une boucle pend sur son front. Ses yeux sont foncés, presque noirs. Ses sourcils sont épais et grisonnants comme sa chevelure. Il est vêtu d'un costume en velours côtelé marron. Ma mère dira que ce costume a connu de meilleurs jours : il y a des pièces aux coudes et le velours s'effiloche aux coutures.

Konstantin s'éclaircit la voix. Je me tourne pour le regarder. Il lève les yeux au ciel pour me dire de me remettre au travail. Je fais de même dans sa direction.

Il secoue la tête, me marmonne quelque chose. J'ai bien envie de secouer la tête moi aussi, mais je le laisse gagner pour cette fois.

-0-

Je suis encore intacte. C'est ainsi dit ma mère en parlant de ma virginité, sachant que Vassili Sergueïevitch Brodov et moi n'avons jamais été amants. Nous étions des collègues, des amis – les meilleurs amis – mais au cours des quelques nuits que nous avons passées ensemble après avoir fait enregistrer notre *union* au ZAGS, (Note 16) avant que les *Tchékistes* ne viennent l'arrêter, il dormait sur un matelas posé au sol dans une chambre d'un appartement communautaire où je vis toujours. Moi, je dormais sur son lit. Peut-être aurait-on couché ensemble si les *Tchékistes* n'étaient pas venus. Qui sait ? C'était un homme séduisant, aux boucles couleur sable, aux yeux verts, exactement ce que recherchent les jeunes filles comme amoureux.

Vassili et moi étions sur la piste de danse d'une taverne lorsqu'il m'a annoncé que les *Tchékistes* l'avaient inscrit sur leur liste.

Trois hommes ont commencé à me suivre.

C'est ce qu'il m'a dit.

Je lui ai répondu que c'était sans doute son imagination. Mais ce n'était pas le cas : je les ai vus. Lorsque nous avons quitté la taverne, ils étaient postés dehors, sur le trottoir. On pouvait facilement les reconnaître à l'accoutrement typique des *Tchékistes* : casquette de cuir noir, veston, pantalon d'équitation et bottes hautes serrées. Nous sommes montés dans un tramway, ils nous ont emboîté le pas, se sont assis derrière nous tandis que les passagers, saisis de peur, gardaient le silence. Lorsque je suis descendue à l'arrêt le plus proche du domicile de mes parents, ils sont restés dans le tramway avec Vassili.

Le lendemain, debout près de son bureau, je lui ai demandé de m'épouser.

— Mon père était avec Lénine à Londres, mon père était avec Lénine dans le train scellé, mon père était avec Lénine au Smolny, (Note 17) son nom signifie quelque chose. Si tu es son gendre, Staline ne pourra pas te toucher, dis-je.

— Tania, ma chère petite Tania, je ne veux pas t'entraîner là-dedans, me dit-il.

Je lui ai renouvelé ma proposition.

— Au cas où tu changerais d'avis.

Il n'a pas changé d'avis. Quarante-huit heures plus tard en raison de circonstances indépendantes de sa volonté il fut forcé de changer d'avis. Le Comité de Logement de Moscou l'avait convoqué pour parler de son problème de logement.

— Mais tu n'as pas de problème de logement, lui ai-je dit.

— Non, mais il ne fait aucun doute maintenant que j'ai un problème avec les *Tchékistes*, m'a-t-il répondu.

Deux jours plus tard, nous sommes allés au ZAGS pour signer les formulaires nous faisant mari et femme jusqu'à ce que la mort nous sépare.

Autant que je sache, la mort nous a déjà séparés.

-0-

Personne ne s'éternise dans le bureau du camarade Iaroslavski. Il n'hésite pas à dire à ses invités quelque chose du genre : *bien que j'adorerais vous écouter, il me faut mettre un terme à notre petit entretien*. Parfois, il donne un rapide coup de menton en direction du mur de droite et attend que le camarade visiteur regarde lui aussi dans cette direction pour lui dire *le camarade Staline a demandé à me voir*. Sur le mur sont suspendus les portraits de Marx, Engels, Lénine et Staline. Celui de Staline, entre Engels et Lénine, est de loin le plus grand de tous. C'est aussi le seul en couleurs. Je l'ai vu. Staline a la peau rose; les cheveux et la moustache de Staline sont marron biscuit; l'uniforme de Staline est marron rosé et les yeux de Staline sont fuchsia.

Vassili m'a raconté le jour où le portrait était sorti des presses de l'imprimerie, passé du noir et blanc à la couleur. Beaucoup de gens étaient venus le voir. Le camarade Iaroslavski était même sorti de son bureau, en veston mais sans cravate – pas question de cravate, c'est pour les bourgeois - afin d'escorter le portrait jusqu'à sa place sur le mur. Plus tard notre camarade imprimeur chef fut nommé *Meilleur Ouvrier de l'Année*. On lui promit que Staline allait lui adresser un télégramme de félicitations ce qui l'avait fait danser de joie, les mains posées sur sa poitrine, exécutant des battements en l'air avec les jambes. Le télégramme n'arriva jamais.

Comme je voudrais que le camarade Iaroslavski fasse encore usage de sa fameuse excuse-du-rendez-vous-avec-le camarade-Staline afin que le poète ne reste pas longtemps avec lui !

Espérer, c'est perdre son temps, disait ma mère.

-0-

La première à revenir dans notre salle de rédaction, c'est Nina. Dans sa robe verte, elle ressemble à une pomme, une pomme avec deux taches rouge vif sur les pommettes où le soleil s'est posé : elle est toute rougissante.

À quelques pas derrière elle, le poète.

Nina lui parle par-dessus l'épaule en pointant le doigt vers le bureau qu'ils viennent de quitter. Il fait oui de la tête. Elle désigne le bureau de Youri. Il hoche de nouveau la tête. La porte du bureau de Youri s'ouvre, Youri apparaît dans l'embrasure et les prie d'entrer. Contrairement au camarade Iaroslavski, notre camarade surveillant est bavard. Il a un tas d'histoires de la guerre civile à raconter et ses invités ont tendance à rester longtemps. Certains sont même obligés de faire mine de se diriger vers la porte alors qu'il est toujours en train de leur parler. Il raconte comment, alors qu'il ne lui restait plus qu'un souffle – qui s'avéra ne pas être tout à fait le dernier – il réussit à soulever son fusil, à viser juste au-dessus du groin de ce cochon de tsariste et à voir la vie quitter ses yeux de serpent tsariste.

Pendant ce temps, je compte les minutes sans quitter des yeux la porte du bureau de Youri. J'ai fini mon travail sur l'article du Parti, j'ai même déjà commencé à le taper pour nos imprimeurs. Heureusement, je suis une dactylo expérimentée, je n'ai donc pas besoin de fixer le clavier de ma Remington, offerte à la *Pravda* parmi quelques douzaines de machines à écrire, par un milliardaire

La porte s'ouvre. Nina apparaît. Derrière elle, le poète, suivi de Youri. Ce dernier essaie de ne pas traîner sa jambe de bois derrière lui et y parvient. Il pose fermement un pied après l'autre sur le parquet comme quelqu'un qui disposerait de ses deux jambes. Il touche le bras du poète pour lui indiquer la porte et la cage d'escalier. Mais le poète ignore la main posée sur son bras et se dirige vers le premier bureau de notre salle de rédaction.

C'est celui d'Andreï Antonovitch Shalamov.

Le camarade Andreï va bientôt prendre sa retraite. Il est ennuyeux. Son unique sujet de conversation, c'est le miel : il élève des abeilles. Il vit avec sa femme dans un appartement communautaire qu'ils partagent avec deux autres couples et leurs nombreux enfants et petits-enfants. Il a installé les abeilles sur le toit de leur immeuble.

Le poète serre la main d'Andreï qui commence à lui parler. Je n'arrive pas à entendre ce qu'il lui dit, mais je suppose qu'il doit lui parler de ses histoires d'abeilles et de miel.

Youri se retourne et se dirige vers son bureau avec sa jambe de bois. Les histoires de miel et d'abeilles d'Andreï, il les connaît toutes. Nous aussi.

Nina reste et écoute ce qu'il lui dit. Elle aime bien Andreï. Il lui apporte toujours des petits pots de miel dans lesquels flottent des abeilles mortes, les ailes étalées comme celles de mouches collées par la glu des papiers tue-mouches.

Le poète a de petits yeux, légèrement en biais. Ma mère dira qu'il doit avoir du sang moyen-oriental dans les veines, provenant de deux ou trois générations avant lui, le genre de sang propre à faire un homme déterminé. Déterminé à obtenir ce qu'il y a de mieux, de plus beau. Je l'entends encore : Retiens ce que je te dis, Tania, c'est le genre d'homme dont je ne te conseille pas de tomber amoureuse.

Le poète serre la main d'Andreï et lui dit au revoir. Sans cesser de taper, je le regarde se diriger vers le bureau d'à côté. Une fois encore il s'arrête pour parler. S'arrêtera-t-il à chaque bureau ? S'arrêtera-t-il au mien ?

Il s'arrête près du bureau de Konstantin. Ils se donnent une poignée de mains. Mon bureau est tout à côté. Je continue de taper, mais cette fois, je suis embarrassée, mes yeux sont fixés sur le clavier.

— *Tovaritch ?* (Note 18)

Le voilà devant mon bureau. Il vient de me parler. Je plonge mon regard dans le sien. Ses yeux ont la couleur du ciel par une nuit d'hiver. Ils sourient. Ses mèches rebelles tombent encore sur son front. Il tente de les rejeter en arrière d'un vif mouvement de la tête. Ce n'est plus un jeune homme : mes yeux admiratifs peuvent s'en rendre compte. J'entends de nouveau la voix de ma mère : Tania, il est trop vieux pour toi, il faut t'attendre à être une jeune veuve.

Et mon père de se demander s'ils m'ont élevée pour me voir en vêtements de deuil, pleurant sur un cercueil.

— Oui ? Lui dis-je en réponse à son salut.

Mes parents m'ont enseigné, m'ont enfoncé dans le crâne devrais-je dire, de toujours ajouter *tovaritch* lorsque je m'adresse à une personne plus âgée, mais je l'ai oublié.

Il me tend la main. Sa peau est froide. Froide. Douce. Ce n'est pas la main d'un homme qui travaille la terre ou pose des briques. C'est celle d'un artiste. Ses ongles sont courts, propres, brillants, coupés ras.

— Tu es aussi journaliste ?

On ne le dirait pas ?

— Correctrice. Je corrige seulement ce que les autres ont écrit, dis-je en bafouillant.

— Pourquoi dis-tu seulement ?

— On ne devrait pas dire seulement si on corrige seulement ce que les autres ont écrit ?

— Ne me dis pas que tu n'as pas conscience que sans des gens comme vous, il y aurait davantage de mensonges dans la vérité ?

La vérité. (Note 19)

Le camarade Iaroslavski n'aurait pas toléré ce jeu de mots.

Heureusement, Nina n'est pas là – elle est restée avec Konstantin – sinon lors de notre prochaine réunion de travailleurs, elle m'aurait très probablement dénoncée pour avoir pris part à une conversation antisoviétique.

— Je ne m'en rendais pas compte, non, dis-je, mentant.

Il sourit.

— Je pense que si. Je le lis dans tes yeux.

Je souris aussi. Timidement.

— Des yeux verts. De beaux yeux verts. De qui les tiens-tu ?

— De ma mère.

— Puis-je ?

Il désigne la feuille de papier qui est sur ma machine. Je sais que j'ai fait quelques fautes de frappe. Des touches de ma 'Remington' se coincent. Ne cogne pas si fort sur ce clavier, il ne t'appartient pas me hurle Konstantin presque quotidiennement. Un de ces jours je vais sortir de mes gonds, lui lancer un gros mot mais je le ferai en français, la langue maternelle de mon père : Merde ! S'il comprend le français, je m'en fiche.

Le poète se penche au-dessus de moi et lit ce que j'ai tapé. Je sens son souffle chaud sur mon visage.

— Tu es d'accord avec ça ?

Son haleine a l'odeur métallique du dentifrice soviétique.

— Vous ne devriez pas me poser cette question, lui dis-je.

— Non, c'est vrai. Toutes mes excuses.

Youri revient dans la salle de rédaction, rejoint Nina au bureau de Konstantin. Il me lance un regard furieux. Il commence à déporter son poids d'une jambe sur l'autre, en s'appuyant un peu plus longtemps sur la bonne jambe. Il souffre et voudrait s'asseoir.

— Je crois que vous devriez partir murmuré-je à Beretzkoï.

J'ai commencé à penser à lui en tant que Beretzkoï, non en tant que poète. Il a toujours été le poète.

Youri se racle la gorge. Une seule fois, mais fort.

— C'est ce que veut dire ce raclement de gorge ? me murmure Beretzkoï.

— Toujours.

— Est-ce que je risque de te causer des ennuis ?

— Ça va.

Il jette un coup d'œil circulaire. Notre salle de rédaction n'est pas belle à voir. C'est une pièce marron : le marron des *papirossi*. (Note 20) Les murs sont marron; le plafond est marron; nos bureaux et nos chaises sont marron; nos carnets sont marron, comme sont marron les milliers de *Pravda* en retour empilées sur des étagères couvrant presque la moitié d'un mur marron, comme le sont aussi les bouts de ficelles qui lient ces paquets ensemble et l'encre qui a servi à écrire les dates des éditions sur le côté de chaque paquet. Même la feuille de papier qui est sur ma machine est légèrement marron et nous nous servons de rubans de machine à écrire marron mais comme nous sommes rarement approvisionnés en rubans neufs, je me demande comment nos typographes se débrouillent pour lire ce que nous tapons.

Beretzkoï me regarde de nouveau.

— Ça te plaît vraiment de travailler dans une salle si triste ?

— Mon travail est intéressant.

Il touche la feuille de papier qui est sur ma machine à écrire.

— Ça ?

— C'est un article du Parti.

— Ah ! Demain, il faudra que je me procure la *Pravda* !

Youri se racle de nouveau la gorge.

— Je crois qu'il faut que je parte sinon tu vas avoir des ennuis. Mais c'était agréable de parler avec toi, dit Beretzkoï en se redressant.

Je ne veux pas qu'il s'en aille.

— Si j'avais su que vous viendriez aujourd'hui, j'aurais apporté l'un de vos livres et vous auriez pu m'écrire un autographe, lui dis-je.

— Tu possèdes un de mes livres ? Une jeune chose comme toi ?

Ses yeux rient.

— J'aime lire, dis-je à voix basse, gênée qu'il m'ait appelée une jeune chose.

— Je vais te dire. Je vais écrire un autographe sur un de mes livres que je t'enverrai par la poste.

Que lui dire, sinon merci ? Merci - merci beaucoup, en me parlant, vous avez fait de moi la femme la plus heureuse de la terre.

Il me tend sa main droite.

— *Da svidaniya*, lui dis-je. (Note 21)

— Pas encore, dit-il.

Il saisit ma main droite, la retourne à la manière des gitanes quand elles vous prennent les mains dans la rue pour vous prédire votre avenir, mais il n'est pas un diseur de bonne aventure. Il glisse sa main droite sous la mienne, pose la gauche par-dessus nos deux mains, ainsi il me tient, enfermée, en sécurité, pendant quelques instants.

Je le regarde s'éloigner.

Il ne se retourne pas pour me regarder.

-0-

Je raconte à mes parents que j'ai rencontré Beretzkoï. Je ne dis pas *le poète*. Je dis Beretzkoï.

— J'espère que tu n'as pas fait l'idiote, me dit ma mère.
— Il n'est resté à mon bureau qu'un moment, je proteste.
— C'est bien suffisant, dit mon père.
— Les jeunes filles sont parfois si folles, ajoute ma mère.

-0-

3

Une semaine a passé.

C'est le soir.

Je frappe à la porte d'un appartement communautaire où doit se tenir une soirée littéraire clandestine. C'est l'appartement de Marina et d'Alexandre. Marina Alexandreïevna Darmolatova et moi étions ensemble à l'école, dans la même classe. Elle était déjà amoureuse d'Alexandre Alexandrovitch Zenkov. Ils sont mariés maintenant. Comme ils attendent leur premier enfant, ils sont furieux parce qu'un appartement communautaire n'est pas, disent-ils, un endroit pour élever un futur Tolstoï.

Je jette nerveusement un coup d'œil vers le hall d'entrée de l'immeuble en attendant que la porte de l'appartement s'ouvre. Depuis l'arrestation de Vassili, j'ai très peur des *Tchékistes*, peur que l'un d'eux soit caché au bout du couloir.

La porte s'ouvre.

Devant moi, la tenant entrebâillée, Beretzkoï. Il porte un pantalon de velours côtelé marron – le bas du costume qu'il portait à la *Pravda ?* – et un pull noir à col roulé.

— *Zdravstvouytié.*

Nous disons à l'unisson cette formule qu'emploient les gens qui ne se connaissent pas encore assez pour utiliser *privet*, plus familier.

Je porte mon unique manteau. Une espèce de fourrure, certainement une fausse, comme les *chapkas* (Note 22) des *Tchékistes* qui vinrent arrêter Vassili. J'empeste l'humidité et la graisse des chandelles. Mes pieds sont chaussés de bottes éculées. C'est la seule paire que je possède. Chez nous tout va par seul : seul et si seulement. Si seulement Lénine n'était pas mort. Seul Staline pouvait nous rendre la vie si terrible. Si seulement j'avais un manteau plus élégant. Si seulement j'avais une paire de bottes moins moches.

— Quand on m'a dit qu'on attendait une certaine Tatiana Nikolaïevna Brodovskaïa de la *Pravda*, je me suis demandé si ça pouvait être toi, à moins qu'il y en ait deux comme toi, me dit-il.

— Il n'y en a qu'une.

— C'est ce que j'espérais et je vois que je n'ai pas espéré en vain.

— Comment connaissez-vous mon nom ?

— Par Nina. Je l'ai questionnée. Mais tu ferais mieux d'entrer.

Marina est professeur. Alexandre est électricien. Le couloir de l'appartement est étroit et presque aussi froid que la rue enneigée que je viens de quitter – plusieurs degrés au-dessous de zéro. Un tableau représentant une magnifique montagne bleue est suspendu à l'un des murs. La montagne paraît chaude, ensoleillée.

Il m'aide à enlever mon manteau.

— J'aurais pu t'apporter le livre que je t'ai promis. Je n'ai pas oublié. Je te le posterai demain.

Il me montre un tabouret dans le coin du couloir et m'invite à m'y asseoir pour m'aider à retirer mes bottes.

— Fichtre, elles sont trempées ! dit-il.

Il les pose sur un morceau de carton placé à dessein dans le couloir et j'enfile aussitôt mes chaussures à talons. Elles sont noires, avec une lanière entourant ma cheville.

Lui, porte des mules de cuir couleur bordeaux. Moi en talons et lui en mules, Avec mes talons, nous avons la même taille. Il s'en rend compte. Je vois bien que cela ne lui plaît pas : il se redresse pour se grandir.

Dans le séjour, Marina m'embrasse sur les deux joues à la française. C'est mon père qui lui a montré un jour comment les Français se disent bonjour. Alexandre m'accueille en me donnant une vraie accolade d'ours russe. Il est fort : je disparais entre ses bras.

Quelqu'un apporte de la vodka dans des verres à shot pour Beretzkoï et moi. J'accepte le verre avec un sourire mais je ne bois pas de vodka : je ne bois pas.

Nous nous asseyons : il s'appuie sur le bras de mon fauteuil.

— Tovaritch, est-ce que tu me permets de t'appeler Tatiana Nikolaïevna ?

— Je vous en prie.

— Je vous en prie, Boris Petrovitch.

— Je vous en prie, Boris Petrovitch.

— Je ne pensais pas que tu te souviendrais de moi.

— Je ne pensais pas que *vous* vous souviendriez de *moi*.

Il sourit.

— Je m'en suis souvenu.

Il a de belles dents : blanches, régulières.

— Nina ne m'a pas dit que vous lui aviez demandé mon nom.

— Je lui ai fait promettre de ne rien dire.

— J'ignorais qu'il existait encore des gens qui tenaient leurs promesses.

— Moi, dit-il, je tiens les miennes.

Il veut que je sache qu'il tient ses promesses. Je lui dis que moi, aussi je tiens les miennes.

Nous sommes une vingtaine assis dans la cuisine – y compris le couple qui partage l'appartement avec Marina et Alexandre – et nous mangeons des *zakouski* (Note 23) en buvant un vin Teliani corsé de Géorgie, tout en écoutant Beretzkoï nous lire quelques uns de ses poèmes. Il joue avec les mots. Il en lance quelques uns en l'air comme un enfant le ferait d'une balle et il hésite sur d'autres, sa voix prenant un timbre profond de baryton.

Tiges brisées, pluie qui tombe, nuages de vapeur;
Étoiles scintillantes, nuit voilée, toute de noir;
Bruit crépitant, pluie qui tombe, flux d'argent;
Gouttes éclaboussantes, flaques miroitantes, ondulant à peine;

Roseaux chatoyants, pluie qui tombe, goutte à goutte vers le sol;
L'humidité se répand, l'eau coule, et dans le tréfonds
Des ombres maquillées de bleu nuit retiennent les lumières glauques;
L'inconnu au plus profond dans un monde minuscule,
Une petite sphère d'eau s'échappe, un rayon de lune tournoie
Et sous les tiges courbées, se balance humide ...

Il ne me regarde pas. Pas une seule fois. C'est comme si je n'existais pas.

Mais voilà qu'on entend déjà sonner une vieille horloge quelque part dans l'appartement. Il est minuit : il semble qu'il soit l'heure de partir. Alexandre fait circuler des tasses de café fort et de nouveau des shots de vodka. Nous sommes invités à les boire d'un coup, cul sec. J'attends un instant puis j'offre le mien à l'homme qui est à coté de moi : il accepte et me fait un clin d'œil.

Dans le couloir, tandis que nous enfilons nos manteaux et nos bottes, Marina nous recommande de faire le moins de bruit possible en descendant l'escalier pour ne pas réveiller les voisins.

Je descends l'escalier, sans prêter attention à Beretzkoï : moment de répit ! Mais alors que je pose un pied sur la dernière marche, je sens une main frôler ma nuque. Une main glacée. La sienne. Il est vêtu d'un pardessus croisé gris, la tête couverte d'une *chapka*.

— Je donnerais n'importe quoi pour avoir le plaisir de te raccompagner chez toi, me dit-il.

Chez moi.

Le premier soir que j'ai passé dans cette petite pièce que Beretzkoï appelle mon chez moi, Vassili m'avait souhaité bonne nuit en m'embrassant non pas sur les lèvres mais sur le front. Sache, ma chère et merveilleuse amie, que dès que les Tchékistes m'auront rayé de leur liste, tu retrouveras ta liberté m'avait-il dit alors.

Ils sont venus le chercher un vendredi, le dernier du mois de décembre. Quatre hommes ont traversé notre salle de rédaction. Ils avaient l'air de rien, plutôt mal habillés avec leurs pardessus usés, leurs *chapkas* de fausse fourrure élimée. Ils se donnaient l'air de messagers sans importance chargés d'apporter un article du Parti à publier. D'ailleurs je ne leur ai pas prêté beaucoup d'attention. Ils sont allés parler à Youri puis sont revenus sans lui dans la salle de rédaction. Ils marchaient aussi vite que Nina ce qui m'a fait sourire, parce que je me suis demandé si leurs fonctions – quelles qu'elles soient – leur avaient été attribuées pour acte de bravoure pendant la guerre civile. J'ai vite cessé de sourire lorsqu'ils se sont arrêtés près du bureau de Vassili. Brodov, suis-nous s'il te plaît, a dit le plus petit des quatre. J'ai soufflé momentanément : j'avais mon idée sur ce que pouvait être une arrestation de *Tchékiste*, l'expression s'il te plaît n'y avait pas sa place. J'aurais dû me méfier de cette formule de politesse. Le plus petit des quatre a sorti un pistolet de son manteau et l'a abattu brutalement sur la tête de Vassili. J'ai alors sursauté. J'ai hurlé *Niet !* (Note 24) Assieds-toi ! M'a hurlé un autre. Lui aussi tenait un pistolet : il était pointé vers moi. Vassili s'est tourné, m'a souri légèrement. J'ai cru que c'était pour me rassurer, qu'il n'arriverait rien de grave. Il avait sur le sommet du crâne un trou aussi gros que mon poing, par lequel du sang s'écoulait comme l'eau d'un robinet. Bien qu'on m'ait ordonné de m'asseoir, l'arme toujours pointée vers moi, je suis restée debout, tentant de trouver le courage de m'approcher de Vassili. Il s'était affalé en avant, projetant papiers et encre parterre. Un des *Tchékistes* – je n'avais à ce moment-là plus de doute sur leur identité – ne s'était pas reculé à temps. Ses bottes étaient tâchées d'encre. Il a craché Espèce de vermine ! Vassili a glissé de sa chaise sur le sol. Il tressautait comme un poulet auquel on aurait coupé la tête.

Je me suis effondrée sur ma chaise, j'ai regardé des *Tchékistes* lui passer des menottes, puis une chaîne autour de sa taille. Ils lui ont enlevé ses bottes et les ont posées sur son bureau. Puis ils ont attrapé la chaîne, l'ont entraîné, inerte, silencieux, hors de la salle de rédaction. *Clank, clank, clank.* Le bruit était assourdissant. Mes collègues n'ont pas bougé, pas le moindre battement de cils. Lorsque nous n'avons plus entendu de bruit de chaîne, les machines à écrire se sont remises à cliqueter. Youri s'est approché, a posé des feuilles sur mon bureau. Il m'a aboyé Pour demain et tu as intérêt à te grouiller parce que les typographes attendent ! J'ai failli lui dire va te faire foutre mais j'avais trop peur, alors j'ai fait ce qu'il m'a demandé. Les typos ne se sont pas plaints des feuilles tâchées de larmes. À la fin de mon service, je suis allée prendre les bottes de Vassili et les ai serrées contre ma poitrine comme deux nouveaux-nés, puis je suis sortie de la salle de rédaction sans adresser un mot à personne.

Plus tard, seule dans la chambre de Vassili, j'ai bu de la vodka jusqu'à ce que je m'endorme. C'était la première fois de ma vie que je touchais à l'alcool : c'était une bouteille que Vassili avait achetée.

Le lendemain, j'avais horriblement mal à la tête mais je suis allée prévenir mes parents que les *Tchékistes* avaient emmené Vassili.

— Je vais le retrouver. Je ne laisserai pas Staline le tuer, leur ai-je dit.

Mon père ne m'a pas rappelé ce qu'avait dit Voltaire : je lui en ai été reconnaissante.

-0-

C'est la troisième année de la collectivisation, le mot d'ordre est *économiser*. Pour cette raison la plupart des rues de Moscou sont plongées le soir dans l'obscurité afin d'économiser l'électricité. Ce soir aussi.

La chambre de Vassili est assez loin, mais cela ne me dérange pas. Je lève les yeux, vois Beretzkoï qui sourit. Peut-être que lui aussi apprécie que le trajet soit long.

Nous marchons lentement. Non seulement les lumières de la ville sont éteintes, mais les *dvorniks* (Note 25) sont passées avec leurs balais de branchages. Comme elles ont repoussé la neige dans les caniveaux, les trottoirs sont couverts de glace.

Nous parlons. Nous parlons de tout, de rien. De la *Pravda*, de mes collègues, d'Emilian Iaroslavski, du journal des *Izvestia*. (Note 26) Nous nous demandons si ce journal est plus honnête que la *Pravda* pour conclure d'un commun accord qu'aucun des deux ne dit la vérité. Nous critiquons aussi ces affreux immeubles préfabriqués – *les merveilles de Staline* – devant lesquels nous passons : rangées de fenêtres étroites, toutes aussi sombres, sous des toits plats. Nous parlons de la neige, des flocons blancs comme des papillons de nuit, des trottoirs glissants, des *dvorniks*, de la vie dure qu'elles mènent à travailler dehors en pleine nuit tandis que nous dormons à l'abri, au chaud.

Nous évitons de parler de nous. Il est marié, je le sais. C'est son second mariage. Ils ont deux garçons. Moi aussi je suis mariée et mon mari a été emmené, mais il est possible qu'il revienne.

Nous évitons de nous toucher. Nous ne nous frôlons même pas l'un l'autre alors que nous ne cessons de glisser sur la glace.

L'immeuble de Vassili est aussi une *merveille de Staline*. C'est un immeuble de quatre étages. Comme les autres il possède des douzaines de petites fenêtres carrées. Ces fenêtres sont éteintes, elles aussi. Il doit être une heure du matin.

Beretzkoï lève les yeux vers l'immeuble.

— Les Moscovites dorment.

— À cette heure, je devrais dormir moi aussi.

— Au lieu de ça, tu t'es promenée dans les rues de la ville avec un étranger.

— Habituellement, je ne me promène pas dans les rues avec des étrangers.

Les papillons de nuit de neige se collent à ses sourcils. Je trouve que ses sourcils sont trop épais ; il devrait les tailler. Mon Français de père taille les siens à l'aide d'un peigne et d'une paire de ciseaux. Il me dit qu'à Paris tous les hommes le font.

La chambre de Vassili est située au quatrième étage.

— Il faut que je parte, dit Beretzkoï.

J'ouvre la porte cochère de l'immeuble, une porte constituée de planches de bois peintes en noir.

— Alors, je vous souhaite bonne nuit, dis-je.

Je retiens la porte de peur qu'elle claque et réveille notre camarade gardienne. Comment justifier alors que j'ai amené un homme chez moi, quand mon mari vient d'être arrêté ?

Beretzkoï a quelque chose à me dire.

— Je suis marié, j'ai deux garçons, nous vivons au village de Zernoïe Selo.

Sa femme s'appelle Nadejda Konstantinovna. Il ne le dit pas : je le sais.

— Tu es mariée, toi aussi, ajoute-t-il.

— C'est Nina qui vous l'a dit ?

Il fait oui de la tête.

— Est-ce qu'elle vous a aussi dit que mon mari avait été arrêté ?

Il hoche encore la tête.

— C'était un collègue, dis-je.

— Je sais.

— Nina ?

— Oui, Nina. C'est moi qui le lui ai demandé parce que je voulais savoir.

— J'habite toujours dans sa chambre.

— Je m'en doutais.

Il y a un train de marchandises qui peut le ramener à son village au sud de Moscou. Ce train quitte Moscou à trois heures du matin.

— Vous devez vous dépêcher, lui dis-je.

— Je parle sans doute pour ne rien dire, mais je n'ai pas envie de partir.

— Comme vous voulez.

Je fais un pas et pénètre dans le couloir. Sans regarder derrière moi. Mais je sens la chaleur de son corps : il doit être très près de moi.

— Non …non …non ... Je dois partir. Il faut que je parte, dit-il.

Il a susurré ces mots à mon oreille droite.

Je me retourne.

— As-tu l'habitude de te rendre dans des soirées littéraires ? me demande-t-il.

Son corps touche presque le mien.

Le couloir est sombre : il n'y a pas d'ampoule dans le plafonnier. La chaise sur laquelle la camarade gardienne est assise d'habitude a été renversée.

— Oui, j'y vais souvent, dis-je.

— Il est étonnant que nous ne nous y soyons jamais rencontrés auparavant.

— Peut-être que si.

— Non, dit-il, ce n'est pas arrivé. Si cela avait été le cas, nous ne serions pas en train d'avoir cette conversation ici maintenant.

Il garde ma main droite dans la sienne.

— Je vais partir tout de suite et prendre ce train, dit-il.

— Merci de m'avoir raccompagnée chez moi.

Il fait glisser mes gants le long de mes doigts.

— L'autre jour, à la *Pravda*, j'ai eu envie d'embrasser tes mains.

Je lui tends mes deux mains, il embrasse la gauche d'abord, puis la droite. Je sens ses lèvres froides contre ma peau.

— Si vous aviez fait cela l'autre jour à la *Pravda* ... je vous aurais laissé faire, lui dis-je.

-0-

Je le regarde s'éloigner.

Je reste un moment sur le seuil, retenant la porte du pied.

Je reste là, à le regarder jusqu'à ce que les traces de ses pas dans la neige compacte soient recouvertes par les flocons de neige fraîche et molle.

Je voudrais qu'il revienne.

Comme à la *Pravda*, il poursuit son chemin.

Je n'arrive pas à dormir. Je reste étendue, éveillée.

J'essaye de ne pas penser à Beretzkoï, de penser à Vassili.

-0-

Comme je l'avais dit à mes parents, j'ai vraiment essayé de retrouver Vassili. Je l'ai cherché partout. J'ai commencé par m'adresser à une administration quelconque où je pensais trouver quelqu'un susceptible de me dire où on l'avait emmené : les *Tchékistes* ne donnent jamais ce genre d'information. Tous leurs bureaux ont des petites portes sur le côté au-dessus desquelles on peut lire Renseignements. J'ai frappé à toutes ces portes. Quand l'une d'elles s'ouvrait – ce n'était pas le cas de toutes – je demandais timidement si on m'autoriserait à dire un mot au camarade directeur. Quelques camarades directeurs ont bien voulu me recevoir, entendre ce que j'avais à dire, mais après m'avoir écoutée, ils m'ont reproché de leur faire perdre leur temps et m'ont priée de quitter les lieux avant qu'ils ne se mettent en colère. Je suis même passée à la Loubianka – quartier général de la *Guépéou* et prison centrale. Je ne m'attendais pas à trouver une petite porte sur le côté à la Loubianka. Je savais que les *Tchékistes* cherchaient à intimider les gens en les obligeant à entrer dans le bâtiment par l'entrée principale : la place Dzerjinski. J'avais raison. Des gardes en uniforme kaki se tenaient à la porte, des *corbeaux noirs* (Note 27) étaient garés en face de la cour. Au bout de l'immeuble, de la fumée s'échappait d'une cheminée, juste au-dessus de l'endroit où les *Tchékistes* brûlaient les livres interdits. (Note 28)

À l'intérieur du bâtiment, dans un vaste couloir au sol recouvert de marbre, au pied d'un luxueux escalier cintré, un homme bedonnant portant l'uniforme gris de la *Guépéou* se tenait assis derrière un bureau. Il m'a fait attendre plusieurs minutes avant de lever les yeux pour me demander ce que je voulais.

Il m'a priée d'écrire à la craie sur l'ardoise poisseuse couleur vert foncé qu'il me tendait, le nom et la dernière adresse connue de la personne recherchée.

— Attendez votre tour, m'a-t-il dit.

Je me suis dirigée vers le banc de ciment qu'il m'indiquait. Ce banc était enchaîné à un pilier partiellement recouvert de tapisserie. Dix personnes y étaient déjà assises et attendaient. Je me suis jointe à elles pour attendre mon tour, comme me l'avait ordonné l'odieux homme bedonnant. Au bout d'une demi-heure, j'ai ressenti le besoin de m'en aller pour fuir cet enfer. J'avais le sentiment d'avoir fait une épouvantable erreur en venant à la Loubianka. Personne de sensé ne se serait risqué volontairement dans ce bâtiment. Pourtant, je l'avais fait. Tu fais parfois des choses si stupides, m'aurait dit ma mère si elle l'avait su.

Une demi-heure plus tard, mon angoisse augmentant, j'ai soudain décidé de partir. Heureusement une occasion s'est présentée : l'homme bedonnant en uniforme gris venait de quitter son bureau. Je me suis aussitôt tournée vers la femme assise près de moi. *Savez-vous où se trouvent les toilettes ?* Elle était jeune, jolie, mais à ses yeux gonflés, rougis, on voyait qu'elle avait pleuré. *Je ne me sens pas bien,* lui dis-je à voix basse. Elle a voulu savoir, *vous avez envie de vomir ? Oui, oui, s'il vous plaît, où sont les toilettes ?* Ces yeux rouges ont lancé des éclairs. *Les toilettes ? Je vais vous dire où elles sont, les toilettes. Nous y sommes, dans les toilettes. Les chiottes, c'est ce pays dans sa globalité !*

Je me suis levée d'un coup, pas seulement pour fuir les *Tchékistes* mais pour la fuir, elle. Elle me mettait en danger en me retenant : la sympathie qu'elle m'avait inspirée s'était volatilisée.

J'ai mis mes mains devant ma bouche, comme si j'avais de violents haut-le-cœur, me suis enfuie en courant. Aucune trace de l'homme bedonnant, mais dehors, les *corbeaux noirs* étaient toujours garés au même endroit, la fumée s'échappait toujours de la cheminée, les gardes étaient toujours à la porte. Je suis passée devant eux le cœur battant. Je ne les ai pas regardés, je me suis enfuie. À quelques mètres de la porte, un tramway approchait de son arrêt. J'ai couru aussi vite que j'ai pu pour l'attraper. Le camarade contrôleur a porté la main à sa casquette pour me saluer.

— Cette fois-ci vous avez de la chance, ma jolie, m'a-t-il dit.

— Oui, vous n'en avez même pas idée, camarade ! lui ai-je répondu.

Je n'ai pas renoncé à chercher Vassili pour autant.

J'ai demandé à mes parents de me donner les noms de tous ceux qui ont quelque pouvoir ou de l'influence parmi ceux qu'ils auraient connus pendant leurs années de lutte pour *la cause*. Ils m'ont donné des noms à contrecœur. J'ai cherché ces noms dans les archives de la *Pravda* et j'ai appelé tous ceux qui étaient encore en vie. J'ai frappé à leurs portes, comme j'avais frappé aux petites portes de côté. La plupart ont refusé de me recevoir. Certains m'ont écoutée poliment derrière la porte et m'ont promis qu'ils verraient ce qu'ils pouvaient faire pour moi. *Néanmoins, ne cherchez pas à me recontacter, c'est moi qui vous contacterai.* Un seul l'a fait, m'a adressé une lettre pour me dire de ne pas pleurer, que le chagrin c'est pour les vieux, pas pour les jeunes. L'océan est vaste et rempli de poissons, c'est ce qu'il a écrit à la fin de sa lettre. Même cette réponse ne m'a pas découragée. Je décidai de m'adresser à la celle qui figurait en tête de liste : Kroupskaïa. Pendant leurs années de lutte pour *la cause*, ma mère et elle étaient devenues amies. Je lui ai écrit. *Il est possible que vous ne vous souveniez pas de moi, mais un jour vous êtes venue chez mes parents au Kremlin et vous m'avez soulevée pour m'asseoir sur vos genoux. Puis vous avez tressé mes cheveux et m'avez traitée de vraie petite poupée. Vous m'avez demandé de ne pas grandir trop vite parce que le monde des grandes personnes n'était pas un endroit réjouissant.*

Kroupskaïa ne m'a pas répondu, mais je ne lui en ai pas tenu rigueur. Je savais - tout le monde savait - qu'elle aussi avait des problèmes à cause de notre *homme d'acier*.

Son silence m'a même convaincue de cesser de chercher Vassili, d'accepter qu'il était parti, du moins provisoirement. Que je n'y pouvais rien.

Staline ne durera pas éternellement, comme nous tous, m'ont dit mes parents lorsque je leur ai annoncé que j'allais cesser pendant un certain temps de frapper à quelque petite porte de côté que ce soit.

— Vous, dis-je d'un ton accusateur, vous n'avez pas fait gagner *la cause*. Elle reste toujours à conquérir. Tout ce que vous avez réussi à faire, c'est de remplacer un despote par un autre. Nicolas II par Staline !

— Tanochka, comme tu y vas ! Quelle accusation tu portes ! a répliqué mon père, d'une voix exceptionnellement lasse.

-0-

De nouveau une semaine passe. C'est le matin, tout est calme dans notre salle de rédaction.

Youri sort précipitamment de son bureau. Le Parti lui a fait parvenir un autre article. Son titre : *Ce que signifie la Rénovation Culturelle dans une Société Socialiste*. L'article a seize pages. Il ne met pas longtemps à le corriger. Je commence à le taper pour nos typos. Dans sa robe vert bouteille, Nina fait irruption dans la salle de rédaction. Il y a un appel téléphonique pour moi. Je dois le prendre dans la cabine de l'opératrice au rez-de-chaussée.

— C'est Boris Petrovitch Beretzkoï, c'est à propos d'un livre qu'il t'envoie, murmure-t-elle.

Elle devait parler à voix basse, car nous ne sommes pas autorisés à avoir des appels personnels.

Je descends l'escalier en volant littéralement.

— Tu dois parler très fort pour qu'il t'entende et ne m'en veux pas si tu as des ennuis par la suite, me prévient notre opératrice Anna Mikhaïlovna Anakhova, jeune femme aux cheveux jaunes.

Elle me tend le combiné.

— Tâche de ne pas hurler, s'il te plaît, tu m'attirerais des ennuis.

— Je vais essayer, lui dis-je.

— *Zdravtsvouytié*, dit-il, je suis à Moscou, est-ce qu'on pourrait se voir ?

— Bien sûr.

Anna ne cache même pas qu'elle écoute : elle a gardé les écouteurs sur ses oreilles. Nina aussi écoute, sur le pas de la porte, même si elle ne peut entendre qu'une partie de la conversation.

— À quelle heure termines-tu ton service ? demande Beretzkoï.

Anna écarquille les yeux.

— À dix-huit heures.

— Est-ce qu'il serait possible que je t'attende sur le trottoir devant l'immeuble ?

— L'immeuble de la *Pravda* ?

— Non, celui où tu habites.

— Ce sera possible.

— Dans ce cas, je te dis à ce soir.

— À ce soir.

Anna retire une fiche de son standard et coupe la communication. Sur le tableau qui lui fait face, une lumière rouge se met à clignoter.

— Un autre appel. Désolée ! me dit-elle.

Nina remonte avec moi dans notre salle de rédaction.

— Ne te fais pas de soucis, Anna garde ce qu'elle entend pour elle, me rassure-t-elle.

-0-

Beretzkoï est appuyé contre le mur de l'immeuble de Vassili. Il neige de nouveau. Il a relevé le col de son pardessus gris et les oreillettes de sa *chapka* lui couvrent presque le visage : protection contre la neige – les flocons collent à ses sourcils épais – ou protection contre des regards indiscrets ?

— *Zdravtsvouytié.*
— *Zdravtsvouytié.*

Salutations entre gens qui ne se connaissent pas vraiment.

Nous nous donnons une poignée de mains.

— J'ai hésité à t'appeler, dit-il.
— Mais vous l'avez fait.

Nous montons au quatrième étage par l'escalier : les ascenseurs, ce sont des choses qui existent en photos dans les magazines étrangers.

— Je voulais te proposer de venir pêcher sous la glace avec moi, dit-il.

Il se tient derrière moi.

— Ce soir ?
— Un soir.
— Ce soir, je serais bien allée pêcher avec vous, Boris Petrovitch.
— Appelle-moi Beretzkoï. Tout le monde m'appelle Beretzkoï.
— Pas Boris ?
— Non.

Je sens son souffle contre ma nuque.

— Pas Boria ?
— Non. C'est elle qui m'appelle Boria.

Elle !

Un jour, ma mère m'a mise en garde de ne pas tomber amoureuse d'un homme marié. Tania, il y aura toujours une *elle* entre toi et ton amour, m'avait-elle prévenue.

— Appelez-moi Tania, je lui dis.
— Alors, tu pêches sous la glace, Tania ?
— Pour tout dire, je n'ai jamais fait ça.

Mais pour vous, je veux bien essayer. Pour vous je ferais n'importe quoi.

Nous sommes maintenant dans la chambre de Vassili. La chambre est relativement spartiate. Mes vêtements, le peu d'affaires que je possède, sont pendues dans l'unique placard de la pièce.

Un enfant pleure derrière le mur aussi fin que du papier qui nous sépare de la chambre des autres occupants.

— J'en ai deux comme ça. Ceci dit, ils sont grands maintenant. Ils ne pleurent plus, me dit Beretzkoï.

J'allume le vieux poêle à bois de Vassili et mets son samovar à chauffer pour faire du thé, puis j'ouvre une boîte de viande en conserve, de celles qu'un organisme philanthropique américain a envoyé à l'Union soviétique.

— Parle-moi de toi. Dis-moi tout ce que je ne sais pas sur toi, me dit Beretzkoï en s'asseyant sur le lit, ce lit que je n'ai jamais partagé avec Vassili.

— Il n'y a rien d'intéressant à savoir en ce qui me concerne. Je ne suis pas intéressante, répliquai-je.

— Alors je veux savoir tout ce qui est inintéressant.

— J'ai été Pionnière. (Note 29) J'ai été Komsomolka. (Note 30) J'ai été une bonne petite communiste. Bonne élève. Bonne étudiante. J'ai étudié à l'Université de Moscou. Je suis l'épouse d'un *nuiseur.* (Note 31) Si les *Tchékistes* relâchent Vassili, mon mari, je le récupérerai et resterai avec lui aussi longtemps qu'il le voudra.

— Mais toi, qu'est-ce que tu voudrais ?

— C'est ce que je voudrais.

— Je comprends.

— Non, vous ne comprenez pas.

— Je t'ai demandé de tout me dire, n'est-ce pas ?

— C'est vrai.

— Et ... ?

— Vassili n'était pas un amant ... n'était pas mon amant. Il ne le sera pas, s'il revient. Il aura besoin qu'on le soigne ...

— Et c'est toi qui t'en occuperas ?

Je hoche la tête.

— C'était mon meilleur ami.

— D'accord !

— Maintenant vous savez qui je suis, c'est votre tour. Qui êtes-vous ? lui demandé-je.

Il se lève et s'approche de moi.

— C'est juste. Allons-y. Je vais te dire ce que je suis, qui je suis.

Il s'assied sur le lit de nouveau, les jambes légèrement écartées et croise les mains sur un genou.

Il est né à Léningrad. Son père était maître d'école et artiste peintre, sa mère était pianiste et professeur de musique. Il n'a qu'un frère. Son frère est chirurgien à Kiev. Ils ne s'entendent pas car le frère en question aime Staline.

— Je voulais être pianiste comme ma mère, c'est pourquoi j'ai étudié la musique au Conservatoire de Moscou, mais ... j'avais dix doigts en bois dès que je m'asseyais au piano. Je me suis mis à écrire. De la poésie. J'ai eu ma première expérience sexuelle avec une jeune Allemande rencontrée au Conservatoire. C'était une violoncelliste. Un jour elle m'a annoncé que ses parents avaient pris la décision de quitter la Russie. Ils envisageaient d'aller en Amérique. Je l'ai informée que le diable vivait en Amérique. Ils sont partis quand même et je n'ai eu qu'une idée en tête : mourir. J'ai fait alors la connaissance d'une autre fille. Je l'ai emmenée au ZAGS. Le mariage n'a pas duré longtemps. Elle a rencontré quelqu'un d'autre, j'ai rencontré quelqu'un d'autre moi aussi. C'est la personne avec laquelle je suis toujours marié : Nadejda Konstantinovna. Elle était mariée à un chorégraphe : je tairai son nom. Il était le chéri de tout le monde. Elle, submergée de culpabilité à l'idée de trahir un homme aussi merveilleux, a décidé de lui parler de moi. Il l'a mise à la porte. Nous sommes allés au ZAGS. Mes fils s'appellent Paul et Grigori. Je les aime beaucoup. Paul Borisovitch est né peu de temps après notre visite au ZAGS. Puis Nadejda est de nouveau tombée enceinte. C'était à l'époque de notre grande famine. Ce n'était pas une période idéale pour donner la vie. Bien au contraire, nombreux étaient ceux qui mouraient autour de nous. Je lui ai demandé d'interrompre sa grossesse mais elle a refusé. Elle disait que l'enfant qu'elle portait avait été conçu dans un acte d'amour et devait être accueilli dans le même amour. Grigori Borisovitch était un bébé magnifique. J'ai oublié que je ne l'avais pas désiré. Ou plutôt que je ne voulais pas d'autre enfant à ce moment-là. Elle, au contraire, ne l'a jamais oublié : ce n'est pas quelqu'un qui oublie. Chaque fois qu'il m'était possible de l'aimer de nouveau - l'aimer physiquement - elle se tournait vers le mur. Pas maintenant, pas maintenant, disait-elle. La nuit suivante c'était encore non, la nuit d'après, elle ne dit plus rien. Elle était allée dormir dans la chambre des enfants. Elle n'est plus jamais revenue dans mon lit. J'ai pensé divorcer, mais je suis resté. J'avais le sentiment que je l'avais blessée, que je devais réparer cette blessure. Je me suis dit qu'il fallait que je continue à l'aimer, à le lui prouver. L'aimer. Aimer nos deux fils. L'un et l'autre. J'ai aussi espéré qu'en n'insistant pas pour qu'elle revienne dormir avec moi, elle ne tarderait pas à revenir d'elle-même. Mais elle n'est pas revenue. Elle est devenue froide. La famine a pris fin et notre situation financière s'est améliorée. Je n'étais plus un inconnu : un volume de ma poésie avait été publié. Un beau jour j'ai pensé : au diable tout ça, je ne vais pas continuer à quémander son affection à cette femme ! J'ai cherché un peu d'affection ailleurs. Je veux dire par là que je cherchais quelqu'un qui aurait de l'affection à m'offrir, à laquelle j'aurais offert la mienne. Nous habitions à Moscou à cette époque et alors j'ai pris le train pour Léningrad. J'y suis resté dix jours. Lorsque je suis revenu, elle n'a même pas cherché à savoir où j'étais allé. Notre couple était fini. J'ai réalisé que notre mariage était terminé, mais je l'aimais encore. Tania, la rumeur tendra à te faire croire qu'on ne peut pas me faire confiance. On dit que je brise les cœurs. Je ne brise pas les cœurs. Je suis fiable. Je tiens à ce que tu saches que tu peux avoir confiance en moi.

Il se relève, remplit deux verres de thé. Je suis assise au bureau de Vassili. Il me tend un verre, prend place sur la chaise qui est en face de moi.

— Je dois partir, mais auparavant je veux te poser une question.
— Faites.
— Accepterais-tu que je revienne ?
— Si c'est votre souhait, Boris Petrovitch, je vous attendrai.
— Oui, je le voudrais.

Le jour se lève. Une bougie tremblote sur le bureau. Beretzkoï souffle sur la flamme. Je le raccompagne à la porte. Il ne me regarde pas. Je reste plantée là jusqu'à ce que je n'entende plus ses pas dans l'escalier.

Je n'arrive pas à croire qu'une fois de plus, il ne se soit pas retourné pour me regarder.

-0-

— Un autre appel pour toi, murmure Nina à mon oreille. C'est lui ...

Deux jours ont passé. Deux jours de silence : une vie entière quand on est amoureux.

— Je suis à Moscou, dit-il. Quand es-tu libre ?

— Aux environs de dix-neuf heures.
Anna et Nina sourient. Elles écoutent de nouveau la conversation.
— Est-ce qu'on peut se voir ?
— Bien sûr !
Il attend là, sur le trottoir devant l'immeuble de Vassili. Il me voit, me sourit.
— *Privièt.*
— *Privièt.*
Salutations entre gens qui se connaissent bien.
La chambre de Vassili est propre. Heureusement, j'ai lavé les verres à thé du matin. Ils semblent tristement abandonnés sur l'égouttoir de la cuisine.
— Voulez-vous ... du thé ... un verre de thé, Beretzkoï ?
— Pas tout de suite, Tania. Tout à l'heure peut-être.
Il m'aide à ôter mon vieux manteau, en le faisant glisser de mes épaules. Ses mains s'attardent un moment sur ma nuque. Je sens les muscles de mon estomac se tendre : mes doigts chiffonnent nerveusement les plis de ma robe.
— Tania ...
— Oui, Beretzkoï ?
Je fais un pas en arrière, m'éloigne de lui, puis m'assieds au bout du lit. Il s'assied à côté de moi. Il n'y a pas un bruit dans l'appartement cette nuit-ci. Au fond de moi il me tarde d'entendre quelque chose : comme l'autre nuit un enfant qui pleure, ou des bruits de pas. N'importe quoi qui brise ce silence.
Je regarde le poêle.
— Beretzkoï, est-ce que vous ... ? Je vais faire chauffer le samovar.
Je le regarde.
— Tania, ma Tania, pas maintenant ... le thé ... reste ici près de moi, murmure-t-il.
D'une main, il commence à enlever son manteau en le faisant glisser de ses épaules. L'autre, poing légèrement fermé, reste posée sur son genou. Ce n'est pas très aisé, alors je passe un bras autour de ses épaules pour l'aider à enlever son manteau et aussi pour lui montrer que je n'ai rien contre, que ce qu'il veut, je le veux aussi. Le manteau tombe sur le sol. Instinctivement, je me mets à genoux pour le ramasser.
— Je t'en prie, non ... Tania ... !
Il est sur le sol à mes côtés, ses yeux fixent les miens, ses mains remontent ma robe jusqu'au-dessus de mes hanches, mes épaules, ma tête.
Je sais que je ne suis pas aussi excitante que ces femmes que j'ai parfois l'occasion de voir en photos dans les magazines étrangers, mais lorsque que les mains de Beretzkoï, chaudes et douces explorent mon corps, soudain je me sens belle. J'approche son visage du mien et je l'embrasse avec fougue sur les lèvres, bouche ouverte. Il finit de se débarrasser de ses vêtements tandis que j'abdique toute réserve. Je perds la notion du temps, sens à peine la rudesse du parquet sous mes genoux. Il me relève, ses doigts s'enfoncent entre mes cuisses. Soudain je sens comme une intense douleur mêlée de plaisir qui submerge tout mon être.
Maintenant que je suis toute à lui, il me dépose doucement sur le lit. Il tire les

couvertures sur nous deux parce qu'il fait vraiment froid dans la chambre. Personne ne saurait dire combien de temps, nous restons ainsi immobiles. De nouveau nos corps ne font plus qu'un. Je me sens libre : libre comme un oiseau en vol.

-0-

4

Il dort encore. Je suis assise sur le lit. J'ai apporté un verre de thé et des tranches de pain beurrées. Le plateau est en équilibre sur mes genoux. Lui, est étendu en face de moi. Il a besoin de se raser. Sa bouche est légèrement ouverte et laisse échapper de petits bruits comme s'il pleurait. Un mauvais rêve peut-être ? Pendant la nuit, il était calme et silencieux. Mes collègues femmes m'ont dit que les Russes sont de grands ronfleurs. Un jour, j'ai dit à ma mère que je n'épouserais jamais un ronfleur. Comment le sauras-tu avant que tu l'aies épousé ? me demanda-t-elle. Je n'avais pas pensé à ça.

Je touche sa joue. Il ouvre les yeux. Il me regarde, ses yeux m'interrogent.

— Beretzkoï, tu ne sais plus où tu es ?

— C'est faux.

— J'ai préparé du thé et du pain beurré. C'est vraiment tout ce que j'ai ici. Je ne sais pas si d'habitude tu manges quelque chose le matin en te levant.

Je crois que je rougis : je viens de passer la nuit avec un homme dont je ne sais même pas s'il mange quelque chose avec son verre de thé.

— En principe non, mais maintenant oui.

Il est assis, la couverture descendue jusqu'à la taille. Il est nu. J'essaie de ne pas regarder son nombril qui semble me dévisager comme un œil malveillant. Je suis en chemise de nuit, mais dessous je ne suis pas nue. Lorsque je m'étais réveillée, ma nudité m'avait gênée et j'avais aussitôt mis des sous-vêtements. Il se frotte les yeux, baille et de la main tapote le lit pour aplanir l'espace autour de lui.

— Je suis de l'équipe de dix heures. Il ne faut pas que je sois en retard, sinon Youri m'obligera à travailler le jour de mon congé.

Il boit son thé.

Je ne le regarde pas, mais je sens son regard sur moi. J'enfile ma robe par le haut. Un peu plus tôt, après avoir mis mes sous-vêtements, j'avais d'abord hésité à enfiler ma robe, puis décidé de ne pas le faire. Pourquoi ? Je n'en sais rien. Je crois que je ne voulais pas qu'il me croie pudibonde. Ou immature. Ma virginité m'avait déjà embarrassée, moi, une femme mariée.

— À propos de ton jour de congé, dit-il.

Je tire sur ma robe. Je la lisse autour de ma taille.

— J'ai toujours congé les jeudis.

— Je viendrai tous les jeudis.

— Tous ?

— Si tu es d'accord.

— Oui, d'accord.

Je m'assieds sur le lit pour mettre mes bottes.

— Si tu as des regrets à propos de la nuit dernière, il faut me le dire, me dit-il.

Je reprends le plateau.

— Je n'ai aucun regret.

Je n'ose pas croiser son regard.

— Je viendrai jeudi. Je ne pourrai pas rester toute la nuit. C'est ainsi que ce sera à l'avenir, au moins dans l'avenir immédiat. Plus tard ... plus tard, nous pourrons nous organiser autrement.

Le jeudi, il y a un train tôt le matin de Zernoïe Selo à Moscou et un train à minuit pour revenir au village.

— C'est bien, dis-je.

— Est-ce que tu as une autre clé à me donner ? Comme ça on ne me verra pas faire les cent pas dehors.

— Bien sûr ... bien sûr ... tu ne peux pas.

Je vais chercher la clé de Vassili dans un tiroir et la pose sur le lit.

— J'arriverai vers dix heures le matin et repartirai vers vingt-trois heures. J'apporterai quelque chose à manger pour nous deux.

— Manger ? On ne pourrait pas sortir un peu ? Aller dans une taverne ?

— Non. Nous ne pourrons pas sortir. Il y a aussi d'autres choses que nous ne pourrons plus faire. Je ne pourrai plus t'appeler à la *Pravda*, il ne faudra pas qu'on nous voie dans les mêmes soirées littéraires et la prochaine fois que j'irai à la *Pravda*, il faudra faire comme si nous ne nous connaissions pas. S'il nous arrive de nous croiser, je t'ignorerai et tu devras faire de même.

— *Ladno*. (Note 32)

De nouveau, je baisse les yeux en tripotant les boutons de ma robe.

— Je suis en train de t'enfermer dans une cage, me dit-il.

— Je suis une prisonnière volontaire, je crois bien.

C'est ce que je trouve à dire, tentant de traiter à la légère cette amère vérité.

— Non. Écoute-moi bien. Il faut que tu comprennes que nos jeudis se ressembleront tous. Qu'il n'y aura rien de spontané. Pas d'imprévus. Tu pourras avoir l'impression que nous sommes deux acteurs répétant leurs textes sur une scène.

Il rejette la couverture en arrière, balance ses jambes hors du lit défait. Je n'avais pas regardé son corps depuis cette dernière nuit. Maintenant que je le connais un peu, je m'y autorise. Son corps est ferme, sa peau très pâle.

— Beretzkoï, je dois partir, sinon Youri va me tomber dessus, m'empressé-je de lui dire, sachant ce qu'il risque d'arriver si je m'attarde.

Malgré sa nudité, il m'accompagne jusqu'à la porte. Il a des poils sur la poitrine, mais je le savais déjà parce qu'au cours de la nuit, j'avais posé mon visage sur sa poitrine pour y cacher ma honte de mon inexpérience.

À la porte, il me retient par les revers de mon manteau, m'attire vers lui et me serre très fort, comme une mère avec son enfant.

— Tania, quand tu voudras arrêter, tu me le diras ?

— Je te le dirai, Beretzkoï.

— Alors à jeudi prochain. À onze heures ... un peu après onze heures.

Il m'avait dit qu'il n'y aurait ni spontanéité, ni imprévus dans notre relation. Je m'y suis faite déjà. Quand on entame une liaison avec un homme marié, je suppose que la spontanéité est un mot qu'on bannit de son vocabulaire. En revanche, on planifie sa vie comme on le ferait d'un voyage en train. Il faut d'abord savoir quels sont les jours où le train vous le ramènera et ce qu'on fera tous les deux quand il sera là parce que le temps nous est compté. Il faudra aussi savoir l'horaire du train pour rentrer chez lui, auprès de sa femme et de ses enfants. Parce qu'en fin de compte, il s'en retournera chez lui. C'est ce que j'avais un jour entendu de la bouche d'une amie de ma mère. Je me souviens y avoir réfléchi et décrété que moi, je ne serais jamais assez stupide pour tomber amoureuse d'un homme marié.

Combien y-a-t-il de jeudis dans une vie entière ? C'est la question que je me pose.

-0-

5

Je compte les jours.

Vendredi : jour un.

Ça fait deux mois que Beretzkoï et moi sommes amants; deux mois que je compte les jours.

— Qu'est-ce que tu as à compter les jours ? Me demande Nina.

Sans réfléchir, j'avais dit *jour quatre* au lieu de lundi.

— Je ne comprends pas de quoi tu parles, dis-je.

Qu'est-ce que je pourrais dire à propos de nos jeudis ?

Sans aucun doute, qu'ils se ressemblent tous. Mais ils sont différents aussi, différents des autres jours de la semaine. Je me lève tôt. Avant qu'il soit dix heures, je suis prête et j'attends. Jamais à la porte. Un jour j'avais entendu mon père traiter la femme d'un voisin de *lubrique*. Quel mot affreux : *lubrique*. Je ne connaissais même pas ce mot. J'ai dû le chercher dans le dictionnaire : *du latin lubricus. Qui a un penchant excessif pour les plaisirs charnels, la luxure.*

Je reste assise au bureau de Vassili. Sans quitter des yeux l'horloge accrochée au mur - un petit coucou suisse avec un mignon chalet au toit de tuiles, une porte, des fleurs rouges en papier dans l'embrasure des deux fenêtres. Où Vassili l'avait-il déniché ? Je n'ai pas eu l'occasion de le lui demander. Je n'ai pas eu le temps de lui demander un tas d'autres choses, d'ailleurs.

Toutes les heures, à l'heure précise, une porte aménagée dans le toit du chalet s'ouvre grand, un petit oiseau jaune apparaît et gazouille un nombre de fois correspondant exactement à l'heure indiquée. Ça a quelque chose de rassurant.

Quand enfin Beretzkoï arrive, je me retiens de sauter dans ses bras car le mot *lubrique* me fait frémir. Je reste donc où je suis.

Lui et moi parlons beaucoup. Nous commençons toujours par ça.

Nous parlons de la semaine qui vient de passer.

Je ne lui cache rien. Franchement, il n'y a rien à cacher. Le matin, je me lève, je prends le tramway jusqu'à la *Pravda*, je corrige la propagande du Parti. À la fin de mon service, je reprends le tramway pour revenir dans la chambre de Vassili. Après avoir dîné de thé et de pain, je me couche. Un soir par semaine je rends visite à mes parents. Comment vas-tu ? me demande ma mère tandis que mon père veut savoir ce que mademoiselle a fait, ce à quoi je réponds : J'ai travaillé, Papa.

Beretzkoï ne me dit pas tout. Je le sais parce qu'il ne parle jamais de sa femme, ni de ses fils. Il me parle de ce qu'il est en train d'écrire. En ce moment il écrit un autre article pour la *Pravda*. Il me lit ce qu'il a écrit. Tu trouves ça comment ? Intéressant ? me demande-t-il.

Nous ne faisons pas l'amour tous les jeudis. Après tout, je suis une femme alors certaines contingences cycliques de mon corps m'empêchent de faire l'amour. Quand nous le faisons, il me serre si fort que je crie de douleur. Alors il couvre mon corps de baisers pour se faire pardonner. Un homme oublie sa force quand il ressent ce que je ressens en ce moment. J'attends qu'il prononce un mot, qu'il décrive ce qu'il ressent, mais il ne dit rien. Moi non plus. Je reste silencieuse. Je ne demande jamais s'il m'aime. Je ne lui dis pas que je l'aime non plus.

C'est lui qui doit parler d'amour le premier, avant moi. Je sais qu'il le fera. J'attendrai. Patiemment.

À midi nous nous asseyons au bureau pour déjeuner. Beretzkoï prépare ce qu'il a apporté. Moi, je ne sais pas cuisiner. Il s'étonne que je n'aie jamais appris à faire la cuisine, comme n'importe quelle bourgeoise parisienne. Ma mère a toujours refusé de m'apprendre. Il faut que tu sois un écrivain, non une faiseuse de tourtes, c'est ce qu'elle me disait. J'ai même demandé à mon français de père de m'apprendre à cuisiner, mais lui aussi m'a dit qu'ils ne me donnaient pas la meilleure éducation possible pour me voir trimer dans une cuisine.

Nos repas ne sont pas fastueux parce que la collectivisation commence à générer des pénuries. Les fruits et les légumes sont rares, la viande est devenue un luxe. Nous mangeons ce qu'il a pu acheter aux *babouchkas* (Note 33) qui font les cent pas le long des quais. Nos trains ne roulent pas à grande vitesse ce qui rend ce commerce illégal praticable. Il vous suffit de laisser tomber un kopeck dans la vieille main qui se tend pour saisir en échange une botte d'oignons ou un sac de pommes de terre qui vous serviront à préparer un bol de soupe. Et la peine du dam à Staline !

Parfois Beretzkoï apporte une bouteille de vin, provenant aussi du *nalevo*. (Note 34)

L'après-midi, il écrit.

Je lui dis que je vais sortir marcher un peu pour qu'il puisse travailler au calme, mais Ne t'en va pas, dit-il, c'est tellement bon de t'avoir près de moi.

Alors je reste.

À quatre heures nous buvons du thé accompagné d'éventuels restes du déjeuner. La nuit tombe. Il jette la couverture au sol, devant le poêle. Nous nous y étendons jusqu'à ce que ce soit l'heure de courir pour attraper le train de minuit. Il ne voudrait jamais s'en aller. Je ne lui demande jamais de partir ni de rester. S'il a l'intention de passer la nuit, je veux que ce soit de sa propre initiative.

-0-

Les jours rallongent, la température augmente. La neige commence à fondre. Où que l'on pose le pied, l'affreuse boue brune apparaît. Les enfants lancent des boules de neige mouillée sur les passants, du bout de leurs petits doigts rougis par le froid parce qu'ils ne veulent plus mettre de gants ou de moufles. Un matin, je suis réveillée par le gazouillis des oiseaux. Ils ont passé l'hiver cachés entre les poutres du toit.

De nouveau nous sommes jeudi. Beretzkoï est debout devant la fenêtre ouverte et observe les enfants qui jouent à la marelle en bas, sur le trottoir. Leurs rires excités emplissent la pièce.

— Ce soir, nous sortons, dit-il.

— Nous sortons ? Est-ce bien raisonnable ?

— Non, ça ne l'est pas. Mais c'est l'été et en été personne n'est raisonnable.

La nuit tombe.

— Maintenant ? demandé-je.

Il veut m'emmener voir ses deux meilleurs amis Les Olminski - Dan et Elena.

Daniel Mironovitch est poète ; selon moi, Beretzkoï et lui sont les meilleurs poètes du pays. Elena Fyodorovna est une référence en littérature étrangère : elle est professeur à l'Université de Moscou. Tous deux sont des critiques avérés de Staline et tous deux ont payé par un exil interne le prix de leurs déclarations. Pour Dan c'était la seconde fois qu'il était exilé. Il l'avait été précédemment par Nicolas II mais c'était alors en raison de ses sentiments anti tsaristes. En raison de leurs opinions politiques, ils ne pouvaient pas être amis avec Nadejda Konstantinovna : l'épouse de mon amant aime Staline, alors les Olminski, anti stalinistes, sont le diable en personne.

À ma porte, l'angoisse me donne des crampes d'estomac.

— Je ne crois pas que je pourrai aller chez Dan et Elena, dis-je.

Beretzkoï me regarde.

— Ne sois pas sotte Tania, tu es simplement nerveuse.

Oui, je suis nerveuse. Malgré mes études à l'Université de Moscou, je ne suis pas très instruite. Par conséquent, le peu de connaissances que je possède sera criant auprès d'intellectuels comme Dan et Elena. C'est déjà le cas quand je suis avec Beretzkoï. Je passe le temps de mes pauses dans les bibliothèques à étudier l'histoire mondiale, la géographie, les sciences, l'art. Je veux pouvoir dire : Ah oui ! C'est ce poisson qui nage à reculons quand Beretzkoï compare Staline à un chaetodon, lorsqu'il parle du siège de Ladysmith, comprendre qu'il se réfère à la Guerre des Boers quand ils se sont battus contre le puissant Empire Britannique.

Dan et Elena n'habitent pas très loin de là où j'habite. Leur appartement situé au rez-de-chaussée est dans l'une des *merveilles de Staline*. Ce n'est pas un appartement communautaire, ce qui, dans notre pays égalitaire, est un privilège dû à la situation d'Elena à l'Université de Moscou. Leur nom est inscrit sur la porte bleue : Olminski-Olminskaïa, écrit sur un morceau de carton pendu à la poignée de la porte. Nous n'avons pas l'habitude de mettre nos noms sur la porte, cela pourrait faciliter la tâche des *Tchékistes* pour nous trouver, mais j'apprends que ce comportement si sympathique leur est caractéristique.

C'est Dan qui ouvre à la porte.

— *Devouchka !* (Note 35)

Comme Marina lors de la soirée littéraire clandestine, il m'embrasse sur les deux joues, à la française. Je ne distingue que son visage. Malgré la tiédeur du soir, il est entièrement vêtu de noir : un pardessus noir lui arrivant aux chevilles, un bonnet en laine noire perchés sur son crâne, probablement tricoté à la main comme en témoignent les larges mailles irrégulières, ses pieds chaussés de bottes bordées de fourrure.

— Je suis honorée de faire votre connaissance et celle de votre épouse, lui dis-je.

— Je vous en prie, ma petite, pourquoi tant de manières ? Elena et moi allons nous croire bien vieux ! Ce sera tu, tu, tu et non vous, vous, vous.

La pièce qui est derrière lui est petite et encombrée. Elle me fait penser à la salle de lecture des archives de la *Pravda*. Il y a des livres partout : sur le sol, sur le canapé, sur les fauteuils. Sur les armoires les piles de livres atteignent même le plafond.

Au milieu de cette forêt de livres se trouve un petit personnage : Elena. Elle porte une longue robe de laine rouge, ainsi qu'une cape, rouge aussi, comme si on était en hiver.

Elle me tend un bol rempli de gros cornichons noueux.

— Goutte, tu ne pourras plus te passer d'en manger.

Le matin-même, elle avait acheté les cornichons à une vieille femme qui tient un étal sur le trottoir.

— L'hiver, elle vend des harengs. J'adore les harengs, déclare Dan.

Il pourlèche ses lèvres gercées de vieil homme.

— Nous sommes Juifs, c'est normal que nous adorions les harengs ! Précise Elena.

Elle repousse les livres jonchant le sofa et les deux fauteuils et pose le bol sur une table basse. Une couche de poussière grise recouvre la table. Elle est si épaisse que je pourrais y écrire mon nom.

Dan débouche une bouteille de vin.

— Français. Du Bordeaux. Une espèce de marxiste français me l'a donnée.

Des yeux bleus me sourient.

— C'était ... il y a au moins dix ans. Dan l'avait gardée, explique Elena.

Elle lève les yeux au ciel. Ils sont bleus comme ceux de son mari.

Dan me regarde.

— Es-tu une infidèle ?

— Je ...

— Si elle l'est, elle a raison, si elle ne l'est pas, laisse-la tranquille, lui reproche Elena.

Elle se tourne vers moi.

— La religion ne nous étouffe pas trop, Dan et moi.

Dan pose son verre. Il ne me quitte pas des yeux.

— Nous sommes des marginaux, tous les deux, Elena et moi, nous l'avons toujours été. Pour Nicolas, nous étions Juifs et intellectuels. Aujourd'hui, pour l'Ossète, (Note 36) nous sommes intellectuels et Juifs. Par conséquent nous n'entrons dans aucun cadre. Non, nous sommes des marginaux.

Le rideau rouge de la fenêtre qui est derrière nous est ramassé en un gros nœud. La fenêtre est grand ouverte. Des voisins sont assis sur le trottoir. Ils boivent de la vodka et rient très fort. Dan secoue la tête.

— Aucun respect, aucun respect des autres.

Ils évoquent leur passé à mon intention : en Union soviétique avant de se lier d'amitié avec quelqu'un, il faut connaître tout les détails de la vie de cette personne.

Tous deux sont nés à Kiev. Ils sont même nés dans des maisons mitoyennes du vieux quartier, le Podol, celui où vivaient les Juif. Dan est né trois mois avant Elena, bien qu'il paraisse avoir plusieurs années de plus à cause de ses fins cheveux gris, de son teint gris et ses joues creuses. Il avait fait sa *Bar Mitzvah* et tous deux avaient signé la *ketubah* avec leur mariage.

— On nous avait obligés à le faire. Nous savions que nous n'en avions pas besoin parce que nous avions l'intention de rester ensemble pour toujours, dit Dan.

Elena apporte les assiettes, les fourchettes et les couteaux de la cuisine. Elle a préparé du cou d'oie farci. Elle l'appelle *gefilte helzel*. Il y en a un par personne. Ils sont farcis de pommes de terre écrasées et d'oignons frits.

— Ça demande trois heures à faire, dit Dan.

— Nous observons la *Cacherout*, dit-elle. Par l'habitude. Enfin ... nous sommes des infidèles. Quand nos parents ont réalisé que pour nous Dieu avait cessé d'exister, ils ont fait *shiv'ah* pour nos deux âmes juives perdues.

Nous buvons de la liqueur. Elle est rouge, à base de prunes. Très sucrée. Nous en buvons beaucoup trop et commençons à ricaner comme des adolescents. Bientôt nous rions aussi fort que les voisins qui sont sur le trottoir.

Elena et moi allons dans la cuisine, toujours en riant. Elle transvase de l'eau tiède d'un samovar dans une cuvette. Je lui passe les assiettes sales et les couverts à laver.

— Ne les essuie pas. Je ne le fais jamais. Tu sais Tania, je suis heureuse qu'il t'ait trouvée. C'est un type bien notre ami Beretzkoï. Malgré ... enfin ... tu sais quoi ... mais en dépit de ce qu'en disent certains, tu peux me croire : c'est un type bien. Quant à sa femme ...

Je me demande si je peux lui demander à quoi ressemble Nadejda Konstantinovna, mais non, je ne peux pas le faire. Nous ne nous connaissons pas assez.

Nous deux ne sommes pas encore des amies.

Au salon, Dan regarde l'horloge sur le mur. Il baille à plusieurs reprises.

— Il est tard, dit Beretzkoï avec diplomatie.

Il est presque minuit. Nous nous disons au revoir.

Dehors, le trottoir est désert. Un vieux fauteuil en osier et plusieurs bouteilles de vodka vides traînent dans le caniveau et sur le trottoir. J'ai failli trébucher sur une des bouteilles. Dan et Elena se penchent par la fenêtre. Ils nous font de nouveau au revoir de la main.

Beretzkoï aussi fait au revoir de la main à Dan et Elena.

— Je ne retournerai pas à la maison cette nuit, me dit-il.

Il ne m'a pas regardée lorsqu'il a prononcé ces mots.

— D'accord, dis-je.

Nous longeons la Moskova. Main dans la main. Nous tournons et apercevons la Cathédrale Saint Basile se profilant derrière nous dans le lointain, ses bulbes éclairés par la lune : la lumière de la lune, font prendre aux dômes une couleur orange vif.

— J'ai bien envie d'aller nager, dit Beretzkoï.

Il escalade la rive du fleuve. L'eau est sombre. Il se débarrasse de ses chaussures. Je le regarde depuis le quai. Il me crie de le rejoindre.

— Non ! L'eau doit être glacée, Beretzkoï!

Il commence à enlever ses vêtements : sa veste, ses chaussettes, son pantalon, sa chemise. La lumière de la lune éclaire la moitié de son corps, le teintant de jaune, ce qui lui donne l'aspect de quelque créature étrange venue d'une autre planète.

Il se tourne, me fait face, puis lève les bras au-dessus de la tête et plonge en arrière dans l'eau. Sa tête s'agite un moment à la surface de l'eau. Puis je ne vois plus que des ondulations. Très vite sa tête réapparaît.

— Allez, viens, Tania ! m'encourage-t-il.

Pourquoi pas ?

Je descends sur la rive en courant. Très vite, je me déshabille au bord de l'eau. Comme je l'ai vu faire, je tourne le dos à l'eau et me laisse tomber.

— Elle n'est pas aussi froide que tu le pensais, tu vois ! crie-t-il.

J'essaie de garder la tête hors de l'eau pour ne pas mouiller mes cheveux, mais je me mets à couler comme une pierre. Je touche le fond, n'arrive pas à me remettre sur le ventre. En un éclair j'ai l'impression de vivre mes derniers instants. Je me mets alors à donner des coups de pieds. Soudain, Beretzkoï surgit auprès de moi, m'attrape par la taille et me tire vers la surface, comme si je n'étais qu'une poupée de chiffon. Lorsque je sors la tête de l'eau, je vois un poisson mort flotter devant mon visage. Il a le ventre en l'air, un ventre couvert d'écailles d'un blanc perlé.

Beretzkoï éclate de rire.

— Je ne savais pas que tu savais nager, si on peut appeler nager ce que tu viens de faire.

— Ah non, n'est pas juste ! Regarde-moi, je nage! Lui dis-je en grelottant.

Il fait la grimace, une goutte de salive brillante glisse de sa bouche.

— Quand tu mets la tête sous l'eau, Tania, tu ne sens pas le froid. Allez, je vais te tenir. Tu ne couleras pas.

Je fais non de la tête.

— Je préfère sortir.

— Non, Tania, je t'en prie, me supplie-t-il.

Alors que, les pieds dans la boue, je commence à regagner le bord du fleuve, il m'attrape par la taille et m'attire de nouveau dans l'eau. Ses bras m'enserrent, mais le courant joue contre nous et nous entraîne. Il lui est difficile de nous maintenir à flot tout en piétinant le fond pour prendre pied sur les berges boueuses. Enfin le courant nous jette sur la boue de la berge, comme du bois flotté. Quand nous refaisons surface, moi suffoquant encore, il roule sous moi et me remplit les poumons de son souffle. Contrastant avec la boue brune, son corps paraît blanc comme de la porcelaine. Je secoue mes cheveux pour en extraire l'eau et tente une roulade pour me relever, mais il m'attrape de nouveau, m'attire contre lui et m'immobilise d'une poigne ferme. Je le sens prêt : alors débordant d'amour pour cet homme, je m'étends sur lui. De l'eau goutte de mes cheveux sur son visage, tandis que mon corps se cambre dans un mouvement de va-et-vient. Lorsque nous reprenons nos esprits, nous nous moquons mutuellement de nos corps couverts de boue.

— Comme les survivants d'un déluge de boue, plaisante Beretzkoï.

-0-

Notre nuit n'est pas terminée. Cheveux mouillés, tremblants de froid, nous nous arrêtons dans une taverne.

Beretzkoï commande du champagne. Le serveur nous apporte une bouteille de *Moët et Chandon*, s'échine à la déboucher en essayant de le libérer avec l'un de ses pouces, petit, épais, mal taillé. Préparez vos verres, nous prévient-il. Le bouchon s'envole, il atteint le plafond. Des clients, aux visages rougeaux et aux yeux chassieux d'avoir bu trop de verres de vodka, applaudissent, en poussant des acclamations. Qu'est-ce que vous fêtez ? crie l'un d'eux. Nous ne répondons pas.

Le champagne est tiède.

— Personne ne commande jamais ce genre de truc, dit le serveur pour s'excuser.

Il revient avec un étain rempli de glaçons. La glace donne un goût métallique au champagne. Nous finissons la bouteille.

Voilà qu'il pleut. Notre table est contre la fenêtre. La pluie filtre à travers les lacunes de son cadre de bois. Nos visages se reflètent dans la vitre et deviennent longs et étroits.

La taverne est silencieuse, les clients ne s'intéressent plus à nous.

— Beretzkoï, je vais te faire un lion, dis-je.

— Allez, vas-y, fais-le.

J'ouvre grand la bouche, mime silencieusement le rugissement d'un lion.

— Munch. Le Cri, dit-il.

— Mais, je veux être un lion, Beretzkoï. Je veux être roi de la jungle.

— Non, dit-il, le roi de la jungle, c'est Staline.

Lorsque la pluie cesse, il m'aide à enfiler ma veste.

J'ai la tête qui tourne et chancelle en sortant de la taverne.

— Je crois bien que je suis ivre.

Ivre de bonheur.

Je n'ose pas le dire.

-0-

Le lendemain il est là, debout devant la fenêtre, tourné vers la chambre. Je suis en train de m'habiller pour aller au travail.

— Est-ce que tu éprouves un sentiment de solitude lorsque tu es toute seule ici ? me demande-t-il.

— Pour l'instant, je ne suis pas seule. Tu es là.

— Suis-je donc tout ce que tu attends, Tania ?

Je ne réponds pas.

— Les filles de ton âge, qu'aiment-elles faire ?

De nouveau je ne réponds pas.

— Tu n'aimerais pas aller danser ? insiste-t-il.

— D'habitude, avec Vassili, j'allais danser tous les jeudis. Et puis après que les *Tchékistes* l'aient emmené, je rendais visite à mes parents le jeudi. Maintenant ma mère se demande ce que je fais de mes jeudis et pourquoi je ne viens plus les voir.

— Nadejda Konstantinovna ne me questionne jamais au sujet de mes jeudis, dit-il.

— Si elle voulait savoir, Beretzkoï, que dirais-tu ?

— Elle ne le demandera pas.

— Mais admettons qu'elle le fasse.

— Alors je lui parlerai de toi ... de nous.

Au-dessus de nos têtes, de petits oiseaux nichés dans les poutres pépient bruyamment dans un rayon de soleil.

-0-

6

C'est l'automne et une épidémie de grippe fait rage. Elle a démarré à l'est de la Sibérie et comme un feu dévorant la Steppe, elle a progressé vers l'ouest jusqu'à atteindre Moscou, en laissant des tombes fraîches sur son passage.

Youri m'apporte un article du Parti à corriger.

Le Parti nous informe sur ce qu'il faut faire ou ne pas faire pour ne pas attraper la grippe. Nous devons couvrir nos bouches lorsque nous toussons et ne pas jeter de mouchoirs sales sur les trottoirs. Nous ne devons sortir de nos quartiers qu'en cas de nécessité. Nous ne devons pas transporter nos malades à l'hôpital : il suffit de prendre de l'aspirine. *Vous devez emmener vos morts à la morgue.* Comment ? L'article ne le dit pas : ça fait bien longtemps que l'Union soviétique ne dispose plus de corbillards. Sans corbillards, explique-moi ! répète mon père.

En fait, l'Union soviétique manque de tout mais personne ne se risquerait à l'admettre.

— Jeudi prochain, ne viens pas. Ne viens pas tant que l'épidémie n'est pas terminée, dis-je à Beretzkoï.

Chaque jour le Parti publie un rapport signalant les endroits où la grippe sévit. Jusque là, à Zernoïe Selo personne n'a encore été touché, mais elle fait rage à Moscou.

— J'appartiens à une lignée de costauds. Je ne tomberai pas malade. Tu me verras la semaine prochaine, me dit Beretzkoï.

Jeudi arrive. Le coucou sort de son petit chalet et annonce l'heure. Il est midi. Beretzkoï n'est pas venu. Je reste éveillée toute la nuit, redoutant qu'il soit tombé malade.

-0-

Le lendemain. Je suis à mon bureau.

Nina est debout devant moi.

— Il y a un appel pour toi, fais vite. C'est lui !

Je me précipite en bas et saisis le combiné des mains d'Anna.

— Je suis un peu pâle, dit Beretzkoï.

Ses fils sont touchés mais ce n'est pas trop grave. Nadejda Konstantinovna a attrapé la grippe elle aussi.

— Couvre-toi bien. Repose-toi. Et reste couché, lui dis-je.

Nina opine de la tête. Elle ne tente même pas de faire croire qu'elle n'écoute pas.

— On reste en contact. Je te rappellerai, me promet-il.

Pour me passer ce coup de fil, il s'était rendu à la poste du village. Il y a bien un téléphone dans la *datcha* des Beretzkoï, mais son branchement ne permet que de recevoir des appels, comme la plupart des branchements chez nous.

Une semaine passe.

La porte du bureau de Youri s'ouvre violemment. Il bondit vers mon bureau et j'en déduis qu'il a un nouveau rapport du Parti à publier. Quatre pages. Au sujet de l'épidémie. Avec une honnêteté inhabituelle, le Parti publie un tableau mentionnant le nombre de victimes, quartier par quartier. Il n'y a pas de noms. Le nombre de morts, leur sexe et leur âge, oui. Quatre enfants sont décédés à Zernoïe Selo. Il y a aussi un adulte. L'adulte appartient à *Profpro*, notre syndicat d'écrivains - le Syndicat des Ecrivains Prolétaires - auquel nous qui vivons de notre plume, comme Beretzkoï, Dan, Elena et moi, appartenons. Notre constitution ne nous oblige pas à nous inscrire à un syndicat, mais comme nous savons ce qui arrive à ceux qui ne font pas comme tout le monde, nous en faisons partie. Un deuxième membre de *Profpro* est malade, hospitalisé à Moscou à l'hôpital du Kremlin.

Je me précipite dans le bureau de Youri pour lui demander s'il connaît le nom de celui qui est mort à Zernoïe Selo. Il n'en sait rien. Je m'arrête au bureau de Konstantin, celui de Vassili dans mon esprit, pour le lui demander. Lui aussi est en train de corriger un rapport du Parti. J'y jette un œil. Mon regard saisit le nom de Beretzkoï. C'est lui, le membre de *Profpro*, qui est hospitalisé à l'hôpital du Kremlin, auquel nous avons droit en tant qu'adhérents. Il est sérieusement malade.

Konstantin ne fait pas attention à moi.

Lorsque je reviens à mon bureau, Nina arrive. Elle se racle la gorge.

— Tu sais, celui qui t'appelle, il est malade. Il est à l'hôpital.

— Oui, je sais.

Je ne peux rien dire d'autre.

Nina m'apporte un verre de thé.

— J'ai mis un tas de sucres là-dedans pour te détendre.

Elle me tend un autre morceau à tremper dans le thé.

— Remets-toi au travail, Tania Nicolaïevna, hurle Youri sur le seuil de son bureau.

Je le déteste !

Tel un automate dans un spectacle de marionnettes, je tape l'article pour nos typos. Mes doigts s'abattent sur le clavier et mon cerveau est anesthésié.

Je file aussitôt mon service terminé.

Les Olminski habitent à quatre rues de l'immeuble de la *Pravda*. Je cours jusqu'à leur appartement. Ils ne savent pas que Beretzkoï est malade.

Dan part aussitôt pour l'hôpital. Il en revient au bout d'une heure.

— Il va bien, Beretzkoï va bien. Il ne veut pas que tu te fasses de souci.

— Viens, me dit Elena. On va manger quelque chose.

Dan est allé dans la chambre à coucher pour se débarrasser de son manteau, ses bottes et son bonnet.

Dans la cuisine, Elena s'apprête à faire chauffer un reste de soupe.

Je m'assieds à la table.

— Elena, dis-je, je ne sais pas où j'en suis avec Beretzkoï.

— Qu'est-ce que tu me racontes, Tania ?

— Nous ne parlons jamais d'amour ... Beretzkoï et moi ...

Aujourd'hui, elle porte des lunettes qui glissent sur le bout de son nez.

— Ma chère petite, les hommes ne le font jamais, dit-elle.

— Alors comment une femme peut-elle savoir ?

— Ses yeux te diront ce que tu veux savoir.

— Ce serait bien de savoir ... de l'entendre dire qu'il m'aime.

Elle enlève ses lunettes, les tient au-dessus de la casserole de soupe bouillonnante pour que la vapeur qui s'échappe nettoie ses verres.

Dan nous rejoint dans la cuisine.

— Vous les jeunes, vous voulez toujours entendre le mot magique - le mot *amour* - ce n'est pas vrai, Tania ?

Il a suivi toute notre conversation.

Il m'aime, il ne m'aime pas, c'était un jeu de filles quand j'étais encore adolescente. Nous arrachions les pétales d'une fleur en disant *il m'aime, il ne m'aime pas* et en arrachant le dernier pétale, nous avions la réponse. Je saisis mieux ce qu'est la vie maintenant pour me livrer à un jeu de hasard aussi stupide.

— Mange quelque chose, me dit Elena.

— Je suis désolée mais je n'ai pas faim, Elena.

— Allez, insiste-t-elle. Mets-toi quelque chose dans le ventre. Tu te sentiras mieux.

Elle pousse une tranche de pain beurré devant moi.

— Ce mot amour, murmure Dan entre deux cuillérées de soupe.

— Oui, dit Elena. C'est juste ça : un mot. Un souffle d'air qu'on émet. Même si Beretzkoï se met à genoux six fois par jour pour te dire qu'il t'aime la valeur de ce mot sacré – sa force et sa puissance – ne peut être contenue dans cette émission d'air. C'est à la portée de tout le monde de dire je t'aime, mais ce qui compte, ma chère Tania, c'est ce que disent les yeux. Pas ce que la langue dit. Lis dans ses yeux, Tania. Lis dans ses yeux !

Si seulement je pouvais voir Beretzkoï. J'aimerais lire dans ses yeux.

— Va, mange ta soupe ! m'ordonne Dan.

-O-

L'épidémie se calme et nous croyons qu'elle sera bientôt terminée. Derrière nous.

Youri se précipite, un nouveau rapport du Parti à la main. On nous avertit qu'il ne faut pas parler d'épidémie – il se s'agit que d'une série de mauvais rhumes. L'avertissement doit paraître à la Une de la *Pravda*. On me demande de bien spécifier aux typographes que cet avertissement doit être souligné.

La série de mauvais rhumes cesse aussi vite qu'elle était apparue.

Dan revient de la *Pravda* avec une lettre de Beretzkoï pour moi.

Je dois sortir d'ici deux jours, écrit Beretzkoï.

Les médecins le retiennent à l'hôpital parce qu'il a de l'arythmie cardiaque.

Il signe sa lettre *Cordialement, Beretzkoï.*

— C'est bien Olminski, ce vieux gredin de Youpin qui vient de sortir ? demande Youri.

Olminski, le vieux gredin de Youpin, revient le lendemain.

Beretzkoï me fait parvenir une seconde lettre. Je la lis dans le tramway qui me ramène chez moi.

Ma très chère Tatiana Nikolaïevna, je voulais te dire hier dans ma lettre que 'je t'aime'. Je suis à toi aujourd'hui et tous les autres jours et à jamais. Boris Petrovitch Beretzkoï.

Je me mets à pleurer. Je n'arrive pas à me contrôler.

Une vieille femme assise à côté de moi me regarde avec tendresse.

— Chérie, quelque chose ne va pas ? me demande-t-elle en me fixant de ses yeux mouillés, rougis.

— Non, rien.

J'ai les yeux et le nez qui coulent.

— Des larmes de bonheur ?

Je fais oui de la tête.

— Comme c'est merveilleux de voir des larmes de bonheur.

-0-

De loin j'aperçois Beretzkoï. Il porte son pardessus et sa *chapka*. Il s'appuie contre le mur de l'immeuble et comme il ne regarde pas dans ma direction, je m'approche à pas de loup.

Je lui donne une petite tape sur le dos.

— Bouh !

Il se retourne.

— *Privièt.* Comment va ton cœur ? lui demandé-je.

Il porte sa main grise sur sa poitrine.

— Mon cœur va bien. En fait, il est exactement dans l'état où il était la dernière fois que je t'ai vue. Le voilà maintenant qu'il se met à battre follement en te voyant.

— J'aimerais le sentir battre.

— Ici ? Dans la rue ?

— Ici, dans la rue.

Je glisse ma main sous la sienne, toujours posée sur sa poitrine.

— Chaque battement est pour toi. Souviens-toi de ça, me dit-il.

Je n'arrive pas à sentir les battements de son cœur à travers de son pardessus, mais j'imagine les sentir.

Nous entrons lentement dans l'immeuble.

Je devine qu'il restera pour la nuit.

-0-

C'est le matin. Je suis éveillée et debout très tôt. Il faut que j'aille travailler.

Bien que n'étant pas habillé, Beretzkoï se lève pour m'accompagner jusqu'à la porte en cachant sa nudité sous la couverture empruntée au lit.

— Tania, n'as-tu rien à me dire à propos de ma lettre ? demande-t-il.

— Si, Beretzkoï, je t'ai questionné à propos de ton cœur.

— Est-ce que tu sais de quoi je veux parler ?

— Je sais.

Je n'ose pas à le regarder.

— Est-ce que j'ai été maladroit dans ma lettre ?

— Non, Beretzkoï, tu n'as pas été maladroit. Ce que tu as écrit, il y a longtemps que je l'attendais.

— C'est-à-dire ?

Il m'a pris la main.

— Parce je t'aime, Boris Beretzkoï.

Nous nous regardons dans les yeux.

— Alors, je n'ai pas été maladroit.

— Non.

Il sourit.

-0-

L'hiver suivant les choses commencent à aller mal en Russie.

En décembre, circulent des rumeurs sur des centaines de milliers, des millions de morts disent certains, dus à la collectivisation. Il y une famine générale dans les campagnes. On n'a pas simplement faim. Non, c'est la famine.

Je vais travailler. Je vois des gens qui ont passé la nuit dans l'abri du tramway. On dirait que c'est une famille : le père, la mère, deux adolescents et un bébé. Ils sont étendus sur le sol, sur des vieux *Pravda*.

— *Tovaritch ?*

Je touche le bras de l'homme. Il ne se réveille pas. La femme est assise. Elle essuie la neige de son visage. Le bébé est couché dans un carton. Je crois que c'est une petite fille. Elle est éveillée, elle a les yeux bleus, de la couleur des bleuets. Ils me regardent.

— Elle s'appelle Tatiana, elle a quatre mois, dit la femme.

— Je m'appelle aussi Tatiana.

La femme est debout maintenant. Elle est édentée. Son haleine pue. Elle pue. Elle ne porte pas de *chapka* ni de bonnet et elle est presque chauve. À Moscou, il y a beaucoup d'hommes et de femmes chauves, même des enfants. C'est à cause de la famine, les cheveux tombent, les dents pourrissent et tombent aussi, dit mon père.

— Hé vous, jeune fille, vous n'avez pas un kopeck ? C'est pour acheter à manger pour les enfants, demande-t-elle.

— Je n'ai pas d'argent sur moi, mais venez avec moi, j'habite à coté, je vous donnerais du pain.

Je me rends ensuite à la *Pravda* à pied : je ne tiens pas à voire cette famille de nouveau.

J'arrive à la Pravda avec une heure de retard.

— Arrange-toi pour arriver à l'heure, me semonce Youri. Et mets un peu d'eau dans ton vin.

Konstantin acquiesce de la tête.

-0-

Le lendemain. Je me dirige de nouveau vers l'abri du tramway. Je marche vite, il ne faut pas que je sois de nouveau en retard. Il n'a pas neigé au cours de la nuit, mais le toit de l'abri est couvert d'une couche de glace et des fragments de glace aussi tranchants que des haches, pendent du toit.

Derrière l'abri, un groupe de personnes, hommes et femmes en lourds manteaux et *chapkas* - des voyageurs qui attendent le tramway pour aller travailler – parlent entre eux avec une certaine agitation. Ils parlent de quelque chose posé au sol : une boîte en carton. Je presse le pas. Je sais ce qu'il y a dans le carton : le bébé Tatiana. Ses yeux bleuets sont ouverts, tournés vers le ciel gris. La vie les a quittés. On dirait une poupée : yeux bleus, cheveux blonds, peau claire. Je veux la toucher, la prendre. L'embrasser. J'entends un gémissement derrière moi. C'est la mère de l'enfant. À quelques pas, gît l'homme. Il est nu. La neige dissimule les parties intimes de son corps : quelqu'un a voulu lui rendre un peu de sa dignité. Ses yeux sans vie, comme ceux de sa petite fille, fixent le ciel gris. Les deux adolescents sont assis à côté du corps de leur père. Ils portent des miettes de pain à leurs bouches. Dans leur empressement à avaler ce repas pathétique, ils semblent inconscients de ce qui se passe autour d'eux.

Un camion passe, la femme se tait soudain. Deux hommes en vêtement de protection en sortent et se dirigent vers l'homme gisant au sol.

— C'est lui ? Questionne l'un des deux.

Il touche la joue de l'homme, tente de pincer sa peau tendue, mais n'y arrive pas. La peau de l'homme a la couleur du parchemin.

— C'est un laissé pour compte. Il n'y a aucun doute, dit l'autre.

Aidé de son collègue, il essaie de soulever le corps. Ils n'y parviennent pas.

— Un poids mort, dit l'un des voyageurs avec un petit sourire satisfait.

La femme se met à hurler de nouveau. Elle hurle sauvagement comme une louve qui cherche ses petits. Je lui prends le bras, mais elle me rejette. Les deux hommes s'acharnent toujours à soulever son mari. Ils transpirent et crachent sur la neige : le corps est collé sur le sol gelé. Le seul moyen d'en venir à bout serait de lui arracher la peau, quitte à ce qu'il reste de la peau sur la glace. C'est ce qu'ils font, d'un mouvement brusque, sans broncher, sans remords, sans état d'âme, sans présenter leurs condoléances à la veuve. Ils hissent le corps à l'arrière du camion. La femme monte dans le véhicule, mais en redescend aussitôt. Les deux hommes se sont dirigés vers le corps de sa fille et elle ne veut pas les laisser faire. Elle se jette en travers du carton, en agitant les bras pour empêcher les deux hommes d'approcher.

— *Niet ! Niet!*

Elle leur donne des coups de ses mains rouges et gonflées comme si leur peau allait éclater.

— Est-ce que quelqu'un connaît cette femme ? demande d'un des hommes.

À présent, ils sont en colère.

Je fais un pas dans leur direction.

— Moi, dis-je. Ce sont des sans-abris. Ils ont dormi ici, dans l'abri du tramway.

La femme me regarde : je lis de la reconnaissance dans ses yeux.

Je fais un pas vers elle. Un haut-le-cœur nauséeux me monte à la gorge.

— Je vous en prie. Votre bébé a froid, ici. Laissez-les l'emporter.

Je l'aide à remettre son corps frêle sur ses pieds. Elle n'oppose aucune résistance.

Les deux hommes donnent plusieurs coups violents dans la boîte, la glace cède et la libère. Les adolescents ont fini de manger leur pain, ils se tiennent entre leur mère et moi. Elle sanglote calmement maintenant, eux aussi se mettent à pleurer, leur corps malingres tremblent. Les hommes emportent la boîte et la jettent dans le camion. Il leur faut peu de temps pour se remettre au volant. Ils démarrent. La femme et ses fils tentent de courir derrière le camion, machinalement je leur emboîte le pas. Je voudrais dire à la femme et à ses fils qu'elle peut venir chez moi. À bout de souffle, j'arrête de courir : à quoi bon ? La femme et ses fils courent toujours, dans le lointain. Je finis par les perdre de vue dans l'obscurité.

Je me dirige à nouveau vers la *Pravda* à pied. En sanglotant tout le long du trajet.

Je trouve Youri à mon bureau.

— Encore en retard !

— Je viens de rencontrer la mort.

— Essuie ta figure. Il y a un temps pour tout, dit-il sèchement.

J'essuie mon visage.

— Bon ! dit-il.

-0-

On est en janvier, ça commence à aller mal pour nous aussi.

Mon père est convoqué à son travail, au bureau du camarade directeur du Département d'Études du Français du Commissariat du Peuple pour l'Éducation de Langue Française. On l'informe qu'on l'a mis à la retraite.

— Vous savez ce que c'est. Lorsque les temps sont durs, l'enseignement du français n'est pas prioritaire, lui dit le camarade directeur.

— On se débrouillera, lui dit ma mère.

En février, Beretzkoï fait écho aux propos de ma mère.

Gozuzdom, notre maison d'édition d'état l'a informé qu'ils ne publieraient pas de livres pendant un certain temps. Ils devaient publier un nouveau volume de ses poèmes pour le printemps, mais la publication a été annulée.

— Certainement remise à plus tard, dis-je.

— Non. Carrément annulée.

Gozuzdom l'a néanmoins engagé pour traduire *Les Souffrances du jeune Werther* de Goethe pour les écoles.

Gozuzdom a aussi annulé la publication d'un volume de poèmes de Dan. On lui a donné à traduire *Hamlet* de Shakespeare, toujours pour les écoles.

Elena garde son emploi à l'Université de Moscou.

— Toi aussi tu es en sécurité à la *Pravda,* me dit-elle.

— Tu crois ?

Avant la fin du mois de février, Nina vient à mon bureau pour me dire que le camarade Iaroslavski a été renvoyé. Notre nouveau rédacteur est Lev Zakharovitch Mekhlis. Il occupe déjà le bureau d'Iaroslavski. Un électricien vient lui installer une seconde ligne téléphonique. Le téléphone sonne, nous pensons que c'est l'alarme incendie. L'électricien revient pour en régler le niveau sonore.

Le camarade Mekhlis ne passe pas dans notre salle de rédaction pour se présenter. Ce n'est pas nécessaire : nous savons qui il est. Il vient du Comité Central du Parti Communiste où il a été à la tête de la section de la presse. Il n'est pas de ceux qui parlent en leur nom propre : il parle toujours au nom de Staline. Le *Vozdh* est donc notre rédacteur *de facto*.

— Il va y avoir des disparitions, prophétise Nina.

Ici, dans mon pays, on parle de disparitions et non de révocations. Les mises à la retraite, comme dans le cas de mon père, sont rares.

Youri disparaît aussi. Nous sommes mercredi, il est presque midi et personne ne l'a pas vu.

— Il est possible qu'il ait attrapé la grippe, suppose Konstantin.

— La série de mauvais rhumes est terminée répliquai-je.

Un inconnu entre et se dirige vers le bureau de Youri. Il ferme la porte derrière lui. Quelques minutes plus tard, la porte s'ouvre brutalement, de nouveau. L'inconnu tient plusieurs feuilles de papier dans ses mains.

— Camarade Brodovskaïa !

La voix de l'inconnu est autoritaire. Je me précipite vers lui. Il me tend l'article du Parti.

— Occupe t'en immédiatement, aboie-t-il.

— Camarade ... camarade ? Quel est votre nom déjà ? demandé-je.

— Moscou, répond-il.

Il retourne dans le bureau de Youri.

Nina monte.

— Oui, son nom est Moscou, me murmure-t-elle à l'oreille. Il est né à l'étranger, ses parents avaient alors la nostalgie du pays. Il va remplacer Youri.

Le camarade Moscou – Moscou Ivanovitch Syrtsov - n'a pas de jambe de bois, mais il a bien une médaille épinglée au revers de son veston comme Youri qui a disparu.

— Nina, qu'est-il arrivé à Youri ? demandé-je.

— Je n'en sais rien. Et franchement, Tania, qu'est-ce qu'on en a à faire ?

La disparition de Youri est suivie de celle de quelques autres collègues. Ils ne disent jamais au revoir, leurs remplaçants ne disent jamais bonjour.

— Ce ne sont pas des journalistes professionnels, ce sont juste des propagandistes dépêchés par le Comité central, dit Konstantin d'une voix méprisante.

— Fais gaffe à qui tu parles, réplique Nina.

Konstantin a été le prochain à disparaître. Nous croyons qu'un de nos nouveaux collègues a pu le dénoncer comme antisoviétique, en raison de ce qu'il avait dit sur eux.

— Ou il n'en disait pas assez, ou il en disait trop, dit Nina.

C'est une femme qui remplace Konstantin. Elle est grande, mince, porte ses longs cheveux gris tressés en couronne autour de la tête. Elle ne porte pas une médaille unique épinglée sur le corsage de sa robe rouge passé, mais quatre : quand elle se déplace, elles tintinnabulent comme si elle avait des chaînes autour du corps. Moscou nous avertit qu'à partir de maintenant, c'est elle qui rédigera notre *Cevodnya v Nomere*, (Note 37) dont le camarade Iaroslavski avait la charge. Elle s'assied devant le bureau de Vassili – je ne peux toujours pas l'appeler autrement que le bureau de Vassili. Elle se met immédiatement à écrire l'éditorial pour l'édition de demain.

— Son nom est Vera Shittskaïa, dit Anna. Ses ennemis l'appellent *Vera Shit*. Vous savez – *Vera Govno*. (Note 38)

— Nina va l'adorer, dis-je.

Nina n'est pas revenue travailler.

— Elle est malade, dit Anna.

Une semaine passe. Nina est toujours absente pour maladie. Un jeune homme aux cheveux couleur sable et au visage couvert d'acné purulent monte à l'étage. Il s'arrête à la porte.

— Votre attention !crie-t-il.

Il est venu afficher une note de service du camarade Mekhlis.

Aucune communication téléphonique personnelle ne sera plus tolérée.

— Nina est partie, dit Anna. Ce jeune homme s'appelle Vladimir, c'est lui qui doit la remplacer.

— Où est-elle partie ?

— Qui peut le dire ?

Vladimir ne nous dit ni son nom de famille ni son patronyme.

— Appelez-moi Vladimir, dit-il.

— Je ne peux plus supporter ça, dis-je à mes parents.

— J'aimerais tellement que tu rencontres un jeune homme, que tu t'installes avec lui et lui fasses des enfants, me dit ma mère.

— Elle est encore un bébé, réplique mon père. Elle a largement le temps de tomber amoureuse.

Je ne leur dis pas qu'un homme est déjà le pilier de mon existence.

7

Comme tous les derniers vendredis du mois, ce vendredi aura lieu la réunion des travailleurs de la *Pravda*. Mes parents m'ont raconté que pendant ces années où ils ont lutté pour *la cause* avec Lénine, il avait été décidé qu'on devait consulter les travailleurs sur la manière de diriger leurs postes de travail. Les réunions de travailleurs servaient à ça avant Staline. Ce devrait être toujours comme ça, mais aujourd'hui, c'est l'occasion pour les collègues de se dénoncer les uns les autres. Notre camarade surveillant préside toujours ces réunions. Ce vendredi c'est la première fois que Moscou préside. Il a décidé de faire venir un orchestre pour que nous puissions danser ensuite.

Il est dix-huit heures. La réunion commence.

— Bienvenue ! Bienvenue camarades ! hurle Moscou.

Il se tient à la porte de notre cantine située au premier étage, juste sous la salle de rédaction, et distribue des verres de thé. C'est nouveau : Youri ne l'avait jamais fait.

Je déteste les réunions de travailleurs. C'est pourquoi je reste toujours au fond de la cantine. Ce soir je me mets près de la fenêtre et respire l'air frais qui passe par les anfractuosités du chambranle. Deux jeunes garçons farfouillent dans les poubelles en bas dans la cour. Des va-nu-pieds. *Bezprizorni* sans aucun doute, bien qu'officiellement il n'y en ait plus aucun dans notre pays.

Le camarade Mekhlis s'avance. Il porte un costume et une chemise blanche au col ouvert : pour notre camarade, il n'y a rien de plus bourgeois que de boutonner son col. Une douzaine de dignitaires l'accompagnent. Deux sont encore en pardessus. Les autres, parmi lesquels Vladimir, portent des pantalons de flanelle et des *roubachkas*. (Note 39) Les deux en pardessus ne seraient-ils pas des *Tchékistes* ? Ne sont-ils pas là ce soir pour prendre note des dénonciations et des accusations qu'on ne manquera pas de faire ? Si seulement Vladimir Ilitch n'était pas mort dit toujours mon père. Ils –Lénine et lui – avaient l'habitude de donner à manger aux cygnes de Hyde Park tout en discutant de Marx et d'Engels. Tu sais tous ces cygnes sont la propriété du roi et seul le roi est autorisé à les manger, m'avait raconté mon père.

Moscou porte un pantalon de velours côtelé marron et un pull noir à col roulé.

Il lit un rapport d'évolution. Il prononce le nom *Vozdh*. Nous applaudissons. Si seulement je pouvais être loin d'ici, blottie dans les bras de quelqu'un que je connais et qui aime aussi porter un pantalon de velours côtelé marron avec un pull noir à col roulé, mais j'applaudis avec le même enthousiasme que mes collègues. Il y a une chose que nous apprenons vite dans notre glorieux état prolétaire, c'est comment devenir hypocrite et les hypocrites applaudissent et poussent des acclamations quand le nom du *grand homme* est prononcé.

Il nous demande s'il y a quelque chose que nous aimerions dire ou commenter. En bas, dans la cour, un des va-nu-pieds renverse une poubelle. Je regarde par la fenêtre. Les garçons, effrayés, détalent à travers la cour comme des rats d'égouts. Ils serrent quelques vieux numéros de la *Pravda* sous leurs bras ; auraient-ils l'intention de les lire ?

— Camarade Brodovskaïa ...

Quelqu'un a prononcé mon nom.

Même lorsqu'on ne prête pas attention à ce qui est dit, on perçoit son nom lorsqu'il est prononcé. Les mediums et les voyants prétendent que notre guide spirituel nous murmure à l'oreille pour nous avertir d'un danger imminent.

C'était Vladimir qui m'avait apostrophée. Il est debout devant un pupitre. Avec l'ongle de son index, il gratte un gros bouton sur son front. Les camarades Mekhlis et Moscou se tiennent à ses côtés, de part et d'autre.

— La camarade Brodovskaïa ... n'a même pas manifesté le moindre regret pour cet incident, poursuit-il.

Je lève le bras, comme une écolière apeurée.

— Je ... je ... ?

Le camarade Mekhlis me fusille du regard, ce qui me fait taire immédiatement.

Vladimir poursuit. Il m'accuse d'avoir un comportement bourgeois.

— Je ... pardon ?

Mon bras est toujours en l'air.

J'avais omis de le féliciter ainsi que sa femme, pour la naissance de leur enfant, dit-il.

— Il s'agissait de la naissance d'un citoyen soviétique. Qu'as-tu à déclarer pour ta défense ? me demande Moscou.

Je ne savais même pas que la femme de Vladimir avait donné naissance à un enfant. Le seul détail que je connaisse le concernant personnellement, c'est qu'il est atteint d'une acné virulente.

Quoi faire ?

— Je ... je vous prie de ... de m'excuser. Bien sûr c'est tellement ... tellement honteux de ma part de ne pas l'avoir félicité, lui et son épouse ... aussi je m'empresse de le faire maintenant, dis-je à Moscow.

— Eh bien camarade Brodovskaïa, dit-il, le camarade Vladimir attend vos félicitations.

Je me tourne vers Vladimir.

— Mes plus sincères félicitations, camarade Vladimir, pour ... pour cette extraordinaire réussite.

Il rit. Il est heureux maintenant. Du pus s'écoule de son bouton. Il tamponne le liquide sanguinolent.

— Merci. Merci, camarade Brodovskaïa !

Moscou s'avance. Il transpire : des gouttes de sueur stagnent sur sa lèvre supérieure.

— Si tu veux rester à la *Pravda*, camarade Brodovskaïa, tes collègues sont en droit d'attendre un meilleur comportement de ta part. Je t'accorde un mois de sursis pendant lequel il te faudra prouver que tu es digne d'être l'une des nôtres. Chaque jour, le camarade Vladimir me fera un rapport sur ta conduite. Au terme de ce mois de sursis, on prendra une décision. Ce sera le pardon, la rétrogradation ou ton renvoi.

Mon sursis commence aussitôt.

Je décide de ne pas rester pour le bal.

— Je n'en ai vraiment pas envie, dis-je à un de mes nouveaux collègues.

— Je me forcerais, si j'étais toi, me répond-il.

— Oh, je me force. Je me force la plupart du temps, quoi que je fasse ici à la *Pravda*, lui dis-je avec rage.

Je vois bien que mon amertume le surprend.

Maintenant, va faire ton rapport, espèce de salaud, dis-je à voix basse en m'éloignant de lui.

-0-

Moscou me fait appeler à son bureau. Mon temps de sursis prend fin. Il l'a écourté de deux semaines.

— J'ai pris ma décision, pourquoi attendre, dit-il.

Vladimir, mon responsable de sursis, avait décrété que je n'étais pas digne d'être rachetée.

Dois-je plaider auprès de lui pour sauver ma position à la Pravda ?

Oui. Il le faut.

— S'il vous plaît, est-ce que je ne pourrais pas avoir une seconde chance, je vous en prie ? Le suppliai-je.

Il secoue la tête. Des pellicules tombent sur les épaules de son veston.

— Pour te simplifier la vie, camarade Brodovskaïa - et bien que tu ne le mérites pas – nous allons t'aider, dit-il.

Il ne me renvoie pas. Il me tend une lettre. Je suis autorisée à quitter la *Pravda* pour une durée indéterminée afin de poursuivre mes études. Puis il me tend une seconde lettre. Elle est adressée au camarade recteur de l'Université de Moscou. Il le prie de m'admettre à la prochaine session du cours de traducteur-interprète russe-français-russe.

Je ne sors pas de son bureau comme d'habitude. Je sors à reculons comme s'il était un tsar et moi un pathétique sous-fifre. Dans ce pays qui est le mien, être sans travail est assimilé à du vagabondage et le vagabondage étant hors-la-loi, il est passible de prison. Moscou m'évite ainsi de finir au fond d'une cellule de la Loubianka. Autrement dit, il me sauve la vie. Mon cœur peut donc fredonner. Merci, merci, camarade Moscou !

Je dis au revoir à mes collègues, du moins à ceux dont je connais les noms. Leurs poignées de mains sont molles, désintéressées. Leurs yeux sont inexpressifs. Porter un regard vide sur le monde est encore le meilleur moyen de se protéger. Je remets la lettre de Moscou à l'homme auquel elle est destinée. Il me dit qu'il me contactera. Bientôt.

Je n'ai pas dit à mes parents que j'avais été virée de la *Pravda*. Mais je l'ai dit à Beretzkoï, le seul auquel je ne crains pas de dire la vérité.

— Qui pourrait bien vouloir travailler à la *Pravda* ? me dit-il.
— Moi !

Je n'ai pas de nouvelles du camarade recteur de l'Université de Moscou. C'est Beretzkoï qui m'est venu en aide.

— C'est moi qui t'apprendrai à interpréter et traduire, me dit-il.

J'emprunte *Le Père Goriot* de Balzac à mon père. Je prends ma première leçon. Beretzkoï qui parle couramment l'anglais, le français et l'allemand, me dit qu'un écrivain ou même un orateur, a tendance à utiliser les mêmes mots, les mêmes phrases et que tout ce que j'aurai à faire, c'est de mémoriser ces mots et ces phrases.

-0-

Un mois a passé. Je travaille comme interprète et traductrice à l'Ambassade de France. Beretzkoï m'a recommandée à l'attaché culturel – je l'appellerai Pierre – et après avoir obtenu l'autorisation du Commissariat au Travail, me voilà officiellement interprète russe-français-russe et traductrice.

Il n'y a rien à dire sur le fait d'interpréter et de traduire. Après tout, c'est ce que faisait mon père et c'est un homme respectable.

-0-

8

Au quatrième étage de l'immeuble de Vassili, il y a six appartements, tous communautaires, bien sûr.

La porte de l'un d'eux reste ouverte quasiment tous les jours, même l'hiver. L'une des occupantes de l'appartement – une vieille femme – dit que les portes fermées lui rappellent la prison. Elle y a fait son temps, mais pour quel motif elle n'en dit rien.

La vieille femme s'appelle Tatiana comme moi et comme le bébé de l'abri du tramway.

Je reviens de l'Ambassade de France. Une musique, un air triste, joué sur une balalaïka émane de l'appartement qu'habite Tatiana. Elle se tient sur le seuil de sa porte. Ses lèvres articulent quelque chose tandis qu'elle me désigne le couloir dans la direction de l'appartement que j'occupe. Deux types baraqués s'appuient contre la porte. Ils ne sont pas vêtus de cuir noir, j'en conclus que ce ne sont pas des *Tchékistes*, mais sait-on jamais ? Ne m'étais-je pas trompée le jour où les *Tchékistes* étaient venus chercher Vassili ?

Tous deux fument. Ils sont encerclés de cendres et de volutes de fumée âcre. De mégots. Ils ont manifestement attendu pendant longtemps.

— Qui êtes-vous ? me demande le plus grand.

Il est rouge et a un gros nez. Il souffle sa fumée de tabac rassis sur mon visage.

— Mon nom est Tatiana Brodovskaïa et j'habite ici.

— Pour le moment, Brodovskaïa, ajoute l'autre.

Ils se disent huissiers. Le plus grand me tend une lettre.

— Lis ! aboie-t-il.

La lettre provient du Comité pour le Logement de Moscou. On m'informe que la chambre de l'appartement communautaire préalablement attribuée à Vassili Sergueïevitch Brodov a été réaffectée. Le nom du nouvel occupant y est mentionné. Ce n'est pas le mien.

— Entrez, dis-je.

Je leur montre le certificat du ZAGS portant la signature de Vassili et la mienne, certifiant que je suis sa femme.

— Par conséquent, je suis autorisée à vivre ici, camarades.

Tous deux secouent la tête à l'unisson comme deux marionnettes grand-guignolesques.

— *Kykla*, (Note 40) ton papier ne change rien. Tu as deux heures pour quitter les lieux ou nous t'expulserons. C'est bien compris ? Dit le plus grand qui a l'air d'être le supérieur.

Il m'arrache la lettre d'expulsion des mains et l'agite sous mon nez.

— Lis-la, *Kykla,* grogne-t-il.

Je fais ce qu'il me dit.

— Est-ce que je peux m'adresser à quelqu'un – pour faire annuler cette mise en demeure ? demandé-je en le regardant, puis en regardant son collègue

— Si tu ne pars pas, *Kykla,* nous te jetterons dehors, c'est aussi simple que ça ! Dit le plus petit.

Une tête apparaît dans l'embrasure de la porte. Celle d'un voisin de Vassili.

— Puis-je vous aider à déménager ? J'ai une brouette, une poussette et deux jeunes fils costauds. Ça ne prendra pas beaucoup de temps pour vous sortir de là, me propose-t-il.

La merveille de Staline a des murs aussi fins que du papier.

— Je n'ai pas d'argent pour vous payer, dis-je à l'homme.

— Mes fils dorment par terre. Nous avons besoin d'un matelas.

Je me tourne et regarde le lit qui est derrière moi.

— Est-ce que ça vous va ? C'est un matelas à ressort.

Il écarquille les yeux. Je venais de lui offrir un petit trésor : chez nous, il est d'usage de dormir sur des matelas bourrés de sciure ou de foin. Comment Vassili s'était-il procuré un matelas à ressorts, je n'en savais rien.

— Nous avons aussi besoin d'un poêle.

Je lui montre celui de Vassili.

— Prenez celui-ci. Il est vieux, mais il fonctionne.

Le voisin siffle bruyamment entre ses doigts et deux gars poussant une brouette et une poussette arrivent en courant.

À minuit, je frappe à la porte de mes parents. Avec Dan et Elena, ils font partie des rares privilégiés qui ont un appartement pour eux seuls.

Mon père ouvre la porte en pyjama. Il grelotte. De froid ou de peur ? Minuit, c'est l'heure préférée des *Tchékistes* pour venir chez les gens. Saisissez un homme au milieu de son sommeil et il vous avouera n'importe quoi. Première règle du manuel des *Tchékistes.*

Je tombe dans ses bras.

— Merde alors, Tanochka, qu'est-ce qui se passe?

Toutes mes affaires sont éparpillées sur le sol derrière moi : le voisin de Vassili et ses deux fils ont filé avec leur brouette et leur poussette. Comme j'ai laissé la plupart des affaires de Vassili dans l'appartement, ils comptent probablement s'en emparer avant que quiconque ne le fasse.

Ma mère surgit derrière mon père. Elle tremble elle aussi. Elle n'est vêtue que d'une chemise de nuit légère, mais ce n'est pas cela qui la fait trembler. Il y a de la peur dans ses yeux.

Je me suis mise à pleurer.

Ce soir, il faudra bien que je révèle à mes parents ce qu'il s'est passé depuis le mois de décembre 1931.

Leur dire que j'ai été renvoyée de la *Pravda.*

Leur parler de mon nouvel emploi.

Leur parler de Beretzkoï.

-0-

— Mamoshka … Papa … moi … Beretzkoï …

Ma mère prépare du thé. Mon père est appuyé contre la porte de la cuisine. Il a jeté un chandail sur ses épaules. Ma mère a aussi enfilé un chandail sur ses épaules.

— Le poète. Le poète que j'ai toujours … admiré. J'ai fait sa connaissance. Maintenant, je le connais. Je le connais assez bien. Très bien même. Nous sommes amis. J'ai été virée de la *Pravda* et je ne savais pas comment vous l'annoncer. Mais je suis à l'Ambassade de France maintenant. Papa, je travaille comme interprète et traductrice. Ce travail me plaît bien. Je crois c'est à cause de Beretzkoï qu'ils m'ont renvoyée.

Les verres de thé sont sur la table. Ma mère les déplace avec précaution pour mieux me voir.

— À cause du poète Beretzkoï ? demande-t-elle. Qu'est-ce qu'il a à faire avec toi ?

— C'est lui, le poète. Celui dont je vous parlais. Nous sommes ensemble. Lui et moi. Je l'aime. Nous nous aimons. Nous sommes ensemble … amants.

Ma voix faiblit et craque.

— Merde alors ! s'exclame mon père.

Il était assis à la table de la cuisine, le voilà sur ses pieds.

De la vapeur d'échappe du samovar. Mes parents possèdent ce samovar depuis aussi loin que je m'en souviens. Chez les Russes, le samovar est un membre de la famille : lorsqu'il commence à avoir une fuite, on s'assied pour pleurer car on réalise que c'est la fin de sa vie, mais pas question de le jeter, non, il va servir à stocker les boutons ou les crayons.

— Je suis désolée de ne vous parler de Beretzkoï que maintenant, finis-je par leur dire.

— Enfin, tu le fais … maintenant, dit mon père.

Il se rassied à la table de la cuisine.

J'ai pris la décision de tout leur dire.

Je leur raconte le jour où Beretzkoï était venu à la *Pravda*, ce qu'il m'avait dit à propos de son mariage, qu'il ne serait probablement jamais libre de m'épouser, mais que je l'aime quand même et ne cesserai jamais de l'aimer.

— Je suis désolée. Je dois vous décevoir terriblement. Je n'ai jamais voulu que ça arrive … jamais …

Je cesse de parler. Ils m'avaient écoutée sans m'interrompre.

— Le mieux serait de faire sa connaissance, dit ma mère lentement mais résolument.

— Je ne peux le voir que les jeudis, dis-je.

— Mon Dieu ! soupire mon père. Elle ne le voit que les jeudis !

On dirait qu'il va vomir.

J'ai le sentiment d'être une putain.

-0-

Le jeudi suivant, j'attends Beretzkoï devant l'immeuble de Vassili. Comme je ne peux pas lui téléphoner, il ne sait rien de mon expulsion. Nous nous rendons immédiatement chez mes parents. Nous frappons, c'est ma mère qui ouvre la porte. En entendant nos voix, mon père sort de leur chambre.

— J'ai pensé qu'il fallait que je vienne vous voir immédiatement, dit Beretzkoï.

— Non, dit ma mère, en s'écartant pour nous laisser entrer, vous auriez dû venir bien avant.

Nous allons dans la cuisine. Ma mère remplit le samovar. En ouvrant la boîte à biscuits, elle en fait tomber quelques uns sur le sol. Ils sont effrités.

— Tatiana, aide donc ta mère à les ramasser, m'ordonne mon père.

Tatiana, pas Tanochka.

Je sens que ça va être une matinée de franc-parler. De dispute.

Ma mère verse le thé. Elle éclabousse autour des verres, par nervosité.

— Tania est encore si jeune. Comment avez-vous pu la laisser tomber amoureuse de vous, un homme plus mûr, plus mature ?

C'est mon père qui parla. Il tremble. Ça me fait mal au fond de la poitrine de le voir aussi bouleversé.

— Comment aurais-je pu je l'en empêcher ? Je l'aime aussi ! répond Beretzkoï.

— Ça m'est égal ! Vous auriez dû le savoir. Vous ne deviez pas lui faire ça.

— Mais je l'ai fait. De plus, je ne peux pas dire que je le regrette.

— Mon Dieu ! Mais mon gars, c'était à vous de savoir ! hurle mon père, en postillonnant.

— On ne fait pas toujours ce qu'il faudrait, répond calmement Beretzkoï en homme qui admet qu'il a eu tord.

Ma mère sort de la cuisine précipitamment. Elle pleure en silence. Je la suis sans courir, calmement. Elle s'assied sur le canapé de la salle de séjour. Je m'assieds en face d'elle. Nous écoutons l'accusation de mon père et le plaidoyer de Beretzkoï. Ma mère reste silencieuse. Ses yeux sont grand ouverts et tristes. Elle ne pleure plus.

— Tania ne doit pas souffrir, dit mon père.

Pas Tanochka, une fois de plus.

— Je ne lui ferai pas de mal, Nicolas Nikolaïevitch. Je l'aime.

— Il faut que vous sachiez que nous interviendrons s'il nous apparaît que votre relation devient dangereuse pour elle.

— Vous avez mon approbation. Je vous permets d'agir ainsi.

Beretzkoï promet à mon père qu'il n'aura aucune raison d'intervenir.

Tous deux nous rejoignent dans le séjour.

Ma mère serre mon père dans ses bras.

À contrecœur, résignés, mes parents semblent accepter un état de fait auquel ils ne peuvent rien changer.

— Merci, leur dis-je.

Beretzkoï ne dit rien.

-0-

9

Voilà deux mois que je vis avec mes parents.

— Je veux que tu viennes t'installer au village. Je veux que tu viennes vivre à Zernoïe Selo. Je te veux près de moi, Tania, me dit Beretzkoï.

Il vient de me trouver quelque chose au village. C'est une petite *datcha*, elle n'est pas en très bon état, mais elle est libre et appartient à *Profpro*, ce qui sous-entend que j'y ai droit, en tant que membre. Un membre a la possibilité d'acheter une *datcha* grâce à un prêt d'État à taux zéro, ou la louer. Beretzkoï a acheté la sienne. Je louerai la mienne. (Note 41)

— Je paierai le loyer, dit-il.

— Pas question, dis-je. S'il y a un sobriquet dont je ne veux pas, c'est bien celui de femme entretenue.

Il hoche la tête.

— Qui te parle de femme entretenue ?

Gozuzdom lui a demandé de rédiger une encyclopédie de la littérature russe et l'autorise à avoir une assistante rédactionnelle. L'assistante, ce sera moi.

Mes parents ne veulent pas que j'aille m'installer à Zernoïe Selo. Leur libéralisme ne va pas jusqu'à autoriser leur fille à vivre dans des conditions licencieuses avec un homme.

Dan et Elena me conseillent de ne pas écouter mes parents.

— Mais nous ne sommes jamais seuls ! insiste Beretzkoï.

— Je suis désolée, mais je ne peux décemment pas demander à mes parents d'aller faire un tour pour que toi et moi ... tu vois ce que je veux dire, lui répliquai-je sans pouvoir contenir le rouge qui me monte aux joues.

Il me met une clé dans la main.

— Quelle porte ouvre-t-elle ?

— L'appartement de quelqu'un que je connais.

— Comment s'appelle-t-il ?

— Elle, répond-il.

C'est l'appartement de Galina Mikhaïlovna Ousipovskaïa. Je la connais. Du moins, j'ai entendu parler d'elle. Elle est comédienne et auteur dramatique. Beretzkoï et elle ont jadis couché ensemble.

— Je ne veux pas aller là-bas, m'empresse-je de dire.

Elle n'est pas à Moscou et si nous cherchons un endroit, elle nous prête son appartement. Pourquoi cette expression : si nous cherchons un endroit résonne-t-elle si ignominieusement en moi ? Un endroit ? Un endroit pour quoi faire ?

L'appartement n'est pas situé dans une *merveille de Staline*, mais dans un immeuble de l'époque des tsars. La façade est ornée de motifs en briques, le hall est en marbre blanc et un ascenseur nous transporte à l'appartement. Les ascenseurs sont pour nous des accessoires bourgeois : c'est la première fois que j'en utilise un. Ses parois sont recouvertes de velours brun et il y a un miroir au plafond. Ce miroir nous fait ressembler à des nains.

L'appartement est entièrement blanc et noir : on dirait un échiquier géant.

Les murs sont recouverts de brocard blanc lustré. Dans le séjour, le canapé et les fauteuils sont noirs. Le tapis est noir et blanc. Dans la chambre, les couleurs sont inversées : les murs sont noirs, le tapis blanc. L'édredon posé sur le lit est blanc aussi. Les draps, noirs. Je n'avais jamais vu de draps noirs. Je ne savais même pas que cela pouvait exister.

— De la soie, explique Beretzkoï.

— Comment le sais-tu ?

— On va commencer à se disputer, c'est ça ? me demande-t-il.

J'enlève l'édredon du lit. Les draps sont glissants et glacés. Je soulève le drap de dessus, il me glisse des mains et tombe sur le sol. Nous ne le ramassons pas.

-0-

Quelques temps plus tard, je visite l'appartement. Beretzkoï est sur mes talons, faisant comme s'il n'y avait jamais mis les pieds.

Dans le couloir étroit et court qui mène du séjour à la cuisine, les murs sont couverts de croquis au fusain. Il y en a un d'Anna Pavlova dans le rôle de *la fée Dragée* dans *Casse-noisette* de Tchaïkovski, un autre de Vaslav Nijinski dans *Giselle* et un troisième de Mathilde Kschessinska, qui fut la maîtresse de Nicolas II, dans *La Mort du Cygne* de Fokine. La plupart des autres croquis représentent Galina. Galina en manteau de fourrure gris et *chapka* blanche comme Anna Karénine ; Galina en redingote noire, bottes cavalières noires et tricorne galonné de noir comme Catherine la Grande ; Galina en robe du soir rose, ressemblant à la poitrinaire *Dame aux Camélias* ; Galina en robe de mariée, comme Natacha, l'épouse de Pierre Bezoukhov dans *Guerre et Paix* de Tolstoï et Galina couverte de bijoux, le nez en l'air interprétant Alexandra, la dernière Tsarine de Russie, dans une pièce qu'elle a écrite elle-même, d'après ce que Beretzkoï me dit par-dessus mon épaule.

Soudain on entend frapper très fort à la porte.

Je regarde Beretzkoï. Il sourit.

La porte s'ouvre lentement.

— Il y a quelqu'un ? demande une voix.

Galina est sur le seuil. Elle est magnifique : gracile, les traits fins. Elle est en rouge des pieds à la tête : sa robe, ses chaussures, ses cheveux, ses ongles et ses lèvres.

— Tania ? demande-t-elle feignant d'ignorer Beretzkoï.

— Je suis absolument désolée. Je ... non ... nous ... nous sommes chez vous.

Je me sens très gênée.

Elle jette la tête en arrière et éclate d'un rire éraillé.

— Tranquillisez-vous, réplique-t-elle.

— J'ai ... enfin ... je ne voulais pas venir, bégayé-je.
— Je sais ce que vous pensez, mais ne lui en veuillez pas. C'est moi qui ai eu l'idée de mettre mon appartement à votre disposition, me dit-elle.
— Je vais refaire le lit, bafouillé-je.
Elle me fait signe de rester où je suis.
— Alors, tu es celle qu'il nous a cachée tout ces temps. Bien. Bien. Je vois. Sacré tombeur !
Elle a la voix d'un adolescent : plus grave que celle d'une femme, moins que celle d'un homme.
Beretzkoï la serre dans ses bras. Elle lui applique sur le menton un baiser qui laisse une empreinte rouge qu'elle s'empresse d'essuyer du revers de sa main minuscule et très blanche.
La porte d'entrée s'ouvre de nouveau, un jeune homme aux cheveux noirs brillantinés peignés en avant pour cacher une calvitie précoce, fait son entrée.
— Grischka, mon majordome, annonce Galina.
Le majordome sourit.
— Si cela te plaît, ma toute belle, alors je serai ton majordome.
Galina le l'écoute pas. Elle me désigne Beretzkoï.
— Tania, je suppose que tu sais que cet homme et moi avons été intimes autrefois ?
— Oui.
— Alors écoute-moi. Je sais qu'on va te dire que je l'aime toujours. On te dira que je ne cesserai jamais de l'aimer. Oui, j'adore cet homme, mais voici ce qu'il faut que tu saches. Pour moi, Galina Mikhaïlovna, l'amour est charnel tandis que l'adoration est fondamentalement spirituelle. C'est ce qui existe entre lui et moi aujourd'hui. Je l'adore. Tu piges ?
— Oui.
— Alors nous pouvons être amies. De vraies amies ! me dit-elle.
— Oui, bien sûr.
Elle joue dans *Notre-Dame de Paris* de Victor Hugo. Elle est *Esméralda*. Elle me tend une place gratuite.
— Bon, fais en sorte de venir. Tu vas adorer cette pièce.
Je ne peux que sourire.

-0-

J'ai décidé d'aller voir la pièce. Seule.
Au théâtre, je suis assise au premier rang impressionnée par cet endroit inconnu et étrange qui m'environne. Notre vie, celle de mes parents et la mienne, était une vie sans raffinements, c'était une vie de lutte, une vie de révolution.
Dès son entrée en scène Galina me reconnaît. Elle me fait un imperceptible signe de la main droite. Pendant l'entracte Grischka m'apporte un billet : Galina m'invite à la rejoindre dans sa loge à la fin de la représentation.

C'est Grischka qui vient me chercher à la fin du spectacle. Me prenant par le coude, il m'aide à passer devant des vieilles dames qui repassent les costumes, debout à une grande table, indifférentes aux jeunes gens aux torses nus brillants de sueur, qui démontent les accessoires de théâtre autour d'elles.

Dans la loge de Galina, il fait sauter le bouchon d'une bouteille de *Moët et Chandon*. Tandis qu'il commence à remplir deux délicates flûtes, Galina entre.

— Tania ! Comme je suis contente que tu sois venue. As-tu aimé la pièce ? Dis, Grischka, où sont les renforts ?

Grischka se laisse pousser la moustache, mais elle en est encore au stade où on pourrait croire qu'il ne s'est pas rasé depuis plusieurs jours : les barbes naissantes sont maintenant à la mode, conséquence de notre grande utopie socialiste qui nous a privés de lames et de rasoirs.

Galina se laisse tomber sur son canapé de velours rouge. Grischka la déchausse. Il embrasse ses pieds, en lèche la peau, enfonce l'un de ses gros orteils dans sa bouche. Le suce.

— Galina, Beretzkoï m'a demandé de m'installer à Zernoïe Selo, lui dis-je à brûle pourpoint.

— Ah ha ! dit-elle en riant. Alors que fais-tu encore là ?

— S'il ne m'aimait plus un jour ?

Grischka a commencé à démaquiller le visage de Galina avec un linge humide. Elle repousse ses mains.

— Plus tard, Grischkin mon amour. Tu ne veux donc pas que je reste belle ?

Elle me regarde.

— Ma chère Tania, rien ne dure. Il y a une fin à tout. Mais qui, en ces jours troublés où nous vivons, peut se risquer à dire toujours en parlant d'amour ? Quelle enfant tu es encore ! Ma chère petite colombe, l'amour c'est pour ici et maintenant. Bien sûr que cela peut finir. Oui, splaf ! Ça finit. Whouah ! Ça fait mal. Hihihiiiii on sanglote. On croit qu'on va mourir. On se demande qui assistera à ses funérailles. On se demande si on va léguer sa cape pourpre à Madame Unetelle, cette vieille sorcière. D'accord, on meurt ! Mais hélas, voilà qu'on renaît. Oui, oh oui, l'amour finit. Une autre paire d'yeux est plus belle que la vôtre ou une autre paire de bras le tiendra plus serré que les vôtres. Une autre paire de nichons plus gros, plus ronds, plus doux...

Grischka tousse.

— Stop ! Stop Galia ! grogne-t-il. Tu n'es pas Anna Karénine.

Elle lui lance une de ses chaussures à la figure.

Je la regarde, fixement en refoulant mes larmes. À cause de ces mots je me sens devenir folle. Comme une idiote d'adolescente sans avenir.

-0-

Avril 2001 : Moscou (Gérard Lombard, biographe)

Lorsque Tania a accepté de me parler, j'ai adressé de Moscou cet e-mail à mon éditeur à Paris : *Elle va tout me raconter. C'est incroyable !*

Plus tard, dans un bar de l'avenue de l'Opéra, devant une bière il m'a demandé : *Peut-on la croire ?*

Oui, oui, pourquoi pas ? fut ma réponse.

-0-

Elle est morte il y a deux mois.

Après son diagnostic, elle m'avait écrit : *J'ai un cancer. Je n'ai pas peur de mourir. Je n'ai pas peur du néant qui m'attend. J'aurais aimé être là pour la sortie de votre livre, mais je crains que ce soit peu probable. Les médecins m'ont donné quatre mois. Apparemment, cela fait un bout de temps que je suis malade. J'ai été ravie de vous parler. J'ai été ravie de parler de lui. Un moment, j'ai eu l'impression qu'il était revenu ...*

-0-

Alors, je continue d'enquêter et poursuis mes recherches.

J'apprends qu'au début il y avait une jolie jeune fille au visage rond encadré de boucles d'un blond cendré, aux yeux verts, qui s'appelait Tania. On me parle d'Elena au regard triste même lorsqu'elle souriait. On me parle de Galina, toujours pleine de vie : une femme comme il faut. On me parle de Dan, le grand amour d'Elena, de Beretzkoï que Galina avait aimé jadis et qui sera le grand amour de Tania. On me parle de Nadejda Konstantinovna que Beretzkoï avait aimée autrefois et comment cet amour éteint, il n'avait pas osé se séparer d'elle malgré tout. On me parle des autres. Ses amis à elle. Ses voisins. Ses parents.

J'ai écouté son histoire.

Elle commence au printemps 1932, lorsque ce qui aurait dû demeurer secret ne l'était plus.

Ce secret qui n'en était plus un, c'était que le poète Boris Petrovitch Beretzkoï qui habitait rue Léna avec son épouse Nadejda Konstantinovna et leurs deux petits garçons blonds si fiers de porter leurs foulards rouges en pointe des Pionniers, était sur le point de faire venir une autre femme à Zernoïe Selo. Les villageois se demandaient si sa femme était au courant. Certains disaient qu'elle le savait. D'autres étaient de l'avis contraire, si elle l'avait su, elle aurait mis fin à cette liaison.

J'apprends que Nadejda Konstantinovna, une chanteuse, avait fait la connaissance de Beretzkoï à Moscou.

Au centre de Moscou, il y avait un théâtre, si petit qu'il ne pouvait contenir qu'une quarantaine de places. Certains soirs, assise sur la scène derrière un vieux piano, Nadejda Konstantinovna chantait des chansons du folklore. Elle n'avait pas une voix exceptionnelle, mais comme elle était l'épouse d'un des chorégraphes les plus célèbres de Russie, cela suffisait à remplir la salle.

Un soir, alors qu'elle marchait sur la scène en chantant d'une voix enrouée à force d'avoir cherché à atteindre les notes les plus aigues, Beretzkoï avait posé sa main sur son bras. Il m'est arrivé d'entendre des rossignols chanter, mais je n'avais jamais entendu personne chanter comme un rossignol, lui avait-il dit.

Sur le champ, elle cessa d'aimer le chorégraphe et tomba amoureuse du poète.

Plus tard ce soir-là, autour d'un verre de thé, dans un salon du thé, il lui raconta qu'il était marié mais que son mariage était fini. Elle a rencontré quelqu'un d'autre, moi j'ai rencontré quelqu'un d'autre, ce n'était pas la peine de continuer, c'était ces propres mots. Comme elle l'aimait déjà, elle ne lui demanda pas où était cette autre. Ses yeux sombres lui disaient qu'il ne se souciait plus de savoir où elle était. Pour elle non plus, ce n'était pas un souci.

Pendant un mois, il était venu la chercher tous les soirs au petit théâtre. Après lui avoir déclaré je ne peux pas vivre dans le mensonge, elle avait pris la décision de dire au chorégraphe qu'elle était tombée amoureuse de quelqu'un d'autre. Le chorégraphe l'avait flanquée à la porte, mais au préalable il lui avait mis son poing dans la figure et l'avait traînée sur le sol en la tenant par sa longue chevelure blonde en lui disant qu'il ne voulait plus la voir. Il l'avait traitée de putain. Elle avait retrouvé ses vêtements éparpillés sur le trottoir et dans la rue.

Enfin débarrassés de leurs mariages respectifs, le poète et Nadejda s'étaient rendus au ZAGS.

Elle avait mis au monde deux garçons.

Paul, leur premier, naquit peu après le neuvième mois de leur visite à ZAGS et Grigori, le second, s'annonça quelques temps après ; mais avec la perspective d'avoir une bouche de plus à nourrir, leur joie ne fut plus la même. La Première Grande Famine faisait rage. Les gens se disputaient la chair des chevaux morts, alors ce n'était vraiment pas le moment de mettre un nouvel être humain au monde. On s'en sortira, je ferai ce qu'il faut, disait-il, lorsqu'il doutait de pouvoir y parvenir. Les gens hurlaient pour avoir de la nourriture, pas de la poésie. Lui ne parvenait pas à gagner de quoi vivre avec ce qu'il faisait : écrire de la poésie. Elle ne pouvait pas l'aider non plus : l'accès au petit théâtre du centre de Moscou lui avait été interdit du jour où le chorégraphe l'avait jetée dehors. Personne ne viendrait écouter chanter une salope adultère, lui avait déclaré le camarade directeur du théâtre. Quand son mari avait appris qu'elle attendait de nouveau un enfant, il n'avait rien trouvé de mieux à lui dire, que : S'il te plaît, interromps ta grossesse, on pourra recommencer quand la famine sera finie. Elle avait refusé en disant que : Ce qui avait été conçu dans l'amour, devait naître et grandir dans l'amour.

Écoute, avait-il dit, ce n'est qu'un 'ce' pour toi, pas encore un être humain, alors interromps ta grossesse. Elle ne l'avait plus jamais laissé la toucher. Pas maintenant, pas maintenant, lui disait-elle toujours en lui tournant le dos. D'autres ne mirent pas longtemps à lui offrir ce qu'elle lui refusait. Elle s'en était rendu compte. À la légèreté de son pas, à l'éclat de sa peau, à son regard apaisé, mais aussi à cette gêne coupable lorsqu'il lui demandait s'il y avait quelque chose qu'il pût faire pour elle quand il rentrait après une nuit passée ailleurs. Il n'y avait que les noms de ces femmes, ces putes, qu'elle ne connaissait pas et ne voulait pas connaître.

Toutefois, elle avait appris le nom de cette femme de la *Pravda* qui était venue s'installer dans la *datcha* de la rue Ob.

Il me faut une assistante pour ce projet d'encyclopédie, lui avait-il dit.

La rue Ob n'était qu'à un jet de pierre de la rue Léna : à huit ou dix minutes à pieds.

Lorsque le temps était clair, on pouvait même de la rue Léna apercevoir les *datchas* de la rue Ob.

-0-

DEUXIÈME PARTIE

1

Nous sommes en été : au mois de juin.

Je suis dans le train Moscou-Kiev. En route pour Zernoïe Selo.

Ma mère m'accompagne.

— Nous devons montrer à tes voisins que tu as une famille, dit-elle.

Elle redresse son chapeau de paille.

Ma mère et moi sommes assises face à face sur les bancs raides d'un wagon *zhestki*. Beretzkoï aurait préféré que nous voyagions en *miagki* où les banquettes sont confortables. Pourquoi dépenser plus, lui avais-je dit. (Note 42)

Un vieil homme est assis à côté de ma mère. Il tousse dans un morceau de tissu taché de sang. La tuberculose est endémique dans notre pays.

À côté de moi est assise une mère vêtue d'une redingote sale, portant un bébé sur ses genoux. Le bébé sent affreusement mauvais. Ma mère tente d'attirer l'attention de la femme sur la couche de l'enfant, mais la femme ne cesse de regarder fixement par la fenêtre.

Qu'y-a-t-il à voir ?

Certainement rien de très beau. Les sbires de Staline sont passés par là avant nous, ils ont collectivisé la terre. Où que le regard se pose, on ne voit que terre sèche, en friche, abandonnée, arbres déracinés, carcasses de bétail blanchies par le soleil, *izbas* inhabitées, leurs toits arrachés par le vent, des chardons poussant par les trous laissés dans les murs là où autrefois il y avait des portes et des fenêtres. Ceux qui vivaient dans ces *datchas*, nos *Koulaks*, avaient été mis en prison ou dans des camps de travaux forcés. Du moins, ceux qui avaient eu de la chance, car les *Koulaks* malchanceux, eux, étaient morts.

Nous entrons dans la gare de Zernoïe Selo. Il est midi. Des gens courent. Certains monteront dans le train pour Kiev, espérant y vivre une vie meilleure. D'autres portent des sacs et des caisses. Ils sont venus vendre la production de leurs petits potagers privés : pommes de terre encore couvertes de terre rouge ; bottes de poireaux; carottes et oignons ; quelques abricots fripés.

Dans la salle d'attente de la gare, on sent une odeur âcre de corps sales : une demi-douzaine d'individus à moitié endormis sont assis sur un banc. Une mare de liquide jaune souille le sol, mais devinant immédiatement ce que cela pourrait être, nous en faisons le tour sur la pointe des pieds pour éviter de salir nos bottes.

Ma mère cherche toujours à faire des comparaisons entre ce que Lénine nous avait promis et ce que Staline nous a donné. Il faut que je lui trouve des explications.

— La gare est en mauvais état, mais elle est destinée à être détruite pour être bientôt reconstruite, alors je ne pense pas qu'elle sera longtemps dans cet état, cela ne se peut pas.

— Oui, laisse du temps à Staline et il démolira tout le pays, me réplique-t-elle.

Beretzkoï est à Léningrad pour une conférence littéraire mais j'ai les clés de la *datcha*. Ma mère et moi désirons nous y rendre à pied. Beretzkoï a dessiné un plan pour nous indiquer le chemin le plus court.

Un homme conduisant un attelage essaie de nous convaincre de nous conduire à notre destination. Il demande dix kopecks.

— Nous avons une carte, dit ma mère avec fermeté.

Beretzkoï avait épinglé un billet sur son plan.

Mon amour, j'espère que jamais tu ne diras que tu n'aurais jamais dû faire ce trajet.

Le village possède deux rues principales : la rue Pouchkine et la rue de la Constitution. La rue Pouchkine du nord au sud ; la rue de la Constitution d'est en ouest. Ni longues, ni larges, ni pavées, elles se coupent en croix sur la Place Marx. L'incontournable statue de Lénine est posée sur un socle au centre de la place. Notre ancien leader est taillé dans un bloc de grès. Il porte une cape et tient une faucille dans sa main droite. Sa main gauche est en l'air ; c'est ainsi qu'il est représenté sur toutes ses statues. Il sourit : il sourit aussi sur toutes ses statues.

Il y a des barreaux aux fenêtres d'un immeuble qui nous fait face de l'autre côté de la place. Des barreaux ? Le quartier général de la *Guépéou* sans aucun doute. *La Faucille et le Marteau* flottent à l'une des fenêtres. Oui, il n'y a plus de doute, le quartier général de la *Guépéou*.

En passant devant une taverne, nous parviennent des voix joyeuses et des rires venant de l'intérieur. Son enseigne est *Taverne de la Bannière Rouge*. C'est un bâtiment délabré à deux étages, entouré d'un jardin fait d'un enchevêtrement de buissons et d'arbres desséchés. L'étage supérieur abrite les bains publics et un sauna : les volets ont été repeints, une pipe de métal dépasse d'une des fenêtres. Elle crache une fumée noire malodorante.

Chacune de nous porte deux lourdes valises et sous le soleil plombant juste au-dessus de nos têtes, nous avons de plus en plus chaud.

— Ce n'est plus très loin, maintenant, Mamoshka, dis-je à ma mère.

Nous passons devant des groupes d'immeubles de bois et de pierres et arrivons dans des rues qui portent toutes des noms de fleuves ou de rivières. C'est dans cette partie du village que vivent les membres de *Profpro*. Les fleuves et les rivières sont tous russes : Angara, Amour, Dniepr, Don, Léna, Ob et Volga. Ma *datcha* est située à l'extrémité ouest de le la rue Ob. Elle porte le numéro Un. Venant de l'extrémité est, nous nous en approchons.

Les *datchas* se ressemblent toutes maintenant : petites maisons en bois couleur charbon, aux toits d'ardoises couleur peau d'orange brûlée. La mienne est partiellement cachée par une barrière de piquets et de planches dépareillés. Le portail peut se fermer, d'ailleurs il l'est. Je sors la clé de dessous une pierre, près de son montant écaillé.

— Je sens que tu vas être en sécurité ici, dit ma mère un brin cynique.

Elle montre les murs du doigt et au même moment un chien se met à aboyer dans le jardin d'à côté, envahi de broussailles.

— Encore plus en sécurité, dit ma mère.

Il y a un terrain vague de l'autre côté de ma *datcha*. Le terrain est envahi de chardons. Une rafale de vent soulève et fait s'entrechoquer des morceaux de ferrailles qui y sont dispersés.

Le numéro Un de la rue Ob est une petite maison. Cela m'a surprise lorsque j'ai ouvert la porte d'entrée. Elle n'a que deux pièces - non trois - un séjour, une chambre et une cuisine ce qui en Russie compte pour une pièce, parce que toute notre vie s'y déroule, pratiquement. On ne se contente pas d'y cuisiner et d'y prendre ses repas, c'est là que l'on reçoit ses amis et où l'on dort pour profiter de la chaleur du poêle en hiver,. Deux petits corridors étroits relient les trois pièces, l'un d'eux donne sur une véranda vitrée. Beretzkoï m'a déjà dit qu'il aurait son bureau dans la véranda.

Ma mère demande où se trouve la salle de bains. Elle est dehors, dans le jardin, à dix pas de la porte de derrière. De l'eau brunâtre jaillit d'un robinet rouillé fiché dans le mur et s'écoule sur des tuiles sales face à une porte branlante. La porte ouvre sur les latrines. Ma pauvre mère fait un bond en arrière et s'empresse de se couvrir le nez et la bouche des deux mains. Les latrines sont en fait un siège en bois percé d'un gros trou posé sur un grand seau.

— Complètement archaïque ! crie-t-elle.

J'ai l'impression qu'elle va vomir ou du moins qu'elle va pleurer, j'en ai peur.

À côté de la porte de derrière, le long de la façade de la *datcha*, des marches de pierre conduisent à un grenier. Comme Maman ne veut pas que j'aille voir ce qu'il y a dedans, je lui demande de ne pas dire de bêtises : je vais habiter là, il vaut mieux que je connaisse la *datcha* à fond, avant qu'il ne soit trop tard pour retourner avec elle à Moscou. Le grenier sinistrement froid, humide et misérable, est complètement vide.

Beretzkoï a meublé la *datcha* pour moi. Ou disons plutôt qu'il s'est procuré quelques meubles sur place.

— Peu et sans goût, déclare ma mère.

Dans le séjour, il y a un canapé de velours rouge, deux fauteuils assortis et une table basse ovale à pieds métalliques. Dans la véranda, un bureau et deux fauteuils en osier.

Dans la chambre, un grand lit qui jadis, avait dû être en bon état. Huit chaises entourent la table de la cuisine. Il va falloir que je me fasse vite des amis ! Le poêle à bois est neuf : encore partiellement enveloppé de papier journal. *Aujourd'hui, les travailleurs sont* ... C'est la *Pravda*. J'arrête de lire.

Il y a un buffet rempli de conserves faites maison dans des bocaux de verre à couvercles vissés : harengs, sardines, cornichons, oignons, tomates, concombres. Sur la table une bouteille de vodka et deux bouteilles de vin. Il y a aussi une lettre.

Ma très chère Tania, lorsque quelque chose est important, il ne faut pas se contenter de le dire, il faut aussi l'écrire. Je t'aime. Je t'en prie, reste ici avec moi - toujours.

Je la montre à ma mère, en espérant que les sentiments de Beretzkoï la convaincront.

— C'est gentil de sa part, concède-t-elle en secouant les épaules. Mais tu sais, Tania, c'est un poète et les poètes sont habiles avec les mots.

-0-

Nous nous mettons à faire le ménage.

Des cafards s'échappent du buffet de la cuisine. Nous nous disputons sur la manière d'en venir à bout. On entend des rats gratter dans le grenier. Nous fermons les yeux sur les lames de parquets qui manquent, les murs craquelés, la peinture écaillée. Nous suspendons les rideaux que nous avons apportés de Moscou. Par une heureuse coïncidence, ils sont rouges, assortis au canapé, la seule couleur que nous ayons trouvée. Dans le jardin, nous arrachons les mauvaises herbes et ramassons les feuilles mortes pour en faire de gros tas. Je grimpe sur les branches noueuses d'un poirier et me mets à l'élaguer.

— J'espère que tu sais ce que tu fais, me crie ma mère en dessous.

— Je n'en ai pas la moindre idée, répliqué-je.

— C'est bien ce que je pensais.

Je remarque un sourire discret sur ses lèvres.

— Maintenant, nous allons montrer aux voisins que tu as une mère.

Il ne reste plus rien à nettoyer.

Elle fait cuire un gâteau, un *vatroushka* (Note 43) pour chacun des voisins tandis que je vais jusqu'à la rue de la Constitution acheter quelques bouquets de pois de senteur à leur offrir en même temps.

Beretzkoï m'a dit qu'aux numéros Cinq et Six vivent les veuves d'un ingénieur et d'un physicien. Aux numéros Deux et Trois deux maîtres d'écoles retraités et leurs épouses. Ayant écrit des livres scolaires, ces deux maîtres d'école sont membres de *Profpro*. Les maris des deux veuves, eux, avaient écrit des livres techniques, ce qui en faisait des membres de notre syndicat. Au numéro Quatre il n'y a personne. Le poète qui habitait là, s'est pendu.

Nous commençons notre visite aux voisins par la veuve Natalia Petrovna Primakovskaïa. Son visage ridé est encadré de boucles grises. Elle verse le thé et plonge un couteau dans le gâteau que nous venons de lui offrir.

— Non ! Non ! C'est pour vous ! lui crie ma mère.

— Vous dites que chez vous il y a des poux ? demande-t-elle étonnée.

Je me retiens de rire en entendant cette remarque saugrenue et vois ma mère en faire autant.

— Non, lui dis-je aussi fort que possible tout en évitant de hurler. Le gâteau est pour vous. Pour vous !

— Ah, je suis désolée, dit-elle. Je suis un peu sourde.

Alexandra Mikhaïlovna Nininskaïa, la veuve du numéro Six, est une femme plantureuse à la chevelure couleur peau de pêche.

— Vous venez de Moscou ? Je connais bien Staline, dit-elle.

— Moi aussi, je connais bien Staline, répond ma mère.

Un sourire tremblotant s'esquisse sur les lèvres de la veuve Alexandra.
— Ah bien, murmure-t-elle.
Elle met dans une boîte le gâteau que nous lui tendons.
— J'imagine que vous n'avez pas envie d'en manger maintenant, dit-elle.

Ivan Ivanovitch Gromiko, le maître d'école à la retraite et son épouse Anna Davidovna vivent au numéro trois. Les yeux d'Ivan sont un peu bridés. Il les écarquille en nous écoutant, comme s'il s'interrogeait sur la véracité de ce que nous lui racontons. Anna porte des lunettes à grosse monture en écaille, aux verres épais. Chaque fois qu'elle s'adresse à nous, elle repousse du doigt l'arcade de la monture et la remonte jusqu'au sommet de son long nez.

Les Kravchinski, Léonid Mikhaïlovitch et Alisa Fiodorovna, habitent la *datcha* d'à côté, au numéro Deux. Le chien qui aboie est à eux. Léonid porte un pantalon de flanelle grise et un cardigan gris aussi. Le cardigan n'arrive pas à couvrir sa bedaine. Alisa est une petite personne toute en rondeurs. Son corps est petit et rond et elle a de petits yeux bleus ronds au-dessus de petites joues rondes et colorées.

— Venez nous voir quand vous le voulez, lui dis-je.

C'est exactement ce que j'ai dit aux autres.

-0-

J'accompagne ma mère à la gare. Voilà cinq jours qu'elle est avec moi, maintenant elle doit retourner à Moscou où mon père l'attend.

— Tania, si ça ne va pas, reviens à la maison. Je sais que tu es déterminée à ce que ça marche. La détermination ne suffit pas toujours, me dit-elle.

Une fois seule, je transporte une des chaises de la cuisine dans le jardin de devant. Il fait presque nuit. Je grimpe sur la chaise pour voir à quoi ressemble le village quand il fait nuit. Y-a-t-il des lumières quelque part ? J'aperçois quelques *datchas*, mais seulement leurs toits de tuiles et leurs cheminées fumantes. Si je me réfère au plan que Beretzkoï m'a dessiné, ces *datchas* doivent se trouver dans la rue Léna.

On ne m'avait pas dit que de la rue Ob on pouvait voir la rue Léna.

-0-

2

Dans la rue, devant ma *datcha* se tient un homme d'un certain âge, en short blanc et *roubachka* blanche serrée à la taille par une large ceinture satinée à nœud bouffant. Il a frappé au portail pour attirer mon attention.

— Kolia - Nicolas Nicolaïevitch Rozanov, se présente-t-il.

Il soulève son chapeau de paille. Le chapeau est retenu à son menton par un ruban blanc. Il porte aux pieds des sandales grecques. Ses talons sont fendillés et dans les fentes, on dirait qu'il y a de la peinture ; rouge, bleu, jaune, orange.

— Je suis un artiste, je peins. Artiste peintre donc, m'explique-t-il.

Il a dû voir que je regardais ses pieds.

Beretzkoï m'a parlé de Kolia. Dan, Elena et Galina aussi. Je sais donc qu'il est membre de *Profpro* et que sa *datcha* est mitoyenne de celle des Beretzkoï.

Il m'a apporté un bouquet de magnifiques tournesols en papier.

— C'est pour vous. J'aurais préféré qu'elles soient vraies, mais les vraies ne durent pas. Celles-ci vivront éternellement, dit-il.

Il vient de Léningrad - Saint-Pétersbourg quand il est né - et avait passé six années dans la Forteresse Pierre-et-Paul, accusé d'avoir tramé un complot pour assassiner le Tsar Alexandre II. Son co-accusé était Alexandre Ilitch Oulianov, le frère de Lénine.

Nous entrons dans la *datcha* et nous installons dans la cuisine.

Je propose du thé à Kolia mais il me dit qu'il préfèrerait du café si ça ne me dérangeait pas trop.

Je dois avouer que moi aussi, très souvent, j'apprécie un café noir bien fort. Comme mon père.

— Peindre, c'est graver son esprit. C'est ainsi que j'ai commencé à peindre. Autrefois j'étais boucher et puis à Pierre-et-Paul je me suis dit que si j'en sortais, je peindrais, je peindrais toutes les belles choses que je vois, j'en imprègnerais tant mon intellect que je ne serais plus jamais en manque de beauté, me dit-il.

— Ce n'est pas plutôt l'âme qu'on imprègne ? lui demandé-je.

Il rit avec un certain cynisme.

— L'âme ? Un Russe n'a pas d'âme. Il a un intellect. Et pour citer Staline : nous les Soviétiques n'avons ni cœur ni âme. Nous avons un intellect. Celui qui a un intellect n'a pas besoin d'une âme ou d'un cœur. Voilà ce qu'il me dit.

Il m'invite à sa *datcha*.

— Vous habitez à côté des Beretzkoï, alors je ne peux pas aller chez vous.

— Venez-y après la tombée de la nuit et prenez la rue par le nord. Ça rallongera légèrement le trajet, mais vous n'aurez pas à passer devant le numéro Quatorze.

— Numéro Quatorze ?

— La *datcha* des Beretzkoï.

-0-

Je vais chez Kolia.

Il n'habite pas dans une *datcha* mais dans une *izba*. Il me dit que c'était autrefois l'abri de jardin du numéro Quatorze. Alors au printemps, de petites pousses vertes apparaissent entre les rondins de bois des murs.

— J'avais l'habitude de les couper, quand une année, j'en ai oublié une et elle a poussé, c'était une fleur de la passion, me dit-il.

Il nous a préparé du *kacha*. (Note 44) Il y a une bouteille de vin blanc sur la table. Il a du mal à la déboucher. Il finit par pousser le bouchon dans la bouteille avec le pouce. Le vin n'est pas frais. Il en remplit deux verres.

— Lorsque la fleur de la passion était épanouie, je l'ai peinte, dit-il pour terminer son histoire.

— Vous pouvez me la montrer ?

— Pas possible. Un rat l'a mangée. Puis mon chat a mangé le rat et le chat est mort. Cela m'a surpris. Je ne pensais pas être un si mauvais artiste.

— C'est à moi d'en juger, lui dis-je.

Les murs de son *izba* sont nus.

— Où sont les tableaux ?

— Staline m'oblige à les cacher.

Il hésite, puis tire un porte-manteau de dessous son lit. Ses toiles, roulées et nouées avec une ficelle, sont cachées dans le porte-manteau. D'un air pensif, il déroule lentement chaque toile qu'il étale sur le lit. Il pose de petits pots en verre à chaque coin d'une toile pour l'empêcher de s'enrouler sur elle-même.

Je regarde le lit et me retrouve dans un après-midi d'été, puis un matin d'hiver, dans un champ où un enfant joue au ballon, ou encore sur un lit où une vieille femme est couchée. Elle pleure.

Il sort de son armoire, un petit tableau encadré dans son armoire. Il représente une jeune fille dans une robe lilas sans manches. La jeune fille est debout pieds nus, dans un champ de marguerites blanches et jaunes. Il me tend le tableau.

— Il est magnifique, dis-je.

— Oui, *elle* était magnifique.

Il reprend précipitamment le tableau, le remet dans l'armoire et claque la porte.

-0-

En partant, je réfléchis un moment dans le minuscule jardin embroussaillé de Kolia. Quelle direction prendre pour regagner ma *datcha* ? Reprendre celle du nord comme à l'aller ? Vers le sud et passer devant la *datcha* des Beretzkoï ?

J'opte pour le sud.

La *datcha* des Beretzkoï est une grande bâtisse à deux étages en bois marron. Il y a une longue fenêtre à petits carreaux, en saillie sur chaque étage, du côté gauche. Du lierre grimpant recouvre le premier étage du côté droit de la maison. Comme chacun sait, le lierre fissure les murs : je suis contente de ne pas avoir de lierre sur les murs de ma datcha. Un grand sapin cache l'autre côté de la *datcha*. Une lanterne pend au-dessus de la porte d'entrée peinte en vert. Un fer à cheval sert de heurtoir.

Je coupe à travers le terrain vague pour rentrer chez moi.

La veuve Alexandra m'a prévenue que cet endroit est hanté. Elle m'a raconté que les nuits de pleine lune, un cercueil tombe d'un des arbres.

Cette nuit, la lune est pleine mais je ne remarque aucun cercueil, aucun fantôme.

Tout ce qui me hante cette nuit, c'est d'avoir trouvé ce numéro Quatorze rue Léna accueillant.

De quel droit bouleverser cette quiétude ?

-0-

3

Aujourd'hui Beretzkoï vient rue Ob pour la première fois.

Je suis prête très tôt.

Je redresse les photographies que ma mère et moi avons disposées sur les murs du séjour pour en cacher les fissures. Je déplace les coussins que j'ai apportés, alternativement d'un côté et de l'autre du canapé, cherchant à obtenir le meilleur effet. J'essuie une tâche de sang de moustique sur le miroir de la chambre à coucher : la pluie de la nuit dernière a incité de gros moustiques marron à quitter leurs cachettes et j'ai dû les écraser avec une tapette.

Beretzkoï frappe à la porte.

Je cours pour ouvrir.

— Qui dit bienvenue à qui ? demande-t-il.

Le chien des Kravschinski se met à aboyer.

Protégé des regards, à l'intérieur de ma modeste *datcha*, Beretzkoï me prend dans ses bras et je m'y abandonne soulagée.

Dans cette rue au nom de fleuve, dans ce village au nom de blé, nous entamons notre vie de couple tout naturellement. Je suis comblée.

-0-

Nous convenons qu'il nous faut parler argent. Ma mère dirait que c'est ainsi que commence la vie de couple et non comme lorsque nous nous sommes donnés l'un à l'autre dans la chambre à coucher, il y a un moment.

Il faut nous attendre à être pauvres. Nous allons devoir nous battre pour nous mettre à l'abri du besoin. Je pars chercher tout ce que je possède : quelques billets et quelques pièces que je garde dans une boîte en fer où Vassili mettait ses crayons et que j'ai retirée de la corbeille à papier le jour où Konstantin l'avait jetée après s'être approprié le bureau de Vassili. J'étale les billets et les pièces de monnaie en cercle sur la table de la cuisine. Un petit cercle.

Beretzkoï me dit ce dont il dispose et ce qu'il peut faire pour contribuer à l'entretien du numéro Un de la rue Ob.

— Mon cercle sera à peine plus grand que le tien, Tania.

— Tu n'es pas responsable de moi, lui dis-je.

— Si je le suis. C'est moi qui t'ai fait venir ici au village parce que je t'aime et parce que je t'aime je veux être responsable de toi. Je veux te protéger.

— Tu me protèges déjà. Le simple fait d'être ici auprès de moi, tu me protèges. Le fait de m'aimer, tu me protèges.

Il m'attire de nouveau à lui et me serre si fort que je peux à peine respirer.

-0-

Ce premier jour ensemble dans notre maison, s'achève tellement vite.
— Accompagne-moi au portail, dit-il.
Je me garde de mettre un pied dans la rue.
— Les assistantes rédactionnelles ne sont pas censées recevoir leurs patrons à la fin d'une journée de travail, lui dis-je.
Nous éclatons de rire.

-0-

Mars 2002 : Moscou (Gérard Lombard, Biographe)

J'apprends de la bouche de ceux que j'interroge, que Zernoïe Selo n'était pas une grande ville animée ou sophistiquée.

Aucune rue du village n'était pavée et seules les deux rues principales – la rue Pouchkine et la rue de la Constitution – étaient éclairées la nuit. Eclairées très faiblement comme si la veillée funèbre d'un héro s'y déroulait.

La rue de la Constitution croisait la rue Pouchkine – ou si vous préférez, la rue Pouchkine croisait la rue de la Constitution – les deux rues formant une croix. C'est sur ces deux rues que se trouvaient les boutiques du village, pas plus grandes que des cahutes, avec leurs vitrines sales derrière lesquelles étaient disposées des bouteilles vides, des boîtes de conserves vides cabossées. Dans les boutiques, les commerçants ronflaient dans des rocking-chairs. Ils ne craignaient pas d'être réveillés. Ne voyez-vous pas, camarade, que les étagères sont vides, alors pourquoi venez-vous interrompre ma sieste ? disaient-ils à ceux qui entraient.

Les étagères étaient vides, oui. C'était l'époque de la collectivisation et la Deuxième Grande Famine avait commencé.

— C'est à ce moment-là que la fille de la *Pravda* est venue vivre à Zernoïe Selo, me disent-ils.

Seule trois bâtiments du village étaient assez solides pour résister à un orage, paraît-il. L'un d'eux était situé sur la Place Marx. C'était ce long immeuble de trois étages en pierre grises : le quartier général de la *Guépéou*. Le second était une clinique dentaire que Staline avait donné l'ordre de construire en 1927. Le troisième, la Maison des Réussites Humaines, une maison d'hôtes appartenant à *Profpro*, dans laquelle ses membres pouvaient séjourner.

La clinique était un bâtiment à colombages de deux étages situé rue du Développement. Peinte en bleu sombre, elle était entourée d'un jardin de rocaille qui miroitait dans la neige. Dans le jardin il y avait un cadran solaire et deux bancs à proximité. Sur une pancarte fixée à l'un des bancs, on pouvait lire *Tolko Patsienti*. (Note 45) L'un des patients fut Staline en personne, car il refusait que les dentistes de l'Hôpital du Kremlin le soignent au prétexte qu'ils ne valaient rien.

La Maison des Réussites Humaines était aussi un bâtiment à colombages. Elle se trouvait dans la rue le La Liberté de Parole. Sa terrasse donnait sur la rue et sur cette terrasse trônait un buste en bronze de Staline. Lénine a eu la place, Staline n'a eu que la terrasse. C'est ce qu'on disait.

Lénine était grave et il ne souriait pas. Staline, lui souriait. Son sourire faisait remonter sa moustache en forme de boucle, le forçant à plisser les yeux en deux fentes inclinées. Ce qui contribuait à lui donner un air bonasse. Lorsqu'ils passaient devant la terrasse, les petits enfants l'appelaient grand-papa et leurs grands-mères ne manquaient pas de dire, Quand on a Staline, pourquoi chercher après Dieu ?

Au nord-ouest du village se trouvait la Rue de Moscou, ainsi baptisée parce qu'elle conduisait à Moscou. C'est là, Rue de Moscou, que se trouvaient la prison et les pompes funèbres.

— Ce n'est pas par hasard si elles se trouvent l'une à côté de l'autre, me disent-ils.

Face aux pompes funèbres poussait un peuplier. Sur le tronc étaient gravés les mots *Dorogoi Ivan, do skoroi vstrieche*. (Note 46) Qui était cet Ivan, personne ne peut me le dire.

Il n'y avait pas d'hôpital dans le village, mais il y avait un dispensaire. Il se trouvait derrière les pompes funèbres et pour s'y rendre on devait remonter l'allée séparant la prison des pompes funèbres. Le dispensaire servit d'école, jusqu'à ce que le Commissariat à l'Education ouvre une école dans le *kolkhoze* à l'extérieur du village. Les mères n'aimaient pas la nouvelle école parce qu'elle était trop éloignée pour les jambes des plus petits. Elles n'aimaient pas cette école non plus, parce qu'elle occupait ce qui avait été l'église du village au temps des tsars : n'y aurait-il pas quelques mauvais esprits qui y rôderaient encore ? La conversion de l'église en école n'avait pas facile. Lorsque le camarade président du *kolkhoze* avait donné l'ordre qu'on abatte le dôme du bâtiment pour donner à l'église l'apparence d'un bâtiment ordinaire, les villageois avaient craint qu'on endommage l'édifice. Quelqu'un du Kremlin lui avait promis de lui envoyer un technicien qui ferait en sorte que le dôme se désagrège et finisse par s'écrouler, mais l'homme n'était jamais venu. Les villageois avaient dû se débrouiller seuls pour le faire tomber. S'aidant de cordes et montés sur des échelles, ils étaient parvenus à en faire tomber la moitié mais l'autre moitié n'avait pas cédé.

— C'était comme si Dieu avait décrété qu'on en resterait là, m'a-t-on dit.

Des cigognes avaient fini par faire leur nid dans la moitié restée debout. On s'était servi de l'autre moitié comme pataugeoire pour les enfants. Tous les ans, dès qu'il commençait à faire chaud, les femmes le remplissaient d'eau. L'un des enfants qui avaient appris à nager dans cette pataugeoire représenta plus tard l'Union soviétique aux Jeux Olympiques. Il remporta une médaille de bronze. La *Pravda* publia un article le concernant, insistant sur le fait qu'il avait grandi dans un *kolkhoze* - Zerno Kholkhoz Numéro 24 – ZKN24 - proche du village de Zernoïe Selo connu aussi comme le village des poètes. La *Pravda* a omis de dire que ZKN24 était l'abréviation en vigueur pour identifier la région dans les rapports de dénonciations de la *Guépéou*.

On me parla du blé.

L'été, le blé s'étendait à perte de vue. Ce que personne ne pouvait voir, c'était les barbelés qui protégeaient le blé des mains des affamés. Ou, suivant la formule du président du *kolkhoze* : des mains des gloutons.

Pendant la Deuxième Guerre Mondiale, des *Kolkhozniks* en armes patrouillaient le long de la clôture dans un vieux camion brinquebalant.

— Les *kolkhozniks* se la coulaient douce. C'était les privilégiés de la collectivisation. Chaque *Kolkhoznik* avait autour de son *izba* un lopin de terre bien à lui, où il faisait pousser des pommes-de-terre, des oignons, les poireaux, des potirons, et où il pouvait même élever une vache, un porc ou une oie et quelques poulets. Tous les mardis, avec l'autorisation du président du *kolkhoze*, ils portaient leurs produits au village pour les vendre : du lait, tiède, encore imprégné de l'odeur du pis de la vache, des pommes-de-terre avec de la terre encore collée à la peau; des oignons de la taille des potirons et des potirons de la taille d'un tracteur. Ils vendaient aussi de la vodka de contrebande ces fameux mardis. C'était bien moins cher que la marque officielle. Elle était aussi beaucoup plus forte. Souvent au dispensaire les médecins anesthésièrent des patients avec cette vodka-là. Les dentistes aussi.

J'apprends comment les *kolkhozniks* étalaient leur production sur le sol de la Salle Staline : la salle faisait partie du centre de récréation du village, le Parc de la Culture et du Repos. Le camarade président du *kolkhoze* s'appelait Sava Alexeïevich Soloviev mais tout le monde l'appelait familièrement Sas, d'après ses initiales. Il se tenait à la porte de la Salle Staline pour s'assurer que les gens qui venaient acheter étaient bien du village : il ne permettait pas aux étrangers – ceux qui n'étaient pas du village – d'acheter la production des *kolkhozniks*. Certains jours, le président du Soviet du Village, le camarade Viktor Georguïevich Gogorov, qu'on appelait le camarade Vitia, se tenait près de lui. Le Camarade Vitia était scandaleusement gros et portait une large écharpe rouge sur son énorme poitrine. Une demi-douzaine de décorations était épinglée à l'écharpe. L'emblème de l'une des médailles était un épi de blé. Sas arborait la même médaille. On raconte que trois années consécutives, la production de blé du *kolkhoze* avait surpassé celle de toutes les exploitations céréalières du monde entier, davantage encore que la plus grande propriété agricole d'Amérique, et le Kremlin avait reconnu la contribution des deux hommes à cet exploit extraordinaire.

— Sas et Vitia, voilà deux types bien, me dit-on.

— Il y avait Aliôcha le couvreur, qui sillonnait le village dans sa carriole remplie de briques, d'ardoises, de paille et de seaux de goudron fumant comme un samovar bouillant. Il y avait Gocha, le boulanger, qui invariablement pinçait les fesses des jeunes filles. Si elles ne hurlaient pas en le traitant de vieux salaud, il écrivait leurs noms sur un registre, et la prochaine fois qu'elles venaient à la boutique il leur donnait le pain le plus frais. Il y avait Petia, l'un des infirmiers du dispensaire. Il avait été boxeur autrefois, mais il avait abandonné la boxe après son mariage avec Alla. C'est elle qui l'avait poussé à le faire. Elle lui avait dit qu'elle ne voulait pas d'un mari au nez écrasé alors que son nez l'était déjà. Après son service, il faisait le tour du village pour voir s'il n'y avait pas quelqu'un de malade. Pour lui, il n'y avait pas de basse besogne. Il vidait les bassins avec la même bonne volonté qu'il massait les membres déformés par l'arthrite. Il y avait Rodia et Roma. Ils étaient serveurs à la Maison des Réussites Humaines et s'aimaient. Tous deux parlaient français, notamment avec la fille de la *Pravda*, car son père étant français, elle le parlait aussi. Il y avait Slava, qui jouait du piano à

La Bannière Rouge. Slava était un ivrogne qui plus il buvait plus ses doigts étaient agiles sur le clavier. Mais il ne savait pas chanter; ne serait-ce pour sauver sa vie. Il avait une voix affreuse, on aurait dit de l'eau gargouillant dans une canalisation bouchée. Il y avait Zoïa, qui vivait avec Gocha, le boulanger. Elle était sage-femme. Il y avait Iula qui conduisait le *nachwacht*. C'est par ce nom allemand, que les habitants du village désignaient le camion qui, le vendredi, passait à minuit ramasser les seaux pleins des latrines pour les remplacer par des seaux vides. Il y avait Sveta l'opératrice du téléphone. Elle était assise à son standard de 9h à 16h six jours par semaine. Si elle avait de la sympathie pour quelqu'un, elle enfilait un bonnet de laine par-dessus ses oreilles pour lui signaler qu'elle ne tenait pas à écouter les conversations. Lorsqu'elle n'aimait pas quelqu'un, elle se collait un crayon derrière l'oreille droite, croisait les bras et regardait la personne droit dans les yeux, tandis que son interlocuteur et elle criaient dans le microphone. Il fallait toujours crier, car souvent encombrées les lignes n'étant jamais claires. Il leur arrivait même d'entendre quelqu'un qui, de Moscou parlait en criant à quelqu'un d'Alma-Ata. Il y avait Nellia qui vendait la *Pravda* et les *Izvestia* ainsi que des glaces, dans un kiosque de la Place Marx. Tous ces gens étaient connus seulement par leurs surnoms. Leurs noms propres étaient uniquement à l'usage de la Guépéou.

-0-

Et puis, il y avait les poètes.

Ils habitaient dans le quartier sud-ouest du village, dans les rues aux noms de fleuves et de rivières.

Il y avait Stanislav Petrovitch Rogov. Lui écrivait des poèmes. Il habitait la plus grande *datcha* du village. Cette *datcha* était un avantage attaché à sa position de Vice-Président de *Profpro*. Elle était située rue Léna. Son épouse Alexandra Alexandrovna et lui avaient sept enfants. Sept paires de mains pour bâtir le Socialisme, se plaisait-il à dire. D'eux d'entre eux étaient adoptés.

Il y avait Beretzkoï, bien entendu. Un homme poli. Bon père de famille. Sa femme Nadejda Konstantinovna vivait en recluse. Elle avait été chanteuse autrefois, mais personne ne pouvait imaginer la femme silencieuse et morose qu'ils connaissaient, chantant sur une scène.

Enfin, il y avait la fille de la *Pravda*.

— Que pensiez-vous d'elle alors ? demandé-je.

— Les serveurs Rodia et Roma la trouvaient superbe. Slava, de la Taverne de la Bannière Rouge disait que ce qu'elle faisait – être la maitresse d'un homme marié, père de deux enfants – était mal, sans toutefois pouvoir la détester. Gocha l'aimait bien aussi. Il lui donnait toujours le pain le plus frais et ne lui tapait jamais sur les fesses, disent-ils.

Le seul, d'après eux, qui haïssait Tania, c'était le poète Rogov.

Il ne pouvait pas la voir.

-0-

TROISIÈME PARTIE

1

Nous sommes au mois d'août. Voilà deux mois que je vis à Zernoïe Selo. Beretzkoï et moi parlons de notre vie commune, faute de pouvoir la qualifier de conjugale. Étant empêchés de sortir ensemble, d'être vus ensemble, nous la passons derrière ces murs de planches disjointes qui entourent ma *datcha*. Je suis son employée. Il est mon employeur.

Certains jours, je me demande si mes voisins se doutent de mon rôle exact dans la vie de Beretzkoï.

Je pose la question à Kolia.

— Ma chère petite amie, ils ne sont pas nés d'hier, alors oui, ils le savent.

— Après tout, ça m'est égal, lui dis-je. Je suis heureuse.

Il vient à ma *datcha* tous les après-midi. Son *izba* étant trop petite, il peut se servir de mon grenier délabré comme atelier, il est en train de l'aménager. Il remplace des lattes de parquet et rebouche les fissures des murs avec un mélange de boue grise et de cailloux qu'il doit faire cuire dans son four jusqu'à obtenir une substance aussi dure que de la pierre. Il y a déposé un piège à rats ; la nuit j'entends au-dessus du plafond un bruit qui ressemble à un tir de fusil suivi de cris aigus. Au début les cris sont très perçants, puis ils diminuent petit à petit jusqu'à ce qu'il n'y ait plus que le silence de la nuit. Kolia a fabriqué ce piège macabre en utilisant les semelles d'une vieille paire de sandales, un ressort de lit et un morceau de corde de violon.

J'écris à mes parents pour leur dire que je suis heureuse.

Beretzkoï vient à neuf heures environ et reste jusqu'à la tombée de la nuit. Il déjeune avec moi tous les jours mais ne reste jamais la nuit. Je me suis si bien adaptée maintenant : vous ne le croiriez pas. Je nettoie la datcha même lorsqu'elle n'en a pas besoin. J'ai même commencé à cuisiner. Alisa, qui habite à côté m'apprend. Le soir, après que Beretzkoï soit reparti chez lui, j'allume mon fumeur (Note 47) *et à la lueur de sa flamme, je tape le travail qu'il m'a apporté dans la journée. Ou bien je fais des traductions pour l'Ambassade de France. Heureusement qu'ils m'en envoient beaucoup à faire. L'argent est très appréciable même s'il n'est pas tout. Ce qui compte, c'est que je suis heureuse et que Beretzkoï l'est aussi.*

J'écris aussi aux Olminski et à Galina. Galina adore mon côté ménagère. Les Olminski et mes parents sont consternés. *Tania, tes lettres sont remplies de thym et d'estragon mais pas un mot sur Tolstoï,* me reproche ma mère. *Ne végète pas ma chère petite,* écrit Dan. *Occupe ton esprit en permanence, parce qu'il n'y a rien de plus affreux qu'une femme à la tête vide,* écrit Elena.

Kolia apporte une boîte de crayons – bleu, jaune, orange, rose, vert, marron – bien taillés.

— Je vais faire un croquis de toi en face du poêle et nous l'enverrons à tes parents.

Il m'indique où et comment me placer.

— Souris ! m'ordonne-t-il comme un photographe avant de prendre une photo.

Je souris. Je souris parce que je me souviens de ce que Galina disait à propos de l'affinité spirituelle qui existe entre elle et Beretzkoï, et que je sens la même chose entre Beretzkoï et moi. Notre relation est aussi intensément physique. Nous nous serrons l'un contre l'autre et dans ces moments-là plus rien n'existe, que nous. Encore que je doive admettre que je n'arrive pas à bannir de mon cœur et de mon esprit qu'il y a d'autres personnes dans sa vie. Je prends conscience qu'il ne peut pas les bannir de la sienne, chaque fois qu'il laisse de petits mots sur la table de la cuisine, afin que je les découvre après qu'il soit retourné rue Léna, et que j'interprète comme les mots d'excuse. Sur l'un d'eux il a écrit, *je me sens en totale harmonie quand je suis avec toi. Lorsque je te quitte, je laisse cette harmonie rue Ob.* Un après-midi j'ai trouvé une lettre plus longue, glissée dans la poche de mon tablier. *Si je devais écrire quel est le but de ma vie, j'écrirais que ce but est de rester lié à toi ... et j'espère que c'est aussi le tien. Dis-moi oui, parce que ce n'est qu'à cette condition que le chaos de ma routine quotidienne trouve une justification. Si j'ai introduit le chaos dans ta vie, je te prie de me pardonner. Crois-moi, la première fois que mes yeux se sont posés sur toi, la seule chose que j'ai voulu pour toi c'est le bonheur, seulement du bonheur, ce genre de bonheur qu'on ne vit qu'une fois dans sa vie, et qu'on ne veut plus jamais tenter de revivre parce que cela voudrait dire que le premier n'était pas complet, il n'était qu'éphémère. Ce que je ressens pour toi est différent. Il ne variera pas, ni ne diminuera. Non, ma Tania chérie, je t'aimerai toujours.*

J'expédie le croquis de Kolia à mes parents. Ils le détestent. Mon père me traite de paysanne. Oui, de paysanne. J'aimerais lui dire : Papa, si aimer Beretzkoï et être aimée de lui, c'est être une paysanne, alors je suis heureuse d'être une paysanne.

Ils me renvoient le croquis.

-0-

2

Comme il nous avait été interdit de parler de pandémie de grippe, il est maintenant interdit de dire que la famine sévit chez nous, alors que l'été finissant on peut voir de longues queues se former devant les boutiques du village. Il n'y avait jamais eu grand-chose à acheter, maintenant il n'y a pratiquement plus rien, sinon quelques brins de céleri, quelques pommes de terre et quelques tomates anémiques provenant des petits potagers des *kolkhozniks*.

La *Pravda* nous informe qu'un cas de force majeure est à l'origine de ces pénuries. Ce qui exclue adroitement toute accusation de qui que ce soit. Mais, précise l'article, Staline y pourvoira. Je continue d'acheter la *Pravda* de temps en temps. Je l'achète chez Nellia qui vend des journaux Place Marx et à laquelle je tends toujours mes cinq kopecks avec le sourire. Je souris parce que je ne suis plus contrainte de participer aux mensonges du journal. Nellia vendait aussi des glaces, un kopeck la boule, mais elle ne peut plus, parce que les *kolkhozniks* auxquels elle achète le lait qui lui est nécessaire, préfèrent le garder pour leurs familles.

— Maintenant, c'est chacun pour soi, dit-elle tristement.

Ce que la *Pravda* ne dit pas, c'est ce que nos yeux voient. Des gens, squelettiques, en haillons, qui descendent des trains de Moscou et se dirigent vers la rue de la Constitution, en traînant derrière eux de lourdes valises et même des portemanteaux. Ils viennent troquer tout ce qu'ils possèdent contre de la nourriture : vases de cristal, horloges dorées, chandeliers en argent, tableaux, montres de gousset en or, épingles de chapeaux ornées de pierres précieuses, toutes ces frivolités datant de l'époque des tsars. Ils disposent leurs affaires sur la Place Marx. Le président du Soviet du Village, le camarade Viktor Georguïevich Gogorov, que l'on appelle Vitia, ferme les yeux sur ce qui est une entorse à la loi, tout comme le camarade président du *kolkhoze*, Sava Alexeïevich Soloviev, Sas comme on l'appelle, lorsque chaque mardi, les *kolkhozniks* viennent vendre leurs produits dans la Salle Staline qui faisait partie du centre de recréation du village, le Parc de la Culture et du Repos. Nous allons jeter un œil sur le petit trésor des Moscovites, mais c'est bien tout ce que nous pouvons faire, parce que nous n'avons pas d'argent pour acheter quoi que ce soit.

— Que faire d'un chandelier quand on n'a même pas de bougie à allumer ? Qui aurait besoin d'une épingle à chapeaux en diamant pour orner un pauvre chapeau cabossé en velours, ou d'une montre en or, quand tout ce qu'on voudrait, c'est arrêter les aiguilles de la pendule pour suspendre le temps, tant on a peur de ce que demain nous réserve ? demande Alisa.

À la fin de la journée, quand l'ombre de Lénine s'étire, les Moscovites remettent leurs précieux objets dans les valises et les portemanteaux et se précipitent pour grimper dans les trains. Ils partent plus au sud. Peut-être que dans le sud, ce sera moins dur. Peut-être que la famine ne sévit qu'à Moscou, se disent-ils, en prenant place sur les bancs *zhestky*. Mais non. La famine sévit partout. C'est ce qu'ils vont découvrir.

On commence à rationner. Un crieur public nous apporte les nouvelles. En l'entendant crier, excités comme des enfants, tous autant que nous sommes, nous précipitons pour voir ce qu'il se passe. Le crieur est un vieil homme. Il se dirige vers ma *datcha* en s'appuyant sur un bâton.

— C'est tout ce qu'il lui reste à ce pauvre bougre, observe Léonid. Sa voix de stentor.

Le Soviet du Village commencera le lendemain à distribuer des cartes de rationnement à leur quartier général, rue Pouchkine. Nous pourrons venir chercher les nôtres entre six heures du matin et quatre heures de l'après-midi. Une carte par foyer. Les magasins ont été fermés et le resteront.

— Soyez disciplinés ! Alignez-vous le long de la rue Pouchkine et attendez votre tour ! Aucune pagaille ne sera tolérée ! hurle le crieur.

Le lendemain, tout le monde se précipite vers la rue Pouchkine et le bâtiment délabré d'où le Soviet du Village nous gouverne. J'attends mon tour. Je n'ai pas l'intention d'être complaisante et de laisser passer devant moi ceux qui en ont le plus besoin. Non, je suis prudente : Nadejda Konstantinovna viendra bientôt chercher la carte des Beretzkoï et je ne peux ni ne veux la croiser. Je n'ai jamais vu la femme de mon amant en chair et en os, pourtant je l'imagine très bien. Je vois une femme à la silhouette de matrone, aux cheveux jadis blond tournesol, à présent couleur grès. Elle a des rides autour de la bouche. Des rides creusées par l'amertume sans aucun doute.

-0-

— Comment s'appellent les sœurs de votre mère ? me demande la femme qui est derrière le bureau.

Je suis au premier étage du quartier général du Soviet du Village. Comme nous n'avons plus de papiers d'identité - une humiliation tsariste que Lénine avait abolie en 1917 - nous devons apporter la preuve que nous sommes bien qui nous prétendons être pour recevoir une carte de rationnement.

— Ma mère est fille unique, lui dis-je.

— Êtes-vous sûre ? réplique-t-elle en repoussant une mèche blonde de son visage.

— Oui, j'en suis sûre.

— Quels sont les noms des maris des sœurs de votre grand-mère ?

— Je n'en sais rien. Je suis désolée. Je ne sais pas.

— Pouvez-vous le savoir ?

— Non. Je suis désolée. À qui pourrais-je le demander ?

— Pouvez-vous me donner les noms de vos oncles maternels ?

— Je n'ai pas d'oncles maternels.

— Comment ça ?

— Je vous ai déjà dit que ma mère était fille unique, voilà comment.

— Ne soyez pas arrogante avec moi, dit-elle, tandis qu'une autre boucle blonde tombe sur son front.

— Je suis désolée, ce n'était pas mon intention. Je n'ai aucun oncle maternel.

— De quoi est morte votre grand-mère maternelle, si elle est morte bien entendu ?

— Elle s'appelait Tatiana Sergueïevich Boubnovskaïa et elle était membre du mouvement social révolutionnaire.

— De quoi est-elle morte ?

— On l'a pendue. Les sbires de Nicolas l'ont pendue.

Il n'y eut plus de questions.

En fait, la carte de rationnement est une petite feuille de papier jaune. Elle porte mon nom et mon adresse. Je la plie soigneusement et la glisse dans mon soutien-gorge avant de rentrer chez moi. À la maison, je la mettrai sous clé. C'est mon salut – notre salut – parce que quoi qu'elle me permette d'obtenir, je le partagerai avec Beretzkoï.

La Force Majeure n'aura pas notre peau.

-0-

3

Pavel. Le crieur public se nomme Pavel.

Il annonce qu'un convoi de vivres est arrivé de Moscou. Nous devons nous rendre à la Salle Staline. Je m'y rends avec les autres femmes de la rue Ob. Léonid et Ivan nous accompagnent jusqu'au bout de la rue en portant les grands sacs de leurs épouses : ils espèrent bien qu'au retour ils seront pleins. Le sac de la Veuve Natalia est petit. Elle dit qu'elle se contente de peu. Celui de la Veuve Alexandra est grand. Elle, confesse qu'elle a toujours été une bonne mangeuse. Mon sac est grand aussi. Beretzkoï m'a dit qu'en temps de famine il faut acheter tout ce qu'on peut, pour pouvoir ensuite vendre ou échanger ce dont on n'a pas besoin.

Devant la salle il y a foule. Sas se tient près de la porte. Au milieu de la salle, monté sur un cageot, Vitia hurle dans un mégaphone.

— Mettez-vous en rang !

Nous nous rangeons derrière un cageot semblable à celui sur lequel Vitia est perché.

Moscou nous a expédié des parapluies et des *woks*. Il y en a des centaines de chaque. Les parapluies ont été fabriqués à Milan, en Italie. Ils sont tous rouges.

— Ils doivent être Communistes à Milan, dit la Veuve Alexandra, pour penser à nous comme ça.

— Où se trouve Milan ? demande la Veuve Natalia.

Le parapluie coûte dix kopecks.

Les *woks* viennent de Chine. Dans la queue, quelqu'un prétend que la Chine nous les a envoyés en échange d'armes – de fusils et de munitions – parce qu'il y a la guerre en Chine.

Le *wok* vaut huit kopecks, c'est moins cher qu'un parapluie. Je n'ai besoin ni de l'un ni de l'autre, mais j'en achète six de chaque.

— Je vois que tu es un vieux routier de la survie par temps de famine, me dit Alisa.

Elle en achète huit de chaque.

Les trois autres femmes en achètent trois de chaque et chargées comme nous sommes, nous nous réjouissons de voir Léonid et Ivan nous attendre en haut de la rue Ob pour nous aider à porter nos achats chez nous.

-0-

Chaque jour nous guettons la voix de Pavel. Dès que nous l'entendons, nous nous précipitons dehors. Nous nous relayons chacune à notre tour pour lui apporter quelque chose à manger ou à boire. Certains jours, ce n'est qu'une tranche de pain et un verre de thé glacé, mais il y a toujours quelque chose.

— Je prierai Dieu pour que la famine ne cesse jamais, dit-il en acceptant nos aumônes avec un magnifique sourire édenté.

— Vous risquez de prendre dix années de taule si vous parlez comme ça. Cinq années pour la prière, et cinq pour avoir prononcé le mot famine, le prévient Ivan.

— La taule c'est déjà ce que je fais, réplique-t-il en s'éloignant lentement.

— Comme nous bien entendu, réplique Ivan.

-0-

Pavel est de retour.

— À partir de maintenant, plus d'aiguilles à tricoter, nous dit-il.

— Qui pourrait bien avoir besoin d'aiguilles à tricoter alors qu'on n'a même pas de laine, dit la veuve Alexandra d'un ton moqueur.

— On en aura maintenant, puisqu'il existe un Collectif de Laine de Chiens, rétorque-t-il.

Il est venu nous dire de tondre nos chiens. Au Kremlin, quelqu'un a décidé que dans notre pays des milliers de chiens sont couverts d'excellente laine : leurs poils. Nous devons maintenant récupérer leurs poils, c'est-à-dire raser nos chiens. Le Kremlin a créé un fonds – le Fonds de Laine de Chiens – et nous ordonne d'apporter les poils de nos chiens au Soviet du District. Les poils vont être filés en laine ; la laine servira à faire des tricots.

Le pays n'a plus de savon non plus.

— Au diable ce foutu savon ! On peut très bien se laver sans se savonner comme les Américains. Parlons plutôt de la situation de la viande, ordonne Ivan en colère.

— On ne m'a rien dit à propos de la viande, réplique Pavel.

L'après-midi il est de nouveau dans la rue. Cette fois je ne prends même plus la peine de sortir : je l'écoute de la fenêtre de la cuisine.

— Papier à lettres ! Charbon ! Kérosène ! Tissu ! Chaussures ! Lait ! Œufs ! Farine ! Sucre ! Aspirine ! Chloroforme ! Éther ! Morphine ! Tout ça, il y'en a plus ! crie-t-il.

Léonid et Alisa sont dans le jardin de derrière. Alisa a fait la lessive. Léonid sort les vêtements du baquet et les passe à Alisa pour qu'elle les étende sur la corde à linge.

— Allez, Pavel, fais-nous une surprise, apprends-nous quelque chose de nouveau ! lui crie-t-il.

Leur chien se met à aboyer avec hystérie.

-0-

4

C'est l'automne à nouveau et quelque chose semble se tramer au Comité du District. Pendant des jours, des bulldozers ont déblayé le terrain vague situé de l'autre côté de la gare de chemin de fer. Les rumeurs vont bon train à propos de ce que le Comité a l'intention de faire, une fois le terrain préparé. Certains disent que le Kremlin a fait dégager cet endroit pour y édifier un camp de travail.

— Parce qu'il n'y en a pas assez peut-être, plaisante Léonid.

On a transporté les bulldozers sur un train à plate-forme. Le train est arrivé au beau milieu de la nuit et on l'a dirigé vers l'une des voies sud qui mènent à Kiev. Le lendemain matin, Vitia et une délégation du Comité ont passé les bulldozers en revue.

— Qu'est-ce que vous croyez qu'ils s'attendaient à recevoir : des cadavres de chevaux ? demande la Veuve Natalia.

Les conducteurs des bulldozers sont arrivés ensuite au village, non pas dans un train à plateforme mais comme passagers *miagki* par le Moscou-Kiev. Ils portent des bleus de travail et des bottes vertes en caoutchouc.

Comme ils ne parvenaient pas à descendre les bulldozers du train, Vitia s'apprêtait à appeler le Kremlin pour leur demander comment diable on pourrait sortir des machines aussi énormes de ce train, quand juste à ce moment-là, ils ont trouvé comment faire : il suffisait de baisser le rabat situé en bout de train, puis de sortir les bulldozers en les conduisant. Les cheminots ont ovationné la sortie du premier bulldozer. Quelques villageois qui assistaient à la scène ont aussi applaudi cette démonstration du génie soviétique.

Vitia a été le seul à ne pas applaudir.

— Ça suffit, nous avons perdu assez de temps, allons-y, a-t-il ordonné.

Qu'y-a-il donc à faire, qui nécessite qu'on ne perde pas de temps ? Vitia n'en dit rien et les cheminots n'en disent pas davantage. Même les hommes qui viennent de Moscou se taisent et toutes les tentatives des villageois pour les faire avouer, sont restées vaines, malgré la vodka de contrebande des *kolkhozniks*, que La Bannière Rouge a commencé à leur servir, la vraie vodka n'arrivant plus de Moscou.

-0-

— Tania ! Tania !

La veuve Alexandra est dans la rue.

On est en octobre, le matin très tôt. Il neige. Beretzkoï est déjà là, il travaille dans la véranda. La veuve est encore en chemise de nuit, ses épaules enveloppées d'une couverture. Quelque chose est étendue sur la route devant la datcha du poète mort. Elle me demande de la rejoindre pour voir ce que c'est.

Kolia, qui travaillait dans le grenier, descend précipitamment les marches en pierre, trois par trois, au risque de se rompre le cou. Il veut savoir ce qu'il se passe. Beretzkoï nous a déjà rejoints.

Il ne s'agit pas d'une chose, mais d'un homme. Un vieil homme. Il est recroquevillé dans la position fœtale. Il porte un pantalon usé jusqu'à la corde et une veste effilochée. Il a les pieds nus, à l'air. Ses mains sont noirâtres, de la couleur d'un foie bouilli. Il est peu probable qu'il soit encore vivant.

Les autres voisins se joignent à nous maintenant.

Ivan touche le visage du vieil homme. Son corps ne réagit pas.

— Mort, confirme-t-il.

Un morceau de papier dépasse de la poche de la veste du mort.

— Voyons ce que c'est, suggère Léonid.

C'est une carte du Parti. Elle a été établie à Moscou en 1927. Le prénom inscrit sur la carte – nous pensons qu'elle appartient au vieil homme – est aussi Léonid. Une tache brune recouvre son nom de famille ainsi que sa date de naissance et le numéro de la carte.

Je cours chercher une couverture dont nous recouvrons le corps, puis Léonid et Ivan se rendent au Soviet du Village pour signaler notre découverte. Nous attendons près du corps ; seule la Veuve Alexandra s'éclipse dans sa *datcha* pour s'habiller.

Une charrette tourne dans la rue Ob. C'est une charrette ordinaire à bras, identique à celle d'Aliôcha le couvreur. Deux hommes la tractent, deux hommes la poussent. Léonid et Ivan marchent à côté.

— Notre premier, déclare l'un.

Il paraît plus jeune que ses collègues qui sont ridés et grisonnants. Sa peau est lisse, ses cheveux, noirs. Il sourit. Un sourire de satisfaction. Il semble avoir attendu ce moment depuis un certain temps.

— Le Comité du District nous a chargés de ramasser, dit un autre.

— Ramasser quoi ? De vieux vêtements ? demande Léonid sarcastique.

Le jeune homme ricane.

— Nous ramassons les morts, mais à ce que je vois, tu es encore assez vivant pour faire de l'esprit.

Il s'est adressé à Léonid en le regardant droit dans les yeux.

Le corps du vieil homme a gelé sur le sol, comme cela avait été le cas dans l'abri du tramway à Moscou. Les hommes saisissent des burins dans leur charrette et se mettent à creuser une tranchée autour du corps afin d'y prendre appui pour l'extraire. Deux hommes saisissent les épaules du mort et se mettent à pomper comme on le fait avec un pneu de bicyclette, tandis que l'autre attrape ses pieds et tire de toutes ses forces pour les dégager. Après avoir poussé, tiré, pompé, la glace cède enfin et libère son prisonnier avec un bruit de tissu déchiré.

— Ce vieux diable est encore bien lourd, dit Ivan en observant les quatre hommes hisser le vieil homme mort dans la charrette.

Sur la glace il reste une paire de bottes.

— Elles ont l'air d'être de bonne qualité. Je me demande où il les a dégotées, dit la veuve Alexandra.

Le plus jeune des quatre ramasseurs de cadavres laisse tomber la jambe qu'il tient et se précipite pour s'emparer des bottes.

— Pas de gaspillage, eh, *babouchka* ! dit-il en ricanant.

Malheureusement pour lui, les bottes aussi sont prisonnières de la glace.

— Merde ! jure-t-il. Il va falloir aussi les découper.

Alors ses collègues laissent choir le cadavre du vieil homme, et attendent patiemment le retour du jeune homme.

— Salopard de voleur ! murmure Léonid.

Tirant et poussant la charrette, les quatre ramasseurs de cadavres remontent la rue Ob. Léonid et Ivan décident de les suivre pour voir où ils emportent le corps. La veuve Alexandra préconise de jeter de la terre à l'endroit où le vieil homme était étendu : mais c'est impossible. Partout la terre est dure comme de la glace.

— Ca ne devrait pas être comme ça. On ne devrait jamais terminer sa vie de cette manière, dit amère, la veuve Natalia en hochant la tête.

Elle fait le signe de croix. Avec deux doigts. L'épaule droite. L'épaule gauche.

Léonid et Ivan reviennent. Ils nous disent que les quatre hommes ont emporté le cadavre à la morgue. Là, ils l'ont remis à deux vieilles femmes qui, sortant du bâtiment en courant, se sont approchées. Chacune portait une pelle, un morceau de toile à sac et de la corde. Elles l'ont ficelé comme pour un colis qui doit voyager. Ensuite, elles ont porté leur paquet dans le coin le plus reculé de la cour de la morgue, et l'y ont déposé.

— Les pieds à l'est, la tête à l'ouest, précise Léonid.

— Comme ça, il pourra voir le soleil se lever, ont dit les deux grand-mères, rapporte Ivan.

— Ils ne vont pas l'enterrer ? demandé-je.

— Pas encore. Mais au printemps, oui. Ils l'enterreront alors ... avec tous ceux qui parmi nous n'auront pas tenu le coup.

— Les bulldozers ! crie la Veuve Natalia en se tapant sur les cuisses avec jubilation. Ils creusent nos tombes. Voilà à quoi ils servent !

-0-

Pavel vient nous parler de la charrette.

On ne doit plus enterrer personne dans le cimetière du village. Nous devons la demander au Soviet du Village de venir chercher les cadavres avec la charrette.

— Le Comité du District s'occupera de l'inhumation en son temps, dit-il.

Nous baptisons la charrette le *Char de la Mort*.

-0-

5

Maintenant, ce sont des mendiants qui descendent des trains de Moscou. Des vieux avec leurs médailles de la guerre civile épinglées à leurs vestons râpés, de vieilles femmes s'appuyant sur des bâtons, de jeunes couples main dans la main, qui, de leurs yeux creusés, se regardent encore en souriant. Des familles entières qui débarquent : maris, femmes, grands-pères, grands-mères, petits-enfants. Vitia se cache la tête dans les mains. Il ne sait pas comment il va pouvoir s'occuper de tous ces gens et pour commencer, les nourrir. Les enterrer, ça oui, il peut le faire. Les bulldozers ont dégagé une immense espace derrière la gare.

Nous savons pourquoi ces gens se sont enfuis de Moscou. Les Moscovites commencent à mourir de faim.

Je reçois une lettre de ma mère.

Quand nous avons appris que le magasin de la rue de l'Économie venait de recevoir de la farine, ton père s'est précipité pour s'en procurer, mais à peine était-il sorti qu'il revenait vomir dans la baignoire. Juste devant la porte d'entrée, il venait de trébucher sur quelque chose qui ressemblait à un paquet de vieilles guenilles, quand en le poussant du pied pour dégager le chemin, il s'est aperçu qu'il s'agissait d'un corps humain. Le cadavre d'un jeune enfant, de six ou sept ans. C'est alors que Grischa – tu te souviens de Grischa qui habite de l'autre côté ? – est arrivé et a soulevé les guenilles qui couvraient ce petit gosse : ton père a dû détourner la tête tant il n'a pu supporter de voir ça. Il a découvert que l'enfant était un petit garçon qui n'avait que la peau sur les os. Des enfants qui meurent dans les rues de Moscou, une fois de plus. Quelle tragédie et quelle honte pour la Russie ! Il y a des années, lorsque nous discutions avec Vladimir Ilitch sur ce qu'allait être la Russie après le départ de Nicolas, nous n'avions pas envisagé cela. Comment pourrons-nous le supporter ?

Mon père m'écrit qu'il espère que nos savants découvriront quelque chose à injecter pour réveiller les morts, afin de pouvoir réveiller Vladimir Ilitch.

Elena m'informe de la mort de six de leurs voisins. Dont Piotr, qui habitait la porte d'à-côté.

Il est resté mort chez lui pendant des jours, avant que le surveillant fracture sa porte.

Galina écrit qu'il y a seulement deux choses à Moscou dont on ne risque pas de manquer : *golod et kholod*. (Note 48)

Comme au village, bien sûr, car Moscou ne nous envoie plus ni nourriture ni essence. Alors tous les mardis, les *kolkhozniks* viennent à la Salle Staline vendre leur vodka de contrebande, c'est tout ce qui leur reste maintenant.

— Au moins on est sûr de pouvoir trouver l'oubli au fond d'une bouteille de vodka, dit Kolia.

-0-

6

Comment éviter que le *Char de la Mort* passe pour nous ?

— Mon jeune homme voudrait te donner un coup de main, dit la veuve Alexandra.

Elle a pris un locataire. Il s'est installé dans son grenier. Beretzkoï et moi ne l'avons encore pas vu.

— Tania, si tu as besoin de quelque chose, il y a sûrement quelque chose qui te manque, tu n'as qu'à demander à mon jeune homme de te le procurer, dit-elle.

Ce jeune homme a des contacts.

Maxime Mikhaïlovitch Zorin vient se présenter. C'est un technicien de la clinique dentaire. Il est aussi négociant en produits *nalevo* : un trafiquant de marché noir.

— Je ne suis pas dentiste. Je n'ai pas fait d'études pour ça. Je fabrique des dents, nous dit-il.

— J'écris de la poésie, réplique Beretzkoï.

— Moi, je travaillais pour la *Pravda*, maintenant je travaille pour Beretzkoï, dis-je.

Sans pouvoir l'expliquer, je ne ressens pas la nécessité de cacher à ce jeune homme que Beretzkoï est mon amant.

Il a des cheveux d'un blond-jaunâtre, un duvet jaunâtre sur les avant-bras, et des yeux juvéniles d'un bleu aussi clair que le ciel, un premier jour de printemps.

— Je tiens à vous parler de moi afin que vous ne me jugiez pas trop sévèrement, dit-il.

Il a apporté une bouteille de vin.

— Ne l'ouvrez pas tout de suite. Gardez-la. C'est un cadeau.

C'est un Médoc, rouge foncé : marché noir, sans aucun doute.

Nous sommes au milieu de la matinée. La chaleur du poêle chauffe la cuisine. Sur le poêle, il y une marmite de soupe. De la soupe de pommes de terre. Nous mangeons de la soupe tous les jours. Uniquement de la soupe de pommes de terre. Des hommes âgés ont commencé à passer avec des sacs de pommes de terre. Ils ne nous disent pas d'où elles viennent et nous ne le leur demandons pas non plus, parce que de toute évidence, ils font du marché noir et nous voulons qu'ils sachent que nous ne les dénoncerons pas à la *Guépéou*.

— Veux-tu te joindre à nous, Maxime ? lui demandé-je en montrant la marmite de soupe.

Il a une fossette à chaque joue et un léger sillon au menton. Il porte un manteau en peau de mouton et une chapka assortie. Il les enlève.

— Je veux aller en Amérique, dit-il.

Nous nous asseyons à la table de ma petite cuisine et je verse une louche du bouillon fumant dans de grandes tasses.

— Tu as dit l'Amérique ? demande Beretzkoï.

— Oui. L'Amérique. À cause d'Hemingway. Vous savez-bien. L'écrivain. Ernest Hemingway. Je vais aller le voir. Lui rendre visite.

— Hemingway ... ? Beretzkoï et moi demandons simultanément.

Maxime se tait un moment et avale plusieurs lampées de soupe.

— Je suis ... J'étais *bezprizornik,* dit-il.

Il pose sa cuillère.

— Une nuit, des hommes et des femmes chargés de faire des rondes pour ramasser les enfants abandonnés dans les rues ... ils ... nous ... pour nous venir en aide, se sont approchés de moi. Je dormais alors dans un dépôt de tramway désaffecté. Mes premiers souvenirs datent de cette nuit-là. On m'a placé dans un orphelinat. On m'a demandé mon nom et mon âge. Comme je ne connaissais ni l'un ni l'autre, ils m'ont donné le nom de Zorin. Ils ont choisi Zorin parce qu'à l'orphelinat, on attribuait une lettre à chaque jour du mois, et que le jour où on m'a enregistré – c'était le terme employé – on en était à la lettre Z. Maxime, c'était le nom de l'homme qui a procédé à mon enregistrement et Mikhaïlovitch, le patronyme d'un membre du personnel de l'orphelinat. Comme je ne connaissais ni l'un ni l'autre, ils m'ont donné le nom de Zorin. On m'a ensuite choisi un lieu et une date de naissance. Comme lieu de naissance, Moscou, parce que c'était là qu'ils m'avaient trouvé, et comme jour de naissance, ce jour-là. Ils estimaient que je pouvais avoir dix ou onze ans, alors ils m'ont demandé de choisir. J'ai choisi dix ans parce que je croyais qu'ils donneraient de plus grosses parts de nourriture à un enfant plus jeune. Officiellement, je suis né le 24 février à Moscou.

Il aspire une autre cuillérée de soupe.

— De même, on m'a choisi un métier lorsqu'est venu le temps de gagner ma vie. Ils voulaient que je sois technicien dentaire parce que notre pays en manquait et que j'avais de belles dents. Les belles dents, pensaient-ils feraient envie aux patients et surmonter leur peur du dentiste. J'ai pris le train pour le Tadjikistan afin d'apprendre à fabriquer des dents à base d'or et d'argent local. Une fois que j'ai su fabriquer des fausses dents, ils m'ont envoyé à la clinique dentaire de ce village. Mais ils ignorent que je n'ai pas l'intention d'y rester. Je vais me barrer. Partir en Amérique. Il faut absolument que je rencontre Ernest Hemingway. Je vais m'évader.

— T'évader ? demande Beretzkoï.

Maxime fait oui de la tête.

— Comment vas-tu faire ? demandé-je.

— J'ai un plan. L'un de mes patients est un officiel de haut rang au Commissariat à la Santé et il m'a promis de m'incorporer à la prochaine délégation dentaire qui se rendra en Amérique. Il ignore, bien sûr, pourquoi je veux y aller, et il ignore aussi que je n'ai pas l'intention de revenir.

— Est-ce que tu parles l'anglais ? demande Beretzkoï.

Maxime fait encore oui de la tête.

— J'apprends l'anglais tout seul et j'ai déjà un bon vocabulaire à force de lire Ernest. Avez-vous lu Ernest ?

Nous lui répondons que nous n'avons pas lu Ernest.

— C'est au Tadjikistan que je l'ai lu pour la première fois. L'un de mes instructeurs était un Communiste américain venu dans notre pays pour y enseigner l'anglais. Il avait traduit en russe *Le soleil se lève aussi* d'Ernest. C'est comme ça que j'ai connu Ernest. Si je fais du commerce, c'est pour Ernest. Je dois rencontrer Ernest ! Mon fournisseur est un fonctionnaire du Kremlin. Pour votre sécurité, je tairai son nom. Tout ce que je peux vous dire, c'est que c'est un proche de Staline. Je peux vous procurer n'importe quel morceau de sanglier ou de porc. Je pense que vous mangez du porc, vous n'êtes pas juif ? C'est du porc ukrainien, le meilleur. Si vous préférez du poulet, du lapin ou du lièvre ou des saucisses de foie de porc, je peux aussi vous en avoir. Je peux vous avoir des oranges et des pommes, ainsi que de l'huile de cuisine. De l'huile d'olive, première pression. Du fromage français aussi, et des œufs, de la farine, du sucre, du thé, du café, des pommes de terre, du riz, de l'aspirine, de la paraffine, de la laine, des aiguilles à tricoter, du savon et de la pâte dentifrice. Les cachets d'aspirine sont par boîtes de cent. On discutera du prix plus tard, mais je ne vous roulerai pas. Demandez à ma veuve. Demandez à Alexandra. Je suis un homme honnête.

Je questionne la veuve Alexandra.

— Rassure-toi, tu n'ôtes pas le pain de la bouche de nos enfants. Tout ça vient du Kremlin. Soit c'est toi qui en profites, soit ça ira sur la table du bandit du Kremlin et de ses copains.

— On se fournira auprès de Maxime, dis-je à Beretzkoï.

-0-

7

Rue Ob, arrive une lettre de *Gozuzdom* pour Beretzkoï. Je suis heureuse que mon adresse soit la sienne.

Le projet de l'encyclopédie a été abandonné.

Nous vous prions de ne pas y voir une atteinte personnelle. Tous nos projets ont été ajournés. Veuillez prendre note que nous suspendons aussi le remboursement du salaire de votre assistante.

— Il va falloir nous restreindre, dit-il.

Nous diminuons de moitié le nombre de bûches destinées au poêle. Nous diminuons de moitié le nombre de fumeurs qui nous éclairent. Nous diminuons de moitié la quantité de kérosène nécessaire à leur fonctionnement. Au lieu de quatre pommes de terre dans la soupe, nous nous contentons de deux maintenant. J'écris à mes parents pour leur dire que Beretzkoï et moi allons très bien. *Je vous en prie, ne vous faites pas de souci.* J'écris en tout petits caractères sur les deux côtés de la feuille, d'une écriture minuscule pour économiser le papier.

— Tu as maigri, dit Kolia.

— J'étais trop grosse ! dis-je en riant.

Je passe mes bras autour de Beretzkoï. Je sens des os là où, il y a un mois à peine, il y avait du muscle.

— Ca devient dur au numéro Quatorze, dit-il.

— Il vaudrait mieux que je retourne à Moscou, au moins tu n'aurais pas à te faire de souci pour moi.

— Tu ne feras pas ça.

Mais lui doit retourner à Moscou. Il veut demander à *Gozuzdom* – les implorer – de reconsidérer l'annulation du projet de l'encyclopédie. Ce qu'ils refusent, bien entendu.

— Alors ? demandé-je.

— Nous ferons avec, répond-il.

Beretzkoï n'est pas revenu de *Gozuzdom* les mains vides. Ils lui ont demandé de traduire plusieurs nouvelles de Kleist. Et aussi *Robinson Crusoe* de Daniel Defoe. Je trouve amusant qu'on nous incite à lire ce livre par les temps qui courent : une histoire de survie, dont nous devrions nous inspirer, dit-on.

C'est ainsi. Nous avions pu acheter quelques affaires à Maxime, maintenant il n'en est plus question, nous n'avons plus d'argent.

— Tania, prenez ça, dit Maxime.

Il m'a apporté un panier de petites pommes rouges.

— Ouvrez-nous un compte, et inscrivez-y les pommes.

— C'est un cadeau.

— Je ne peux pas l'accepter.

— Ne soyez pas stupide, dit-il.
— Je te dois l'argent, Maxime, lui dis-je.
— Je pars pour Moscou, dis-je à Beretzkoï.

Je ne lui dis pas pourquoi, il le sait. Un nouveau décret divise à présent notre pays en zones de première et deuxième classe et seuls ceux qui ont un travail sont autorisés à vivre en zone de première classe. Moi, je n'ai plus de travail, du fait de l'abandon du projet de l'encyclopédie. Il existe trente zones de première classe, Zernoïe Selo est l'une d'elles. La *Guépéou* peut m'arrêter à tout moment. Je ne peux pas non plus envisager de me cacher, car ils ont réactivé le détestable passeport intérieur, obligatoire au temps des tsars et si j'en demandais un, la *Guépéou* ne manquerait pas de m'inscrire sur sa liste – et m'arrêterait.

-0-

Moscou est sous la neige.

Je longe la Moskova jusqu'à l'appartement de mes parents. Le fleuve est un bloc de glace. Un jeune garçon en patins aide une jeune fille, elle aussi en patins, à traverser sur la glace. Est-ce un sourire que l'on voit sur leurs visages ? Est-ce une grimace ? Bien sûr les visages que je croise dans les rues ont une pâleur inquiétante. Ils se recroquevillent dans des manteaux élimés, quelques uns sont nu-tête : ils ont dû troquer leur *chapka* contre de la nourriture.

Ma mère blêmit en me voyant.
— Te voilà revenue. Est-ce que c'est ... ?
— ... fini ? Non.

Son visage se décompose – elle est très déçue. Elle détourne le regard.
— J'ai besoin d'un travail. Je suis venue demander à Pierre de l'Ambassade de France s'il ne pourrait pas me confier plus de traductions. Je pourrais aussi aller chez *Gozuzdom* pour leur en demander, lui dis-je.
— Voltaire, marmonne mon père dans son fauteuil. On dirait qu'il a rapetissé.

La réceptionniste de *Gozuzdom* m'indique la porte sur laquelle est inscrit : Traductions.
— Allez voir s'il y a quelqu'un, me dit-elle.

Il y a quelqu'un. Un jeune camarade barbu.
— Qu'est-ce que vous savez faire ? me demande-t-il.
— Je parle le français couramment. J'ai fait des traductions – russe-français et français-russe - pour l'Ambassade de France. J'aimerais que vous me donniez des traductions à faire.
— Comment vous appelez-vous ? demande-t-il.

Je le lui dis et ajoute que j'étais employée à la *Pravda*, avant d'avoir été désignée comme assistante auprès du poète Boris Petrovitch Beretzkoï, pour rédiger une encyclopédie de la littérature russe.
— Camarade Brodovskaïa, croyez-vous que c'est bien le moment de lire des romans français décadents ? me demande-t-il, sarcastique.

— Je vous en prie. J'ai vraiment besoin de travailler.
— Moi aussi, dit-il avec un petit sourire satisfait.
— Mais vous, vous travaillez ici, dis-je.
— Ça risque de ne plus être le cas si je fais ce que vous me demandez.

Je le prie de m'excuser de lui faire perdre son temps.

— J'allais justement vous écrire, dit Pierre de l'Ambassade.

Il a besoin de quelqu'un pour accompagner un groupe d'étudiants français. Ils sont arrivés tôt ce matin et sont à l'auberge de jeunesse des Komsomols. Si j'accepte ce travail, il me faudra commencer tout de suite. Je devrai m'installer dans le même établissement que les étudiants, prendre mes repas avec eux. Ils doivent rester trois semaines à Moscou.

— Dois-je commencer aujourd'hui ? demandé-je avec empressement.
— Demain si vous voulez, dit-il.

J'écris à Beretzkoï pour lui dire que je serai absente pendant quelques temps. Je lui écrirai aussi souvent que possible et reviendrai dès que je le pourrai. Je cachette la lettre et la glisse dans une plus grande enveloppe. Je l'envoie à l'adresse de Kolia. Je sais qu'il sera discret et la remettra à Beretzkoï.

Un fonctionnaire du Commissariat à l'Éducation m'informe sur l'endroit où je dois prendre les étudiants et ce qu'ils sont autorisés à voir.

J'expose à l'attaché culturel ce que le camarade m'a dit.

— Ça, c'est de la merde ! hurle-t-il en postillonnant dans ma direction.

Les étudiants – ils sont dix – sont tous des garçons. Nous faisons un pacte : je leur montrerai tout, y compris des lieux interdits, eux ne devront rien dire aux autorités.

Avec les étudiants, je mange bien. Leur ambassade nous livre un colis de nourriture tous les jours. D'énormes colis.

— Allez, s'impatiente Henri, un des étudiants, beau garçon aux cheveux et yeux noirs. Celui qui reste est le vôtre !

J'empaquette les denrées non périssables pour les expédier à mes parents et à Kolia. Je lui écris un mot pour lui demander de les partager avec les Beretzkoï.

L'Ambassade me paie bien, en dollars américains.

Trois semaines ont passé, me voilà courant en riant le long du quai de la gare de Moscou. Dans mon sac, les dollars yankees pèsent lourd. Merveilleux fardeau.

J'ai achetée un billet *miagki*.

-O-

8

On se prépare à enterrer le vieil homme que nous avions trouvé en face de la *datcha* du poète mort. La cour de la morgue est déjà pleine : il faut enlever les cadavres avant que le *Char de la Mort* n'en dépose d'autres.

— Venez voir, hurle Pavel.

— Vitia pense qu'en voyant ce qui nous attend, nous cesserons assurément d'être les *nuiseurs* que nous sommes à ses yeux. Mais je ne veux pas y aller, dit Kolia.

Beretzkoï refuse aussi d'y aller.

Je décide de m'y rendre avec mes voisins.

Nous partons à midi. La pluie nous balaye. Nous ne tardons pas à être trempés.

— Les morts montent tout droit au ciel, déclare la Veuve Natalia.

— Oh ! réplique la Veuve Alexandra. Que c'est stupide de dire ça !

— S'il pleut pour son enterrement, le défunt ira tout droit au ciel, insiste la Veuve Natalia.

Un petit groupe qui attendait sur la route, face à la morgue, se précipite pour se joindre à elles. Un camion s'arrête. En descendent quatre hommes en vêtements de travail et bottes de caoutchouc. Ils chargent les cadavres dans le camion. Quelques corps sont nus et parfaitement conservés par le froid, la neige et la glace de l'hiver récent.

— Des zombis, murmure la veuve Natalia.

— Alors, toi la bonne femme, avec tes croyances stupides ! lui lance la veuve Alexandra.

Nous comptons les cadavres. Il y en a soixante-sept. Seuls les seins et les pénis permettent de distinguer les hommes des femmes. Notre curiosité tourne à l'obscénité.

— Je dirais moitié-moitié, déclare Ivan. Pauvres bougres !

Trois des hommes se tassent dans la cabine du camion tandis que le quatrième grimpe sur le garde-boue, à l'arrière. Ils démarrent, en direction de la gare. Nous faisons de même. En marchant vite pour les suivre. À la gare, d'autres personnes se joignent à nous. Certains, portant des valises, ont dû arriver par le train du matin en provenance de Moscou. Est-ce qu'ils réalisent ce qu'il se passe ?

Les bulldozers ont creusé huit longues fosses. Les soixante-sept corps tiendront-ils dans une seule fosse ? Léonid et Ivan commencent à en débattre.

— J'en ai déjà vu une centaine tenir dans une fosse de cette dimension, dit Ivan.

— Où ça ? demandé-je.

— Pendant la guerre civile. Je ne pensais pas revoir ça un jour.

Il se dandine d'un pied sur l'autre, mal à l'aise.

Le camion s'arrête à la première fosse. Deux des hommes se hissent dans le camion et balancent les cadavres aux deux autres qui les rattrapent. Les corps sont entassés tête-bêche dans la fosse. Une pelleteuse à neige quitte la gare et s'approche. Son conducteur est aussi en vêtement de travail et bottes. En quelques minutes, les rangées de corps sont recouvertes de terre boueuse. Ces hommes ont-ils reçu une instruction sur la manière de remplir une fosse commune sans que ce soit la pagaille ? Avec les roues de son véhicule, il dessine un huit géant, bouquet final d'un service bien fait.

— Huit, dit la veuve Natalia. Le chiffre du destin et du karma. On récolte ce que l'on sème.

La veuve Alexandra ne réagit pas. À moins que les larmes qui coulent sur ses joues soient sa façon de réagir.

Soudain surgit dans mon esprit l'image de Vassili. Je me demande s'il repose dans ce genre de fosse commune, sous le dessin d'un huit. Ou bien - peut-être - est-il toujours en vie quelque part ?

Je sens mon ventre se serrer.

De la sueur envahit mon front.

— Ce champ devrait pouvoir en contenir cinq cents, dit Léonid pensivement.

— Nous sommes plus de cinq cents. Alors où mettrons-ils les autres ? demande la veuve Alexandra, toujours en larmes.

— Parlez pour vous. Moi, je n'irai nulle part, réplique Léonid avec fermeté.

— Ça me rend malade, leur dis-je en serrant les poings.

De retour rue Ob, je m'agenouille dans la boue sur le bas-côté de la rue et me mets à vomir.

— Quand une femme vomit, c'est qu'elle est enceinte, dit Alisa.

— Je n'en sais rien, dis-je.

-0-

9

J'ai dépensé tous mes dollars américains.

— Oh, ça n'a pas été long. Mais ne t'en fais pas, je vendrai quelque chose, dis-je à Beretzkoï.

— Je m'en fais, dit-il.

Il apporte rue Ob une mallette pleine de cartes anciennes en parchemin, aux lettres dorées. Il m'avait déjà parlé de ces cartes. Elles appartenaient à son père.

— Non, pas ça, Beretzkoï, lui dis-je.

— Nous avons besoin de nourriture. Le numéro Quatorze a besoin de nourriture.

— Les Moscovites vont sauter dessus. Je voudrais bien les leur arracher des mains, Beretzkoï, mais je n'ai pas d'argent, dit Kolia.

Je pars pour la gare. Une fois arrivée, j'étale les cartes sur une couverture. Le Moscou-Kiev entre en gare.

— Camarade, où les avez-vous dégotées ? questionne un homme portant une *chapka* de renard et un élégant manteau long.

— Elles appartenaient à mon grand-père.

— Combien en voulez vous ? demande-t-il, les yeux brillants de curiosité.

— Ce que vous estimez qu'elles valent. Ce sont des cartes anciennes. Mon grand-père les chérissait. J'ai le cœur brisé à l'idée de m'en séparer, mais il faut bien manger.

— *Kykla,* vous n'irez pas loin si vous n'êtes même pas capable de dire le prix d'une vieille carte !

Me voilà *kykla* de nouveau. Il m'en offre cinq roubles.

— Dix.

Il égrène dix pièces d'un rouble dans ma main.

— Je suis intéressé par les choses anciennes. Je devrais plutôt dire : mes clients des ambassades s'y intéressent. En ce qui me concerne, je préfère ce qui est moderne. Ce montant - dix roubles – cela vous convient-il ... pour ... vous savez ... ?

Il a des doigts boudinés et les ongles de ses auriculaires sont longs. Je me demande si ses clients auraient été intéressés par le vieil homme que nous avons trouvé en face de la *datcha* du poète mort.

J'achète une carpe, quelques cornichons et des oignons.

— Elle a des yeux vitreux, dit Beretzkoï à propos de la carpe.

— Sa chair est visqueuse, ajoute Kolia.

— Et alors ?

— Alors elle n'est pas fraîche, ma chère Tania, dit Beretzkoï.

Je recouvre la carpe de toutes sortes d'herbes (provenant du jardin des

Kravchinski) et je la fais griller dans mon jardin, sur un feu de brindilles. Je tends à Léonid la tête du poisson par-dessus le portail.
 — Pour votre chien.
 — Il a des yeux vitreux, mais nous aussi, dit-il.
 — C'est pour votre chien, répété-je.
 — Sait-on jamais ? Alisa nous en fera une bonne soupe.

-0-

10

Tous les matins, je suis prise de nausées. Souvent suivies de vomissements. Je ferme la porte des latrines derrière moi pour que Beretzkoï et Kolia ne m'entendent pas vomir.

— Je te trouve pâle, dit Alisa.
— Ça va.
— Tu es sûre ?
— Bien sûr. Ce soir j'irai à la Salle Staline avec Kolia pour le concert.

Un orchestre estonien est de passage au village pour nous distraire.

Kolia et moi nous y rendons.

— Que se passe-t-il, Tania ? Tu es bien pâle, dit-il soucieux.

La Salle Staline est bondée, l'air aigre et chaud. Après quelques minutes seulement, j'ai la tête qui commence à tourner.

— Il faut que je rentre. Je suis navrée, dis-je à Kolia.
— C'est cette carpe pourrie ! dit-il.

Nous sommes assis au milieu d'une rangée, et personne n'est ravi d'avoir à se lever pour nous laisser passer.

En prenant la rue Ob, j'aperçois Maxime. Il vient vers moi, savourant une cigarette.

— Je me rends à la Salle Staline, dit-il.

Il porte une veste en mouton karakul et une *chapka*.

— Le concert a déjà commencé, lui dis-je.
— Tu en reviens ? C'était mauvais ?

Je secoue la tête. La salive a rempli ma bouche et je titube sur mes talons.

Maxime, tu es en train de disparaître dans le brouillard dis-je en bégayant.

La fumée âcre de sa cigarette a atteint mon nez et j'ai l'impression d'étouffer.

— Tania ? demande-t-il.

Je trébuche en avant et vomis violemment sur sa jolie veste de mouton karakul.

— Ce n'est rien, rien du tout. Ne t'en fais pas, me rassure-t-il, avec une expression qui signifie tout à fait l'inverse.

— Je suis désolée. Désolée, bredouillège. En baissant les yeux, je m'aperçois que j'ai aussi sali mon manteau.

— Je vais t'accompagner chez toi, dit-il.

Il me demande la clé de la porte d'entrée.

— Venez ! Dehors, à la salle de bains, ordonne-t-il. Allons te nettoyer.

À la salle de bains, il m'essuie doucement le visage et les mains avec mon gant de toilette.

— Allez, va te changer !

Il m'attend dans la cuisine. Le samovar fume. Sa *chapka* et son manteau sont suspendus à la porte de la cuisine. Il a nettoyé le devant du manteau qui s'égoutte.

— La carpe. Nous avons mangé de la carpe, lui dis-je.

Ces mots m'arrivent aux oreilles comme étouffés.

— Quand ? C'était quand ?

— Il y a deux jours.

— Alors ça ne peut pas être la carpe. Tu aurais été malade dans les six heures.

— Tu as raté le concert à cause de moi, Maxime, lui dis-je.

— Je peux vivre sans ça, Tania.

Il pousse un verre de thé a travers de la table.

— Bois. Cela te fera du bien mais demain matin tu dois consulter un médecin à propos de ce vomissement.

Au milieu de la nuit, je me suis mise à saigner. Les saignements sont anormalement abondants et mon ventre se contracte sans répit. Je remonte mes jambes sous le menton et ne bouge plus, espérant que cette immobilité favorisera l'arrêt des saignements, mais au fond de moi, je me sens soulagée : je ne suis pas enceinte.

Je ne vais pas chez le médecin.

Et je ne dis pas à Beretzkoï ce qui est arrivé.

Je ne vomis plus.

-0-

11

Notre *golod* et notre *kholod* empirent.

— Il est nécessaire que les choses empirent pour qu'elles puissent s'améliorer. C'est la Loi Staline, déclare la veuve Alexandra.

La *Pravda* nous rappelle que personne ne doit être tenu pour responsable de ce qui arrive au pays. Le journal répète qu'il s'agit-là d'un cas de *force majeure.*

Les bulldozers sont de retour pour creuser d'autres fosses communes au delà de la gare et Vitia décide que les victimes de la famine ne seront plus transportées dans la cour de la morgue mais enterrées directement.

— Au moins Staline améliore quelque chose dans nos vies. Il fait en sorte que nous gagnions nos tombes plus rapidement, plaisante Kolia.

Ce commerce illicite qui se tient à la gare permet à Vitia d'exiger un kopeck pour nous autoriser à étaler nos marchandises. En d'autres termes, il a commencé à nous louer nos emplacements.

— Le Comité du District en fera bon usage, dit-il.

— Capitalistes ! dit Léonid en se moquant.

Maintenant Kolia aussi vend ce qu'il a. Tout comme la veuve Alexandra. Kolia n'est pas contre le fait de donner un kopeck à Vitia, contrairement à elle, qui traite ouvertement Vitia de voleur. Elle vend de si jolies choses : des bagues et des boucles d'oreilles dont les pierres brillent dans les rayons du soleil, des théières en porcelaine, des livres reliés plein cuir sentant encore une odeur de bibliothèque.

— Maintenant Staline nous prend aussi nos souvenirs, me dit-elle.

Un Moscovite s'éloigne avec une de ses épingles à chapeaux en diamant.

Chaque fois qu'il passe au village, le Moscovite qui a acheté les cartes anciennes du père de Beretzkoï s'arrête à ma couverture et chaque fois il m'achète quelque chose.

— Il s'est entiché de toi, dit Kolia en faisant un clin d'œil.

— Tant pis pour lui, dis-je.

— Comme Maxime, ajoute-il, avec un nouveau clin d'œil.

— Mais non, Kolia, de quoi parles-tu ? lui demandé-je.

— J'ai remarqué qu'il attend que Beretzkoï parte pour venir à la *datcha*, dit-il.

-0-

Une nouvelle année commence. On est en 1933.

— Bien ! dit Kolia.

Bientôt la fleur de la passion, celle qui pousse entre les rondins du mur de sa salle de séjour, sera peut-être de nouveau en fleur.

— Ce sera le printemps, mon amour, dit Beretzkoï.
— Alors ça devrait s'améliorer pour nous, tu ne crois pas ? Demandé-je avec espoir.
— Bien sûr, répond-il.

Nous recevons une lettre de Dan. Il écrit : *L'ossète avait décrété un jour que l'homme russe était différent de l'homme occidental car il avait des tripes quand l'autre n'était qu'un ventre, mais aujourd'hui le Russe aussi n'est qu'un ventre parce qu'à Moscou les gens sont devenus cannibales. Bien entendu, l'Ossète nie que nous ayons commencé à manger nos voisins décédés, mais alors pourquoi les trafiquants du marché noir achètent-ils des cadavres à la morgue si ne n'est pas pour les vendre en tant que viande ?*

À Zernoïe Selo, nous avons faim et froid comme tout le monde, mais nous ne sommes pas encore des cannibales. Non. Sas a abattu tous les chevaux du *kolkhoze*, c'est ce qui nous maintient en vie. Et aussi difficile à admettre, certains villageois ont commencé à manger des chiens.

Léonid et Alisa enferment leur chien à présent.

-0-

Quelqu'un frappe au portail. Je cours voir qui c'est.
— Voilà ! C'est pour vous !
Un homme en civil me tend un colis. Mon nom y est écrit en grosses lettres.
Kolia est avec moi. Beretzkoï est à Moscou pour mendier quelques traductions de plus à *Profpro*.
Le colis n'est pas lourd. Je défais la ficelle qui l'entoure et déchire le papier.
— Des vêtements d'homme, dit Kolia.
Un pantalon de flanelle, une *roubachka,* un manteau et une botte – non pas une paire de bottes, mais une seule – sont étalés sur la table de la cuisine. Tout est usé et crasseux, avec des taches marron foncé ou noires.
— Qui peut bien me faire une si mauvaise blague ? Qui m'envoie ces vêtements usés et sales ? demandé-je à Kolia.
— Ce n'est pas une blague, Tania.
— Alors qu'est-ce que c'est ?
Il saisit la *roubachka* et l'approche de son nez.
— Du sang. De la sueur et du sang.
— Du sang ? De qui ?
— Tania, Tania, dit-il en sifflant entre ses dents. De qui croyez-vous qu'il soit ?
— De Vassili ?
Il fait oui de la tête.
— C'est la manière dont les hommes en cuir procèdent pour vous faire savoir que tout est fini. Je suis désolé. Vraiment désolé. Mais oui, ton Vassili ne reviendra pas.
Les hommes en cuir : les *Tchékistes*.
Je sens un pincement de tristesse dans le creux de mon ventre, comme une

pilule amère qu'il faut avaler. J'avais espéré retrouver Vassili. Espéré que j'aurais, que Beretzkoï et moi, aurions pu nous occuper de lui ici, à Zernoïe Selo.

Kolia lit dans mes pensées et pose sa main sur la mienne. Sa peau est tachetée et aussi fine que du papier de soie.

— Tania, ma petite, il est vain d'espérer.

-0-

Quelqu'un frappe encore au portail. Beretzkoï est de retour de Moscou. Kolia est en haut, dans le grenier. L'homme qui a apporté le colis est dans la rue Ob. Il me tend une lettre. Elle provient du quartier général de la *Guépéou*, la redoutable Loubianka, que j'avais quittée si vite un jour. La lettre est datée du 24 octobre 1931. Nous sommes en avril : avril 1933. Je n'arrive pas à déchiffrer la signature toute de boucles enchevêtrées.

Le fonctionnaire à la signature illisible m'écrit : *Le criminel Brodov est mort*.
Vassili est mort le 18 Juin 1931.

Cela veut dire qu'il est mort six mois après que les *Tchékistes* l'ont emmené de son bureau de la *Pravda*. Il y a un peu plus de deux ans. Il est mort de septicémie causée par une crise d'appendicite aigüe.

— On ne dit pas où il est mort et où il a été enterré, dis-je.
Je me sens choquée et anesthésiée à la fois.
Beretzkoï me prendre dans ses bras.

Dans l'après-midi, nous – Beretzkoï, Kolia, mes voisins et moi – enterrons les vêtements dans le jardin de devant. Léonid me donne un brin de laurier.

— Plantez-le en terre. Tu verras comme ça pousse bien. Il sera l'âme de ton Vassili. Tu sais, l'âme ne meurt jamais. L'âme continue à vivre.

-0-

L'homme revient. Je reconnais ce coup à la porte : un coup sec. Je prends mon temps pour ouvrir. Il m'apporte une autre lettre.

— Vous ne savez vraiment pas d'où proviennent ce colis et ces lettres ? demande-t-il.
— Je le sais maintenant.
— Je suis désolé.
— Pour quoi ?
— Parce que je suis obligé d'être le messager.
— C'est une mauvaise raison, mais merci quand même.
— J'ai une femme et un enfant. Soit je suis le messager, soit ma femme sera le destinataire.
Oui, il y a une certaine logique dans le raisonnement.

La lettre vient du ZAGS de Moscou où Vassili et moi avions enregistré notre union. Elle est datée du 25 octobre 1931. Elle a été écrite le lendemain de la lettre précédente. Le Camarade Enregistreur en Chef m'a convoquée pour le 2

Novembre 1931 à 10 heures du matin. D'après cette lettre, je dois signer le document joint pour reprendre mon nom de jeune fille : Tisinski.

Nous pensons que, ne désirant pas continuer à porter le nom d'un criminel, vous serez satisfaite de recevoir cette information.

Je ne peux toujours pas déchiffrer la signature. Cette lettre été écrite il y a dix-sept mois, elle n'est sûrement plus valable.

— Je continuerai à porter le nom de Brodovskaïa, déclaré-je à la ronde.

Je peins mon nom sur le portail : T.N. Brodovskaïa.

— Te voilà protestataire, dit Beretzkoï avec un large sourire.

— Mais pas raisonnable, ajoute Kolia.

— Il est parfois plus raisonnable d'être protestataire que raisonnable, dit Beretzkoï à Kolia.

Je trouve un mot de Beretzkoï sur la table de la cuisine. La nuit est tombée et il a regagné la rue Léna.

Tania, il y a dans la vie des moments où nous devons prendre la défense de ceux qui ont été proscrits. Aussi, mon amour, porte le nom de Brodovskaïa. Je t'admire. Je t'aime.

Défiant...

Défier...

Défiance...

Ne Souillez Jamais le Vaincu...

Mais Dégonfler le Diffamateur...

Je ne cesserai de m'appeler Brodovskaïa que lorsque je serai allée au ZAGS avec Beretzkoï.

Mais j'ai bien l'impression que cela n'arrivera jamais.

-0-

Janvier 2003 : Moscou (Gérard Lombard, Biographe)

De retour à Moscou, il me faut beaucoup insister pour qu'on me raconte Zernoïe Selo pendant la seconde grande famine.

— Vous n'allez tout de même pas écrire ça. Ceux qui n'ont jamais connu la famine ne comprendraient pas, me disent-ils.

Je leur réponds que ceux qui n'ont jamais connu la famine doivent savoir ce qu'est réellement la famine.

— Il fallait bien survivre. Il nous fallait résister à la mort, disent-ils en rougissant, mal à l'aise.

Dès qu'ils commencent à parler, ils ne s'arrêtent plus.

Ils me parlent du *Char de la Mort*. Du vieil homme qu'on a trouvé dans la rue où la fille de la Pravda habitait. La cour arrière de la morgue, les fosses communes. Au début, il y en avait huit, chacune pouvant contenir soixante cadavres, mais on avait dû en creuser huit autres quand les camions avaient commencé à apporter des corps de partout, même de Léningrad. Les nouvelles fosses étaient plus grandes et plus profondes, elles pouvaient contenir une centaine de corps. Elles furent vite pleines elles aussi.

— Mais on a tenu le coup. On a survécu, disent-ils.

Ils détournent leurs visages pour me dire comment. En mangeant ce qu'ils ne se seraient jamais cru capables de manger. D'avaler, de digérer. Ces choses répugnantes, ça a commencé quand une maladie mystérieuse a décimé les chevaux du *kolkhoze*. Le premier cheval mort, ils l'ont enterré. Mais quand un second cheval est mort, Sas était alors à Moscou, les *kolkhozniks* ont décidé – tout en craignant de faire une bêtise – de débiter le cheval et d'en partager les morceaux. C'est ainsi que pendant une semaine, l'odeur de viande grillée a plané sur le village. Quand Sas est revenu, il a appris ce que les *kolkhozniks* avaient fait, mais comme personne n'avait été malade, on n'a plus enterré les chevaux.

Quand la mystérieuse maladie a cessé, il a bien fallu trouver d'autres viandes, parce que les palais des gens s'étaient accoutumés au goût de la viande ce qui rendait leur faim encore plus insupportable. On a envisagé de manger des rongeurs, mais rien que d'y penser, on trouvait ça dégoûtant. Alors un *kolkhoznik* a voulu savoir si on était contre le fait de manger un chat ou un chien. On a décidé de voter à main levée : ceux qui étaient pour devaient lever la main droite. Toutes les mains droites ont jailli en même temps.

— Il ne s'agissait pas de manger les nôtres. Seulement les chiens errants. Voila ce qu'ils disent.

On les a tués délicatement. En leur tordant le cou d'un geste rapide. Après on les a tondus. Le Fonds de Laine de Chiens avait envoyé un rouet au *kolkhoze* et exigé un certain nombre de mètres de laine par mois. Une fois tondus, les chiens étaient coupés en morceaux pour finir en ragoût.

— Un chat ou un chien suffisait à faire une grosse marmite de ragoût. Et il y avait beaucoup de chiens errants. Mais à Moscou se passaient des choses bien plus terribles. Là-bas, pour survivre, les gens ont mangé de la chair humaine. Nous, au village, on n'a jamais fait ça. On a enterré nos morts, disent-ils.

Ils citent Dostoïevski :

Une heure avant de mourir, un condamné à mort imagine devoir vivre au sommet d'un pic escarpé, un rocher ou une falaise si étroite qu'il ne pourrait que se tenir debout, alors qu'autour de lui il n'y aurait qu'abîmes, l'océan, une obscurité sans fin, une solitude éternelle et des tempêtes incessantes – obligé de rester debout sur un espace de quelques centimètres carrés pendant des milliers d'années ou l'éternité. Que choisirait-il, vivre ou mourir ? Vivre, seulement vivre, vivre peu importe comment ...

Mais ils ne comprennent toujours pas pourquoi je tiens à écrire de telles choses.

— Écrivez-donc sur la solidarité qui régnait dans notre village. Dites comment les difficultés ont fédéré les gens entre eux. Comment les disputes anciennes ont été oubliées, les mauvais coups pardonnés.

— Écrivez-donc que la famine nous a conduits à accepter des choses auxquelles on ne pouvait rien changer. C'est ce que la femme du poète a fait. Dites comment elle a fini par accepter ce à quoi elle ne pouvait rien changer. Pourquoi vous en tenir à ce nous mangions ?

-0-

Ils m'ont raconté comment Nadejda Konstantinovna avait découvert, à propos de la fille de la *Pravda*, que ses soupçons étaient fondés.

C'était le poète, celui qui était Vice-Président de *Profpro* et vivait dans la plus grande *datcha* du village – Stanislav Petrovitch Rogov – qui lui avait confirmé ce qu'elle soupçonnait déjà depuis que son mari lui avait parlé de la fille de la *Pravd*a. Prenant la peine d'ajouter : Je ne vous ai rien dit, Nadejda Konstantinovna. - Je ne le tiens pas de vous, bien sûr, avait-elle répliqué.

Tout le monde appelait Rogov, Douchenka Koba. Ce sobriquet que lui avait donné le poète Dan Olminski. Il l'avait choisi parce que les deux noms Douchenka et Koba ont à la fois un rapport avec la littérature et avec Staline. Et Rogov adorait Staline. Le sobriquet lui allait parfaitement. (Note 49)

Les Rogov et les Beretzkoï se fréquentaient. Au début, les deux hommes étaient devenus amis, puis leurs femmes – celle de Douchenka Koba s'appelait Alexandra Alexandrovna – l'étaient devenues aussi. Les deux couples s'étaient installés dans le village à peu près en même temps : les Douchenka Koba habitaient une grande *datcha* de trois étages en pierres rue Léna et les Beretzkoï une plus petite *datcha* de deux étages de l'autre côté de la rue. Leurs enfants – les deux fils des Beretzkoï et les cinq filles et les deux garçons des Rogov – étaient aussi amis.

Douchenka Koba était un homme à la forte stature, aux yeux noirs perçants, qui derrière un pince-nez, scrutaient le monde avec hargne. Il était chauve et les villageois disaient de lui – mais seulement derrière son dos – qu'il avait un groin de porc à la place de la tête. Il le savait, manifestement, car il se sentait obligé d'expliquer sa calvitie chaque fois qu'il rencontrait quelqu'un pour la première fois. Il disait qu'il avait perdu ses cheveux à cause d'une pommade que sa mère lui avait appliquée sur le crâne pour soigner une crise d'eczéma sévère.

Si cette pommade, un remède de bonne-femme à base de fumier de vache et d'entrailles de rat, avait réussi à guérir son eczéma, elle l'avait aussi privé de ses cheveux. Il avait six ans alors. Il paraît qu'il disait toujours : Cela ne m'affecte en aucune manière, parce qu'ainsi je n'ai pas de difficulté à me reconnaître dans le miroir. Ce qui n'avait pas été toujours vrai, parce qu'une fois on lui avait vu porter une perruque.

Sa femme était peu instruite. Dans le village on disait même qu'elle était analphabète. Ce qui n'avait pas grande importance car elle était une bonne épouse, approuvant toujours ce que disait son mari, et prompte à accomplir son devoir conjugal chaque fois qu'il passait le pas de la chambre à coucher.

C'est en 1933, au cours du mois de mars et au plus fort de la famine, que Douchenka Koba a révélé à Nadejda Konstantinovna la véritable raison de la présence au village de la fille de la *Pravda*. Par la suite, il s'en était justifié auprès des autres poètes en prétextant que cela n'avait pas été intentionnel. Des mots lui avaient échappé et une fois le sujet abordé, il avait dû tout dire. Elle insistait pour que je lui dise. Elle disait qu'elle devait tout savoir.

Il avait l'habitude de rendre visite à Nadejda chaque fois qu'il se trouvait chez lui, au village. Sa femme et lui savaient ce qui se passait rue Ob, et lui disait volontiers qu'il savait Nadejda esseulée et en manque de soutien.

Cet après-midi de mars, il était passé chez elle de nouveau. Il l'avait trouvée dans sa cuisine en train de préparer la soupe de pommes de terre. Ils avaient parlé de la famine, parce qu'en temps de famine la nourriture est au cœur de toutes les conversations.

— C'est comme ça que la conversation s'est passée, me dit-on.

Nadejda Konstantinovna : Boria avait l'habitude d'apporter un tas de provisions à la maison, mais plus maintenant.

Douchenka Koba : Ça devait être des trucs français.

Nadejda Konstantinovna : Des trucs français ? Quels trucs français ?

Douchenka Koba : C'est comme ça qu'on la payait. Avec des vivres.

Nadejda Konstantinovna : Qui ? De qui parles-tu ?

Alors il lui avait tout dit.

— Par la suite, quand il parlait de ce fameux après-midi, il disait toujours qu'il en avait trop dit et qu'il avait été obligé de lui révéler tout le reste. Tout le reste, me dit-on.

Ce soir-là, lorsque le poète était rentré chez lui, il avait dû affronter Nadejda Konstantinovna.

— Elle lui dit qu'il devait remercier pour elle sa marie-couche-toi-là qui avait contribué à garder leur fils en vie, quand lui-même était manifestement incapable, de le faire.

Il lui a répliqué qu'il ne lui avait jamais menti. Elle a rétorqué qu'en effet, il ne lui avait jamais menti. Pas avec des mots, ça non, mais par ses silences. Tu ne m'as jamais questionné, tu ne m'as jamais questionné parce qu'au fond, tu ne voulais pas savoir, lui a-t-il dit, ce à quoi elle a répondu : Je ne voulais pas savoir parce que je ne tenais pas à toi au point de vouloir savoir.

Le poète avait alors demandé à sa femme si elle désirait qu'il parte de la maison, elle lui avait répondu qu'elle ne voulait pas de ça. Je vais te dire pourquoi, mon pauvre Boria, lui avait-elle dit. Je vais te dire pourquoi je ne veux pas que tu partes et pourquoi dans le passé, je ne t'ai pas demandé de t'en aller, mais peut-être as-tu préféré l'oublier, parce que c'est moi qui suis partie. Oui, je suis sûre que tu l'as oublié, mais pas moi, parce que tous les jours je me souviens du désarroi que mon départ a infligé à ceux que j'ai laissés derrière moi, voilà pourquoi, voilà pourquoi mon pauvre Boria, je ne te demanderai pas de quitter la maison. Je ne veux pas être la cause d'une telle peine, de la peine que mes fils auraient si tu partais, parce que c'est moi qui t'aurais mis à la porte. En ce qui me concerne, cela ne me fait rien. Alors tu peux rester, mon pauvre Boria, et profiter de ta putain.

Après avoir vidé son sac, elle s'était levée en disant qu'elle allait se coucher mais il lui a répondu qu'il n'en était pas question. Tu vas m'écouter, lui avait-il dit. Il avait parlé du vide de leur existence entre la naissance de leur second enfant et le jour où il avait traversé la salle de rédaction de la *Pravda*. Comment dès ce jour-là, il avait senti son envie de vivre se ranimer, parce que la fille qu'il avait rencontrée ce jour-là venait de donner un nouveau but à sa vie. J'avais retrouvé une raison de vivre et de défendre cette existence, de ne pas tenir ma vie pour acquise, ni de permettre aux autres de la tenir pour acquise. Toutes ces choses que j'avais perdues dans cette période de vide, je ne laisserai personne me les confisquer, maintenant que je les ai retrouvées.

Ils m'ont raconté que le poète avait ajouté que la fille de la *Pravda* lui avait aussi rendu le courage de se battre et de résister, ce qui en retour, lui avait rendu le courage de penser et de prendre des décisions et par conséquent de créer.

— C'est ainsi qu'il a justifié l'incorrection de sa conduite, me disent-ils.

— Est-ce qu'elle a accepté cette explication ? demandé-je.

— Non, disent-ils, Nadejda ne l'a pas acceptée. Elle lui a dit : C'est purement sexuel. Ça a toujours été sexuel avec toi, ce à quoi il avait répondu : Je ne suis pas en train de parler de sexe. Je parle d'amour.

Ils m'ont dit que c'est ce soir-là que le poète avait quitté sa femme. Qu'il l'avait quittée dans sa tête, comme il l'avait quittée dans son cœur, il y a longtemps déjà.

— Vous allez écrire ça dans votre livre sur le poète, me disent-ils.

— Je vais le faire, leur dis-je.

-0-

QUATRIÈME PARTIE

1

Le bon temps reviendra, c'est ce qu'on peut lire dans la *Pravda* et des *Izvestia*.

L'été est là de nouveau et les jours sont longs. Le soleil caresse nos visages et nos bras et nos jambes brunissent. Mon jardin est d'un vert magnifique et intense. Un minuscule oiseau jaune à tête verte me réveille tous les matins. Il vient chanter son bonjour jolie madame à ma fenêtre.

Staline nous annonce un nouveau Plan Quinquennal, la *Guépéou* est dissoute ; le NKVD (Note 50) la remplace. Un nouveau décret stipule que les derniers *Koulaks* ont quitté leurs fermes improductives pour nos exploitations agricoles productives. La collectivisation appartient maintenant au passé.

Faut-il aussi comprendre que la Deuxième Grande Famine est derrière nous ?

Nous n'en savons rien et ne pouvons le demander à personne, car comment demander si quelque chose qui n'a jamais existé est terminé ?

La *Pravda* déclare qu'une *Nouvelle Ère* a commencé. J'imagine l'excitation qui doit régner parmi mes anciens collègues, en écrivant ou publiant ces merveilleuses nouvelles.

À Zernoïe Selo, pour nous la Nouvelle Ère commence bien. Pavel vient nous informer que les boutiques ont rouvert. Les deux veuves se précipitent rue de la Constitution pour voir ce qu'il y a à acheter. Elles en reviennent avec des mines qui en disent long.

— Toujours rien sur les étagères, dit la Veuve Alexandra.

— Il y aura peut-être quelque chose demain, lui dis-je pour la réconforter.

Le *Char de la Mort* fait une dernière tournée à travers tout le village. Deux hommes le poussent rue Ob.

Nous courons voir.

— Pour qui êtes-vous venu ? demande Beretzkoï.

— Cette fois-ci, personne. Nous l'emportons au *kolkhoze*. Ils vont le débiter pour en faire du bois à brûler. J'en prendrais bien une ou deux planches ! dit l'un d'eux en riant.

Vitia doit décider ce qu'on va faire de toute cette bonne terre dans laquelle on a enterré les victimes de la famine. En faire un cimetière et y planter des croix ici et là pour calmer les gens comme la veuve Natalia ? Ou agrandir le *kolkhoze* ? Faire pousser du blé sur les tombes ? Peut-être même y faire paître du bétail ? Des moutons ? Des porcs ? Qui sait ? Pourquoi pas le tout.

Pourquoi gaspiller cette terre ? Les os de ceux qui y reposent ne donneront ni petits pois ni haricots.

Depuis que le Comité du District prépare l'avenir, nous décidons de faire de même. Au Un rue Ob, j'ouvre grand les fenêtres. Les voisins font de même. Je mets mon matelas à l'air, mes voisins aussi. Nous chantons en battant nos pauvres affaires pour les débarrasser de la poussière de l'hiver. Léonid me donne quelques graines de tomates à mettre en terre. Beretzkoï reçoit une lettre de *Gozuzdom*. Ils reprennent leurs publications et le projet de l'encyclopédie renaît. Je vais de nouveau être son assistante. Je traduis aussi *Madame Bovary de* Flaubert pour l'Ambassade de France.

Nous avons survécu à la famine !

Nos cœurs sont joyeux, mais qu'en est-il de ceux qui n'ont pas survécu à la famine ?

— Ne te culpabilise pas. On vit. On meurt. Chacun son tour, dit Kolia.

-0-

2

Je ne sais pas comment on élève un enfant, mais je me mets à rêver de bébé. Il est possible que j'aie été enceinte lorsque j'ai vomi et je repense à cette nuit où j'ai tant saigné. Je ne saurai jamais si j'ai perdu un enfant cette nuit-là, mais l'intense douleur que j'ai ressentie tendrait à me faire croire que oui. Et maintenant voilà que je me demande comment ça fait d'être la mère d'un enfant. D'un enfant de Beretzkoï.

— Te voilà bien pensive, dit-il.

Je lui prends la main.

— L'encyclopédie peut attendre pour une fois. Viens t'asseoir avec moi dans le jardin.

— Non. J'ai du travail, dit-il en se libérant.

Nous sommes mardi. Je pourrais aller au Parc de la Culture et du Repos. Sas et Vitia invitent maintenant des musiciens à y jouer les mardis et on peut même danser dans la salle. Alisa et Anna se prétendent trop vieilles et se trouvent ridicules à se trémousser, mais comme Léonid et Ivan aiment bien danser, ils n'ont plus que moi pour s'y adonner.

Je pourrais aussi bien me promener.

Il y a un grand bois près du Parc de la Culture et du Repos. Beretzkoï appelle ce bois, le Bois du Somnambulisme. Il trouve qu'avec sa beauté, les pins, les sapins, les pâquerettes et les fraises des bois qui apparaissent dès que fondent la glace et la neige de l'hiver, avec toute la sérénité qui émane d'une telle splendeur, c'est comme si on se promenait dans ses propres rêves.

Je ne vais pas danser ni me promener dans le Bois du Somnambulisme. Je veux parler aujourd'hui à Beretzkoï d'avoir, lui et moi, un enfant.

Dans le jardin, j'étale une couverture sur laquelle je dispose un pique-nique.

Comme on a recommencé à acheter des provisions à Maxime, on va faire une petite fête : de la mousse de poisson, du hareng fumé, des bâtons de rhubarbe, des gâteaux au potiron et de la purée d'aneth.

Je vais chercher Bertezkoï.

— Oh Tania ! Tu peux être parfois une telle gamine ! dit-il exaspéré.

Nous nous installons dans l'herbe, sur des coussins. Dans les chauds rayons du soleil, des insectes bourdonnent impatients de partager notre festin.

— Allons, Tania, parle. Qu'est-ce que tu rumines dans ta belle petite tête ? Bertezkoï voudrait le savoir.

— Tu me prends pour qui ? demandé-je, feignant d'être irritée.

— Une très jolie femme avec un projet dans la tête.

— Moi ?

— Toi, dit-il.

Je secoue la tête.
— Mange, lui dis-je.
Je parlerai d'enfant plus tard.

-0-

L'après-midi se termine et Beretzkoï déroule ses manches pour enfiler sa veste. Il se prépare à repartir rue Léna. Je l'accompagne au portail.
— Beretzkoï, que dirais-tu si toi et moi avions un enfant ?
Les mots jaillissent de ma gorge comme si accidentellement, j'avais avalé les petits insectes de midi.
— Un enfant ? demande-t-il déconcerté.
— Un enfant.
— Tu es sérieuse ?
Je fais oui de la tête.
— Tania, tu ne trouves pas qu'on est assez comme on est ? Je pense que oui.
Il se renfrogne.
— Je suis heureuse, dis-je.
— Alors pourquoi veux-tu un enfant ?
— Je n'ai pas dit que j'en voulais un. Je pensais seulement ... bon, ça ne fait rien ...
— Eh bien, tu es tout pour moi, mais tu peux ressentir ...
— Non. Non. Non. Je ne veux pas d'enfant. Oublie ! Toi aussi tu es tout pour moi. Je me posais seulement la question. Oublie ! Ça n'a pas d'importance.
Je ne parlerai plus jamais d'enfant.

-0-

3

— Il faut que je te dise une chose.

Nous sommes dans la cuisine. Beretzkoï est assis à la table et moi debout devant l'évier, les mains dans l'eau savonneuse. Je lui tourne le dos. Il joue avec une cuillère, en tapotant sur la table. Ce bruit m'énerve.

— J'écris un roman.

Je me retourne d'un coup.

— Un roman ! Je ne savais pas !

Il émet un petit rire.

— J'ai toujours voulu écrire un roman. C'est ... eh bien ... c'est quelque chose qui me trotte dans la tête depuis longtemps ... depuis des années. En fait, j'en ai commencé plusieurs, mais les ai tous laissés en plan. Jamais terminés. Quelque chose ... Quelque chose s'est toujours interposée.

— C'est elle ?

Elle ! Je ne fais pas souvent référence à Nadejda Konstantinovna, mais quand j'ai à le faire, elle devient *elle*.

Beretzkoï fait non de la tête.

— Non. Je sens monter en moi un épouvantable malaise. Un malaise qu'on appelle la trouille.

— La trouille ?

— Oui, la peur. J'arrête d'écrire parce que je pense au mal que mon livre pourrait faire aux autres.

— Ta femme et tes fils ?

— À toi aussi. Maintenant à toi. Surtout à toi, parce que je ne pourrais supporter que tu souffres à cause de moi.

— Est-ce qu'elle est au courant du livre ? Est-ce que tu l'as mise au courant ?

— Elle sait...

— À elle tu l'as dit, mais pas à moi ! lui dis-je en lui coupant la parole.

Il tient toujours la cuillère. Je la lui arrache des mains et lui tourne de nouveau le dos, puis je mets la cuillère sous le robinet et laisse l'eau couler dessus.

— Depuis quand travailles-tu à ce livre, Beretzkoï ? demandé-je sans me retourner.

— Depuis que la famine a l'air de toucher à sa fin.

Je me retourne.

— Est-ce que je peux le lire ?

— J'aimerais bien, oui. Oui, je t'en prie Tania, je t'en prie lis-le. Lis-le ce soir, et demain matin tu me diras ce que tu en penses. Je vais le chercher et je pars chez moi.

Il va chercher un dossier vert dans la véranda.

Je l'accompagne jusqu'au portail.

— Je ne cherche pas les compliments, Tania. Je préfère la vérité à la flatterie, me dit-il.

Je le regarde s'éloigner vers le terrain vague. Il prend toujours ce raccourci pour rentrer chez lui.

-0-

Le chien des Kravchinski salue la tombée de la nuit par un long aboiement. Il avait déjà commencé à le faire pendant la famine quand on l'enfermait à l'intérieur pour qu'il ne se fasse pas tuer et finisse en ragoût.

— Tais-toi ! lui crie Alisa de l'intérieur de leur *datcha*.

Même notre chien a peur du lendemain, m'a-t-elle dit il y a quelques jours.

Le chien jappe et je l'entends même se traîner jusqu'à sa niche.

Je m'assieds sur le lit. J'ouvre le dossier. *Le Docteur Rudi Zinn*. C'est le titre du roman. Ni Rudi, ni Zinn ne sont des noms russes. Je me demande comment Beretzkoï a trouvé ce nom, comment et pourquoi il l'a choisi.

L'enfant n'arrivait pas à comprendre pourquoi son père, un médecin qui avait guéri tant de gens, ne pouvait pas guérir aussi sa maman que tout le monde disait si malade qu'elle s'était endormie pour toujours.

Je poursuis ma lecture. Je lis tout ce qui est écrit sur chacune des pages. Je les relis. Et les lis encore. Je serre les pages contre ma poitrine. Mon étreinte est aussi forte que si je tenais Beretzkoï en personne dans mes bras.

-0-

J'attends au portail. Je vois Beretzkoï remonter la rue.

— Dis-moi où en est la trouille, lui demandé-je.

Il sourit.

— Je la sens dès que j'écris quelque chose que Staline n'approuvera pas. Et ça me tourmente comme je te l'ai dit hier, parce que j'ai peur de ce qu'il pourrait faire à ceux que j'aime.

— Ne te rends pas encore malade avec ça, Beretzkoï.

— Tania, je pense que tu aimes le livre ?

— Beretzkoï … Beretzkoï … Je l'aime … Je t'aime …

Il passe un bras autour de ma taille et m'attire doucement à lui. Son menton mal rasé effleure ma joue et l'égratigne.

— Cela risque d'arriver encore, Tania, à cause de toi, chuchote-t-il dans mon cou.

— Je te protègerai. Ne t'en fais pas. Je te protègerai.

Je respire l'odeur de sa peau.

Réalisant que nous sommes dans la rue, je l'attire vers l'intérieur et ferme le portail derrière nous. Mon regard se fixe sur T.N. Brodovskaïa que j'avais écrit dessus. Est-ce que j'avais sauvé Vassili ? Non ! Alors qu'est-ce qui me faisait croire que je pourrais sauver Beretzkoï ?

-0-

Je dégage l'une des étagères de notre bibliothèque. Ce sera pour le manuscrit de Beretzkoï.
— Je ne te permets même pas d'y jeter un œil. Laisse-moi avancer dans le roman et dans quelques temps tu pourras lire la suite, me dit-il.
Je n'ai pas l'intention de parler du roman à quiconque.
— Est-ce que tu l'autorises, elle, à parler du roman ? demandé-je.
— Non.
— Alors tu y as travaillé chez toi.
— Oui.
— Je ne t'ai jamais demandé ce que tu faisais quand tu étais chez toi.
— Je fais des choses ordinaires, Tania. De celles qu'on fait sans y penser à l'avance. Je lis. J'écris. Parfois je cuisine le soir. Je fais des mots croisés avec les garçons. Je leur enseigne le français. Je dors. Je me lève le matin. Je me rase. Je me prépare un verre de thé. Des choses ordinaires.
— Au moins, je sais maintenant qu'elle est au courant du roman.
— Oui, elle est au courant du roman et elle est aussi au courant de toi.
— Elle est au courant de nous ? demandé-je, perplexe.
— Oui. Quelqu'un lui a dit ton nom. Est-ce que c'était intentionnel ou non, je n'en sais rien, et ça n'a aucune importance, parce que je suis content qu'elle soit au courant de nous deux.
Le chien des Kravschinski commence à aboyer. Quelqu'un a dû s'approcher de la maison, parce qu'il aboie chaque fois que quelqu'un passe.
— Satané cabot ! dis-je. Ce chien aboie tout le temps !
Beretzkoï ferme les yeux, comme plongé dans ses pensées.
— Tania, écoute-moi. Cette femme n'est plus rien pour moi. Je me suis séparée d'elle émotionnellement et physiquement. C'est toi que j'aime. Mais ... mais je ne peux pas partir parce qu'émotionnellement et physiquement je ne peux me séparer de mes fils. C'est pourquoi je continue à vivre où je vis. Je sais combien cette situation doit être frustrante pour toi. Tu as le droit de t'en plaindre, le droit d'exiger de moi que je la quitte. Que je les quitte. Mais je veux te demander quelque chose. Je t'en prie, ne laisse pas Nadejda Konstantinovna devenir un problème. Je t'en prie.
Je hoche la tête.
Je n'ai pas l'intention de lui demander qui a parlé de moi à Nadejda. Savoir qui, n'a aucune importance. Lorsqu'elle lui a dit qu'elle savait pour moi, il avait eu l'occasion de la quitter mais avait fait le choix de rester. Le plus important, c'est ça.

-0-

4

L'hiver est de retour. La fontaine de la Place Marx gèle.

— Quand il gèle si tôt, ça veut dire que l'hiver sera très froid, dit Alisa.

Je termine ma traduction de *Madame Bovary* tandis que Beretzkoï termine le premier tome de l'encyclopédie.

L'Union soviétique est devenue l'un des membres de la Société des Nations.

Nous voilà maintenant voleurs à notre tour !

C'est ce qu'écrit mon père : Lénine appelait la Société des Nations un repaire de voleurs.

-0-

Avril est là.

Quelqu'un frappe de nouveau au portail.

Je repense au jour où j'ai appris la mort de Vassili.

Je cours voir qui est le visiteur. Un jeune homme est debout sous une averse de neige. On est pourtant en avril, mais il neige encore.

— *Zdravstvouytié*. S'il vous plaît, est-ce que je peux vous parler un moment ? S'il vous plaît ? À l'intérieur s'il vous plaît ? demande-t-il.

De toute évidence ce jeune homme est étranger. Son russe est grammaticalement correct, mais il roule les R comme mon père, ce qui veut dire que ce jeune homme est français. Il saute d'un pied sur l'autre comme quelqu'un d'impatient sur un quai de gare. Il porte des *valenki* (Note 51) mais comme elles sont en train de se désintégrer, on voit ses orteils. Ils sont bleus de froid.

— Je ne suis pas autorisée à vous laisser entrer. Il y a une loi dans notre pays qui nous interdit tout contact avec des étrangers, lui dis-je.

— Je sais. C'est pour cela que je vous ai dit trois fois s'il vous plaît. Maintenant je vous le redemande – s'il vous plaît, puis-je entrer ?

Il ne porte pas de gants et ses doigts sont aussi bleus que ses orteils.

— Qui êtes-vous ? Est-ce l'Ambassade de France qui vous envoie ?

Il hoche la tête. Je fais un pas de côté pour le laisser passer.

— L'Ambassade de France ne m'a pas envoyé, m'avoue-t-il rapidement, en se tournant pour me regarder en face.

— Vous voilà à l'intérieur, dis-je.

Je sens mes poils se hérisser derrière mon cou, mais je trouve ce jeune homme sympathique.

— Je suis venu pour le poète. Je ne resterai pas longtemps. Je ne voudrais pour rien au monde vous causer des ennuis.

Beretzkoï nous rejoint dans le séjour.

— Je m'appelle ... regardez ...

Le jeune homme tend son passeport à Beretzkoï. Il s'appelle Jérôme Bernard. Il est né à Paris et le passeport date d'il y a deux mois. Son visa soviétique est valable quatorze jours. Il est fabriquant de chaussures : l'état de ses propres chaussures a quelque chose d'ironique.

Il travaille pour la société Bernard & Fils. Il doit être l'un des deux Bernard, son père, l'autre. Il sourit. Il a de belles dents, comme Maxime. Et comme Maxime, le fabriquant de chaussures français est séduisant, mais il est brun : ses cheveux et ses yeux sont noirs comme la nuit.

— Tu portes des *valenki*, dit Beretzkoï en désignant les chaussures du Français.

— Alors, *gaspadine* ? (Note 52)

— Tu te dis fabriquant de chaussures. N'as-tu rien de mieux pour te chausser ?

— Vos trottoirs et ce froid sont redoutables pour les chaussures. Elles étaient impeccables quand je suis arrivé dans votre pays.

Il secoue la tête.

— Non, non, non, murmure-t-il, je ne peux pas laisser le mensonge s'installer entre nous. Je ne suis pas fabriquant de chaussures. Je suis étudiant.

— Qu'est-ce que tu étudies ? lui demandé-je.

— L'art ... les Vieux Maîtres ... et la suite.

— Tu ne dois pas rester. Je suis navré.

— Je comprends.

Beretzkoï me regarde.

— Mais d'abord, buvons un verre de thé. Ensuite tu pourras partir.

Nous passons tous trois dans la cuisine.

Je fais chauffer le samovar.

— Pourquoi es-tu venu au village, Jérôme ? Tu permets que je t'appelle Jérôme ? demande Beretzkoï.

— Pour vous rencontrer, Monsieur, et bien sûr vous aussi, Madame.

— Oh, laisse tomber Monsieur et Madame et dis-nous en plus sur toi. Pour que nous sachions au moins qui tu es avant qu'ils nous fusillent, dit Beretzkoï en riant, prouvant qu'il l'aime bien aussi.

Bernard avait grandi en écoutant son père communiste parler de l'Union soviétique comme d'une utopie et des Russes comme d'un peuple pétri de courage, d'honneur, de justice et de vertu. Lorsqu'il avait commencé à étudier le russe, son professeur, un de nos Blancs réfugiés en France, lui avait fait connaître les œuvres d'Akhmatova, Maïakovski et Dan Olminski. Puis, le professeur lui avait offert un petit volume de poèmes de Beretzkoï.

— De tous, c'est vous qui m'avez le plus touché, dit-il à Beretzkoï.

Il avait bataillé pendant trois ans avec les gens de notre ambassade à Paris pour obtenir un visa soviétique et enfin, grâce à un passeport au nom de Jérôme Bernard qu'il avait acheté à la pègre de Paris, et un ami, fabriquant d'engrais qui l'avait aidé, il avait fini par obtenir son visa. Il y était qualifié de fabriquant de chaussures. Il a pu venir dans notre pays tant que participant à une délégation de fabricants. La délégation est conduite par son ami. Après une semaine à Moscou le groupe avait pris le train pour Kiev. Lui, était descendu à la gare du village, son ami le couvrirait en prétextant qu'il était resté à Moscou pour soigner un très mauvais rhume.

— Mon nom – mon vrai nom – est Valjean Bernet. Valjean à cause de Jean Valjean du roman *Les Misérables*. Pour le visa j'ai choisi le métier de fabricant de chaussures parce que mon père est cordonnier. Dans mon enfance, pendant les vacances scolaires, je l'aidais dans sa boutique, alors je suis capable de tenir une vraie conférence sur les chaussures.

— Mais finalement quel est ton vrai métier ? demandé-je.

— Eh bien ... Je suis étudiant ... enfin une sorte d'étudiant. Je suis ici pour étudier l'Union Soviétique. Alors on peut dire que je suis étudiant puisque je veux apprendre. Je n'ai que quelques jours avant de rejoindre la délégation à son retour dans votre gare. Me permettez-vous de rester avec vous ?

Beretzkoï se tourne vers moi.

— Tania, c'est à toi de décider.

Je vois bien qu'il a envie que Jérôme reste.

Il reste.

Beretzkoï ouvre une bouteille de *nalivka* (Note 53) d'un beau grenat.

— L'apéritif préféré de Staline ! déclare-t-il à notre invité.

— Monsieur l'étudiant, c'était votre première leçon, lui dis-je.

-0-

Nous donnons un autre nom à notre invité.

Nous l'appelons Morne.

Voilà à peine deux jours qu'il est avec nous et il commence à réaliser ce qu'est réellement la vie dans notre pays, c'est ce qui le rend morne.

Quant à nous, nous sommes tout aussi mornes en réalisant à l'écoute de Morne, dans quelle ignorance, dans quel isolement, nous vivons.

-0-

Morne nous raconte que Trotski, alors exilé volontaire en France, (Note 54) avait révélé que c'était Lénine qui avait donné l'ordre de tuer Nicolas II, son épouse et leurs cinq enfants.

Nous nous élevons avec véhémence contre de telles allégations.

— Non. Non. Lénine n'aurait jamais fait une chose pareille, dis-je. En 1925, quelques années après la disparition de Nicolas et de sa famille, on nous avait donné des explications détaillées sur sa mort. La *Gazette Rouge* (Note 55) nous avait informés que la nuit du 16 au 17 Juillet 1917, le Soviet Régional de l'Oural, instance gouvernant la ville d'Ekaterinbourg où le Tsar et sa famille étaient emprisonnés, avait précipitamment pris la décision de fusiller toute la famille car les troupes de l'Armée Blanche approchaient.

— Non. Vous vous trompez, Tania. Lénine avait donné des instructions à Sverdlov. (Note 56) Il lui avait dit que Nicolas et sa famille devaient être exécutés pour bien faire comprendre au monde qu'un Tsar n'avait pas sa place en Russie. Sverdlov avait alors donné au Soviet Régional de l'Oural l'ordre de liquider toute la famille, insiste Morne.

— Mais c'est de la barbarie, ça ne ressemble pas du tout à Lénine ! Tu me dirais Staline, d'accord ! Mais Lénine n'était pas comme ça, dis-je. J'ai tellement envie d'y croire.

— Tous les enfants de Nicolas n'ont pas succombé sous les rafales des balles. Deux ont survécu. Son fils Alexis Nikolaïevitch et Anastasia Nikolaïevna, la plus jeune de ses filles, ont survécu. Alexis est caché quelque part en Pologne et Anastasia vit en Allemagne sous le nom d'Anna Tchaïkovski. Tchaïkovski, vous savez, comme le compositeur. (Note 57)

— C'est quelque chose que Staline aurait pu faire, ça oui. C'est tout à fait son style, dit Beretzkoï.

— Il a même fait tuer Lénine, dit Morne.

— Il a fait tuer Lénine ! dis-je, le souffle coupé. Staline a tué Lénine !

— Il a donné à Iagoda (Note 58) l'ordre d'empoisonner Lénine, oui, et on en a des preuves.

Nous hochons tous deux la tête. Nous n'y croyons pas.

Morne nous parle de la collectivisation.

— À cause de ces millions de Russes morts pendant la collectivisation – la collectivisation ordonnée par Staline – votre pays sera dans l'incapacité de se défendre quand Hitler attaquera.

— Des millions ? demande Beretzkoï.

— Quatre millions au moins de vos compatriotes sont morts à cause de la collectivisation, oui, et dix millions d'autres, plus peut-être, ont été arrachés de leurs fermes et forcés à rejoindre les exploitations collectives.

— Tu as dit qu'Hitler va nous attaquer. Tu cois qu'il y aura la guerre ? demandé-je.

— Bien sûr, il va y avoir la guerre, une guerre européenne, peut-être même une guerre mondiale. Comme en 1914. De nombreux politiciens disent qu'Hitler (Note 59) a encore besoin de quelques années pour renforcer ses troupes, mais qu'il sera bientôt prêt, certainement avant 1940. Tout changera alors.

— Mais Staline a dit qu'Hitler était un homme insignifiant. Il y a peu de temps, il disait de lui qu'il n'était qu'un symptôme de la faiblesse du capitalisme, explique Beretzkoï.

— Eh bien, à l'Ouest on dit que Staline essaiera de mettre la Russie à l'abri de la guerre. Il proposera à Hitler un genre de traité, un traité d'amitié, mais souvenez-vous de ce que je vous dis, Herr Hitler n'hésitera pas à retourner ses armes contre vous.

— Nous qui sommes encore à genoux après la Première Guerre Mondiale, dit Beretzkoï pensif.

— Attendez ! interrompt Morne. Je ne condamnerais pas Hitler si vite. Comprenez-moi bien. Je ne suis pas un Nazi - loin de là ! - mais vous avez beaucoup à gagner de cette guerre, parce que comme le Kaiser a débarrassé la Russie de Nicolas, Hitler vous débarrassera de ce monstre de Staline.

-0-

J'ai envie d'informer tout le monde de ce que Morne nous apprend, mais c'est impossible car personne ne doit savoir qu'il est chez nous. Kolia seul le sait bien sûr, nous pouvons difficilement lui cacher Morne. Je crois que Léonid suspecte qu'il y a un homme ici, parce qu'il y a quelques soirs, lorsqu'il était venu discuter, Morne s'était éclipsé dans la chambre, oubliant ses *valenki* dans le séjour.

Elles sont à vous ? avait demandé Léonid avec un grand sourire.

Maxime aussi, je suppose, doit suspecter que j'héberge un homme ici. Le soir, du moins.

Lui aussi était entré par hasard – les Russes n'attendent pas d'y être conviés pour s'inviter – et Morne avait dû encore s'enfuir dans la chambre, laissant une fois de plus ses *valenki*, dans le séjour. Dis à Beretzkoï que je peux lui donner une autre paire, avait dit Maxime en riant.

— Sur ma tombe il faudra écrire cette épitaphe : Ici gît un homme qui aurait mieux fait de garder ses bottes aux pieds, avait déclaré Morne après le départ de Maxime.

-0-

5

Nous redoutons qu'ainsi cloîtré, Maxime ne s'ennuie et demande à retourner à Moscou. C'est ce que nous voudrions éviter. Non seulement nous sommes curieux d'entendre les révélations qu'il a encore à nous faire, mais il nous est sympathique et nous aimerions qu'il reste.

— J'ai une idée, dit Beretzkoï. On va aller pêcher sous la glace tous les trois.

Il y un lac à environ quatre-vingts kilomètres du village à vol d'oiseau – le Lac Legyschka. (Note 60) À chaque printemps, comme par magie, des milliers de grenouilles se regroupent soudainement une nuit sur ses berges. Elles y restent jusqu'à l'automne, et annoncent leur départ imminent par un interminable et lugubre coassement qui dure toute la nuit.

Nous envisageons d'aller au lac en autocar. Le départ doit avoir, lieu au dépôt en face de la gare, tôt le matin. Morne et moi partirons de la rue Ob avant le lever du jour pour que l'obscurité le protège. Je prévois que, si au cours du trajet, quelqu'un nous abordait, je dirais qu'il est muet, que c'est un cousin de Kiev muet de naissance. Beretzkoï prendra le même autocar que nous, mais nous l'ignorerons. Au lac, nous louerons une cabane pour nous trois. On y restera deux nuits. On emportera à manger et des tas de vêtements chauds. La température du lac sera de plusieurs degrés au-dessous de zéro. Beretzkoï emportera sa canne à pêche.

Morne et moi choisissons de nous asseoir à l'arrière du car. Beretzkoï arrive et prend place juste derrière le chauffeur, sur un siège unique. En dehors de nous trois, il y a deux autres passagers, une femme et son jeune fils. La femme nous ignore. Le petit garçon dévisage Morne d'un œil inquisiteur. L'enfant serait-il à même de détecter quelque chose ?

Notre chauffeur prend la route de Moscou-Minsk. Je n'ai jamais emprunté cette route. Elle est goudronnée mais glissante et pleine de nids-de-poules. La neige avait cessé pendant que nous marchions vers le dépôt, maintenant il se remet à neiger. Les fenêtres du car sont vite recouvertes de neige et sur le pare-brise, des cristaux de glace forment de délicates étoiles. Le car dérape, ses freins crissent désespérément comme un animal qu'on égorge. Les couverts et les gobelets de métal que j'ai emportés s'entrechoquent dans le filet, au-dessus de nos têtes. Morne a mis des couvertures et des oreillers dans le sac qu'il a placé sous notre banquette.

À quelques kilomètres du village, la route va tout droit. Nous traversons de minuscules hameaux de deux ou trois *izbas* délabrées. De la fumée s'échappe tristement de leurs cheminées. Des villageois aux visages suppliants courent désespérément le long du car. Ils voudraient qu'on leur achète ce qu'ils nous tendent : paires de *valenki*, ceintures de cuir peint, bonnets en tricot, foulards et gants et un poulet sans tête, du sang coulant encore le long de son cou maigre d'où pendent des plumes grillées. Un homme jeune nous tend un berceau.

— Cela n'a pas toujours été comme ça, dis-je à Morne, en forme d'excuse.

Il me prend la main et la serre.

— Je suis au courant, Tania.

Nous empruntons une route étroite, sinueuse et gravillonnée. De sa voix grave, le chauffeur se met à grogner des injures parce que la neige qui tombe dru forme un épais rideau, et qu'un tourbillon de brouillard gris cache la route. Affolé, le petit garçon commence à pleurer. Son antipathique mère lui ordonne de se taire. La route devient de plus en plus étroite jusqu'à ce qu'elle atteigne un chemin tortueux et raide. Nous nous sommes engagés dans une gorge de glace.

— Femme, faites-le taire ! hurle le chauffeur.

Elle donne une claque sur la petite tête blonde de l'enfant, ce qui le fait hurler de plus belle.

À l'avant, un rayon de soleil perce les nuages lourds de neige. De son pied botté, le chauffeur écrase la pédale de freins.

— Je ne peux pas aller au delà, déclare-t-il.

Au loin, en contrebas, s'étend le lac : vaste, blanc, comme si une lavandière avait étalé un immense drap pour le faire blanchir au soleil. Pour l'atteindre, nous devrons nous engager à pieds sur un long sentier tortueux.

— Voulez-vous que je revienne vous chercher ? nous demande le chauffeur. Si c'est oui, je veux être payé maintenant. Vingt kopecks par personne.

Beretzkoï lui tend ses vingt kopecks, Morne lui tend quarante kopecks pour nous deux. Nous savions que nous aurions à payer à l'avance, aussi avions-nous préparé la monnaie en conséquence.

— Je n'oublierai pas de revenir vous prendre, dit le chauffeur d'un air grave.

Je me demande si sa remarque est destinée à nous rassurer.

La femme et son enfant restent dans le car. Peut être s'agit-il de la femme du chauffeur et de son fils. Quand le car redémarre, le garçon nous tire la langue.

— Un geste compris universellement, dit Morne en riant.

Le sentier qui mène au lac est aussi glissant que la route. Beretzkoï et Morne passent devant, au cas où je tomberais.

— Ne vous en faites pas pour moi, dis-je. Je me laisserai glisser sur les fesses jusqu'au lac et j'arriverai avant vous deux.

Beretzkoï porte le matériel de pêche. Une canne, un pic à glace, une lampe à kérosène et une boîte en bois dans laquelle il y a un tire-bouchon, un couteau pliant et une louche. Nous nous servirons du pic pour briser la glace, du tire-bouchon pour creuser un trou, de la louche pour retirer les morceaux de glace, de la lampe pour pêcher la nuit tombée, du couteau si nous avons besoin de couper quelque chose et pendant que nous pêchons je pourrai m'asseoir sur la boîte au lieu de m'asseoir sur la glace du lac. Morne et moi portons les deux valises.

Au fur et à mesure que nous descendons, nous apercevons sur la glace en-dessous de nous, des petites fourmis noires. Peu à peu on distingue des jambes, des bras, des têtes. Ces fourmis sont des hommes en manteaux de peaux de moutons et *chapkas* : nos compagnons pêcheurs.

Les cabanes, petites structures en bois aux toits en forme de coupoles sont accrochées sur une pente de notre côté du lac. Il y en a vingt. Une *babouchka* à la croupe imposante ouvre la nôtre et garde la clé.

— Personne ne pense à me rendre sa clé et les clés, ça coûte cher. Laissez votre porte ouverte. Ici ce n'est pas Moscou. Il n'y a pas de voleur, nous dit-elle nonchalamment.

— Je vais descendre au lac acheter des appâts, propose Beretzkoï.

Morne l'accompagne.

Des bûches sont empilées dans un coin de la cabane, ce qui est rassurant.

Je commence par allumer le poêle.

-0-

Au crépuscule, heure à laquelle les poissons remontent à la surface pour manger, le meilleur moment pour pêcher, nous descendons au lac.

Beretzkoï et Morne se chargent du matériel.

Une fois que nous y sommes, nous frappons du pied çà et là, en cercles, afin de trouver un endroit où la glace n'est pas trop épaisse. Au bout d'un moment, Beretzkoï décide que nous pouvons faire un trou. Il a acheté des vers pour appâts. Nous sommes venus pêcher le brochet, les brochets aiment les vers, les carpes préfèrent les cacahuètes. Les vers sont dans le double-fond de la boîte, protégés par du feutre, ce qui est le meilleur isolant qui soit pour leur éviter de geler. Beretzkoï nous a expliqué tout ça hier.

Nous commençons à creuser notre trou. Autour de nous, les autres pêcheurs sont recroquevillés au-dessus du leur. Quelques uns ont allumé des feux de branchages. Une odeur de choux remplit l'air. Il n'est pas d'usage de manger du poisson lorsqu'on pêche, alors les pêcheurs se préparent une soupe aux choux.

Des bouteilles de vodka à moitié pleines sont disposées sur la glace.

Après un bon moment passé à attendre, nous constatons que les brochets n'ont pas faim, puisqu'ils méprisent totalement nos vers.

— Cela n'a pas d'importance, dit Beretzkoï. Ce qui compte, c'est d'être ensemble.

Nous retournons à la cabane en traînant les pieds, l'épaisseur de nos vêtements ralentit notre marche. Dans la cabane, le poêle dispense une merveilleuse chaleur et se blottir entre ces murs rustiques en bois est une sensation paradisiaque. Pendant une bonne heure, nous restons assis en cercle à discuter, avant de nous installer pour la nuit, chacun sur son banc de bois.

— Zut alors, dit Beretzkoï depuis son banc. Convenons que nous avons échoué en tant que pêcheurs et demain matin allons plutôt à la grotte.

J'ai trop sommeil pour demander de quelle grotte il s'agit. Quant à Morne, il ronfle doucement déjà.

-0-

La grotte s'appelle Malenki Kosti. (Note 61)

Il y a très longtemps, bien avant que je n'aille à Zernoïe Selo, on avait trouvé dans cette grotte des petits ossements mêlés à des petites pierres brillantes. Je le sais parce que les spéculations allaient bon train à l'époque pour savoir si ces ossements étaient les restes des membres de la famille du Tsar Nicolas qui s'étaient cachés dans la grotte en 1917 pour échapper aux Bolcheviks, et qui auraient été fusillés, sitôt découverts. On pensait que les petites pierres brillantes étaient des diamants. On ne sait pas ce que sont devenus les ossements ni les pierres.

— Vous allez avoir besoin de vous nourrir, nous crie la *babouchka* en nous voyant nous diriger vers la grotte.

Elle court après nous pour nous apporter de la saucisse fumée, trois œufs durs, un fromage de chèvre crémeux, un pain noir et une bouteille de vin rouge. Elle avait tout mis dans une petite boîte de carton blanc.

— Vous me paierez plus tard, dit-elle.

Nous rampons à quatre pattes à l'intérieur de la grotte. Morne, qui transporte la boîte de nourriture la tire maladroitement derrière lui.

— Attention, Tania ! prévient Beretzkoï.

Trop tard. Je viens de poser la main sur le cadavre tout gluant d'une chauve-souris en décomposition.

Nous atteignons un vaste espace plein de stalactites blanches, roses et violettes et de stalagmites.

Nous nous asseyons en face d'une stalactite violette.

— Comme elles sont majestueuses, murmure Morne.

— Tout à fait, approuve Beretzkoï.

Je me sens toute molle après cet effort et pose la tête sur mes genoux relevés. L'air est tiède. Tiède et humide.

— Beretzkoï, dit Morne. Mon cher ami, je n'étais pas venu à Zernoïc Selo pour ça, mais puisque j'y pense, il faudrait absolument qu'on vous publie à l'Ouest.

Je me redresse d'un coup.

— Si tu étais venu pour ça, je t'aurais demandé de repartir dès notre retour rue Ob, lui dit Beretzkoï.

Le silence plane.

— Je n'ai pas très faim, dis-je pour dire quelque chose.

— Beretzkoï, c'est si difficile pour vous d'admettre ce que je pense ? Je veux dire ..., bredouille Morne.

— Finalement, est-ce qu'on mange ? demandé-je.

— Dites-moi, continue Morne en tapotant le genou de Beretzkoï. Allez, dites-moi, trouvez-vous cette idée si outrageante ?

— Il m'est impossible d'être publié à l'Ouest, dit Beretzkoï avec fermeté.

— Beretzkoï, il existe des moyens de rendre cela réalisable.

La boîte de victuailles se trouve entre Beretzkoï et moi. Il la saisit et sans m'adresser un mot il la pose devant moi.

— Qu'est-ce que je dois en faire ? lui demandé-je.

— À ton avis ? dit-il brusquement. Ou nous mangeons ce qu'il y a dedans, ou alors nous la ramenons à la cabane. Tu as le choix, Tania. À moins que notre savant ami veuille décider de notre sort ?

Je regarde Morne en secouant la tête pour lui faire comprendre qu'il faut interrompre cette regrettable discussion.

Beretzkoï se lève.

— Retournons au lac, dit-il.

— Non ! dit Morne. Au contraire, parlons-en maintenant.

Furieuse, je secoue à nouveau la tête en direction de Morne.

— Morne, qui parmi nous écrivains ne voudrait pas être publié à l'Ouest ? Vous n'avez pas l'air de comprendre. Pour nous, c'est un rêve irréalisable.

Beretzkoï se lève. Morne aussi.

— On y va ? demandé-je toujours assise par terre.

— Beretzkoï, je peux vous aider, dit Morne. Je peux essayer de réaliser ce rêve. Vos œuvres doivent être partagées.

Je fixe Beretzkoï qui hoche la tête. Il regarde Morne d'un air abattu.

— En Russie, nous rêvons pour compenser notre désespoir. Vous ignorez ce dont vous parlez. Et puis c'est assez maintenant. Allons !

— Mais vous voudriez bien qu'on vous publie à l'Ouest ? poursuit Morne.

— Il n'est pas question de ce que voudrais ! Ce que nous voudrions est hors sujet dans ce pays.

— Si Staline meurt ? Ça peut arriver demain, après-demain, l'année prochaine, dans deux ans. Ne pourrait-on pas préparer un livre dès maintenant ? Au moins le tenir prêt ?

— Staline ne mourra jamais. Son espèce ne meurt jamais.

La voix de Beretzkoï est caverneuse, ses yeux sans expression.

— Nous mourrons tous un jour, Beretzkoï. Et vous aussi si vous ne faites pas attention, vous aurez disparu avant d'avoir pu faire entendre votre voix.

Les yeux de Morne sont remplis de larmes.

— Je t'en prie, dis-je à Beretzkoï. Il pleure. Je t'en prie, arrêtons.

— Mon ami, mon ami, dit Beretzkoï. Il pose sa main sur l'épaule de Morne. Ma voix ... ma voix, ce ne sont que des mots sur du papier. Mais ici en Russie, les mots ont le pouvoir de transpercer les âmes. As-tu jamais vu un homme dont l'âme a été taillée en pièces ? Moi oui. J'ai vu Vladimir Maïakovski. En 1917, il a écrit : *Cette révolution c'est ma révolution*, mais à peine ces mots avaient-ils eu le temps de sécher qu'il écrivait, *J'y pense de plus en plus souvent : pourquoi ne pas mettre un point final à ma vie avec une balle ?* Morne, comme toi l'érudit saura, c'est exactement ce qu'il a fait. Mon ami ne me parle plus de publier mes poèmes à l'ouest ... Plus jamais, s'il te plaît. Je t'en supplie, plus jamais.

Morne hoche la tête.

— Beretzkoï, mon cher et triste ami, les poètes ne meurent jamais.

— Blok est mort. Gumilev est mort. Iessenine est mort, réplique Beretzkoï.

— Mais leurs mots vivent, Beretzkoï !

— De qui sommes-nous en train de parler ? D'hommes ou de mots ?
— Des deux. De poètes et de mots. Poètes et mots ne font qu'un.
— Moi, je ne suis qu'un homme, dit Beretzkoï.

Il se penche et ramasse la boîte de provisions puis commence à s'éloigner de nous pour sortir de la grotte. Je bondis et cours après lui. Dehors, le lac est toujours visible, tout en bas. Sans prévenir, Beretzkoï lance la boîte en l'air. Elle heurte les branches d'un arbre chargé de glace qui la renvoie au sol dans un bruit feutré. On entend un bruit de verre brisé et le vin de la *babouchka* se met à couler de la boîte en rigoles qui colorent la neige en rouge-sang. Ça me fait penser au sang de Vassili coulant de sa tête, le jour où les *Tchékistes* étaient venus le chercher.

— Regarde ce que tu as fait, dis-je à Morne à voix basse.
— Comme je mérite le nom que vous m'avez donné, marmonne-t-il. Morne !

Je m'approche de Beretzkoï et lui prends doucement la main. Il ne répond pas à mon contact.

Le reste de la journée puis la nuit se passe en silence.

-0-

Le bus pour Zernoïe Selo part à huit heures. Je demande au chauffeur de conduire lentement. Pour voir le lac une dernière fois. Il me répond qu'il obéit à un horaire strict. Malgré que nous ne nous soyons pas adressé la parole depuis la grotte, Beretzkoï, Morne et moi, sommes assis ensemble dans le car. Au bout d'un moment, le car s'engage sur la route et Morne décide d'aller s'asseoir derrière le chauffeur. Il aime voir la route s'ouvrir devant lui. Nous le regardons se déplacer.

— Il est toujours fâché ? demande Beretzkoï.
— Je ne le pense pas.
— Je vais lui donner quelques poèmes, me dit-il.

Je caresse son beau visage.

— Qu'est-ce qui t'a fait changer d'avis ?
— Je n'ai pas changé d'avis, dit-il. J'ai dit non en pensant oui tout le temps.

-0-

Morne se prépare à partir. Lui et moi sommes dans la chambre. Je l'aide à mettre dans son sac le peu d'affaires qu'il avait lorsqu'il est venu.

Beretzkoï entre.

Il apporte des feuilles de papier.

— Prends-les. Vois ce que tu peux en faire, dit-il à Morne.
— Beretzkoï … je suis … tu …
— Tania, aide Morne à cacher ces pages, me dit Beretzkoï.
— Beretzkoï, je ne trahirai pas votre confiance.
— Ne publie pas ces poèmes tant que tu n'auras pas mon autorisation.

Prépare-les pour une publication, mais attends mon signal. Le mien ou celui de Tania. Personne d'autre.

J'aide Morne à cacher le dossier. Nous cousons page après page dans la doublure de sa veste en peau de mouton.

— Êtes-vous sûre de ne pas être une trafiquante, Tania ? me demande Morne avec espièglerie.

-0-

Nous nous disons tout ce que disent généralement les gens avant de se quitter. C'était si gentil à vous de me permettre de rester. Revenez. Oui, oui, oui. Revenez vite. Vous me manquerez. Vous nous manquerez.

Nous accompagnons Morne au portail. Nous nous étreignons. Nous le regardons partir jusqu'à ce qu'il disparaisse de la rue Ob.

Le chien d'à côté se met à aboyer.

— La ferme ! hurle Alisa quelque part dans leur *datcha*.

-0-

Morne nous écrit de Moscou. Il nous dit que son ami, le fabriquant d'engrais, a trouvé un moyen pour nous écrire. Nous devons envoyer notre courrier à un *kolkhoze* qui se trouve près de la ville de Nijni Novgorod. Adresser nos lettres au camarade président du *kolkhoze* en changeant le second des trois O de son nom en *A*. Nous devons aussi souligner Nijni Novgorod. Les lettres que Morne nous adressera passeront aussi par le camarade président du *kolkhoze*.

Nijni Novgorod est loin de Zernoïe Selo, sans parler de la distance à Paris, ce qui se traduit par des semaines, voire des mois, avant qu'une lettre parvienne à destination.

C'est ce qu'on appelle liberté dans mon pays.

-0-

6

Parfois le soir, il m'arrive d'avoir envie de trahir ma promesse et de lire le roman. Je vais souvent prendre le dossier, puis chaque fois, je dis que je ne peux pas faire ça à Beretzkoï, alors je repose le dossier à sa place sur l'étagère, sans l'ouvrir. Je ne le lirai pas malgré la colère que j'ai envers lui car il a décidé d'accompagner Nadejda et les garçons à Léningrad. Il tient absolument à montrer la ville de Pierre Le Grand à ses garçons.

Il vient me dire au revoir.

— J'ai hâte de partager ça avec les garçons, dit-il.

— Je comprends, dis-je en mentant.

— Les enfants grandissent si vite de nos jours. Ils seront adultes et pères de famille avant que j'aie eu le temps de m'en apercevoir.

Je l'entends ouvrir et fermer les tiroirs de l'armoire de la véranda.

— Tania !

Il a fait tomber quelques dossiers sur le sol. Je l'aide à les ramasser.

— Garde celui-là, dit-il.

C'est le dossier vert. Celui du *Docteur Rudi Zinn*.

— Mais tu avais dit ...

— C'était avant, maintenant, c'est maintenant.

Il m'embrasse tendrement, je savoure chaque seconde de ses adieux.

-0-

Il a déjà écrit trois cent quatre-vingt-dix pages.

Le roman commence par la mort de la mère du Docteur Rudi Zinn. J'ai déjà lu ces pages, mais j'ai hâte de les relire.

Rudi a dix ans et assiste à la lente agonie de sa mère qui meurt d'un cancer. L'enfant se tient près de son lit – son père médecin a été appelé pour un accouchement – de l'autre côté du lit un prêtre est présent. D'une main il tient un crucifix en or massif incrusté de rubis et d'émeraudes qui réfléchissent la lumière et de l'autre une lourde Bible reliée plein cuir.

Comme Rudi a lu les publications médicales de son père – il voudrait aussi être médecin – il sait de quoi sa mère est atteinte. Elle a perdu connaissance et son corps émet déjà des bruits précurseurs de la mort : du liquide gargouille dans son ventre et ses dernières respirations sont des râles. L'enfant voudrait hurler au prêtre de faire un miracle avec son crucifix et son livre saint pour guérir sa mère. Il voudrait le menacer du fouet et pourquoi pas d'une balle dans la tempe s'il ne faisait pas ce miracle tout de suite. Rudi ne dit rien parce qu'il sait bien que scientifiquement il est impossible d'inverser le processus de mort. Nourrir l'espoir qu'un morceau d'or, quelques rubis et émeraudes ou un livre fût-il relié plein cuir, pourraient extraire la maladie du corps de sa mère, serait de la folie pure.

La femme meurt. Un dernier halètement, un dernier soupir, un dernier frisson, sa vie s'en est allée.

Immobile, Rudi ne dit rien. Il réalise que la foi n'est d'aucun secours : Dieu n'existe pas. Pour venir au secours de l'humanité, il ne reste que la science. L'homme et la science.

Comme prévu, Rudi devient médecin.

En 1905, alors qu'il travaillait à l'hôpital de Saint-Pétersbourg, il tombe amoureux d'une infirmière, Elena, qu'il épouse.

En 1917, père de deux garçons, on le retrouve sur le front russe à combattre les soldats du Kaiser. En 1919, il est dans l'Oural et se bat avec les Bolcheviks contre l'Armée Blanche de Koltchak. (Note 62) Sur le Front, il fait la connaissance d'une autre infirmière, Lili, dont il tombe amoureux et avec laquelle il a un fils. Cependant il ne quitte pas Elena. Il aime Lili et il aime Elena. Zinn sait que son amour pour Lili ne peut que grandir, tandis que son amour pour Elena est voué au déclin. Il sait que c'est inévitable.

Voilà où en est Beretzkoï.

Je voudrais lire la suite.

Je pleure.

-0-

Beretzkoï m'envoie un mot pour me prévenir qu'il revient. Nadejda et les garçons doivent rester à Léningrad une semaine de plus. Je décide d'aller à la gare. Je sais que je ne le devrais pas. Mais j'ai tellement hâte de lui dire que j'adore son livre. Et que je l'adore.

-0-

Le train a du retard. J'attends au milieu du quai. Je porte une robe jaune et un chapeau de paille à larges bords. Ils sont neufs, tous les deux. Le train entre en gare en crachant sa fumée. Les portes s'ouvrent brutalement avant même qu'il ne s'immobilise. Des passagers sautent. Ceux qui viennent pour la première fois à Zernoïe Selo regardent d'un côté et de l'autre puis disparaissent par le tourniquet.

J'aperçois Beretzkoï. Il porte un pantalon blanc en coton, une *roubachka* blanche et des sandales marron. Il fait chaud ; il est midi et le soleil est juste au-dessus de nos têtes.

— Beretzkoï !

Il me voit. Il me fait signe.

— Qu'est-ce qui se passe ? me demande-t-il anxieusement en me rejoignant.

— Je ne pouvais pas attendre jusqu'à demain, il fallait que je te voie, lui dis-je.

Il a une petite valise à la main. Il la pose par terre.

— *Boyze moy* (Note 63) quoi de neuf ?

— J'ai tout lu ! Le roman ! Il est magnifique !

Il m'embrasse, juste un petit baiser sur le front, de ceux qu'un père ferait à sa fille qui vient de lui annoncer qu'elle est première en classe : nous sommes environnés de regards indiscrets.

— Tania, Tania. Que ferais-je sans toi ? me demande-t-il. Comment est-ce que je faisais lorsque je ne t'avais pas ? Je t'aime. Je t'aime. Comme je t'aime, ma chérie !

Nous attendons que le train quitte la gare. Les derniers voyageurs nous bousculent en se précipitant vers le tourniquet de peur sans doute qu'il disparaisse d'une seconde à l'autre, comme le train. Leurs valises sont grandes et lourdes ; à Moscou on trouve plus de choses à acheter qu'ici au village. Le train part dans un nuage de fumée. Un jeune garçon se penche à la fenêtre. Il nous fait signe de la main. D'autres mains le tirent vers l'intérieur.

Sortis de la gare, Beretzkoï et moi prenons exprès des directions différentes.

-0-

Il n'est pas long à arriver rue Ob.

— Tiens, dit-il. Ouvre-la.

Il me tend une petite boîte recouverte de velours noir. Je l'ouvre. Il m'a acheté une broche en or en forme de lys. Avec la broche, il y a une carte.

Pour Lili – mon petit lys à moi.

Le nom de Lili m'a rendue rêveuse. Il la décrit avec tant d'amour dans son roman.

-0-

Je demande à Beretzkoï si Nadejda a lu les trois cent quatre-vingt-dix pages.

Il dit que oui. Elle lui a dit de les brûler. Non que je ne sache pas reconnaître le talent. Tu sais très bien que ce n'est pas le cas, mais je n'ai aucun respect pour ce genre de chose. Elle lui a dit ça en jetant les feuilles par terre. Alors il les a ramassées.

— Elle n'avait rien d'autre à dire, ajoute-t-il.

— Rien ?

— Si. N'oublie pas qui nous sommes. C'est ce qu'elle a dit.

— Et que lui as-tu répondu ?

— Tania, j'ai répondu : Je sais très bien qui nous sommes. Nous sommes les misérables de cette terre.

Oui. Nous sommes les misérables de cette terre.

-0-

7

Kolia entre précipitamment. Il essuie la neige qui couvre son visage.

— Tania, qui a bien pu vouloir la mort de Kirov ? (Note 64)

Je me demande de quoi il parle.

Il s'explique, à toute allure. Hier – 1er décembre – on a tiré dans une pièce de l'Institut Smolny à Léningrad et le camarade Kirov s'est effondré, mort.

Staline lui-même s'adresse à nous à la une de la *Pravda* et des *Izvestia*. Il nous informe que des contre-révolutionnaires ont assassiné notre très cher Kirov et promet que leur crime ne restera pas impuni. *J'en fais le serment, sur ma tête.* Il sera garde d'honneur aux funérailles nationales de Kirov qui doivent avoir lieu à Moscou. Staline ajoute qu'il a le cœur brisé. Il nous demande – non, il nous ordonne – d'assister à ses obsèques. Nous devons témoigner au héros décédé combien nous l'adorions.

On enterre Kirov.

Je ne connais personne qui ait assisté aux funérailles.

-0-

Aujourd'hui nous sommes le cinq décembre.

Kolia nous apporte d'autres nouvelles.

La *Pravda* a publié un nouveau décret en première page. Le Décret du 1er décembre 1934. Il consiste en trois articles : 1 – Aucune pitié pour les terroristes. 2 – Le châtiment le plus sévère leur sera réservé. 3 – Leur châtiment aura lieu sans délai, après le verdict.

Nous savons pertinemment ce qu'on entend par châtiment le plus sévère.

Kolia me tend la *Pravda*.

— Regarde.

Dix terroristes ont déjà été arrêtés et ont eu droit à ce châtiment le plus sévère.

La *Pravda* cite leurs noms.

Beretzkoï entre. Il est au courant pour Kirov et pour les dix *terroristes*. Nous regardons tous les trois si nous voyons des noms connus. Brodov, Beretzkoï, Rozanov, Olminski. Dans chaque foyer, rue Ob, rue Léna, dans tout le village de Zernoïe Selo et je suppose partout dans le pays, tout le monde fait des recherches similaires.

La Grande Terreur a commencé.

Immédiatement nous parlons de la *Chistka*. (Note 65)

Ce mot réveille en nous un sentiment de peur en nous, même chez les plus courageux.

La *Chistka* est un remède de bonne femme à base de lait de chèvre et d'œufs pourris qu'on nous obligeait à boire étant enfants, pour soigner nos maux de ventre. L'effet désiré ne tardait pas : la purge de la cause des maux de ventre et l'expulsion des microbes.

— Dorénavant, nous devrons vivre avec une autre *Chistka*. Celle de Staline.

L'Homme d'Acier va purger notre patrie de ses impuretés politiques.

-0-

Nous apprenons des arrestations.

— Le mari de ma sœur a été emmené, nous informe la veuve Natalia.

L'homme avait soixante-dix-neuf ans. Il était malade. Le médecin ne lui donnait pas plus de deux mois à vivre. Sa femme a supplié les *Tchékistes* qu'ils ne l'emmènent pas. Elle leur a dit que de toute façon il allait bientôt mourir. Ils l'ont emmené dans un corbeau noir.

Un ami de Kolia a été arrêté.

Il avait vingt-quatre ans : il était peintre. Il avait fait un portrait de Staline qui avait été exposé dans un musée de Moscou. Staline s'était rendu au musée, avait vu le tableau et ne l'avait pas aimé parce que, disait-il, l'artiste l'avait vieilli. On avait aussitôt retiré le tableau. La jeune femme du peintre écrit à Kolia qu'elle pense que les *Tchékistes* avaient emmené son mari parce qu'il avait peint ce tableau. *Maudit soit le jour où il a touché un pinceau pour la première fois,* écrit-elle.

Galina nous apprendre la disparition de collègues et d'amis. Ma mère aussi nous écrit à propos d'amis qui ont disparu. Mon père n'écrit qu'un seul mot. *Voltaire.*

Nous décidons de faire profil bas.

— Nous allons nous retirer dans nos carapaces comme les tortues, déclare Beretzkoï.

Nous ferons en sorte de ne pas attirer l'attention sur nous. Nous ne parlerons plus à personne avant de l'avoir identifié comme un vrai ami. Nous nous efforcerons de ne pas attirer l'attention de quiconque passant dans la rue. Nous décidons aussi de ne plus écrire à Morne. Nous serons aussi muets que des tombes, en espérant qu'il saura interpréter notre silence.

— Nous appellerons notre façon de vivre : *tortuisation*, déclare Beretzkoï.

J'écris à mes parents, à Dan et Elena, à Galina. *Faites comme nous, je vous en prie. Jamais de la vie,* répond Galina. *Moi, j'ai besoin de communiquer.*

Elle commence à travailler sur une pièce intitulée *Les Enfants Citoyens*. Elle a apporté un premier jet à *Gozuzdom*. Les éditeurs disent que c'est magnifique, un chef-d'œuvre. La pièce est destinée à être jouée sur les plus grandes scènes de Léningrad.

Nous recevons une lettre d'Elena. *Ils ont pris Dan.* Les *Tchékistes* ont débarqué tôt, un matin, pour l'emmener. Elle ne se trouvait pas chez elle, à ce moment-là. Elle était à Léningrad pour assister à une conférence sur la littérature impérialiste décadente. Lorsqu'elle est revenue, la porte d'entrée était grand ouverte et Dan introuvable.

Elle cherche Dan comme j'ai cherché Vassili. Elle était passée voir tous ceux qui pouvaient intervenir auprès du NKVD en son nom. Elle n'avait trouvé personne. Même ses voisins avaient refusé de l'aider. *J'hésitais à les impliquer, les pauvres, mais il fallait que je sache s'ils avaient entendu ou vu quelque chose d'inhabituel dans l'immeuble pendant que j'étais absente.* Ils lui avaient dit que non, ils n'avaient rien entendu, ni vu de particulier. Certains l'avaient fait entrer dans leur petit appartement tandis que d'autres lui avaient demandé ce qu'elle voulait, de l'autre côté de leur portes restée fermée. Quand elle le leur avait dit, ils lui avaient ordonné de s'en aller. Une de ses voisines, une vieille dame l'a arrêtée dans la rue. Hier je n'ai pas dit la vérité, dit-elle. J'ai vu et j'ai entendu quelque chose quand vous étiez à Léningrad. Trois hommes étaient venus pour Dan et ils avaient quitté l'immeuble avec lui. *Il avait des menottes. Son nez et son front saignaient,* écrit Elena.

Elena est renvoyée de l'université. Elle refuse de demander des traductions à *Gozuzdom*. *Je ne veux pas mendier,* nous écrit-elle dans une autre lettre. Elle commence par garder les enfants de ses voisins. On la paye en pommes de terre et riz.

Galina n'a pas d'autre choix que d'adopter notre *tortuisation*. Elle n'a aucun autre choix parce qu'après avoir été si enthousiaste pour sa pièce de théâtre, *Gozuzdom* lui a tourné le dos. Elle a déchiré sa pièce et a demandé du travail à un ancien amant, le directeur d'un théâtre de Léningrad. N'importe quel travail. Il lui a proposé de surveiller son théâtre. Un minuscule appartement est réservé à la fonction. Dans une autre lettre, elle écrit : *Ici je vis au fin fond de la banlieue de Léningrad. Cinquante maudites marches me séparent du reste du monde. Des marches pleines d'échardes et couvertes de crottes de rats. J'ai honte d'en être arrivée là. La vie pue. Comme la vie pue !*

— Oui, la vie pue, mais si nous sommes encore capables de la sentir c'est que nous appartenons toujours au monde des vivants, dit Bereztkoï, s'adressant à Kolia et à moi.

Tania, ce n'est pas ce pourquoi nous avons lutté, ce n'est pas la vie que Lénine avait envisagé, après le départ de Nicolas. Est-ce Lénine qui nous a trahi ou est-ce Staline qui trahit Lénine ? me demande ma mère dans une lettre.

Elle ne dit plus Vladimir Ilitch. Elle dit Lénine, à présent.

-0-

8

Beretzkoï me montre une lettre qu'il vient de recevoir d'une femme qui se nomme Zinaïda Zell. Il m'a souvent parlé d'elle. C'est un écrivain, la veuve d'Anatoli Mikhaïlovitch Vannikov, qui fut jadis l'un des écrivains religieux les plus exaltés de la Russie tsariste. En 1917, il avait renoncé à sa foi pensant ainsi sauver sa vie. Les Bolcheviks l'avaient tout de même exécuté. Ils l'avaient pendu.

Zinaïda n'écrit plus. Elle vie maintenant la vie d'une *staretz*. (Note 66)

Sa lettre porte le tampon d'Alma-Ata. Elle est sur le point d'en partir, de quitter le monastère ou elle est pensionnaire pour se rendre à Léningrad. Elle doit passer par Zernoïe Selo. Elle aimerait rester une nuit ou deux au village et cherche un hébergement.

— Nadejda ne veut pas d'elle, dit Beretzkoï.
— Elle est la bienvenue chez moi, lui dis-je.
— Tu l'aimeras, promet-il.

Pourvu qu'il dise vrai.

-0-

J'aperçois une femme dehors devant la *datcha* du poète mort.

Je vais à ses devants.
— Vous cherchez quelqu'un ?
— Qui êtes-vous, demande-t-elle sèchement.
— J'habite en face.
— Tu es Tania ?
— Oui, qui êtes-vous ?
— Zinaïda Iakovlevna Vannikovskaïa, mais je me fais appeler couramment Zell. J'aimais mon mari de tout mon cœur, je l'aime toujours, mais je n'ai jamais utilisé son nom. C'était le sien. Moi, je m'appelle Zinaïda Zell.

Il y a seulement deux jours que nous avons reçu sa lettre, et elle est déjà là. Je la fais entrer dans le séjour.

Beretzkoï sort de la véranda et nous rejoint.
— Zinaïda ! Zinaïda ! Comme c'est bon de te revoir !

Ils tombent dans les bras l'un de l'autre.

— Vieux gredin ! Tu ne m'avais pas dit qu'elle était si jeune et aussi jolie. Qu'est-ce que tu deviens, espèce de kidnappeur d'enfant ! crie-t-elle en lui donnant une vigoureuse tape dans le dos.

Zinaïda est plus grande que Beretzkoï et elle est très mince. Elle porte une robe marron avec une capuche : c'est une aube de moine. Une aube sale : elle est tâchée de soupe et l'ourlet est recouvert de boue. Elle sent la fumée de tabac et la sueur. Elle porte un petit baluchon sur le dos.

— Comment as-tu fait pour venir d'Alma-Alta jusqu'ici ? demande Beretzkoï.

— J'ai fait du stop en camion.

Ses pieds pâles et crasseux sont chaussés de lourds sabots de bois.

— J'aurais bien besoin d'un bain, dit-elle en me regardant.

— Je vais laver votre … euh … robe, lui dis-je.

Je lui donne une jupe et une blouse en échange.

— Il faudra qu'elle dorme sur le canapé, ici dans le séjour, dis-je à Beretzkoï lorsque nous sommes seuls.

Zinaïda réapparaît.

— Vous allez dormir sur le canapé, lui dis-je.

— Pas cette nuit. J'ai été sur les routes toute la semaine. Cette nuit, je dormirai dans une chambre, dans ton lit.

— Mais c'est moi qui dors dans ce lit.

Ses cheveux sont humides et elle sent bon le savon. Mon savon.

— Ne te fais pas de souci. Je n'ai pas l'habitude de dormir avec des femmes. Alors je prendrai ton lit et toi le canapé que tu m'as si gentiment proposé.

Je commence à faire frire du poisson pour le dîner.

— Tu ne tenais pas à ce que je vienne, n'est-ce pas Tania, dit-elle en tirant une chaise de la table de la cuisine pour s'asseoir.

Elle sent maintenant le parfum de mon eau de Cologne.

Je pose la plus grosse part de poisson dans une assiette devant elle.

— Je n'ai pas faim, dit-elle.

— Est-ce que vous dites que vous n'avez pas faim parce que vous croyez que je ne vous veux pas ici ? lui demandé-je.

Elle me fixe de ses petits yeux bleus.

— Eh bien, acceptes-tu que je reste, Tania ?

— Je ne vous aurais pas demandé de rester si je ne n'avais pas voulu de vous ici.

— Je ne veux toujours pas manger, dit-elle, catégoriquement.

— Vous jeûnez, peut-être ?

— *Boyze moy*, pourquoi est-ce que je jeûnerais ?

— Les religieux ne jeûnent-ils pas de temps en temps ?

Elle rit. D'un rire sonore qui secoue tout son corps.

— Ma chère, les religieux se bâfrent littéralement. Jésus en personne ne multipliait-il pas les poissons, pour que personne n'ait faim ? Et si tu permets, quand il ne lui restait plus que de l'eau à offrir à ses invités, il la changeait en vin.

— Vous buvez ? lui demandé-je étonnée.

— Et pourquoi pas ?

— Je pensais qu'étant religieuse … et tout ça.

— Un peu de vin, je ne dis pas non. Merci.

J'ouvre l'unique bouteille de vin de la *datcha*.

— Je vais me coucher, dit-elle.

Elle emporte la bouteille de vin.
Sans me laisser le temps de m'en verser un verre.

-0-

Le canapé est vraiment inconfortable. Morne ne me l'avait jamais dit. Un ressort de métal me transperce le dos. Je n'arrive pas m'endormir ; je suis complètement éveillée. Je m'assieds, allume un fumeur et me mets à lire. La pendule de la cuisine sonne deux coups. J'entends une voix. C'est Zinaïda qui parle à quelqu'un.

Je vais jusqu'à la chambre sur la pointe des pieds, le fumeur dans une main, l'autre levée devant la flamme pour la protéger d'un coup de vent. Je passe la tête dans l'entrebâillement de sa porte. Il n'y a personne avec Zinaïda dans la pièce. Elle est agenouillée contre le lit. Elle est nue sous une de mes couvertures dont elle s'est enveloppée. Elle s'appuie de tout son poids sur les coudes, les paumes de ses mains sans bagues contre son front. Elle a des doigts longs et fins aux ongles larges et plats. Je l'entends murmurer à plusieurs reprises des noms, des phrases ; des incantations. Elle parle à Dieu – son Dieu – comme s'il était là, tout à côté d'elle. Elle le supplie de protéger Vannikov. Elle énumère toutes les bonnes actions de Vannikov et prie Dieu de s'en souvenir. J'essaie de ne pas bouger. Maintenant, elle demande à Dieu de ne pas oublier de prendre soin de quelqu'un qu'elle appelle Semion.

— C'est mon unique enfant et il est de constitution fragile. Il était si petit à la naissance que Vannikov pouvait le tenir dans une seule main. Je vous en prie, Père Céleste, redonnez-le-moi. Que voulez-vous de moi en retour ? Que voulez-vous de moi, Seigneur ? Dites-le moi !

Elle se tait. M'aurait-elle entendue respirer ? Elle rouvre les yeux, laisse tomber ses mains sur les côtés et se tourne vers moi.

— Je priais.

Elle grimpe sur le lit et tire la couverture jusqu'au menton, découvrant ses jambes pâles et ses pieds.

— J'ai entendu, dis-je.
— As-tu déjà prié ?
— C'est quelque chose que je ne sais pas faire.
— Alors tu es une païenne comme les autres ?
— C'est probable.
— Parfois, on a besoin de prier.
— Et vous obtenez ce que vous demandez ?
— Pas toujours. Il faut même supplier parfois.
— Dieu doit avoir le cœur bien dur s'il faut le supplier.
— Nous ne comprenons pas toujours les voies du Seigneur.
— Peut-être qu'il ne vous écoute pas, tout simplement.

-0-

Zell n'est pas le nom de famille de Zinaïda. Elle est née Zinaïda Davidovitch Zelavski.

— Ce nom était un fardeau à porter, alors je n'en ai pas voulu ! me dit-elle.

Juive, elle est née au *shtetl* (Note 67) dans la *Zone de Résidence* (Note 68) la huitième nuit d'Hanoucca.

— Hanoucca ? Qu'est-ce que c'est ?

— C'est une célébration juive. La Fête des Lumières. Elle dure huit jours et huit nuits. On allume une bougie le premier soir puis une bougie chaque soir suivant, et le dernier soir on mange de bonnes choses.

Elle était née le dernier soir de la fête des lumières peu après que son père ait allumé la dernière bougie.

Elle n'a pas seulement refusé de porter leur nom de famille, elle a aussi refusé la religion familiale.

— J'avais besoin de passion pour réchauffer mon âme, parce que le judaïsme est tellement froid, froid comme la glace de la rivière qui a traversée le *shtetl* où je suis née. Cette chaleur, je l'ai trouvée dans la foi chrétienne.

À l'âge de quinze ans, au cours d'un séjour chez une tante à Saint-Pétersbourg, elle était entrée par hasard dans une église chrétienne.

— La porte était ouverte et j'étais curieuse de savoir à quoi ressemblait l'intérieur d'une église, alors je suis entrée, dit-elle.

On y célébrait un office. Elle n'avait jamais vu tant de beauté.

— J'étais fascinée par ce que j'entendais et ce que je voyais. Je ne pouvait pas détacher mon regard des icônes lumineuses ... des lustres étincelants ... des crucifix incrustés de pierreries, de candélabres plus hauts que les vieux prêtres barbus dans leurs robes de brocard, si longues qu'elles traînaient derrière leurs vieux corps voûtés. Aussi, comme toute jeune fille qui veut savoir ce qu'on ressent lorsque le jeune homme qu'on aime et vous prend, je voulais ressentir la même dévotion que celle des vieux prêtres que je voyais.

Elle n'est ni retournée au *shtetl* ni chez sa tante.

— J'ai trouvé refuge dans la ferme d'un *Koulak*, j'ai trait les vaches et appris comment tordre le cou des poulets et plumer les oiseaux pour que la vieille femme en fasse des tourtes. Chaque soir, j'écrivais à la lumière d'une bougie. J'écrivais les contes populaires que ma mère me racontait, et le jour où un éditeur de Saint-Pétersbourg a publié mon premier livre, j'ai rencontré Vannikov. Je l'ai aimé tout de suite, mais je pensais que quelqu'un d'aussi célèbre et d'aussi riche ne ferait pas attention à moi, je me trompais, il est aussi tombé amoureux de moi. C'est lui qui m'a aidée à me convertir au christianisme.

Ils ont eu trois enfants – des jumelles et un garçon – et tous les cinq ont souvent voyagé à l'étranger, prenant le train pour Paris ou Baden-Baden, ou encore Venise. Alors qu'ils étaient en vacances, la Grande Guerre a éclaté, Nicolas II a abdiqué et eux, contre tout bon sens, sont rentrés en Russie.

— Mais ils n'ont pas laissé la vie sauve à mon Vannikov, dit-elle avec amertume.

Ils : Les Bolcheviks.

La tuberculose a emporté les deux petites jumelles peu de temps après la mort de leur père, puis un jour les Bolcheviks ont emmené son fils.

— Son nom est Semion, me dit-elle.

Le nom qu'elle avait prononcé dans ses prières.

Elle ne sait pas ce qu'il est devenu. Elle l'a cherché. Comme moi, comme Elena, elle a frappé à toutes les petites portes sur le côté.

C'est alors qu'elle a fait la connaissance de Beretzkoï. Elle venait implorer *Profpro* afin qu'ils interviennent auprès de la *Guépéou* de sa part pour retrouver Semion, et alors qu'elle venait d'essuyer leur refus, l'un des membres – Beretzkoï – lui avait écrit pour lui témoigner son estime.

— Ils m'ont dit que j'étais une vieille folle et que même s'ils savaient où se trouvait le garçon, ils ne me le diraient pas. Ils m'ont dit : Peut-être qu'il ne se souvient même plus de ce que veut dire le mot mère, alors faites-en autant et oubliez ce que le mot fils veut dire. Beretzkoï fut le seul à m'écouter. Il m'a dit : Zinaïda, n'oublie pas ce que les mots veulent dire, n'oublie jamais ton Semion.

C'est ce qu'elle s'applique à faire. Je lui dis qu'elle a tout à fait raison.

-0-

9

Zinaïda n'a pas l'intention de partir.

— Je vais travailler ici au village, me dit-elle.

La voilà qui travaille à la Maison des Réussites Humaines. Elle aide à la cuisine.

— Je tords les cous aussi bien qu'avant, déclare-t-elle avec fierté.

Maxime l'aime bien. La veuve Natalia aussi. Toutes deux – la veuve et Zinaïda - prient ensemble. *Notre Père qui êtes aux cieux* ...

Le temps passe.

On est au début du mois d'avril.

Voici le printemps.

Mon jardin est envahi d'herbes hautes et de baies sauvages. Alisa vient les cueillir pour faire de la confiture.

Gozuzdom publie le deuxième tome de l'encyclopédie et réédite un volume de poèmes de Beretzkoï. Pierre me charge de remanier la traduction en russe de *Germinal* d'Émile Zola, en une version simplifiée pour nos écoles. Beretzkoï reçoit des avances sur ses droits d'auteur, Pierre m'en envoie une pour *Germinal*.

— Dieu vous protège tous les deux, déclare Zinaïda en faisant le signe de croix au-dessus de ma tête.

J'achète une bicyclette. J'achète aussi un ventilateur de plafond pour la salle de séjour. Je sais que c'est une folie, mais depuis le jour où j'ai traversé la salle à manger de La Maison des Réussites Humaines et que je l'ai découvert en levant la tête, j'ai eu très envie de ce genre de ventilateur, qui éclaire aussi. Il est en cuivre, rotin et chêne, avec de longues pales et vient d'Allemagne. Le fabricant s'appelle Hiedler. Nous l'avons aussitôt baptisé le Ventilateur d'Hitler, parce que lorsque nous prononçons Hiedler, on entend Hitler.

Gozuzdom demande à Beretzkoï, qui est maintenant célèbre à Moscou depuis que l'encyclopédie connaît un vrai succès, de venir en ville discuter de la publication du prochain tome. Il me dit que Nadejda Konstantinovna et les garçons l'accompagneront. Éventuellement, elle se rendrait avec lui à un dîner de *Gozuzdom*.

— Je ne sais pas comment tu peux accepter cette situation, murmure Zinaïda, en se cachant la bouche de la main.

— C'est à cette condition que je suis venue à Zernoïe Selo.

— Lui as-tu seulement demandé de la quitter ?

— Non.

— Alors fais-le, me conseille-t-elle.

Beretzkoï passe nous dire au revoir. Il me demande de le suivre dans la chambre. Nous nous asseyons sur le lit.

— C'est toi que j'aimerais emmener à Moscou avec moi, Tania.
— Moi aussi, j'aimerais bien.
— Maintenant, je me sens très embarrassé.
— Eh bien, sois embarrassé, lui dis-je, cassante.
Il réunit quelques dossiers et sort.
— Je ne pourrai jamais lui demander de la quitter, dis-je à Zinaïda.
— Tu as bien tort.
Il est à moi déjà.
— Ma petite, un homme n'appartient jamais à une femme.
Je me rappelle qu'Elena m'avait déjà dit la même chose.

-0-

10

Dieu donne et Dieu prend, dit Zinaïda.

Comme Staline. Malgré la *Chistka*, il n'interrompt pas les réformes de notre Ère Nouvelle. Ce qui fait que nous sommes tous un peu plus à l'aise matériellement.

Je décide de redécorer la *datcha*. Zinaïda me propose de m'aider, alors nous commençons par peindre les murs. Nous nous perchons sur des chaises – impossible de trouver une échelle dans le village – les pots de peinture à nos pieds et peignons le séjour en rose saumon, la chambre en jaune. La cuisine en vert malachite. Toutes les portes, en gris. Comme nous n'arrivons pas à atteindre les plafonds, nous les laissons tels quels. J'achète une petite table en merisier en forme de feuille pour la salle de séjour. J'y pose un grand vase de Chine. Il est décoré d'oiseaux exotiques qui se balancent sur leurs perchoirs. J'achète aussi une console en chêne pour le séjour. Pour mettre dessus, Kolia m'apporte un présentoir à deux plateaux en albâtre rose sculpté. Maxime dit qu'il a juste ce qu'il faut pour compléter le présentoir. Il me donne un tapis afghan vert et beige. Le tapis est taché.

— C'est de l'encre, dit-il.

Je lui dis que je le laverai.

— Surtout pas ! hurle-t-il.

Si on le lavait, le tapis serait peut être perdu alors qu'il vient du bureau de Staline au Kremlin. Il me faudra conserver cette tache en tant que souvenir de Staline.

Zinaïda fait le signe de croix au-dessus du tapis, puis au-dessus de nos têtes.

— C'est pour le cas où les mauvais démons qui hantent le cœur du *Vozdh* auraient l'intention d'accaparer les nôtres, nous explique-t-elle.

De retour de Moscou Beretzkoï rapporte rue Ob une coiffeuse italienne du dix-neuvième siècle. Elle appartenait à sa mère, mais Nadejda l'avait menacé de s'en débarrasser car elle ne l'aimait pas. Il me suggère de la mettre dans la chambre. Moi, je la trouve trop belle pour ne pas être admirée par mes voisins, mais je la mets quand même dans la chambre. Il me promet de rapporter quelque chose à poser dessus. Il m'apporte une icône. Elle appartenait aussi à sa mère. Dans une longue robe blanche, la taille prise dans une large ceinture dorée, un Jésus blond me fixe de ses yeux mélancoliques. Pas étonnant que Jésus ait l'air si triste : une couronne d'épines ceint son crâne et une traînée de sang, partant de la naissance de ses cheveux, traverse son visage.

— Il pleure, dit Zinaïda. Il pleure nos âmes perdues.

Du bout du doigt, elle dépose un baiser sur les lèvres du jeune Jésus.

-0-

11

Encouragé par sa célébrité avec les gens à Moscow, Beretzkoï décide qu'il est grand temps de parler de son roman à ses amis.

Il écrit à Elena.

Ma chère Elena Fiodorovna, j'ai donné ton nom à une femme, l'épouse d'un ami. Je ne t'ai pas encore parlé de lui – je l'ai rencontré durant l'hiver '34 – et dans un instant tu sauras pourquoi. Il n'existe pas. Ou plutôt, il existe bien, mais dans ma tête. Il s'appelle Rudi Zinn. Malgré ce nom à consonance étrangère —comme tu le sais, le mot 'zinn' signifie plomb en russe - c'est à Moscou, lors d'une de mes visites du jeudi à Tania, que j'ai vu ce nom écrit sur une caisse dans le chantier d'un bâtiment en construction et je peux t'affirmer qu'il est bien Russe. Je sais. Je l'ai inventé. Oui, je suis en train d'écrire un roman – Dan m'y a toujours encouragé. « Sinon, c'est moi qui m'y colle » me disait-il souvent. Tu te souviens ? Je l'entends encore !

Je prends la liberté de t'envoyer ce que j'ai déjà couché sur le papier. Tania croit que je suis la réincarnation de Tolstoï, mais c'est normal, puisque pour tout ce qui me concerne, elle porte des œillères comme un cheval de course. Aussi pourrais-tu poser ton regard de critique littéraire sur ces pages et me donner ton opinion ? Je te remercie à l'avance. Un mot sur ton homonyme. Ce n'est pas toi, bien sûr ! Mais c'est une femme forte comme toi ! Tu te reconnaîtras dans cette autre Elena et j'espère que tu lui feras une place dans ton cœur. Pour Lili, tu n'auras aucune difficulté, parce que je sais que toi et notre cher Daniel Mironovitch l'adorez comme moi. Comme toujours. Beretzkoï.

Il écrit ensuite à Galina, mais sa lettre est très différente.

Ma Galia, si tu avais connu le docteur Rudi Zinn avant de me rencontrer, je suis sûr que tu l'aurais aimé. Je t'entends demander : Mais qui est donc cet homme ? J'ai commencé à écrire un roman dont le titre est Le Docteur Rudi Zinn. (Rodolphe est son nom.) Tania craint que Staline n'accepte pas que le héro d'un roman russe porte un nom à consonance étrangère, mais Rudi est Russe – né Russe, élevé en Russie. Tu vas l'aimer. Tu tomberas peut-être même amoureuse de lui, toi qui as tendance à tomber amoureuse si facilement. Tu reconnaîtras aussi Elena et Lili, les deux femmes de sa vie. Elles sont très différentes l'une de l'autre, pourtant il les aime toutes les deux. Mais il les aime différemment. Je sais, tu vas me dire que Rudi a cessé d'aimer Elena quand il a commencé à aimer Lili, et qu'il aurait dû expédier Elena au diable. Je sais aussi que tu seras convaincue que l'histoire de Rudi est en fait ma propre histoire. Je t'en prie n'en crois rien, parce que je peux te certifier qu'aucun récit ne relate l'histoire d'un seul individu, exclusivement. Un jour, nous avons parlé, toi et moi, d'amour impossible et je t'ai dit qu'il n'est pas nécessaire de faire plus de dix pas à droite ou à gauche pour trouver un homme ou une femme dont l'histoire, si on te la racontait, ressemble étrangement à la tienne. Je dis souvent et le pense toujours que c'est une bonne chose, parce que ce sont ces similitudes entre nos vies qui nous rend tolérant les uns envers les autres.

Galia, dis-moi ce que tu penses de mon travail ; sincérité appréciée. Flatterie violemment rejetée ! Oui, j'ai bien réfléchi à la possibilité d'être sanctionné pour l'audace de Rudi. Oui encore, mon cou est prêt pour la corde du bourreau ...

Tania t'envoie toute son affection. Moi de même, mais ai-je besoin de te le dire ? Ton ami pour la vie, Beretzkoï.

-0-

Nous sommes en juin.

Nous – Beretzkoï, Zinaïda et moi – sommes attablés dans la cuisine, devant un verre de vin et la *Pravda* : Beretzkoï a acheté le journal ce matin.

Un projet de nouvelle constitution vient d'être publié en première page et Staline nous invite à lui écrire pour lui dire ce que nous en pensons de son projet. Les Moscovites peuvent déposer leurs lettres au Kremlin dans une boîte spéciale. Pour les autres, il suffira qu'ils écrivent *Camarade Staline* sur l'enveloppe pour que leurs lettres arrivent à destination. La nouvelle constitution – qu'on appelle déjà la Constitution de Staline – nous garantit le suffrage universel, le secret du scrutin, la liberté de la presse, la liberté de parole, la liberté de rassemblement, la liberté de manifester notre mécontentement dans les rues. Quelles merveilleuses promesses ! D'autant plus merveilleuses que ça fait des années qu'on nous dit que nous avons déjà tout ça.

— Alors maintenant, Beretzkoï, tu peux transmettre ton roman à *Gozuzdom*, dit Zinaïda en souriant.

Beretzkoï fronce les sourcils et me regarde : Zinaïda ne devrait pas être au courant de son livre.

— Tania ? me demande-t-il.

— Je ne lui en ai pas parlé ! lui dis-je précipitamment.

— Zinaïda, comment se fait-il que tu saches pour le livre ? demande-t-il.

— Ne suis-je pas moi-même écrivain, Beretzkoï ? Tu crois que je ne peux pas détecter la fièvre d'écrire quand elle t'envahit?

Il lui parle alors de Rudi Zinn.

Elle écoute, les yeux fermés.

— Un étranger ... Il va te créer des ennuis ... Souviens-toi de ce que je dis, prévient-elle.

— Mais Rudi est Russe ! objecté-je.

Elle secoue la tête et regarde Beretzkoï.

— Non ! Non ! Tu finiras comme Vannikov, aussi vrai que Dieu est mon Sauveur !

Elle ne veut pas lire ce qu'il a écrit jusque là.

— Épargne-moi, dit-elle. Quand j'aurai retrouvé Semion, je le lirai alors. Ils peuvent bien me tuer, une fois que j'aurai retrouvé mon fils. Et puis, Beretzkoï, ils tueront aussi tous ceux qui sont au courant de ton docteur Rudi Zinn.

Énervée sans doute, elle martèle la table d'un poing que Beretzkoï saisit pour y déposer un baiser.

— Rassure-toi, je comprends ta réaction, Zinaïda, dit-il.

-0-

C'est la nuit. Je suis couchée sur le canapé.

Zinaïda, en pyjama mais aux pieds nus, entre dans le salon.

— Où est-il ? Où et le manuscrit de Beretzkoï ? Lève-toi et donne-le-moi.

Je ne bouge pas. Je suis furieuse parce qu'elle sait que Beretzkoï a vraiment besoin de soutien en ce moment.

— Tania, lève-toi ! Je veux le manuscrit.

— Tu n'as qu'à le prendre, Zinaïda. Il est dans son bureau. C'est un dossier vert, assez volumineux.

— Non, dit-elle. Donne-le moi je te prie.

— Qu'est-ce qui t'a fait changer d'avis ?

— L'expression de son visage.

— Il était vraiment déçu que tu refuses de le lire.

— Il vaut mieux être déçu que mort, réplique-t-elle sèchement.

Je lui donne le manuscrit.

— Merci Tania, me dit-elle.

-0-

Zinaïda dit qu'elle s'en va. Elle a enfilé son aube marron et ses sabots de bois. Nous lui demandons où elle compte aller. Elle dit qu'il est temps pour elle de partir.

— Tu ne peux pas faire ça, dit Beretzkoï.

— As-tu déjà oublié notre politique de *tortuisation* ? lui demandé-je.

— Je n'ai pas oublié, Tania, mais je m'en vais quand même.

Elle n'a pas dit un seul mot de *Docteur Rudi Zinn*. Beretzkoï ne sait même pas qu'elle l'a lu, car je ne lui ai pas dit qu'elle m'avait demandé le manuscrit.

— Où vas-tu aller ? demande Beretzkoï.

— Je retourne à Alma Ata.

— Au monastère ? demandé-je.

— Quel monastère ?

— Celui où tu étais avant de venir ici, lui dis-je.

— Je n'étais pas dans un monastère. J'étais dans une maison. Il ne reste plus beaucoup de monastères tu sais, alors je dois parfois aller dans une maison.

— Chez qui ? demande Beretzkoï.

— Une maison, dit-elle. Un asile. Un asile d'aliénés.

— Tu étais dans un asile ? lui demandé-je incrédule.

— Connais-tu de meilleur endroit pour se cacher que celui où on est déjà sous les verrous ? demande-t-elle, en fixant le sol.

— Mais tu n'es pas folle ! hurle Beretzkoï.

Elle rit d'un rire forcé.

— Mais je peux faire comme si. Tu peux aussi. Tania aussi. Tout le monde peut.

Elle nous explique que l'idée de chercher refuge dans un asile d'aliénés lui était venue peu après qu'on lui ait pris Semion. Un jour, à Moscou, alors qu'elle était dans le tramway, elle avait entendu une conversation entre deux femmes. La plus âgée confiait à l'autre que son mari était dans un asile. C'est épouvantablement triste, avait dit la plus jeune. Ce n'est pas triste du tout. Il s'y cache. Il est entravé et enfermé, les *Tchékistes* n'ont aucun accès à lui, avait répondu la plus âgée. Mais qui accepterait ça ? Qui consentirait à sombrer dans la folie ? avait demandé la plus jeune. Qui parle de folie ? Il fait semblant de l'être tant que les *Tchékistes* l'ont sur leur liste. Quand il n'y sera plus, il quittera l'asile, avait dit la plus âgée.

— Je fais semblant, moi aussi, dit Zinaïda. Semblant d'être folle.

Il me semble entendre ma mère : Semblant ? Elle n'a pas besoin de faire semblant. Elle est réellement cinglée !

Nous ne tenons pas à ce que Zinaïda parte. Nous lui disons qu'elle joue un jeu dangereux et tente le diable en sortant dans ce vêtement religieux.

— Une infirmière, un médecin pourrait te dénoncer. Ou un patient, lui dis-je.

— As-tu déjà entendu parler du Serment d'Hippocrate ? me demande-t-elle.

En ce qui concerne une dénonciation par un patient, elle nous affirme qu'un fou n'a aucun ressentiment.

— Les ressentiments sont l'apanage des sains d'esprit. J'ai pu en être témoin mainte et mainte fois dans ma vie, dit-elle.

-0-

Elle est prête à partir. Beretzkoï et moi l'accompagnons jusqu'au portail.

— Reviens si tu en as envie, lui dis-je.

— Venez me rejoindre si vous en avez envie, réplique-t-elle.

Je lui propose de l'accompagner jusqu'à la gare.

— Au bout de la rue, ça ira, Tania.

— Tu n'as pas dit un mot sur *Le Docteur Rudi Zinn*, lui dis-je au bout de la rue.

— Non, parce que j'aurais insisté pour que Beretzkoï continue à écrire.

— Je le lui dirai pour toi.

— Surtout pas, Tania. Pour l'amour de Dieu, surtout pas !

Elle ne veut pas avoir sa mort, son assassinat par les *Tchékistes*, sur la conscience.

-0-

Nous apprenons que Maxime Gorki (Note 69) est mort à Moscou le 18 Juin.

Nous savions qu'il était hospitalisé depuis la fin mai. On nous a dit qu'il avait été empoisonné, mais *Profpro* et *Gozuzdom* avaient diffusé des circulaires expliquant qu'il souffrait d'une mystérieuse maladie des intestins. Ils nous rappelaient aussi que Staline considérait Gorki et Tchekhov comme les deux plus grands écrivains que notre Patrie ait portés.

Voilà, Gorki est mort.

La Maison des Réussites Humaines nous informe qu'elle organise une réunion du souvenir.

— J'irai avec Nadejda Konstantinovna, dit Beretzkoï.

Je resterai chez moi.

Voilà déjà trois ans que je vis au village et je ne me suis toujours pas trouvée face à face avec la femme de mon amant. Il faut continuer.

Kolia n'y va pas non plus. Il vient me voir avec une bouteille de champagne.

— Nous allons boire à la *tortuisation*, parce que grâce à ça, nous allons survivre à la *Chistka*. Nous sommes de petites tortues, ma belle Tania, et nous n'intéressons pas Staline. Lui, il s'intéresse aux baleines.

Gorki était une baleine, alors il a été empoisonné.

Kolia et moi buvons à la santé des petites tortues.

-0-

En août, les prédictions de Kolia se réalisent.

Deux des héros les plus éminents de notre pays, des hommes qui ont lutté pour *la cause* aux côtés de Lénine, des hommes qui ont partagé le pouvoir avec Staline pendant le Triumvirat – Lev Borisovitch Kamenev et Grigori Evseïevitch Zinoviev – ont été exécutés.

Déclarés ennemis du peuple, on les a fusillés à deux heures trente un beau matin, dans une cave de la Loubianka. Staline se trouvait à Sotchi, en vacances. (Note 70)

-0-

Février 2004 : Moscou (Gérard Lombard, Biographe)

De retour à Moscou pour y poursuivre mes recherches, je prends contact avec ceux qui avaient accepté de me parler lors de ma précédente visite, afin qu'ils me disent ce qu'ils savent de la *Chistka*.
 Ils veulent effectivement m'en parler.
 Ils me parlent du printemps 1935.
 Dans un discours, Staline avait alors déclaré, La vie est meilleure et plus radieuse maintenant. Ils concèdent que la vie n'était peut-être pas plus radieuse, mais ils voudraient que je leur dise où en Europe la vie était radieuse ces années-là avec l'ombre d'Hitler planant au-dessus de l'horizon.
 — Mais vous n'aviez aucune liberté, dis-je.
 — La liberté, est-ce que ça se mange ? demandent-ils. Est-ce qu'on chausse les enfants avec de la liberté ? Est-ce qu'on peut chauffer la maison avec de la liberté ?
 Je dois en convenir, la liberté ne sert pas à ça.
 — Pourquoi parler de liberté alors ? poursuivent-ils avec un haussement d'épaules. Nos estomacs étaient pleins, nos enfants avaient des chaussures aux pieds, nos maisons étaient chauffées.
 — Nous avons créé une industrie automobile, une industrie aéronautique, une industrie d'armes lourdes. Construit des tanks, des paquebots, des bateaux de guerre et même des sous-marins.
 — Nous avons goudronné les routes. Remplacé les vieux ponts en bois par des ponts en acier. Les immeubles délabrés ont été démolis et remplacés par des immeubles d'appartements, partout les on a défriché des terrains pour ériger des villes nouvelles.
 — Dans tout le pays, nous avons ouvert des écoles, des collèges, des universités. Des hôpitaux, des cliniques, des instituts scientifiques aussi.
 — Nous avons construit des voies de chemin de fer, des barrages et des canaux dans les régions les plus isolées. Pour irriguer les zones désertiques, il a même été envisagé d'inverser le cours de nos fleuves de façon à ce que l'eau remonte de la mer plutôt que de s'y jeter.
 — Nous avons produit des millions de tonnes de bois de construction, d'acier, de charbon et des milliards de kilowatts d'électricité.
 — Nous étions mieux habillés et en meilleure santé. Nous avons repeint les façades de nos *datchas*. Nous avons changé les rideaux et jeté nos vieux tapis usés pour en acheter de nouveaux avec de belles couleurs.
 — Nous avons acheté des meubles, des réfrigérateurs, des fours électriques, des machines à laver et des fers électriques. Certains, peu nombreux, ont même pu acheter des automobiles – fabriquées en Russie, bien sûr. Qui aurait pu

imaginer qu'après ces années de Deuxième Grande Famine, on verrait un jour quelqu'un posséder une automobile dans notre pays ?

— Le poète, celui qu'on appelait Douchenka Koba, a acheté une auto. Il s'est rendu à Moscou et en est revenu dans une élégante berline noire. Elle est à moi, nous a-t-il dit lorsque nous nous sommes arrêtés pour l'admirer. Il nous a emmenés faire un tour et lorsque nous avons tourné autour de la statue de Lénine sur la Place Marx, il nous a même permis de klaxonner.

— Voilà ... c'était ça la *Chistka*.

Ils m'ont rappelé ce qu'il se passait alors en Europe, tandis que la Russie se vautrait dans une telle prospérité. Hitler envahissait la Rhénanie, signait un traité de non-intervention avec l'Autriche, l'annexant ainsi à l'Allemagne.

— Posez-nous des questions sur Hitler, me demandent-ils presque agressivement.

Ce que je fais.

— Lorsqu'Hitler a envahi la Rhénanie, votre Président et votre Premier Ministre n'ont pas bougé le petit doigt pour s'interposer. Pas plus que le Roi d'Angleterre ou le Président des États-Unis d'Amérique. Non, vous étiez tous trop occupés à préparer les Jeux Olympiques qui devaient avoir lieu à Berlin en août cette année-là.

Ils veulent savoir si je me souviens du spectacle abject de ces jeux, je dois leur confesser que je suis né dans les années cinquante.

— Dans ce cas-là, permettez-nous de vous raconter comment c'était.

J'aurais pu voir les politiciens de l'Europe entière, les têtes couronnées, ainsi que les puissants, faire des courbettes à Adolf Hitler.

— Lors de la grande parade d'ouverture, les athlètes français avaient même fait le salut Nazi, bien que plus tard ils aient prétendu que c'était le salut Olympique, ce qui avait fait rire tout le monde !

Ils me font alors la démonstration des deux saluts, qui sont tout à fait identiques. Ils tendent leurs vieux bras raides en l'air et claquent maladroitement des talons.

Ils finissent par me dire que je ferais mieux d'interroger les Allemands sur Hitler plutôt que d'interroger les citoyens soviétiques sur la *chistka*.

— Est-ce que vous avez entendu parler de ce coureur noir – comment s'appelle-t-il déjà ? me demandent-ils.

— Jesse Owens ?

— Vous savez qui c'était.

— Oui.

— Hitler a refusé de lui serrer la main. Staline n'a jamais refusé de serrer la main de quiconque. Quoi que vous puissiez dire sur Staline, Staline n'aurait jamais fait ça. Refuser de serrer la main d'un homme parce que sa peau est noire.

Ils veulent aussi me parler de l'Espagne.

— Franco était au Maroc, dans l'incapacité de rapatrier ses hommes et son matériel militaire en Espagne, alors Hitler lui est venu en aide en lui envoyant des bateaux et des avions. Mussolini pareil. Et qui est venu au secours du peuple espagnol ? Staline. Staline et lui seul.

Pendant ce temps, disent-ils, il paraît que des centaines de milliers, des millions même, ont été emmenés vers les camps par les *corbeaux noirs*. Le *Goulag*. (Note 73) Oui, les camps existaient bien, et oui, il y a eu ceux qu'on a déportés.

Les corbeaux noirs opéraient toujours le soir. Quand on ne s'y attendait pas, souvent sans raison, oui. Les gens ont commencé à regrouper les choses essentielles dans de petites valises qu'ils tenaient à portée de main, au cas où le corbeau noir viendrait les chercher. Dans ces valises il y avait des choses comme un vêtement chaud, du pain sec et de la viande séchée, un paquet de biscuits secs, une feuille de papier, un crayon pour écrire à la famille. Des photographies de l'être aimé, parfois aussi un livre. Comme Ossip Mandelstam, le poète, qui avait mis une édition de poche de *La Divine Comédie* de Dante dans sa valise, et il avait bien fait parce qu'un *corbeau noir* était venu le chercher.

Parmi les villageois, Gocha le boulanger a été emmené. On a prétendu qu'il avait volé de la farine. Slava, le pianiste de La Taverne Rouge, a été emmené. Lui, personne ne l'a regretté, c'était juste un bon-à-rien de soûlographe. Sveta, l'opératrice du téléphone, a été emmenée. Elle diffusait de la propagande antisoviétique sur les lignes téléphoniques. C'est ce qu'on disait alors et il n'y avait aucune raison de la croire innocente. Choura a été emmenée aussi. Personne n'a su pourquoi. Elle était responsable de la poste. Et puis un soir, un corbeau noir est venu pour emmener Sas. Parce qu'une maladie s'était déclarée dans l'élevage de porcs du *kolkhoze* et comme pendant la Deuxième Grande Famine une maladie similaire s'était déjà déclarée parmi les chevaux, on l'a accusé de saboter les biens de l'état. C'était un bien brave homme, ce Sas. Il a été regretté.

— Alors oui, la *Chistka* a existé, mais comparez avec ce qu'il se passait en Allemagne, disent-ils.

On me demande qui, à mon avis, était le pire.

— Staline ou Hitler ?

Je suis bien obligé d'admettre qu'il m'est impossible de répondre à cette question.

-0-

CINQUIÈME PARTIE

1

On est en hiver et Staline va venir à Zernoïe Selo. Il doit subir un traitement à la clinique dentaire. Maxime nous le révèle en posant un doigt sur ses lèvres : c'est un secret.

On est vendredi.

Staline est attendu dimanche.

La clinique dentaire est sans dessus dessous pour la venue du grand homme. Chaque membre du personnel, sans distinction de rang ni de position, a reçu sa consigne. Les infirmières doivent frotter les parquets, les dentistes doivent aider les techniciens à laver la literie et les serviettes de toilette, mais aussi laver, raccommoder, amidonner les blouses. Le mobilier doit être frotté jusqu'à ce qu'il brille. Les vitres doivent être faites, les instruments brossés et désinfectés. On envoie un homme sur le toit qui fuit pour qu'il essaie en désespoir de cause, de le réparer. Même les hommes de sécurité de la clinique sont dépêchés au *kolkhoze* pour voir ce que le nouveau camarade président, Andreï Borisovitch Afonov, peut fournir pour les repas de Staline.

Toute cette activité est faite dans le plus grand secret, parce que personne, à l'extérieur de la clinique ne doit savoir que le *Vozdh* a mal aux dents.

— Et c'est exact ? demande Beretzkoï.

— Oui, confirme Maxime.

Nous nous retenons de sauter en l'air en tapant des mains et en hurlant, Enfin ! J'espère qu'il va souffrir le martyre !

— Staline souffre de malocclusion, explique Maxime.

— Qu'est-ce que c'est ?

— C'est le terme médical employé lorsque les dents de sagesse poussent de travers, empêchant les maxillaires du haut et du bas d'être contact l'un avec l'autre. Ce qui perturbe le nettoyage des dents, accélérant la formation de tartre, et le tartre, comme vous le savez, abîme les dents, et les dents abîmées, comme vous ne l'ignorez pas, entraîne la prolifération des bactéries, lesquelles causent des inflammations et des infections à l'origine des gingivites. Les gingivites sont douloureuses. Celle de Staline est particulièrement sévère.

Staline vient souvent à la clinique et toujours dans le plus grand secret. Il insiste pour être toujours soigné par le même dentiste, que ce soit la même infirmière qui s'occupe de lui et si une dent nécessite une extraction et une prothèse, que ce soit le même technicien qui s'en charge.

— Le technicien qui fait les dents de Staline, c'est moi, dit Maxime, avec fierté.

Il nous fait un clin d'œil et promet de nous tenir informés.

-0-

Dimanche, à midi, tournent au coin de la rue de Moscou en direction de la rue du Développement Agraire, quatorze voitures noires aux enjoliveurs blancs, rideaux noirs occultant les vitres et notre drapeau soviétique étrangement peint sur un carré d'écorce accroché au pare-brise, claquant au vent. Elles s'arrêtent devant la clinique. Avant que les chauffeurs ne coupent les moteurs, la porte arrière de l'un des véhicules – une Rolls Royce – s'ouvre brutalement. Staline en sort. Une immense cape en cuir marron le couvre des épaules aux pieds, un exemplaire de la *Pravda* lui cache la tête : il a neigé toute la matinée. La porte de la clinique s'ouvre et une douzaine de membres du personnel aux vêtements encore imprégnés d'odeur de naphtaline, têtes nues malgré le froid intense, se précipite vers notre grand chef. Il les salue à grands renforts d'accolades, les retient contre lui comme s'il n'allait jamais les relâcher. La *Pravda* tombe au sol, l'un de ses discours est piétiné dans la neige par ses admirateurs. Il n'y fait pas attention. S'aidant de son bras valide, il ordonne au colosse qui se tient près de lui – un garde du corps, sans aucun doute - d'ouvrir le parapluie qu'il lui tend : Staline ne veut pas se mouiller. Il se met à courir en direction de la clinique. Les autres courent après lui, agitant les bras à l'unisson pour prévenir l'infirmière qui est à la porte, de l'ouvrir. Les chauffeurs restent près de leurs voitures et quand la porte d'entrée de la clinique se referme, ils n'attendent pas pour se remettre au volant en soufflant dans leurs mains dégantées. Les moteurs des voitures ronronnent de nouveau, de la fumée s'échappe des pots d'échappement. La porte de la clinique s'ouvre de nouveau brutalement et quelqu'un court dire aux chauffeurs de venir prendre quelque chose de chaud. Mais les chauffeurs doivent d'abord garer leurs voitures – la Rolls Royce de Staline, les trois Lincoln V12 américaines, les dix GAZ M-1 bien de chez nous. La *Pravda* nous a informés que la GAZ M-1 ressemble au modèle de la Ford américaine V-9 de 1933, mais a souligné que la nôtre est de loin supérieure à celle des Américains. Comment pourrions-nous le contester ?

Une fois leurs autos garées, les chauffeurs se pressent d'aller prendre quelque chose de chaud à la cuisine, tandis qu'un garde en uniforme marron, armé d'un fusil, rejoint les voitures à grand pas et s'assied sur le capot d'une des Lincoln. Coinçant le fusil sous l'une de ses aisselles, il allume une cigarette. Il ne semble pas se soucier de la neige qui tombe.

Staline doit rester sept jours en clinique.

Maxime tient sa promesse et nous tient informés.

-0-

Staline souffre beaucoup. On doit extraire deux de ses dents, deux prémolaires supérieures. L'un de ses gardes du corps – il en a quatre auprès de lui, ainsi qu'un secrétaire, un médecin, un cuisinier et une femme de chambre – retourne à Moscou pour aller chercher des réserves de chloroforme et de morphine. Staline n'utilise ni le chloroforme ni la morphine de la clinique, mais les siens propres.

On procède à l'extraction des dents.

Le médecin de Staline se tient près de lui, tenant un haricot médical en émail – on ne sait jamais, le grand chef pourrais avoir de légères nausées – et exige que le dentiste lui rende les deux dents cariées. Il s'en débarrassera une fois revenu à Moscou, dit-il.

Les premiers jours s'écoulent et le dentiste annonce que la bouche de Staline est cicatrisée. On appelle Maxime pour qu'il fasse une empreinte des mâchoires de l'illustre patient. Cela lui prend environ une heure, parce que l'illustre patient ne reste pas en place. Il sursaute comme s'il avait des spasmes épileptiques chaque fois que Maxime tente d'introduire dans sa bouche l'arche de métal remplie d'un liquide rose visqueux et glacé, destiné à prendre l'exacte réplique des gencives. Une fois encore, le médecin personnel de Staline s'approche, son haricot à la main, et de nouveau il a une requête, un ordre plutôt à imposer : après que les nouvelles dents auront été moulées, Maxime devra lui restituer les empreintes.

Vingt-quatre heures passent. Les nouvelles dents sont prêtes pour un essai. Staline ouvre grand la bouche. Maxime trouve que les gencives de Staline sont relativement gonflées, mais il n'en dit rien. Staline grogne. Maxime fixe les nouvelles dents avec un fil d'or qu'il amarre autour d'une dent adjacente. Il tend un miroir à Staline.

— Camarade Staline, voudriez-vous dire *niet* ? lui demande-t-il.

La prononciation du mot *niet* oblige à découvrir les dents supérieures.

Staline dit *niet* à plusieurs reprises. Ce mot a l'air de lui être familier. Il serre la main de Maxime et déclare que la Russie a les meilleurs techniciens dentaires du monde.

-0-

À l'issue de telles épreuves, Staline demande à son secrétaire d'organiser un dîner. Tous les dignitaires du village y sont conviés. Le secrétaire envoie six invitations. Deux sont distribuées à des *datchas* de la rue Léna. L'une chez les Beretzkoï, l'autre chez les Douchenka Koba.

Maxime n'est pas invité.

— J'aurais bien voulu y aller, dit-il en ricanant. Juste pour voir si les dents que je lui ai faites sont assez tranchantes.

-0-

Douchenka Koba alors à Moscou, revient précipitamment au village. Alexandra Alexandrovna vient de lui annoncer au téléphone que Staline l'a invité à dîner.

— Je vais pouvoir lui dire combien nous l'apprécions, dit-il à Beretzkoï.

Jusqu'à présent, ni lui ni Beretzkoï n'avaient eu l'honneur de se trouver en compagnie de Staline.

Nadejda Konstantinovna ainsi qu'Alexandra Alexandrovna, espèrent qu'à ce dîner leurs maris arboreront leurs médailles. Beretzkoï en a deux : la Médaille du Mérite pour Performance Musicale, reçue à l'âge de huit ans lorsqu'il était écolier, et la Médaille du Mérite Poétique reçue l'année précédant notre rencontre.

Douchenka Koba en a reçu une demi-douzaine, mais personne, pas même lui, ne se souvient pour quels motifs. Kolia pense qu'il a dû les acheter. C'est bien possible, parce qu'au marché noir, une médaille vaut une belle somme d'argent.

Finalement la décision revient au camarade Afonov, qui lui aussi est invité à ce dîner en tant que président du *kolkhoze* : les médailles sont obligatoires.

Les invités de Staline devront se présenter à la clinique dentaire à 22 heures 30.

Staline dîne toujours tard.

-0-

2

Beretzkoï et Douchenka Koba partent ensemble. Ils sont à pied, la rue Léna est proche de la clinique. Des cristaux de neige leur cinglent le visage.

À la clinique, dans la salle de réception du rez-de-chaussée, se tient un petit homme trapu, vêtu d'un costume marron mal taillé. Il se présente. Il s'appelle Valentin Sergeïevitch - il ne donne pas son nom de famille. Il est un des secrétaires de Staline et se joindra à eux pour le dîner dit-il. Il tend à chacun un verre de thé.

Les autres invités - le camarade Vitia et son adjoint, le camarade Afonov et son adjoint, le camarade Ivan Ivanovitch Proutkov le directeur de la clinique et son adjoint - sont déjà arrivés. Le camarade Proutkov aspire son thé bruyamment, ses dents en or brillent telles les joyaux d'un sceptre de tsar. Son adjoint, lui, n'a qu'une dent en or, une grosse incisive.

Pendant une demi-heure, les invités papotent, tous en costumes et arborant leurs médailles, puis Valentin Sergueïevitch propose que tout le monde se rende à l'étage. Il les devance par un escalier étroit aux marches en dalles vertes donnant sur un couloir en dalles vertes débouchant sur un vestibule en dalles vertes. Un homme à l'allure d'un gorille des montagnes se tient à la porte ; on dirait que son costume va craquer. Il se présente : il s'appelle Igor Sergueïevitch – sans citer son nom de famille. Il est, dit-il, l'un des gardes du corps de Staline, et les rejoindra pour le dîner. Comme Valentin Sergueïevitch, il porte un costume marron mal taillé.

— Mais auparavant, je dois vous fouiller !

Un troisième homme se joint à eux. Il est grand, mince et dit s'appeler Oleg Sergueïevitch et lui non plus ne révèle pas son nom de famille. Il porte aussi est un costume marron mal taillé. On dirait que le Kremlin a reçu une cargaison de costumes marron récemment.

— Nous sommes les trois Sergueïevitch, dit-il, jovialement.

Il ne dit pas qu'elle est sa fonction auprès de Staline, ni s'il se joindra à eux pour le dîner.

-0-

Staline attend dans un petit salon. Il est assis sur un canapé Louis XV rouge. Il est seul dans la pièce. Il se lève quand ses invités se présentent. Il porte une *roubachka* blanche à boutons et un pantalon froissé en gabardine beige. Il est chaussé de bottes de paysans brodées dont les talons semblent plus hauts que ne le sont généralement les bottes et les souliers masculins. Il s'avance vers le milieu de la pièce, en posant lourdement un pied après l'autre sur le sol, comme s'il marchait sur de la neige glissante avec précautions, pour ne pas tomber. Ses cheveux, noirs et épais, sont coiffés en arrière, dégageant son visage grêlé. Ses sourcils sont noirs aussi, obliques, diaboliquement dirigés vers le haut, comme sa moustache noire broussailleuse. Des pointes de poils secs poivre et sel sortent de ses oreilles. Il lève le bras pour saluer l'assistance. Il lève un bras pour saluer l'assistance. Son bras droit, le bon. Il laisse le gauche, estropié, pendre mollement le long de son corps, comme s'il n'en avait rien à faire. Il a un grain de beauté de la couleur de sa peau, à gauche de son œil gauche.

— Heureux de te rencontrer enfin, Boris Petrovitch, dit-il, s'adressant à Beretzkoï.

Notre Grand Dirigeant affiche un large sourire. Un sourire couvrant tout son visage, on dirait un clown de cirque dont le seul but dans la vie est de plaire aux petits enfants.

Des fossettes apparaissent aux coins de sa bouche et le grain de beauté qui, un moment plus tôt, ressemblait à un troisième œil démoniaque, disparaît dans une myriade de petites rides. Personne ne peut y résister et les invités de Staline, parmi lesquels Beretzkoï, se surprennent à sourire malgré eux.

-0-

Valentin Sergueïevitch fait un signe de la tête aux invités pour leur dire de s'asseoir.

— Approche, Boris Petrovitch ! Je te veux à côté de moi, dit Staline à Beretzkoï en lui montrant le canapé rouge, du petit doigt de son bras impotent.

— Asseyez-vous où vous voulez, dit Valentin Sergueïevitch aux autres.

Douchenka Koba se hâte en direction du canapé rouge, mais attend que Staline et Beretzkoï soient assis pour s'asseoir à son tour sur un fauteuil à côté de Staline.

— Allez ! Rinçons-nous le gosier ! Vodka pour tout le monde ? propose Staline.

Valentin et Oleg remplissent en duo de petits verres en cristal.

Le camarade Proutkov suggère qu'on porte un toast. Ses dents en or lancent des éclairs.

— À notre Grand Dirigeant !

La vodka est corsée. Beretzkoï a la langue qui brûle. S'agit-il de la vodka de contrebande du *kolkhoze* ? On ne voit aucune étiquette sur la bouteille.

S'en suit un autre toast. En l'honneur de la clinique cette fois. C'est Staline qui le propose. Il sourit, d'un large sourire découvrant ses nouvelles dents. Elles ne sont ni en or ni en argent, mais, en porcelaine de Chine, de la plus fine qu'il soit, nous dit Maxime. Elles ne sont pas blanc blanc mais ont un léger reflet bleuté. Ce qui fait ressembler les autres dents à des grains de café.

— Vous faites du bon travail, ici ! dit Staline au camarade Proutkov.

Bon travail, bon travail, bon travail répète l'écho qui se propage dans la pièce.

— Pendant qu'on parle de bon travail, poursuit Staline en se tournant vers

Beretzkoï, j'apprécie beaucoup le tien.

— Je vous remercie, camarade Staline, répond Beretzkoï.

Préventivement, Valentin Sergueïevitch avait averti les invités de Staline qu'ils devaient s'adresser à leur hôte en disant *camarade Staline*.

— Le tien aussi, continue Staline en posant son regard sur Douchenka Koba, qui semble assis sur une fesse prêt à tomber à genoux pour se prosterner.

— Merci camarade Staline. Merci. Vous êtes si gentil ! murmure-t-il.

On suggère un nouveau toast. C'est Vitia qui le propose, en tenant son verre d'une main tremblotante.

— À Zernoïe Selo !

Ils vident leurs verres cul sec, puis Igor Sergueïevitch aide les deux autres Sergueïevitch à les remplir de nouveau. Staline tape les mains d'Igor joyeusement. Les invités trouvent la gaîté de Staline irrésistible. Ils s'esclaffent à l'unisson. Ils hurlent de rire.

Staline se met à rire aussi.

Il se tourne vers Beretzkoï et lui administre une tape sur le genou.

— Qu'est-ce que tu en dis, toi le poète ? Tu penses aussi que notre peuple fait du bon travail ? demande-t-il.

— C'est aussi mon avis, camarade Staline, répond Beretzkoï.

Staline hoche la tête, rassuré, satisfait de cette réponse.

— J'ai trouvé que tu avais fait un travail formidable avec l'encyclopédie. Si j'ai bien compris, il y aura quatre tomes. J'adore cette motivation. Je dis toujours, n'hésitez pas, ne tergiversez pas, ne changez pas d'avis, ne revenez pas sur votre parole et ne renoncez pas. Mes cinq commandements, les seuls dont nous ayons besoin. Oubliez les autres. Qui en aurait besoin de dix quand cinq suffisent ? »

Quelques invités de Staline semblent perplexes. Manifestement, ils ne comprennent pas de quoi il parle, mais néanmoins ils approuvent et manifestent leur soutien à mi-voix.

-0-

Après une heure de libations et d'échanges de niaiseries, Staline annonce qu'il a faim et qu'on va commencer à manger. La salle à manger se trouve à l'une des extrémités du salon. Au milieu, une table ronde entourée de douze chaises à hauts dossiers capitonnés. Une nappe en damas blanc amidonnée couvre la table. Les couverts sont en argent massif, la vaisselle en porcelaine épaisse et les verres – six par couvert – sont en cristal, comme les verres à vodka.

Valentin Sergueïevitch attend que Staline choisisse sa place pour montrer leurs sièges aux invités, d'un léger mouvement de tête et d'un geste de la main. Le camarade Proutkov se voit désigner la première chaise à la droite de Staline. Le camarade Afonov, la première à sa gauche. Douchenka Koba est placé à la gauche d'Afonov. Il indique à Beretzkoï la place qui se trouve en face de Staline. Autour de la table, trois serveurs en pantalons gris et chemises blanches aux manches retroussées, se tiennent debout. L'un des serveurs porte un tatouage de visage féminin au-dessus du poignet.

Le repas débute par du caviar servi dans un grand bol en cristal, lui-même posé dans un plus grand bol, sur un lit de glace si finement pilée qu'on dirait de la neige. Vient ensuite un assortiment de viandes froides, puis du saumon fumé mariné. Les serveurs évoluent posément entre les convives comme des danseurs exécutant un pas-de-deux. Ils tiennent les plats en l'air comme des trophées.

Ils servent maintenant du potage aux œufs.

— *Ghkhtma*. Géorgien. Lait maternel, … ou tout comme, dit Staline.

Il remplit sa cuillère à ras bord. Bientôt, du potage coule le long de son menton.

Douchenka Koba essaie d'attirer l'attention de Staline en pointant d'un geste de la main le potage qui commence à goutter sur sa *roubachka*.

— Cam … camarade Staline … votre … euh … menton …, se risque t-il à dire.

D'un seul regard, le camarade Proutkov le fait taire.

Après le potage, on apporte un cochon de lait rôti à la peau croustillante, le groin dégoulinant de graisse. Deux des serveurs s'en chargent. Le troisième serveur apporte un plat de cailles rôties, disposées sur un lit de petits raisins verts. Tous trois démembrent les petits oiseaux avec dextérité comme des tueurs fous. Une incision par ci, une autre par là. Voilà les petites carcasses dépossédées de leurs ailes, de leurs pattes, de leurs têtes. Maintenant c'est au tour du cochon de se prêter au couteau. Aussitôt que les serveurs plongent leur couteau à manches noirs dans son ventre gonflé, il s'en échappe un rot d'air suivi d'un jus rougeâtre.

Pour accompagner le cochon et les cailles, on sert à Staline et ses convives, des pommes de terre en robe des champs nappées de *smetana*. (Note 71)

Le dessert se compose de fruits frais, de glace à la menthe, de noisettes et de confiseries.

-0-

Le repas a duré deux heures et voilà Staline et ses convives de retour au salon.

— Fumez, vous pouvez fumer, encourage Valentin Sergueïevitch.

— Oui, dit Staline. Fumer. C'est un plaisir que mes médecins m'ont interdit.

Seul Douchenka Koba se prépare à fumer. Il saisit sa pipe, une pincée de tabac et une petite boîte d'allumettes dans l'une des poches de son veston. Il niche la pipe dans le creux de sa main gauche et introduit le tabac dans le culot. Lorsqu'il est plein ou qu'il paraît plein aux yeux de ceux qui l'observent - dont Staline qui contemple la scène en se tapotant les lèvres de sa bonne main comme s'il hésitait à bondir sur la pipe – il frappe doucement le culot pour faire descendre le tabac dans le fond. Il recommence la manœuvre une seconde fois. Comme personne ne dit mot, le tic-tac de la pendule venant d'on se sait où derrière les murs, résonne comme un marteau sur une enclume.

Douchenka Koba craque une allumette. Une flamme tremblante s'élève puis s'éteint presque aussitôt. Il lui en faut craquer trois autres – Valentin

Sergueïevitch s'est avancé en tenant un cendrier – avant que la flamme dure assez longtemps pour embraser le tabac. Il attend que la flamme roussisse le tabac pour l'éteindre d'un souffle puis recommence tout le processus depuis le début.

Finalement, il saisit le tuyau entre deux doigts, aspire doucement, et remplit ses joues poupines de fumée odorante.

— Edgeworth, dit-il après avoir soufflé en l'air la fumée bleu gris. Il tient sa pipe entre ses mains.

— C'est une pipe Dunhill ! déclare Staline, sûr de lui.

Tous les convives savent qu'avant que les médecins lui interdisent de fumer, Staline ne fumait que la pipe, une Dunhill, et comme tabac, du Edgeworth.

On sert le thé.

Staline se lève, ses invités font de même. Ils forment un large cercle autour d'une table roulante en acajou à pieds dorés sur laquelle de petits bols en argent remplis de noisettes caramélisées et de friandises sont à la disposition des convives. Staline introduit un sucre dans sa bouche, le fait tourner avec sa langue et se remplit la bouche de thé bouillant. Il évite les noisettes des noisettes caramélisées tant que ses nouvelles dents ne sont pas *sécurisées*.

— De l'exercice. De plus en plus de médecins l'ordonnent, dit-il en faisant quelques pas. Il a glissé sa main droite entre le troisième et le quatrième bouton de sa *roubachka*. Son bras atrophié pend mollement le long de son corps.

Il s'arrête près de Douchenka Koba.

— Ouah ! J'aime tes bottes ! C'est du cuir ?

Beretzkoï sait que Douchenka Koba a acheté ces bottes spécialement pour ce dîner avant de quitter Moscou.

— De la peau de renne, camarade Staline, répond Douchenka Koba.

— On dirait du poulain.

Douchenka Koba hoche la tête.

— J'aime trop les chevaux, camarade Staline.

— Tu ne tuerais pas un cheval pour faire des bottes ? Et le renne ? Tu t'approches de lui et lui demandes s'il veut bien te donner la peau de sa croupe ?

— Non, bien sûr ... Je n'aime pas les rennes autant que les chevaux, camarade Staline. Il y a un lien fort entre l'homme et le cheval.

— Quelle connerie tu me racontes ?

— Je veux dire ...

Staline continue de marcher.

— Moi, j'adore les oiseaux, murmure-t-il.

Il s'arrête près de l'adjoint de Vitia.

— Les oiseaux, ça vole !

Il mime un oiseau en vol. Il plie les genoux, lève les bras – même son bras atrophié – et se balance de droite à gauche.

— C'est tout à fait vrai, camarade Staline, répond l'adjoint de Vitia.

— J'aimerais donner des ailes à tous les Russes pour qu'ils puissent voler comme les oiseaux, poursuit Staline.

Il continue de marcher. Il fait deux fois le tour du salon et s'arrête de nouveau devant l'adjoint de Vitia.

— Où t'envolerais-tu si tu avais des ailes, hein ?

— Camarade Staline, tout cadeau venant de vous est un cadeau que nous vénérons.

— Mais réponds-moi, vers où t'envolerais-tu ? Vers l'Amérique ? On dit que tu aimerais partir et vivre en Amérique, pour t'enrichir en exploitant tes semblables.

— Camarade Staline, vous êtes devant un vrai patriote soviétique, dit l'adjoint de Vitia dont la lèvre supérieure tremble nerveusement.

— Un bon Russe, c'est ça ?

Staline donne une tape sur l'épaule de l'homme.

— Je m'y efforce, camarade Staline.

— Bah ! Mais asseyons-nous, dit Staline.

Une fois assis, il donne de nouveau une tape sur le genou de Beretzkoï.

— J'ai entendu dire qu'on peut comparer ton style à celui de notre cher défunt Alexeï Maximovitch. (Note 72)

— Je n'ai jamais entendu cela, camarade Staline.

— Le tien aussi, poursuit Staline, en fixant Douchenka Koba.

— Comme le camarade Beretzkoï vient de le dire, je n'ai jamais entendu dire cela, réplique Douchenka Koba avec hésitation.

— Oh, poètes modestes ! Levons nos verres à la santé des poètes modestes.

Les trois Sergueïevitch remplissent de vodka des verres propres en cristal.

Staline, rouge d'avoir trop bu, se frappe le torse de sa main valide. Comme c'est la main qui tient aussi son verre, la vodka se répand sur sa *roubachka*. Il ne s'en aperçoit pas, semble-t-il.

— Je ... Je dis toujours que le pouvoir d'un dirigeant c'est sa parole, mais le pouvoir d'une nation est dans ses écrits, hurle-t-il.

— Écoutez ! Écoutez ! crie Afonov.

— Écoutez ! Écoutez ! crie Douchenka Koba.

— Écoutez ! Écoutez ! Écoutez ! répètent les autres convives.

On n'entend plus le tic-tac de la pendule.

Douchenka Koba se lève, se tourne vers Staline, s'incline devant lui et applaudit. Lentement pour commencer, puis de plus en plus rapidement, de plus en plus fort. Les deux camarades présidents regardent les trois Sergueïevitch pour savoir quoi faire, mais comme les trois approuvent à l'unisson en hochant la tête, tous les convives de Staline se lèvent et se mettent à applaudir. Ils applaudissent notre Grand Dirigeant. Mais lui ne se lève pas, il reste assis et sourit d'un sourire félin ; sa façon à lui de recevoir l'adoration de ses invités.

— Pouchkine. Buvons à Pouchkine ! hurle-t-il pour dominer le chahut.

Aussitôt dit, aussitôt fait.

Ils boivent ensuite à la pureté de l'œuvre de Pouchkine, puis à la pureté de notre peuple, puis à la pureté de nos forêts, de nos montagnes, de nos fleuves, de nos lacs, de notre passé révolutionnaire, à la pureté de notre présent, à la pureté de notre futur.

-0-

Le dîner est terminé. Staline et les trois Sergueïevitch sortent dans la rue du Développement Agraire, suivis par les invités. Tous ont enfilé leurs manteaux, tandis que Staline est toujours en *roubachka*. Avant de mettre le pied dehors, les trois Serguïevitch avaient prié Staline de revêtir quelque chose de chaud, ce qu'il avait refusé de faire. Alors eux aussi avaient ôté leurs vestons et se retrouvaient, bravant les tourbillons de neige, en bras de chemises comme lui. Courageusement, ils se retiennent de trembler. Ils croisent leurs bras derrière le dos et résistent en pliant et tendant les jambes comme des athlètes en train de s'échauffer. Notre Grand Dirigeant lui, reste cloué sur place. Même quand sa *roubachka* est trempée et lui colle à la peau.

Il se tourne vers Beretzkoï.

— Boris Petrovitch, je voudrais encore parler littérature avec toi.

— Moi aussi, camarade Staline, répond Beretzkoï, en claquant des dents.

— Il faut que tu viennes à Moscou. Tu viendras dîner avec moi. Nous parlerons ensuite. Valentin Sergueïevitch restera en contact avec toi.

Il prend Beretzkoï par les épaules. Une accolade bizarre, bancale.

Les convives commencent à partir. Au moment de tourner au bout de la rue du Développement Agraire, Beretzkoï et Douchenka Koba aperçoivent, Staline et les trois Serguïevitch toujours devant la clinique. Une *dvornik* est auprès d'eux. Staline est en train de dire quelque chose à la vieille femme. Elle s'appuie sur son balai. Staline se tourne vers Valentin Sergueïevitch et lui parle. Valentin fouille dans la poche de son pantalon et tend quelque chose à la vieille femme. Elle laisse tomber son balai, saisit la main de Valentin et la porte à ses lèvres. Puis elle tombe à genoux dans la neige et embrasse les bottes brodées de Staline. Il se penche vers elle et la remet sur ses pieds puis il prend son visage dans ses mains et l'embrasse brutalement, en plein sur la bouche. Deux fois.

— Regarde-moi ça ! Quel homme merveilleux ! Ça, c'est un chef ! s'épanche Douchenka Koba.

— Ce tabac, le Edgeworth, où l'as-tu eu ? Et les bottes en peau de renne ? demande Beretzkoï.

— Le premier secrétaire de l'Ambassade de Grande-Bretagne m'a donné le tabac. Bien sûr, je ne fume que ça, mais je n'en ai plus.

— Et les bottes ?

— Un cadeau du camarade président d'un de nos élevages de rennes dans un *kolkhoze* du Nord. Il a écrit un manuel sur l'élevage du renne et a fait appel à moi pour faire partie de Profpro. C'est un manuel brillant. Nous l'avons transmis à Kamchatka et d'après ce qu'on dit, les produits à base de peaux de rennes y ont déjà augmenté. Je peux t'assurer que son inscription à notre syndicat n'a été qu'une simple formalité tant son brillant manuel a plaidé pour lui. Je ne voulais pas accepter les bottes, tu te doutes bien.

— Mais il a insisté, n'est-ce pas ? demande Beretzkoï sarcastique.

Douchenka Koba fait oui de la tête, sa *chapka* tombe sur ses yeux.

— Je sais ce que tu penses, mais il n'a pas accepté que je refuse son cadeau. Alors qu'aurait-il fallu faire ?

Il remet son chapeau en place. Il porte des gants de cuir doublés de fourrure.

-0-

3

Il ne faut pas cesser de rentrer la tête, de faire les tortues. Nous en sommes persuadés. Mais apprendre que Staline souffre de malocclusion, cela nous réconforte, cela nous donne confiance car sa souffrance le rend ... humain. Oui, humain avec ses faillibilités et ses fragilités, comme nous tous.

Nous décidons d'écrire à Morne pour lui dire que nous espérons triompher de la *chistka*, mais que ce n'est pas encore le moment de faire publier les poèmes de Beretzkoï à Paris.

Deux mois s'écoulent.

Une longue réponse de Morne nous parvient enfin.

Comme je suis heureux d'avoir de vos nouvelles ! Oh, comme j'avais hâte de vous lire, et comme vous me manquez tous les deux !

Il raconte ce qu'il s'est passé en Europe cette dernière année. Des événements dont nous avions entendu parler, sans aucun détail.

Les troupes d'Hitler ont pénétré la Rhénanie le 7 mars 1936. À Paris, lors d'une réunion de tous les Ambassadeurs de France pour parler du problème Nazi, les Ambassadeurs ont qualifié Hitler de pirate. Une guerre civile a éclaté en Espagne.

Il nous apprend aussi que Trotski vit maintenant en Norvège.

Le livre de Trotski est entre les mains de sa maison d'édition à Paris. Officiellement, personne ne le sait, mais je peux confirmer que c'est véridique parce qu'un jeune éditeur de cette maison m'en a fait lire quelques pages. Trotski ne va pas bien. Il s'est trouvé mal en apprenant le procès et l'exécution de Kamenev et Zinoviev. On lui a appris que Staline avait fait venir les deux hommes au Kremlin et leur avait promis d'être libres s'ils avouaient avoir échafaudé un projet de contre-révolution avec Trotski. Ils ont refusé de le dénoncer, alors leur sort a été scellé. À propos, Trotski est à la recherche d'un autre pays susceptible de l'accueillir. Certains prétendent que le Paraguay serait d'accord. Le Mexique serait une autre possibilité. Lui, semble dans un état de grande tension, c'est compréhensible.

Puis il nous parle d'une rumeur *qui* court : il y aurait une femme dans la vie d'Hitler.

On dit qu'elle est très jolie. Apparemment, elle aurait de belles jambes et ferait rire Hitler en imitant ses ministres avec un certain talent. Elle s'appelle Eva.

Ce qui nous exalte le plus dans la lettre de Morne, c'est d'apprendre qu'il tente d'obtenir un visa de tourisme pour l'Union soviétique.

Il se pourrait qu'un jour vous me trouviez devant votre porte. Je n'en sais pas plus. Mon ami – le fabricant d'engrais – pense pouvoir m'incorporer à un groupe pour leur prochaine visite à Moscou.

Il ne parle pas des poèmes de Beretzkoï, ce qui nous soulage bien. Surtout que Staline a renvoyé Iagoda, qui dirigeait la NKVD, pour le remplacer par Nikolaï Ivanovitch Iejov qui gère maintenant la *Chistka*. Il vient de la

Commission centrale de Contrôle du Parti. C'est un proche de Staline. C'est un homme petit, au visage rond, rosâtre et joufflu – nous nous demandons même s'il a besoin de se raser – nous l'appelons *Le Nain Sanguinaire*.

-0-

4

Comme la vie est étrange. La *Chistka* bat son plein, pourtant Dan est rentré chez lui. C'est Elena qui a appelé Beretzkoï pour le lui annoncer. Dan est ici ! Dan est revenu ! hurlait-elle. Il est fatigué et amaigri, mais il est là et a aussitôt repris le combat avec sa plume.

Elle nous raconte que Dan était détenu au *Goulag*, dans un camp en Sibérie, à cent douze kilomètres de Sverdlovsk, où en 1917, quand la ville s'appelait encore Ekaterinbourg, Nicolas II et sa famille avaient été exécutés.

Le NKVD avait commencé par isoler Dan dans une cellule de la Loubianka, puis, après un faux procès au cours duquel l'avocat commis d'office avait plaidé la clémence, il avait été condamné à huit ans de travaux forcés dans un camp de Sibérie. On n'avait pas précisé de quel crime on l'accusait. Avec quarante-deux *zeks* (Note 74) il avait fait le trajet dans le dernier wagon d'un train de marchandises transportant des machines agricoles, cadeau du Canada aux *kolkhozes* de Sibérie. Le voyage avait duré huit jours.

Pourquoi Dan a-t-il été libéré après avoir fait seulement deux ans, ils n'en savent rien.

Un jour, on a dit à Dan qu'il allait être transféré dans un autre camp, mais en fait, un koshevi (Note 75) *l'attendait pour l'emmener à la gare de Sverdlovsk, avec trois autres détenus qui n'avaient pas fini d'exécuter leur peine non plus. De là, ils se sont débrouillés pour aller jusqu'à Moscou, soit en se faisant ramasser par des conducteurs de trains, soit à pied ; les pieds dans des valenkis qui avaient bien souffert pendant son internement. Les valenkis ont fini par rendre l'âme dans les rues boueuses de Moscou, et il est arrivé à la maison pieds nus,* écrit Elena.

-0-

Dan et Elena viennent à Zernoïe Selo. Ils séjournent à La Maison des Réussites Humaines. Beretzkoï a réussi à obtenir de l'homme de l'attelage, d'aller les chercher et de les ramener à la *datcha*.

Dan descend le premier de l'attelage.

— Tania, ma fille, aujourd'hui je te demande de faire ce que mon père m'a toujours interdit. Accueillir un bagnard chez toi. Mon numéro de prisonnier est 208060812, je suis diplômé en brigandage de l'Université du *Goulag, summa cum laude*.

— Je tente ma chance, Dan lui dis-je.

En travers de son front, il a deux profonds sillons qu'il n'avait pas avant.

Je voudrais lui dire quelque chose pour qu'il sache combien je suis heureuse de le savoir de retour et que je l'aime, mais les mots ne sortent pas.

Nous ne nous étreignons pas ni ne nous embrassons. Je devrais pourtant le prendre dans mes bras, mais tout ce dont je suis capable, c'est de le fixer intensément.

Ses yeux bleus sont remplis de larmes.

— Entre donc, dit Beretzkoï.

— Non, dit Dan, en s'efforçant de sourire. Il faut d'abord que tu saches que je n'ai aucun scrupule, aucune vergogne, et que je n'hésiterais pas à commettre des larcins si ça me prenait. Ce *zek* serait bien capable de vous ôter le dernier morceau de pain de la bouche.

— Dan est en colère, dit Elena pour l'excuser.

— Dan est foutrement en colère, corrige-t-il. Foutrement furieux !

Il porte son long manteau noir, un bonnet de laine noire et ses bottes noires fourrées. Le jour où les *Tchékistes* étaient venus le chercher, il était encore en pyjama et ils l'avaient emmené ainsi, épargnant à son manteau, son bonnet et ses bottes d'être détruits au *Goulag*.

Elena ne porte pas sa robe et sa cape rouges préférées. Mais une robe blanche et des sandales noires découvertes.

Nous nous asseyons dans la cuisine. J'ai déjà mis la table. Un rayon de soleil passe sur le visage de Dan. Sa peau a la couleur du ciment et je suis sûre que les quelques mèches sortant de son bonnet doivent être aussi cassantes au toucher que des épines de pins.

Beretzkoï se lève pour déboucher une bouteille de *Dom Pérignon* qu'il avait mise sur de la glace le matin, en arrivant. Plus tard, nous boirons du *Cognac*. La bouteille ronde et brune est posée sur la table. Ca fait longtemps que Beretzkoï a cette bouteille. Il m'a toujours dit qu'il la gardait pour une occasion exceptionnelle.

Le bouchon s'envole de la bouteille de champagne et frappe le plafond avec un bruit sec.

Dans le jardin d'à côté, le chien des Kravchinski se met à aboyer.

— Et voilà ! dit Elena. Votre voisin canin a entendu sauter le bouchon de champagne et il meurt d'envie de venir se joindre à nous.

Elle montre du doigt la *datcha* des Kravchinski.

Je remarque que son visage a changé. Son front est craquelé de rides, sa peau est pâle comme celle d'un cadavre.

Beretzkoï tient la bouteille de champagne à deux mains en attendant que le gaz s'échappe puis il remplit les flûtes que nous lui tendons avec impatience.

— Nous allons boire à la mort du monstre difforme : l'Ossète au visage grêlé. Puisse-t-il rôtir en enfer, dit Dan.

Nous mangeons comme des goinfres. De la *botvinia* (Note 76) pour commencer. C'est Alisa qui l'a faite. Je l'ai vu couper en morceaux tous les légumes que j'ai pu trouver – un concombre, un oignon, quelques feuilles d'épinard et un peu de raifort – qu'elle a jetés dans la marmite avec une carpe, un crabe entier, un peu de vodka et du *kvas* (Note 77) acheté à Léonid. C'est lui qui le fait dans son grenier à partir de pain de seigle.

Ensuite, nous avons du *bitochki* (Note 78) avec du chou rouge et des pommes de terre sautées.

Comme dessert, un gâteau carré aux amandes. Il est recouvert d'un glaçage au miel. C'est aussi Alisa qui l'a fait pour moi.

Quand nous avons fini, nous faisons visiter la *datcha* à Dan et Elena.

— C'est joli, très joli, dit Elena. Elle passe la langue sur ses lèvres. À table, elle l'avait fait aussi.

Dan s'allonge sur le lit.

— Tania, je m'excuse, mais après le lit de planches du *Goulag* je ne peux plus résister à un lit douillet, dit-il.

Le camp où Dan se trouvait s'appelle Metelovsk : le camp des blizzards. Il y était arrivé sous le blizzard, un blizzard faisait rage le jour lorsqu'il en était reparti.

— C'est le nez de Dan qui l'a sauvé, explique Elena.

— Son nez ? demandé-je.

— Oui, son *Podol.*

Elle pince le nez de Dan ; il lui frappe sa main avec espièglerie.

Elle nous explique alors que dans le quartier du Podol de Kiev, d'où ils venaient, les Juifs croient que Dieu laisse une marque sur les plus purs d'entre eux en leur accordant un long nez pointu comme celui de Dan – un *Podol*. Comme cela, le jour de la résurrection des morts, ils seront facilement reconnaissables, lorsque les purs devront, avec le Messie, créer un monde neuf et meilleur.

— C'est ainsi que Daniel Olminski a été distingué, grâce à son énorme pif, dit Dan en faisant un clin d'œil.

— Mais tu ne crois pas en Dieu, dis-je.

Elena me tape sur le bras.

— Tania, ma chère, un jour le Messie viendra ...

C'est alors que Dieu existera

-0-

5

Cela faisait deux ans que nous n'avions pas revu Morne, notre ami français, quand nous recevons une lettre de lui.

Le 14 juin j'arriverai par le train de midi. Oui j'ai un visa de deux semaines pour la Russie.

Sa lettre est passée de nouveau par la ville de Gorki : c'est ainsi qu'on appelle maintenant Nijni Novgorod. Il reviendra sous l'identité de Jean Thomas, agronome : maintenant que la collectivisation est achevée, l'Union soviétique a sacrément besoin d'agronomes.

Beretzkoï va le chercher à la gare.

Tous deux reviennent rue Ob en attelage : je les attends dans la rue.

— Ça fait combien de temps, Tania ? demande Morne.

— Très longtemps, Morne.

— Beaucoup trop, Tania, dit-il.

Je lui tends un lys de mon jardin. Sur la table de la cuisine, il y a du sel dans un bol et une miche de pin dans un autre. Nous lui réservons un accueil à la russe.

Il prend la fleur que je lui tends.

— Belle.

— Elles poussent dans mon jardin.

Il me sourit.

— Je ne parle pas des fleurs.

Il nous apporte des cadeaux. Pour Beretzkoï un exemplaire relié cuir, de la première édition de *Michel Strogoff* de Jules Verne et un couteau de poche. Il a trouvé le livre dans une boutique d'antiquités du Quartier Latin à Paris et il a acheté le couteau au cours d'un safari au Cap de Bonne Espérance. Le manche est en ivoire et joliment sculpté en forme de femme aux seins nus. Pour moi une boîte à musique laquée, à l'intérieur de laquelle est cachée une bague ornée d'une petite pierre verte. Je soulève le couvercle de la boîte et un petit personnage blond en uniforme bleu et or se met à battre du tambour. Je glisse la bague sur le médium de ma main gauche que j'expose à l'admiration des deux hommes, en laissant pendre contre moi la droite, remarquable par l'absence d'alliance.

-0-

Je présente notre ami agronome à nos voisins.

La veuve Alexandra le prend par l'épaule.

— Le peuple russe vous sera reconnaissant de ce que vous faites pour notre pays.

Maxime fait aussi la connaissance de Morne.

— Connaissez-vous Hemingway ? Je sais qu'il vit maintenant à Paris, peut-être l'avez-vous rencontré ? demande-t-il avant même que Morne ne lui serre la main.

— Je regrette, non, je ne l'ai jamais rencontré, répond Morne.

La veuve Alexandra invite tous les voisins à déjeuner. Kolia aussi est invité. Dan et Elena sont déjà rentrés à Moscou.

Notre hôtesse sert de la carpe grillée. De l'autre côté de la table, Maxime me sourit : je me rappelle cette soirée où j'avais vomi sur lui. Comme dessert, elle a fait un *pashka*. (Note 79) Ce n'est pas Pâques, bien sûr, de toutes façons Pâques ne signifie rien pour nous, mais elle dit qu'avec sa forme de pyramide, le gâteau fait un beau centre de table. Centre de table ? Il semble qu'elle a dû mener grand train. Elle a couvert le gâteau d'un glacis vert.

Kolia a apporté son cahier de croquis et demande à la veuve Alexandra de ne pas commencer à couper le gâteau tant qu'il ne nous a pas tous réunis autour de la table.

— Pour la postérité, dit-il.

— Attendez ! demande Morne.

Il court jusqu'à ma *datcha* et revient avec un appareil photo. C'est une petite boîte noire recouverte de cuir, un Box Brownie, nous dit-il. Lorsqu'il la dirige vers moi, un volet situé sur le devant de la boîte s'ouvre et se ferme presqu'aussitôt en faisant un déclic.

Alisa lève les mains avec enthousiasme.

— Ça par exemple ! Qu'est-ce qu'ils ne vont pas inventer ! crie-t-elle.

Morne veut nous faire sortir dans le jardin pour prendre une photo de groupe : il lui faut de la lumière naturelle.

— Dommage que Dan et Elena ne soient pas là aujourd'hui, dis-je à Beretzkoï à mi-voix.

-0-

Beretzkoï et Morne décident de retourner au Lac Legyschka pour une partie de pêche. Ils seront absents pendant trois jours.

J'aimerais bien les accompagner, mais je n'en parle pas.

Ils prendront l'autocar que nous avions pris l'autre fois, ils camperont dans la forêt, dormiront dans des sacs de couchage à la belle étoile et se feront à manger sur un feu de bois. Je leur prépare un panier de pique-nique avec de la saucisse fumée, une douzaine d'œufs durs, deux miches de pain noir, deux bouteilles de vin rouge et une bouteille de vodka.

J'espère que ces trois jours passeront vite. C'est très égoïste de ma part, mais c'est ainsi.

-0-

Les voilà de retour.

Beretzkoï me dit que je lui ai manqué.

Morne me tend un gros bouquet de fleurs sauvages qu'il a cueillies dans la forêt.

— Comment c'était ? demandé-je.

— Cette fois-ci, nous avons complètement exploré Malenki Kosti, répond Beretzkoï.

— Et la forêt aussi. Et nous avons eu beaucoup plus de succès à la pêche, ajoute Morne.

Je dis que ça a l'air d'être formidable. S'ils ne tiennent pas à m'en dire plus sur ces trois jours au bord du lac, ça ne fait rien.

Je fais chauffer le samovar.

-0-

Morne et moi passons la journée dans le jardin. Il lance une balle de l'autre côté de la clôture, le chien des Kravchinski se précipite pour aller la chercher et la lui rapporte.

Beretzkoï est sur la véranda. Il travaille.

— Accompagnez-moi jusqu'au portail, me demande-t-il à la fin de la journée.

Au portail, il prend ma main.

— Tu m'as vraiment manqué, lui dis-je.

— J'ai parlé du livre à Morne, dit-il. De *Docteur Rudi Zinn*.

— Ah bon.

— Je le lui ai lu.

Je ne savais pas que Beretzkoï avait emporté une copie du manuscrit.

— Et alors ? dis-je.

— Je dois vous demander d'en taper une copie pour lui. Il va la rapporter à Paris.

— *Khorosho*. (Note 80)

C'est un mot neutre, sans conviction. C'est ce que nous disons en pensant sans avoir le courage de le dire ; nous l'employons à la place de je ne sais pas ou je me retiens de te dire ce que j'en pense. C'est un mot derrière lequel on se cache.

— Ça n'a pas l'air de te faire plaisir ? dit Beretzkoï.

Je lui réponds que ce qui est bon pour lui est bon pour moi et s'il pense que c'est la meilleure stratégie alors ça me fait plaisir. Mais au fond de moi, ce n'est pas ce que je pense. Si seulement j'avais su qu'il avait l'intention d'emporter le manuscrit au lac, nous en aurions discuté.

-0-

— Il vous l'a dit, questionne Morne.

Il est près de la table de la cuisine et me regarde.

Je hoche la tête.

— Oui, il m'en a parlé.

— Ça n'a pas l'air de vous plaire.

— Ça me fait peur, Morne.

— Je ne ferai rien qui puisse lui faire du mal, vous savez ça, j'espère.

— Non ... Oui ... Enfin ... Je sais que tu l'aimes comme moi, mais je te préviens quand même, je ne laisserai personne lui faire du mal.

— Je ne cherche pas à lui faire du mal, Tania. Il est comme un frère pour moi. Oui, je l'aime.

— Beretzkoï est toute ma vie. Je ne peux pas imaginer le perdre, dis-je à Morne.

-0-

Nous cachons le manuscrit dans la doublure de la veste en mouton de Morne comme nous l'avions fait pour les poèmes.

C'est le jour du départ de Morne.

Nous l'accompagnons jusqu'au portail.

— Mon ami, attends que je te donne le signal pour le faire traduire, dit Beretzkoï.

— Vous avez ma parole.

Morne doit se satisfaire d'un signe de tête de ma part comme au revoir, car j'ai dans la gorge une boule qui m'empêche à parler.

-0-

6

Nous voilà en été dans la chaleur et dans une lumière éclatante.

Mes voisins me disent tous les jours que mon jardin est magnifique. Au printemps j'avais planté des graines de pois de senteur, maintenant des fleurs bordeaux, violettes, roses et blanches pendent sur des ribambelles de tiges vertes plus hautes que moi, embaumant l'air de leurs effluves enivrantes.

Kolia s'assied sur les marches devant la porte d'entrée et trace des lignes sur son cahier de croquis avec une règle d'écolier. C'est sa façon à lui de préparer le terrain avant de commencer à peindre un tableau. C'est ce qu'il dit. Alisa vient s'asseoir à côté de lui pour regarder ce qu'il fait. Alors d'un geste, il referme son cahier.

— C'est encore à l'état brut, dit-il d'un air théâtral.

Au delà des limites de mon beau jardin, la *chistka* se poursuit.

Nous apprenons que les *Tchékistes* éliminent les gens par quotas ces jours-ci. Toutes les semaines, chaque unité de *Tchékistes* reçoit l'ordre d'éliminer un certain nombre de personnes et s'ils n'atteignent pas leur quota, ce sont eux qui sont exécutés. Pour avoir la vie sauve, ils ramassent des passants dans les rues, au hasard, ou font irruption dans des maisons de retraite et se saisissent du premier vieillard venu. Ils font même des descentes dans les hôpitaux et donnent l'ordre qu'on sorte les malades des lits. Ceux qui sont trop faibles pour marcher jusqu'aux champs de tir sont portés.

Pendant que nous digérons ce genre de nouvelles, nous apprenons que neuf membres du Haut Commandement de l'Armée Rouge ont été arrêtés et fusillés pour haute trahison. L'un des neuf était l'immensément célèbre Maréchal Mikhaïl Toukhatchevski, un héros aux nombreuses décorations non seulement de la Première Guerre Mondiale mais aussi de notre guerre civile, de la Guerre Soviéto Polonaise de 1920 et de la révolte contre-révolutionnaire de Cronstadt en 1921. Le Maréchal aurait organisé un complot pour prendre le Kremlin d'assaut et assassiner Staline selon la version officielle.

L'exécution du Maréchal fut suivie d'un coup de balai dans l'Armée Rouge, avec des milliers d'arrestations et d'exécutions.

Puis ce fut le tour des *Tchékistes*. Eux aussi furent décrétés ennemis du peuple et exécutés par centaines.

Ceux-là, nous n'allons pas les plaindre.

-0-

Je suis au lit. C'est le milieu de la nuit. Je n'arrive pas à m'endormir. J'entends le bruit d'un moteur, faible d'abord, puis plus fort. Une auto passe rue Ob. Je me dresse sur le lit. On voit rarement passer des autos dans notre coin, et si cela arrive, ce n'est certainement pas pendant la nuit. J'ai le pressentiment que des *Tchékistes* viennent pour quelqu'un. Le moteur s'arrête. Le silence de la nuit reprend ses droits, mais pas comme avant, ce n'est pas un silence paisible.

Je me glisse hors du lit et rampe sur les lames du parquet jusqu'à la penderie. J'y garde une petite valise. Nous avons tous ce genre de petite valise en prévision d'une nuit comme celle-ci.

La porte du placard grince. J'ai envie de lui dire de se taire, les *Tchékistes* pourraient entendre. Dans obscurité, je parviens à toucher la valise. Je la tâte, l'attrape par la poignée, m'assure qu'elle est bien là. Elle contient un vêtement chaud, une paire de bottes bordées de fourrure et une édition de poche des poèmes de Beretzkoï.

Le moteur de la voiture redémarre dans un grondement sourd. Je rampe à travers le séjour jusqu'à la fenêtre, pour mieux voir dans la rue. Je jette un coup d'œil par un minuscule trou dans le rideau. Sur l'insistance de Kolia, j'avais fait ce petit trou dans le rideau pour voir dehors sans être vue. Le véhicule est une Sedan noire à quatre portes, de fabrication étrangère. Elle s'est arrêtée en face de ma *datcha*, puis se dirige vers le terrain vague. Elle devrait faire demi-tour : c'est ce qu'elle fait car je vois ses phares qui illuminent le revêtement défoncé de la rue Ob. J'attrape le rideau comme un enfant attrape la jupe de sa mère. J'entends les gravillons de la rue claquer contre les pare-chocs de la voiture : il y a eu si peu de pluie cet été, la terre est archi sèche.

Je me demande si les *Tchékistes* me laisseront le temps de mettre un vêtement chaud avant de m'emmener. Non, je suis sûre que non : on nous a dit que les corps de leurs victimes, qu'ils brûlent tous les jours dans les champs et les forêts autour des villes, ne portent souvent qu'un pyjama ou une chemise de nuit. La voiture approche. Elle dépasse mon portail. Je ferme les yeux avec force, un mantra tourne et tourne en cercles dans mon esprit, va t'en, va t'en, va t'en. Voilà que je n'entends plus le moteur. J'ouvre les yeux et aperçois la voiture arrêtée devant la *datcha* des Kravchinski. Le chien du couple, qui généralement aboie au plus petit mouvement à leur porte, n'aboie pas du tout cette nuit même lorsqu'on ouvre la porte d'un grand coup de pied. Je me demande comment Alisa et Léonid font pour qu'il se taise.

Le chien s'appelle Enilats – Staline à l'envers. Je connais son nom depuis peu, parce que tout le monde l'appelle toujours le chien des Kravchinski ou à l'occasion par d'autres noms moins flatteurs.

La haie qui sépare nos jardins m'empêche de voir ce qui se passe à côté, mais je peux entendre des voix, puis des coups portés sur la porte d'entrée de mes voisins.

J'entends qu'on ouvre la porte.

J'entends la voix d'Alisa.

— Non, il y a méprise. Ce n'est pas le Léonid que vous cherchez. Celui-ci est mon mari. Son nom est Léonid Pavlovitch Kravchinski. Vous devez peut-être chercher un Léonid Petrovitch Kravchinski ou quelque chose comme ça. Oui, je suis sûre que vous vous trompez.

Un silence s'en suit.

La pendule de ma cuisine marque les secondes.

J'entends de nouveau des pas. Le portail de mes voisins grince sur ses gonds. Je vois Alisa de la tête aux pieds. J'agrippe le rideau et y enfouis mon visage. Elle porte une chemise de nuit jaune citron, ses cheveux gris sont défaits et tombent jusqu'à sa taille. Je ne savais pas qu'elle avait des cheveux si longs, elle les porte d'habitude en chignon sur sa nuque. Ça la rajeunit plutôt. Léonid se tient derrière elle. Il porte un manteau mais en regardant ses jambes, on constate que dessous, il a son pyjama. Ses mains sont menottées derrière son dos. Deux hommes en cuir noir sont près d'eux. Ce sont des *Tchékistes* bien sûr ! Ils devaient savoir qu'ils venaient pour un vieil homme qui n'offrirait aucune résistance, sinon ils seraient venus plus nombreux. Alisa essaie de libérer Léonid. L'un des hommes porte une petite valise marron. Ce doit être celle de Léonid, celle qu'il avait préparée et gardée dans son armoire. Les *Tchékistes* lancent la valise dans le fond de la voiture et poussent le pauvre Léonid sur le siège arrière. Alisa se tient, impuissante, près de la voiture, cherchant d'une main à maintenir la portière ouverte. Un des hommes la frappe durement sur les articulations d'un coup de poing ganté, elle recule aussitôt, trébuchant en arrière contre le portail.

Enilats commence a aboie férocement quelque part dans la *datcha* ses maîtres.

-0-

Dès que le silence se fait de nouveau et que je reprends courage, je rampe jusqu'à la porte d'à côté en emportant une bouteille de vodka. Je trouve Alisa recroquevillée derrière sa porte d'entrée, les jambes repliées sous sa chemise de nuit. Elle lisse encore et encore le tissu jaune. Les articulations de sa main droite sont légèrement gonflées.

— Vous avez entendu ? murmure-t-elle.

— J'ai vu.

Je m'agenouille auprès d'elle.

— C'était un bon professeur. Tania, c'était un bon professeur. Pour lui, l'éducation est notre sauveur. Il pensait qu'un homme instruit ne peut pas être un sauvage. Et pourtant – nous sommes des sauvages.

-0-

7

— Tania, que dirais-tu si je venais vivre ici avec toi ?

Nous sommes dans la véranda. Beretzkoï est à son bureau, des feuilles de papier et plusieurs crayons taillés sont disposés en ligne devant lui. Il se prépare à une nouvelle journée de travail. Je me tiens dans l'embrasure de la porte.

— Je dirais oui, fais-le, répondis-je d'un ton désinvolte.

Je pense qu'il plaisante, qu'il tente de me remonter le moral après ce qui est arrivé à Léonid.

— Parfait. Affaire conclue, dit-il.

Il explique : ses fils doivent partir en vacances au Lac Baïkal et Nadejda Konstantinovna a décidé de les accompagner. Ils seront absents jusqu'au mois de septembre. Plus exactement, elle va retourner au village en septembre, mais les garçons ne reviendront pas, ils entreront dans un gymnasium de Moscou. (Note 81)

— Je pourrai rester ici, rue Ob, avec toi jusqu'en septembre. Je devrai ensuite remonter à Moscou auprès de mes fils — mes fils et leur mère - pour leur premier jour dans leur nouvelle école. Je serai absent quarante-huit heures au plus, me dit-il.

— Alors vous allez passer l'été ensemble. C'est bien, dit Alisa.

Je souris poliment et manifeste bruyamment mon approbation. J'ai comme un nœud à l'estomac. Ce n'est que pour l'été. J'aurais cru qu'il allait m'annoncer qu'il quittait sa femme. Qu'il avait finalement quitté sa femme.

-0-

8

Beretzkoï apporte ses affaires rue Ob dans une brouette. La brouette déborde de boîtes de carton, de paquets enveloppés de papier journal, un vieux sac en cuir, une machine à écrire et, le plus inattendu, un chat. Le chat est royalement installé sur la machine à écrire. J'avais déjà entendu parler des deux : de la machine à écrire et du chat. La machine est une Remington à clavier cyrillique, cadeau de Galina au temps de leur histoire d'amour. Un certain temps, Beretzkoï avait pensé l'apporter rue Ob, mais comme Nadejda Konstantinovna, ignorant son origine, l'utilisait personnellement pour taper sa correspondance, il l'avait laissée rue Léna.

Le chat se nomme Secret. Beretzkoï l'adore. Il a trois ans : c'est un gros matou noir et blanc que les Beretzkoï ont adopté, peu après notre rencontre. Il n'avait que quelque mois lorsqu'on le lui a donné pour les enfants Douchenka Koba, mais Alexandra Alexandrovna a refusé d'avoir un chat chez elle, alors Beretzkoï l'a récupéré. C'était sans compter avec Nadejda Konstantinova qui partageait l'aversion de son amie pour les chats. La présence du chat dans la maison demeura, pendant un certain temps, un secret. Voilà pourquoi il s'appelle Secret. Kolia m'a prévenue que Secret n'est pas un chat si adorable que ça. Il griffe. Il griffe les chevilles des gens. Beretzkoï prétend que c'est faux. Ou du moins, il consent à admettre que lorsque Secret griffe les chevilles, ce sont celles des gens qu'il n'aime pas.

Je regarde Secret, Secret me regarde de ses yeux jaunes, grands, interrogateurs. Moi non plus je n'aime pas trop les chats, mais je m'attendais à ce que celui-ci vienne vivre rue Ob, avec son maître.

— Ça va faire drôle d'avoir un chat dans la *datcha,* dis-je à Kolia. Comme d'avoir un homme à la maison toute la journée ... et toutes les nuits.

Un homme qui sera là dès le matin lorsque je me réveille et le soir lorsque je m'endors. Un homme qui sera là lorsqu'au milieu de la nuit éclate un orage, qui se lèvera pour fermer les fenêtres.

Un homme qui sera là parce qu'il m'aime et que je l'aime.

-0-

Août 2005 : Moscou (Gérard Lombard, Biographe)

Mon éditeur veut en savoir plus sur Daniel Petrovitch Olminski. Alors de retour à Moscou pour approfondir mes recherches, je questionne ceux qui m'ont été si utiles, pour qu'ils m'en parlent.
 Ils savent qui il est.
 — C'était le type au Podol, disent-ils. Oui, nous le connaissions. Il venait à La Maison des Réussites Humaines avec son épouse. Elle s'appelait Elena. Il avait été déporté en Sibérie. Il a grappillé nos forêts. (Note 82)
 — Nous possédions deux tiers des forêts de la planète, me disent-ils.
 — Alors racontez-moi ce que vous savez sur Dan ? Comment a-t-il grappillé vos forêts ? demandé-je.

-0-

Le camp où Dan fut envoyé s'appelait Metelovsk. C'était l'un des plus petits du *Goulag*. Il avait cinq ou six baraques, chacune d'une superficie de quinze mètres de large sur vingt mètres de long. Dans chacune des baraques, on comptait environ soixante *zeks*. Ce qui faisait pour chaque *zek* un espace de la taille d'une tombe, à peu près.
 — Pour beaucoup d'entre eux, ce fut une tombe, disent-ils.
 Metelovsk était entouré de forêts. Autrefois, les forêts avaient de jolis noms – Gros Ours, Hautes Cimes – Eaux Claires – mais l'intransigeante bureaucratie soviétique voulait absolument qu'on assigne un numéro à tout. Un nombre, c'était précis. Un nombre, c'était professionnel : strict. Par la suite on donna un numéro aux camps du *Goulag*. Aux baraques. Les *zeks* aussi portaient un numéro. Celui de Dan était le 208060812. Celui du camp, le 9003599.
 C'était Dan qui avait baptisé le camp Metelovsk. L'endroit du blizzard.
 Dan passait ses journées de bûcheron dans la Forêt Sept. Il y était arrivé en mai : en Sibérie, il neige encore en mai. Habillés en costume de prisonnier – pantalon, *roubachka*, *fufaika* (Note 83) et *galoch* (Note 84) - les *zeks* étaient transportés dans la forêt tous les matins à quatre heures. À leur arrivée dans la forêt Sept, Dan et les autres *Zeks* se mettaient en file pour prendre l'outil dont ils se serviraient toute la journée. Chacun avait soit une hache soit une scie, selon ce qui se trouvait sur le dessus de la pile, quand à leur tour, l'un derrière l'autre, ils passaient devant. Pour son premier jour, Dan avait eu une hache. N'ayant jamais eu l'occasion d'en tenir une en main, il fut surpris par son poids. Cependant, il avait fait comme si elle n'était pas plus lourde qu'un crayon, pour ne pas paraître faible. Un chef d'équipe – pas un *zek* mais un gars de Sverdlovsk – lui avait donné l'ordre d'abattre, alors Dan avait abattu. Le lendemain, il avait eu une scie.

On lui donna l'ordre de scier, alors il scia.

Dans la forêt on devait obéir aux règles et chaque jour, comme si les mémoires des *zeks* étaient peu fiables les règles étaient répétées dans un mégaphone. Certains jours, elles l'étaient même plusieurs fois. Au bout de quelques jours, Dan connaissait les règles par cœur. Un : Interdit d'arrêter de travailler pour parler ou pour se reposer. Il est permis de s'arrêter pour faire ses besoins, mais seulement après avoir attiré l'attention d'un garde. Deux : À midi une sirène sonnera la pause repas. Cette pause durera onze minutes. Vous n'êtes pas autorisés à parler ni à faire vos besoins pendant le temps de la pause. Trois : Vous devez vous remettre au travail dès que le surveillant vous aura remis un outil. Quatre : À seize heures, quatre sirènes signaleront la fin du travail de la journée. À la première sirène, vous devez vous arrêter aussitôt et avant que ne retentisse la troisième sirène, tous les outils devront être rendus au surveillant. À la quatrième sirène vous devez tous être assis dans les camions. Cinq : Vous n'êtes pas autorisés à faire vos besoins en allant aux camions. Six : Vous n'êtes pas autorisés à prendre quoique ce soit dans la forêt. Sept : Vous n'êtes pas autorisés à apporter quoique ce soit dans la forêt. Huit : Vous devez signaler tout manquement à ces règles dont vous pourriez être témoins. Le non-respect de cette dernière règle sera considéré comme une faute grave. Le Commissariat aux Forêts et aux Rivières ne tolérera pas ce genre de faute. Vous attirerez l'attention d'un garde de la manière suivante : vous poserez vos mains sur la tête et crierez votre numéro, jusqu'à ce que le garde vous entende.

Le repas était toujours le même. Il consistait en une tranche de viande salée et une tranche de pain. Les *zeks* n'étaient jamais d'accord sur le type de viande qu'on leur donnait. L'un d'eux, prétendit qu'il s'agissait de rat, à première vue. Il faut que je sache, avait-il dit, d'un air bravache. J'en ai débité par milliers pendant la famine. Il était boucher de profession.

Il n'y avait aucune latrine dans les forêts pour se soulager, ainsi, chaque fois qu'un *zek* ressentait un besoin naturel, il devait faire ce qu'il avait à faire à l'endroit où il était.

— Mais ce n'était pas aussi horrible qu'on pourrait le croire, parce que tout ce qui tombait au sol se transformait instantanément en glace, m'assurent-ils.

Les *zeks* travaillaient dans les forêts du début mars à la fin novembre, les mois pendant lesquels la température était la plus supportable. Mais de décembre à février, quand la température descendait à moins vingt au-dessous de zéro, et plus bas encore lorsque la terre et tout se transformait en glace, on les transportait à la scierie de Sverdlovsk. La Scierie d'État Numéro 12.

Ils ne purent jamais affirmer ce qui était le pire pour eux : travailler dans les forêts ou travailler à la scierie. Tout comme ils n'ont jamais pu certifier qu'elle était la pire des saisons : l'été ou l'hiver ?

— Ce dont ils étaient sûrs c'est qu'ils n'étaient jamais là où ils auraient voulu être. Lorsqu'ils étaient à la scierie, il leur tardait que l'hiver se termine pour pouvoir retourner en forêt, et dès qu'ils s'y trouvaient il leur tardait que l'été s'achève pour pouvoir retourner à la scierie. Ils passaient leur temps à désirer ce qu'ils n'avaient pas. Désirer retourner d'où ils venaient.

Dan passa deux étés et trois hivers à Metelovsk ; il comptait le temps en saisons.

La première saison à laquelle il eût affaire fut l'été. Il était arrivé sans crier gare. Un jour où le ciel était encore gris, un vent frais s'était engouffré dans le camion qui le ramenait à la baraque à la fin de sa journée de travail, alors il avait saisi le bras du *zek* assis à côté de lui pour que leurs deux corps amaigris partagent le peu de chaleur qu'ils avaient dans le sang. Le lendemain, un rayon de soleil perça les nuages et partout où il se posa, le sol commença à scintiller. Peu après, Dan aurait pu danser sur un tapis étincelant. C'était l'été. Toutefois son euphorie ne dura que jusqu'au lendemain parce que le dégel de la nuit avait transformé le tapis étincelant en marécage de boue noire et putride. Le chef d'équipe lui demanda d'enlever ses galoches et son pantalon ; on ne devait pas les salir. Tu travailleras pieds nus et cul nu. Il n'y a que des hommes ici. Tu n'as rien de plus que les autres n'aient déjà vu, lui dit le chef d'équipe. Malgré tout, Dan tenta de cacher sa nudité en nouant son pantalon autour de la taille. Son initiative suscita un moment d'hilarité. Les *zeks* qui avaient passé des années à travailler dans les forêts ne purent se retenir de railler cette pudeur.

Dan apprit que travailler dans la forêt en été, pieds nus et le corps à l'air, pouvait avoir d'épouvantables conséquences pour l'être humain. Le corps pourrissait. Un matin il vit que les orteils de plusieurs *zeks* étaient devenus noirs pendant la nuit. Une fois encore cela suscita l'hilarité. Hé, regardez ! cria l'un d'eux. Une bite de nègre a poussé sur mon pied ! C'est ma femme qui va être contente ! Les *zeks* qui avaient l'expérience de plusieurs saisons dans la forêt s'approchèrent puis s'écartèrent en silence. Ils savaient ce qui attendait ceux dont les orteils devenaient noirs. Le noir commençait d'abord par gagner les pieds, puis les chevilles, puis les cuisses et en quelques heures de minuscules vers jaunes commençaient à gigoter dans les poils de leurs pubis. Oh ! Doux Jésus, Fils de Dieu, ces pauvres bougres ont attrapé le Black Rot ! prévint un vieux *zek* qui jadis avait été infirmier. Les gardes accoururent. Oh merde, le Black Rot ! grogna l'un d'eux en ajoutant, Allez ! Ôtez ces pantalons puants, tous autant que vous êtes, et voyons cette saloperie que vous cachez là ! Ce fut une terreur générale lorsqu'on s'aperçut qu'au moins trente *zeks* étaient infectés. Un camion approcha. Ils devaient partir se faire soigner. Dès que les hommes frappés par la maladie eurent quitté en rang la baraque, les quelques *zeks* restants se précipitèrent sur les vêtements et les affaires qu'ils avaient laissés. Ils savaient que lorsque le Black Rot avait commencé à s'attaquer à un *zek*, les jours du pauvre homme étaient comptés : il ne reviendrait pas réclamer son bien.

— Voilà ce qu'était l'été dans la forêt, me dirent-ils.

L'automne n'était pas plus supportable, parce que c'était la saison où la vermine envahissait les baraques. D'abord les puces. Elles étaient partout, à une telle vitesse qu'aucun zek ne put se vanter d'en avoir vu une. Ils s'apercevaient qu'ils étaient piqués lorsqu'ils commençaient à se gratter. Après les puces, les poux. Du moins, ceux qu'on pouvait voir. Non que cela changeât quelque chose, parce que dès qu'on en écrasait un, un autre le remplaçait. Puis il y eut les tiques, les *zeks* surent alors ce que la fièvre des tiques faisait à l'homme. La fièvre commençait par un torticolis, comme s'il avait dormi dans une mauvaise position. Au stade suivant, il ressentait un engourdissement des jambes. Une nuit, un des *zek* novice comme Dan se mit à hurler parce qu'il ne sentait plus ses jambes. Sur le banc mitoyen, un *zek* chevronné alluma une bougie pour voir ce qu'il avait. Alors lui aussi se mit à hurler. Les jambes du *zek* novice étaient gonflées d'au moins trois fois la taille normale de jambes d'adultes. Dans la baraque le branle-bas qui s'en suivit alerta les gardes qui, furieux d'avoir été réveillés, se mirent à frapper tous les *zeks* de leurs fouets. Le surveillant de la baraque, un gros homme chauve de Sverdlovsk, ordonna aux *zeks* qui avaient les jambes gonflées ou des jambes et des articulations douloureuses de se mettre les mains sur la tête, signalant ainsi qu'ils avaient la fièvre des tiques. Des mains se levèrent. De nouveau, on fit venir le camion. On dit aux victimes de la fièvre des tiques qu'on allait les conduire à une infirmerie pour y recevoir un traitement et des analgésiques. Les *zeks* atteints de la fièvre des tiques passèrent de la baraque au camion en traînant des pieds, en geignant et en grognant. On le les revit jamais, pas plus qu'on ne revit les *zeks* atteints du Black Rot.

Peu de temps après, Dan apprit à quoi ressemblait l'hiver là-bas.

Le premier hiver qu'il connut débuta un matin, vers la fin novembre, lorsqu'à quatre heures, au lieu de se diriger vers la forêt, les camions tournèrent sur une route goudronnée, et prirent la direction de La Scierie d'État Numéro 12. Les camions poussèrent jusqu'à la périphérie sud de Sverdlovsk, puis les *zeks* durent marcher en rang jusqu'à la scierie, située à la périphérie nord de la ville. Un long trajet. À la descente des camions, on leur avait donné des cagoules pour que les gens de la ville ne puissent pas voir leurs visages. Couvrez vos sales tronches de bagnards ! leur avait-on ordonné.

La scierie datait de l'époque du Tsar Nicolas II. Elle avait été inaugurée en 1909 par l'un des oncles de Nicolas II. Lequel ? Personne n'était capable de s'en souvenir. C'était un bâtiment tentaculaire, en rez-de-chaussée, équipé de deux cheminées.

Ce matin de fin novembre, lorsque Dan arriva à la scierie pour la première fois, il entendit le superintendant demander si un des *zeks* connaissait l'allemand et que ceux qui le comprenaient fassent un pas en avant. On en compta quatre. Dan était de ceux-là. Sans leur donner la moindre explication, le superintendant les pria de le suivre. Il les fit descendre par un escalier raide en bois, dans un immense sous-sol. Dans ce sous-sol gardé par plusieurs hommes en armes, se trouvait l'explication. Il y avait là une très vieille chaudière. On aurait dit une énorme théière, équipée non pas d'un, mais de plusieurs becs. Cette chaudière était la source d'énergie du moulin, son unique source d'énergie.

Vous voyez ça, vous aurez à vous en occuper, dit le superintendant à Dan et aux trois autres *zeks*. Il leur tendit un manuel d'entretien. Il était en allemand. Il avait été imprimé à Cologne en 1900. Trente-sept ans s'étaient écoulés depuis et vingt-huit ans depuis que Nicolas II avait acheté la chaudière à son cousin le

Kaiser mais pendant tout ce temps personne n'avait pensé à faire traduire le manuel en russe.

Lorsque les quatre nouveaux arrivants eurent rejoint les *zeks* qui étaient habituellement chargés de surveiller la chaudière, ils se retrouvèrent à vingt dans l'équipe d'entretien, parmi eux, huit contremaîtres, des hommes libres de Sverdlovsk. Ces huit responsables travaillaient en équipes tournantes, car il fallait toujours quelqu'un pour surveiller la chaudière. Elle ne devait jamais tomber en panne, ni s'arrêter de fonctionner, parce que c'était le diable et son train pour la faire redémarrer.

Les *zeks* de l'équipe d'entretien portaient des bleus de travail, de grandes bottes vertes en caoutchouc comme celles des fossoyeurs de Zernoïe Selo et des morceaux d'étoffe noués autour de leurs têtes pour les protéger. Trois fois par jour, ils avaient droit à un bol de soupe et une épaisse tranche de pain noir. En dehors de la soupe et du pain, on leur donnait aussi un peu de thé et de sucre pour qu'ils puissent préparer leur propre thé grâce au samovar raccordé à la chaudière. Les autres *zeks* les traitaient de chouchous, sans les envier toutefois, parce que l'entretien de la chaudière était extrêmement fatiguant, et comme Dan allait bientôt le découvrir, le travail le plus dangereux de la scierie. Dangereux, parce que les *Tchékistes* s'étaient mis dans la tête que la connaissance d'une langue étrangère était la preuve de l'intérêt d'un homme pour le peuple qui la parlait, par conséquent cet intérêt prouvait une seule et unique chose : on avait affaire à des espions. C'était la raison pour laquelle des hommes en armes montaient la garde près de la chaudière. On ne devait faire aucune confiance à des *zeks*. Ils étaient capables de saboter la chaudière comme un rien, disait-on.

Dans l'équipe d'entretien, Dan se rendit vite compte de l'ampleur de cette défiance.

Ce matin-là, tout se passait relativement bien. Le contremaître du jour était un homme avec lequel l'équipe d'entretien avait noué de bons rapports. Il n'élevait jamais la voix pour leur parler, ne les insultait jamais et à certains moments de la journée, aux moments de calme, il leur permettait même de s'asseoir. Une fois assis, se réchauffant les mains sur le métal de leurs tasses à thé, il leur parlait de lui et de sa famille. Il avait trente-huit ans, était marié et père de quatre fils.

Ce jour-là, il venait juste de dire aux *zeks* d'entretien que l'aîné de ses fils allait étudier la chimie à l'Université de Moscou, quand le paisible ronronnement de la chaudière se mua en sifflements assourdissants, audibles dans toute la scierie.

Rapidement, le contremaître expliqua à Dan et aux trois nouveaux arrivés, que la chaudière était en surchauffe et qu'il fallait l'éteindre si on voulait éviter qu'elle explose. À peine avait-il fini de parler, que le superintendant de la scierie descendait l'escalier en trombe, hurlant que personne ne devait toucher à la chaudière et que les saboteurs seraient punis. Le contremaître lui expliqua alors avec calme mais fermeté, qu'il n'était pas possible d'éteindre la chaudière sans y toucher, et que si on ne l'éteignait pas, elle exploserait. Entre temps, les gardes s'étaient mis en position et armaient leurs fusils, prêts à tirer. Mais les zeks ne tardèrent pas à réaliser que le superintendant ne détenait pas le pouvoir nécessaire pour faire éteindre la chaudière. Seul le Commissariat au Travail situé au Kremlin à Moscou détenait ce pouvoir et seul le Commissariat aux Forêts et aux Rivières, situé aussi au Kremlin à Moscou, avait autorité pour demander au Commissariat au Travail d'autoriser une telle extinction. De plus, seul le président du Soviet Régional de Sverdlovsk avait autorité pour contacter le Commissariat aux Forêts et aux Rivières et lui demander d'accorder au Commissariat au Travail la permission d'éteindre la chaudière. Tout le processus prendrait au moins deux jours, durée pendant laquelle la scierie resterait au point mort. Tous les *zeks*, sauf ceux de l'équipe d'entretien, furent priés de remettre leurs cagoules et de regagner au pas les camions qui les ramèneraient à Metelovsk. On ordonna aux *zeks* d'entretien de rester près de la chaudière et on les informa qu'aucune nourriture ne leur serait donnée. Il ne fallut pas deux jours mais cinq, pour que l'autorisation parvienne au Soviet Régional, après que le Commissariat au Travail ait transmis l'autorisation d'éteindre la chaudière, au Commissariat aux Forêts et aux Rivières. Entre temps, les *zeks* d'entretien étaient à moitié morts de faim car ils avaient été privés non seulement de leur soupe quotidienne et de pain, mais ils avaient aussi été privés de thé, la chaudière étant en panne.

Il ne fallut pas moins de soixante-douze heures aux *zeks* d'entretien pour identifier la cause de la surchauffe de la chaudière – un joint défectueux quelque part - et la faire redémarrer doucement. On ne leur adressa pas les moindres félicitations, au contraire, les superintendants entreprirent sans délai, de débusquer les coupables du sabotage. En conséquence, on choisit trois hommes au hasard qu'on emmena séance tenante au champ de tir. Comme pour les *zeks* atteints de Black Rot et ceux atteints de fièvre des tiques, ils ne revinrent jamais à leur baraque.

Dan fut libéré un triste et gris matin d'avril. Ce matin du troisième jour du mois, alors que les zeks se préparaient à partir en forêt, un garde entra dans sa baraque en tapant du pied et hurla, Olminski ! Ici ! Immédiatement !

— Dan faillit ne pas réagir, car n'ayant pas entendu prononcer son nom depuis si longtemps, il en avait presque oublié que Daniel Olminski, c'était lui, me dirent-ils.

On l'emmena au dépôt d'approvisionnement du camp et c'est là qu'il apprit qu'il allait être libéré. Pour son retour à Moscou, on lui donna un vieux costume usagé, une *roubachka* rouge qu'on avait reprisée et amidonnée et un manteau en tissu léger. Il faisait vingt degrés au-dessous de zéro et il neigeait dru. On lui dit aussi de se dégotter une paire de chaussures dans une pile de vieilles bottes et de chaussures usagées. N'en trouvant aucune qui lui aille, et se rappelant la pointure d'Elena, il prit une paire de bottes pour elle. Quand il fut habillé, on lui remit une enveloppe marron dont il devait vérifier le contenu. Il y trouva un ordre de relaxe émis par le Commissariat à l'Intérieur, un permis de travail fourni par le Commissariat au Travail – indispensable en Union soviétique pour pouvoir travailler, un ticket de train en *miagky* pour se rendre à Perm, et quelques roubles.

Compte l'argent ! aboya le garde. Je ne veux pas te voir revenir et raconter je ne sais quelle connerie, et prétendre que j'ai volé ton argent. Il doit y avoir là dedans vingt-quatre pièces d'un rouble. Un rouble par mois. Vingt-quatre mois. Vingt-quatre roubles. Ton salaire pour ton travail en forêt. Tu dois avoir aussi trois copies de l'ordre de relaxe, deux copies du permis de travail. Tu dois tous les signer et me les rendre. Dan fit ce qu'on lui demandait et le garde lui rendit les originaux. Ceux-là sont à toi, dit-il, et crois-moi tu vas en avoir besoin, parce qu'il ne faut pas te figurer qu'à l'extérieur, on va accueillir une ordure de ton espèce les bras ouverts. Dan le remercia. Et pourquoi donc ? demanda-t-il. Je ferais mieux de ne pas discuter avec une ordure comme toi.

De Perm, Dan devait se débrouiller comme il pouvait pour retourner à Moscou.

— Il ne voulait pas dépenser ses vingt-quatre roubles, alors il a fait du stop en camion et quand n'y en avait pas sur la route ou quand les chauffeurs ne voulaient pas s'arrêter, il a marché me dirent-ils.

Ils récitent le poème de Dan, *Metelovsk*, ou plus exactement les quelques vers dont ils se souvenaient :

Comme le souffle fait l'homme
Un nom brise l'âme
Comme la lune fait la nuit
Metelovsk brise la force

— Mais Metelovsk n'avait pas eu raison des forces de Dan Olminski, me dit-on.-0-

SIXIÈME PARTIE

1

Zinaïda a retrouvé Semion, le fils qu'elle avait perdu il y a si longtemps. Elle nous envoie une lettre de Moscou. *Semion – mon Semion – je l'ai retrouvé ! Dieu soit loué !*

Semion vivait en réalité juste sous notre nez mais nous ignorions que l'homme qui s'appelait Semion Alexandrovitch Zoukhov, romancier et auteur de quatre sagas historiques à succès, éditeur chez *Gozuzdom* était en réalité le fils disparu de Zinaïda. Il ignorait aussi qui étaient ses parents et que l'un d'eux, sa mère, était vivante et le recherchait depuis le jour où on le lui avait enlevé.

Il est marié et attend la naissance de son premier enfant, poursuit-elle dans sa lettre. *Le nom de sa femme est Anna, mais il l'appelle Malioutka, ce que je fais aussi. Eux, m'appellent Mamochka,*(Note 85) *ce à quoi j'ai du mal à m'habituer car tant d'années se sont écoulées depuis que j'ai été moi-même une maman. Il ressemble à son père. Enfin, d'après moi. Malioutka dit qu'il me ressemble. Je lui ai répondu que même moi, je ne me ressemble plus et qu'elle aurait dû me connaître quand j'avais son âge. Alors elle me sourit avec sympathie, comme si elle comprenait ce que je voulais dire. Comment le pourrait-elle ? Son père adore Staline. Son mari adore Staline. Ah ! Comme cela me fait mal que l'enfant de Vannikov puisse approuver la tyrannie de Staline, mais c'est ainsi. Alors comment Malioutka pourrait-elle imaginer par quoi je suis passée ?*

Ce fut Semion qui retrouva Zinaïda.

Il m'a dit que tout en se souvenant avoir eu un jour des parents et des frères et sœurs, il n'arrivait pas à se souvenir de nous et avait grandi en acceptant l'idée que nous étions tous décédés. C'est ce qu'on lui avait dit à l'orphelinat dans l'Oural, où on l'avait placé après me l'avoir enlevé. Il n'avait commencé à s'intéresser à l'histoire de sa famille qu'à partir du moment où sa femme lui avait annoncé qu'il allait être père, alors il avait demandé à Gozuzdom s'ils pouvaient l'aider à savoir qui étaient ses vrais parents. Gozuzdom n'a pas mis pas longtemps à le faire – ce qui n'avait pas été le cas pour moi, vous vous souvenez ? Il leur a suffi de prendre contact avec l'orphelinat de l'Oural, lequel transmit leur demande aux autorités chargées de l'enfance, et un mois plus tard, on leur apprenait qu'il était le fils de Vannikov. On n'a pas mentionné mon nom. Gozuzdom a attendu d'avoir le certificat de naissance de Semion avant de lui dire de qui il était le fils. Comme le hasard fait bien les choses, à ce moment-là il était justement en train de lire l'un des livre de Vannikov ! Il ne m'a pas dit lequel, mais il l'avait trouvé, jauni par le temps et tacheté de chiures de mouches, quelque part dans l'immeuble de Gozuzdom. Lorsqu'il a su qu'il était le fils de Vannikov, il ne lui a pas fallu plus de quarante-huit heures pour savoir que j'étais toujours vivante. Et vous savez quoi ? On lui a donné les adresses de tous les lieux où j'avais séjourné durant ces dernières années, jusqu'à l'adresse de l'asile d'Alma Ata. Je viens juste d'arriver à Moscou – je suis hébergée Place Bakou par Anastasia, la sœur de Vannikov – on lui avait aussi communiqué cette adresse. Alors, mes amis, explique-moi ça !

Semion s'est donc présenté Place Bakou.

Il a frappé et quand j'ai ouvert la porte, il a dit, 'Je suis Semion'.

J'ai alors demandé à ce jeune homme si j'étais censée sauter en l'air parce qu'il s'appelait Semion. Il m'a répondu, « Je pense que tu le devrais, Mère. »

Il m'a alors remis son passeport mais comme dessus était écrit Zoukhov, j'ai ri et lui ai dit que le nom de mon fils aurait été Vannikov. Alors il m'a répondu que c'était celui de sa naissance, en me fourrant son certificat de naissance dans les mains. Nous ne sommes pas tombés dans les bras l'un de l'autre. Je ne sais pas pour lui, mais pour moi, l'enfant que j'avais perdu était toujours perdu et l'homme qui était devant moi, ce n'était que ça : un homme. Pendant des années j'avais aimé un enfant, j'avais langui après cet enfant. C'était cet enfant que je voulais retrouver. Pas un adulte avec une épouse et bientôt un enfant de lui. Puis j'ai commencé à accepter que l'enfant ne reviendrait pas, qu'il vivait dans le corps de cet homme. Un homme auquel je dois m'habituer mais qui est encore un étranger pour moi. Il mange des choses que son père et moi ne lui aurions jamais données à manger ; il lit des choses que son père et moi ne lui aurions jamais permis de lire ; il dit des choses que son père et moi lui aurions interdit de dire ; il croit en des choses que son père et moi lui aurions interdit d'entendre même, et il ne sait rien de Notre Seigneur Tout Puissant. Je lui ai demandé s'il se souvenait encore de la prière du Seigneur Notre Père et il m'a répondu : « Je ne savais pas qu'il y en avait une. » Entendre ça de la bouche d'un homme qui enfant, récitait le Notre Père avec tant de conviction que nous en avions les larmes aux yeux. Si un jour il venait m'apprendre qu'il y a eu maldonne et qu'il n'est pas Semion, je me demande même si j'en aurais le cœur brisé. Je ne le pense pas, pour le moment du moins. Je serais certainement bouleversée en pensant que je ne pourrais plus me promener dans le parc avec mes nouveaux amis, mais mon cœur ne se briserait pas, mon cœur l'est déjà.

Mais Zinaïda y travaille.

L'un des moyens de le faire sera de venir cet été à Zernoïe Selo avec son fils et sa femme.

La *datcha* que *Gozuzdom* réserve à Semion pour son séjour est celle qui est libre dans la rue Ob : la *datcha* du poète mort.

-0-

2

J'entends une voiture bousculer les cailloux de la rue Ob. Je me trouve dans mon jardin de devant. La nuit où les *Tchékistes* étaient venus pour Léonid me revient en mémoire et je me mets à trembler. La voiture s'arrête en face de la *datcha* du poète mort. Je me cache derrière un buisson pour regarder sans être vue. Les Zoukhov et Zinaïda sont arrivés. La voiture est une GAZ M-1. Pour un homme de *Gozuzdom,* rien ne vient de l'étranger.

Semion sort de l'auto en premier. Il est en costume beige et sandales noires. J'ai la nette impression d'avoir déjà vu cet homme. *Gozuzdom* ! Mon voyage à Moscou pendant la famine pour mendier une traduction à *Gozuzdom* ! C'est lui, c'est l'homme qui avait refusé de m'en donner. Il a perdu beaucoup de cheveux depuis le jour où je me suis trouvée assise en face de lui dans son bureau. Comme s'il pressentait que quelqu'un l'observait, il pose sa main sur sa tête pour cacher sa calvitie. Il fait le tour de la voiture et ouvre les portières des passagers. Zinaïda et Malioutka descendent. Zinaïda est élégante, presque méconnaissable sans son aube et ses sabots. Elle porte une robe d'été blanche et un turban bleu à fleurs autour des cheveux. Aux pieds, de flamboyantes sandales rouges à petits talons. Peu habituée à en porter sans doute, elle marche avec précautions jusqu'au portail de la *datcha*. D'après ce que je vois, Malioutka est une femme plutôt quelconque et peu élégante. C'est ce à quoi je m'attendais pour une épouse d'apparatchik. (Note 86) Elle pose sur la route un pied chaussé de socquettes blanches et sandales, puis lentement, le reste de son corps émerge de la voiture. Elle a de longs cheveux bruns qui tombent mollement jusqu'à sa taille. Elle porte une jupe en laine marron et un chemisier jaune en coton, très tendu sur son ventre déjà très rond.

Je les regarde jusqu'à ce qu'ils disparaissent dans la *datcha*.

— Il faudrait que tu voies Zinaïda, dis-je à Beretzkoï.

— À quoi ressemble-t-elle ?

— Elle est différente. Élégante. Heureuse.

— C'est normal, la voilà mère de nouveau, dit-il.

Je me regarde devant la glace craquelée de mon armoire et tire ma robe sur une absence de ventre rond. Mon image me regarde intensivement. Curieusement, mon visage est celui d'une inconnue, un visage sans expression, presque figé. Je me dis qu'il faut me faire à l'idée que je ne serai jamais mère. C'est ainsi.

-0-

Ils viennent nous saluer. Habillés comme pour leur arrivée, excepté Semion, qui a complété sa tenue par un chapeau fédora blanc.

Nous allons dans la cuisine.

— C'est ici que j'ai vécu avec Tania, dit Zinaïda à Malioutka.

— Tu l'as déjà dit, Mamochka.

Elle se tourne vers moi et me sourit comme pour dire, cette pauvre Zinaïda, elle n'est plus jeune alors elle oublie souvent.

— On boit quelque chose ? demande Beretzkoï.

— Qu'est-ce que vous avez de plus fort ? demande Semion.

— De la vodka, dis-je froidement.

— Ce sera avec plaisir, me dit Semion.

Il me sourit, indifférent.

Je me demande s'il se souvient de ce matin dans son bureau.

— Je suis heureuse de vous revoir tous les deux, dit Zinaïda.

— Nous aussi, dis-je. C'est bon de te revoir.

— Tu as l'air bien, Zinaïda, dit Beretzkoï.

Zinaïda se penche sur la table et me caresse le bras.

— Ma petite, dis-moi ce que bien signifie pour nous ?

Je ne trouve pas de réponse à lui donner. Ni moi, ni personne autour de cette table. Pour les autres, je ne sais pas, mais moi, je n'ai aucune idée de ce qu'on entend par *bien* dans notre pays.

Semion et Malioutka nous parlent de la *datcha* du poète mort. C'est une belle maison ancienne, mais elle a seulement besoin d'aération et d'une couche de peinture.

— Malheureusement, elle sent le chou, ajoute Semion.

Nous rions, mais nous nous apercevons aussitôt que Semion ne rit pas.

— Je ne peux pas supporter cette odeur. J'ai grandi dans un orphelinat, comme ma mère - il penche la tête en direction de Zinaïda - a dû vous le dire. Alors on pourrait dire que j'ai fait mes premières dents sur une feuille de chou.

Je prends la main de Zinaïda par-dessous la table.

— Je vais bientôt être grand-mère, Tania, dit-elle mélancoliquement.

— Je sais, lui dis-je.

-0-

3

Galina a aussi une nouvelles à nous annoncer. Elle nous écrit qu'elle n'habite plus dans le grenier du théâtre. Non qu'elle ait regagné son échiquier d'appartement, car pendant son absence, le Comité du Logement de Moscou l'avait saisi, puis avait confisqué et vendu tout ce qu'elle y avait laissé. Non, maintenant, elle a un nouveau domicile. Elle a aussi un nouvel amant. Il s'appelle Mikhaïl et elle vit chez lui. Elle ne nous en dit pas plus mais nous donne un numéro de téléphone pour la joindre. Je vais à la poste l'appeler. Je demande à Ilia – il a remplacé Sveta, récemment emmenée par les *Tchékistes* – à quel nom correspond ce numéro, afin que je sache le nom du nouvel amant de Galina, mais il me répond que si je ne le sais pas moi-même c'est sûrement parce que je n'avais pas à le savoir. Sveta, elle, me l'aurait dit.

Lorsque je parviens à joindre Galina au téléphone, elle me dit qu'on va bientôt faire la connaissance de Mikhaïl, car tous deux projettent de passer quelques jours à la Maison des Réussites Humaines.

Les Olminski viennent aussi passer l'été à Zernoïe Selo.

— Nous allons tous être ensemble pour la première fois, dis-je à Beretzkoï.

-0-

Une autre auto passe dans la rue Ob. C'est une voiture étrangère, une Ford dernier modèle qui appartient à Mikhaïl. En entendant klaxonner, nous nous précipitons pour lui dire de s'arrêter.

On est au milieu de l'après-midi, les voisins doivent commencer leur sieste.

Galina est très belle, très élégante. Elle porte une jupe noire qui descend à la cheville, avec un chemisier blanc en taffetas. La jupe est plissée, comme les manches de son chemisier. Entre les plis, courent de discrets fils dorés. Elle se retourne pour voir où se trouve Mikhaïl, sa jupe se soulève légèrement dans la brise, dévoilant ses jambes élancées. Elle porte des bas noirs, décorés d'une fleur de lys rouge sur le côté de la cheville. Je regarde ses chaussures avec attention. Elles sont transparentes, avec des talons vertigineux, aussi fins que des aiguilles.

Mikhaïl descend de la voiture et marche – non, plane – dans notre direction, les bouts de ses chaussures vernies tournées vers l'extérieur. Il marche comme un danseur. Son nom est Mikhaïl Serguïevitch Moïseïev.

— Appelez-moi Micha, nous dit-il.

Micha est mince, avec une moustache aussi fine qu'un trait de crayon, de longs cheveux qu'une raie sépare, attachés en queue de cheval sur la nuque. C'est un ancien danseur devenu chorégraphe, ce qui explique sa façon de marcher. Dans la cuisine, il enlève sa veste blanche immaculée et la pend au dossier d'une chaise. Il a des hanches étroites, son pantalon noir lui colle aux jambes. Il porte une cravate rouge avec une pince à cravate en or pour la maintenir en place. Un minuscule violon y est gravé. Beretzkoï lui demande s'il en joue, il lui répond qu'en matière de musique, il préfère ce qui est plus sonore.

Alisa m'a fait un gâteau. Micha insiste pour le découper. Lorsqu'il saisit le couteau, je ne peux m'empêcher de contempler ses mains, uniformément pâles et lisses, aux doigts longs, aux ongles parfaitement taillés. Ma mère en aurait déduit que cet homme a un bon transit intestinal. Il porte un anneau en or à l'annulaire gauche. Galina porte un anneau similaire au majeur de la main droite.

-0-

— C'est mon habilleur, déclare Galina.
Nous nous trouvons toutes les deux dans la chambre.
— Ton habilleur ? demandé-je, perplexe.
Quand je pense que je suis toujours gênée lorsque Beretzkoï me déboutonne, ne serait-ce qu'un bouton.
Je suis toujours gênée lorsque Beretzkoï me déboutonne, ne serait-ce qu'un bouton.
Je le dis à Galina qui éclate de rire.
— Oh, quelle sotte ! Il me conseille sur ce que je dois porter. Il ne m'*habille* pas !
Ma naïveté lui plaît beaucoup.
— Mais pourquoi dans ce pays aurait-on besoin de conseil pour s'habiller, alors qu'on ne trouve rien à se mettre pour commencer ?
Elle éclate encore de rire et se jette sur le lit, sa jupe remontée jusqu'aux cuisses. Elle a un porte-jarretelles rose.
— J'achète à l'étranger, dit-elle. La valise diplomatique. Micha a des contacts avec des diplomates à toutes les missions et tu serais surprise de voir comme ils sont prêts à effectuer des achats pour quelques roubles tsaristes en or.
— Des roubles en or ! hurlé-je.
Je dis à Galina qu'en ce qui me concerne, je ne pourrais jamais acheter quoi que ce soit par la valise diplomatique, quand Beretzkoï et moi avons tant de mal à économiser quelques roubles sans parler de roubles tsaristes en or.

La jupe et le chemisier de Galina viennent de Paris. Elle dit qu'ils sont *couture*. Elle ne prononce pas très bien le mot, mais comme c'est elle qui les porte, je me retiens de la corriger.

Elle ne me dit pas comment elle a rencontré Micha, ni ne me parle du futur avec lui. Elle me dit simplement qu'elle a appris que l'amour c'est comme la vie. Il est là aujourd'hui, demain il n'est plus là.

Elle me dit qu'elle se sent bien avec lui, en concubinage avec lui.

Tous deux habitent dans la *datcha* qu'il possède dans les environs de Moscou.

-0-

Les Olminski s'annoncent, alors nous - Beretzkoï et moi - décidons de faire une fête rue Ob, avec tout le monde. Ce n'est pas très raisonnable de faire une fête, financièrement ou autrement, mais c'est l'été et, comme me l'avait dit un jour Beretzkoï, en été personne n'est raisonnable.

Nous donnons à Maxime une liste de ce dont nous avons besoin en nourriture et en boissons. Il est invité à la fête, bien sûr. Il demande s'il peut venir avec une fille du *kolkhoze*.

— Tu vois bien, dis-je à Kolia, Il a une petite amie. Il ne s'intéresse pas à moi.

Nous demandons à tous de venir à dix-huit heures.

-0-

4

Les Olminski arrivent à pied à seize heures. Ils viennent de la Maison des Réussites Humaines. Ils ont l'air en meilleure santé, ils ont repris du poids manifestement. Les joues d'Elena se sont remplies, Dan a un léger double menton.

— Nous n'arrivons pas trop tôt ? demande Dan.
— Ce sont les autres qui sont en retard, répond Beretzkoï avec tact.

Dans la cuisine, Elena m'aide à préparer le repas. Elle pend sa cape rouge – Dan et elles sont habillés comme d'habitude – derrière la porte de la cuisine. Elle voit qu'il y a un plat de harengs et demande si elle peut nous préparer une salade. Je la regarde faire : tenant le couteau comme un chef d'orchestre sa baguette, elle lève les filets d'un mouvement précis et rythmé. Elle coupe aussi un œuf dur en tranches et les mélange au poisson. Elle ajoute du jus de citron, de la *smetana* et du sucre. C'est ainsi, me dit-elle, que sa mère, Esther, faisait la salade de harengs.

— Elle est morte lors d'un pogrom. (Note 87) Tu sais, Tania, les tsars étaient cruels, peut-être même davantage que Staline, dit-elle.

Je la préviens que nous devons faire attention à ce que nous disons en présence de Semion.

-0-

Les autres arrivent à dix-huit heures.

Semion porte toujours son fédora blanc. Il l'enlève et le suspend derrière la porte de la cuisine, avec la cape d'Elena. Malioutka s'est maquillé les lèvres et elle a mis un nœud jaune dans ses cheveux. Zinaïda porte une robe bleue qui jure avec ses talons rouges qu'elle a toujours aux pieds.

J'observe Elena et Zinaïda – Beretzkoï me dit que les deux femmes n'ont pas toujours eu l'air de bien s'entendre - faire toutes deux leur bilan.

— Ça fait si longtemps qu'on ne s'est pas vues, dit Zinaïda à Elena.
— Oui, répond Elena, j'ai appris que tu étais çà et là.
— Comme Dan, rétorque Zinaïda.
— C'est vrai, mais on ne m'a pas laissé le choix, dit Dan de l'autre côté de la cuisine.
— Moi non plus. On ne m'a pas laissé le choix, lui répond Zinaïda.

Le reste de la conversation consiste en évocations, à mots couverts, des épreuves de la vie.

-0-

Nous avons beaucoup à manger. De la salade de harengs, du potage froid au concombre ; de la pâte de poisson sur des *blinis ;* des boulettes de bœuf aigres douces avec du riz froid. Il y a aussi plus à boire qu'il n'en faudrait, ce qui ne tarde pas à rendre l'ambiance franchement joyeuse.

Malgré les fenêtres ouvertes la nuit est chaude.

Le ventilateur d'Hitler tourne à plein régime au-dessus de nos têtes et soulève nos cheveux. Malioutka déclare qu'elle veut le même.

— C'est de la folie, déclare Zinaïda.

Nous allumons des fumeurs et les mettons dans le jardin de derrière. Des papillons de nuit s'engouffrent dans les flammes, leurs ailes carbonisées dégagent une odeur âcre. Des chauves-souris tombent du toit et dévorent les restes brûlés des papillons de nuit. Les hommes entament une partie d'échecs au cours de laquelle ils ne jouent pas les uns contre les autres, mais ensemble contre un adversaire invisible. Pendant ce temps, nous les femmes allons dans la chambre regarder Galina nous montrer comment épiler nos sourcils, vernir nos ongles. Elle nous explique comment mettre du rouge à lèvres, je crois qu'elle a vu avec quelle maladresse Malioutka avait appliqué le sien. Zinaïda déclare que ce genre de manigances ne l'intéresse pas, en jetant un regard désapprobateur à sa belle-fille.

Micha revient de la salle de séjour.

— Allez venez, on va danser !

Il va chercher une grande boîte en bois dans son auto. Sur le dessus de la boîte est posée en équilibre, une boîte plus petite.

— C'est du noyer, dit Galina en montrant les deux boîtes. Très cher.

Dan admire le bois. Il le touche, le caresse, le hume.

— Je connais bien ce bois, dit-il. J'ai grappillé nos forêts pendant deux ans.

Micha pose les deux boîtes au sol pour les ouvrir. Dans la plus grande se trouve un gramophone, dans la plus petite, plusieurs enveloppes marron. Le gramophone est un Edison : c'est Micha qui nous l'apprend. Nous nous pressons autour de lui comme des enfants qui cherchent à mieux voir. L'Edison porte un grand pavillon de bronze. Micha y remarque une empreinte de doigt qu'il essuie du coude. Ce soir, il est en manches de chemise. Les enveloppes marron contiennent des disques. Il dit que ça ne s'appelle pas des enveloppes mais des pochettes. Sur chacune d'elle, est écrit le mot Decca. Galina fredonne déjà et tape du pied. Elle porte encore ses chaussures transparentes, mais elle a les jambes nues et on peut voir que les ongles de ses orteils soignés sont recouverts du même vernis que ceux de ses doigts.

Micha va nous expliquer comment fonctionne le gramophone. Dans la petite boîte, il prend des gants blancs, les enfile et choisit un disque qu'il extrait de sa pochette puis le place sur le plateau du gramophone. Ensuite, il pose un levier sur le plateau, en nous montrant la minuscule aiguille qui se trouve à l'extrémité du levier. Il pose l'aiguille sur le sillon externe du disque et la musique commence. On entend la voix chaude d'un baryton. Beretzkoï et moi nous nous précipitons pour fermer les fenêtres en prétextant que la musique est forte, ce qui risquerait de réveiller nos voisins. Mais en réalité, comme la plupart de nos voisins sont ici, ce qui nous fait surtout peur, c'est que la musique étrangère - la musique étrangère à danser - est interdite en Russie.

Micha nous demande d'enlever le tapis, prend Galina entre ses bras et l'entraîne sur le parquet nu.

— Une valse lente, articule Galina par dessus l'épaule de Micha.

Les petits pieds de Galina, dans leurs chaussures transparentes à talons hauts, tracent de larges cercles sur le sol en s'efforçant de suivre les plus grands pieds de Micha dans leurs chaussures vernies.

C'est clair, il va falloir pousser les meubles : Beretzkoï et Kolia s'en chargent.

Maxime et la fille du *kolkhoze* — elle s'appelle Oksana — commencent aussi à danser. Oksana, est en pantalon et *roubachka et* ses cheveux blonds sont coupés courts comme ceux d'un garçon. Ses traits sont frappants, surtout ses yeux, mais on ne les qualifierait pas de jolis : sa silhouette est taillée comme celle d'un petit garçon, carrée. Je trouve un peu bizarre que Maxime soit attiré par elle. Lui est en costume noir, chemise blanche et cravate rouge.

Dan et Elena tentent de danser aussi. À la manière dont Dan attire la pauvre Elena au milieu des autres et à la façon dont elle lui marche invariablement sur ses pieds, la danse est pour eux de toute évidence, une activité nouvelle.

Je me tourne vers Beretzkoï.

— On y va ?

— Non, dit-il catégoriquement.

Je lis dans ses yeux qu'il n'y tient pas.

— Mais tu as étudié la musique, dis-je surprise.

— Pas ce genre de musique ! répond-il, cassant.

C'est étrange, j'apprends seulement aujourd'hui que Beretzkoï n'aime pas danser.

— Voulez-vous danser, Tania ? me demande Semion assis à côté de Beretzkoï.

Malioutka est assise sur le sofa auprès de Kolia qui lui raconte que le temps où il dansait est loin déjà, mais qu'autrefois sa *mazurka* (Note 88) avait essoufflé plus d'une jeune fille.

— Ne me dis pas que tu danses ! crie Zinaïda à son fils avec du mépris dans la voix.

Il me fait un clin d'œil.

— Eh bien regarde, Mamochka !

Il me prend la main. Le gramophone joue une valse à présent.

Il attend que les trois autres couples s'écartent sur la piste pour commencer à valser. Il se déplace avec naturel, en douceur, me dirigeant de gauche à droite, entre les autres couples, mais bientôt des perles de sueur apparaissent sur son front, glissent sur ses joues, et tombent sur le devant de ma robe. C'et une robe neuve, la plus jolie robe rose pâle que j'aie jamais eue, avec un petit volant autour du cou et au bas de l'ourlet. En regardant les taches sur le tissu, je m'inquiète. Il sourit pour s'excuser, mais continue de me serrer plus fort, ce qui me confirme qu'il n'a aucun souvenir du jour où je suis venue lui quémander du travail.

D'autres valses, des fox-trots, des quicksteps, des rumbas, des sambas, des tangos et quelque chose qu'on appelle boogie-woogie sortent de la boîte à malices de Micha.

Nous dansons jusqu'à ce que les aiguilles de Micha soient émoussées. Des aiguilles qui, dit-il avec un soupçon d'amertume dans la voix, viennent directement de New York.

— Il va souvent à New York, se vante Galina.

Elle nous dit même combien coûtent les aiguilles en dollars américains.

— C'est une somme qui ferait vivre une famille de quatre personnes tout un mois, critique Zinaïda à mi-voix, même si, j'en suis sûre, elle n'a pas plus que nous, idée de ce que la somme avancée par Galina représente.

— Je crois qu'on devrait présenter des excuses à Micha pour lui avoir fait user toutes ses aiguilles, dis-je.

— Ce n'est pas demain la veille que je m'excuserai auprès d'un profiteur capitaliste, me murmure Oksana.

Elle insiste auprès de Micha pour qu'il remette encore quelque chose.

— Il faut que je m'entraîne au boogie-woogie !

Je crois qu'elle est un peu éméchée, mais nous le sommes tous.

Plus ou moins.

-0-

5

Par un après-midi chaud et humide, Beretzkoï et moi sommes dans les bras l'un de l'autre sur une couverture dans le jardin de derrière. Beretzkoï porte un maillot de bain noir et moi une robe de bain sans manches s'arrêtant au-dessus des genoux. Puis nous nous aspergeons d'eau ; en entendant nos éclats de rire, Enilats rampe sous la clôture, alors nous l'aspergeons aussi. Il tourne sur lui-même en cercles pour essayer d'attraper sa queue en laissant les empreintes de ses pattes sur la couverture. Dès qu'il entend Alisa l'appeler, il se précipite dans leur maison. On entend alors la voix d'Alisa furieuse : il a sali tout le sol de sa cuisine avec ses pattes boueuses.

Beretzkoï pointe ma *datcha* du doigt.

— Regarde !

Un arbre projette une ombre contre le mur arrière de la *datcha*. Cette ombre a manifestement la forme d'un homme. Je peux clairement distinguer les jambes de l'homme, son torse, sa tête. C'est un torse massif. La tête est grosse, des cheveux l'encadrent, en broussailles et des extrémités de moustache pointent de chaque côté de la tête.

Je sais à qui cette ombre me fait penser.

— *Vodzh*, dis-je.

— Toi aussi, tu le crois ? demande Beretzkoï. Il ne s'agit pas de mon imagination ?

— Ce n'est pas ton imagination.

— Eh bien ! soupire-t-il en fermant les yeux.

— Je n'aime pas ça, dis-je. C'est un présage. Un mauvais présage.

— Ne sois pas sotte, dit Beretzkoï.

Des fourmis courent de haut en bas du mur en deux colonnes noires frétillantes. Un cafard, gros, noir, le dos brillant dans le soleil, s'extrait d'un trou. Presque instantanément, les fourmis convergent vers lui et l'attaquent. Pour leur échapper il s'accroche au mur et essaie de pénétrer dans une fissure, les fourmis résolument à ses trousses. La fissure se trouve à peu près à l'endroit du nez de Staline, s'il s'était agi de lui. Je me relève et frissonne à la vue de ce grotesque spectacle.

— Ce n'est qu'une ombre, mon amour, dit Beretzkoï.

— L'ombre de Staline. C'est Staline !

— C'est une ombre, Tania !

— Je sais bien, mais c'est celle de Staline !

— Tu deviens folle, dit-il.

J'insiste pour que nous rentrions à la maison, à l'abri.

— Nous avons pris assez de soleil pour aujourd'hui, de toute façon, lui dis-je.

— Rentre. Je reste ici encore un peu, dit-il.

Je rentre et surveille Beretzkoï par la fenêtre de la cuisine. Il s'est retourné sur le ventre et s'est endormi.

Bientôt le soleil se couche derrière la *datcha* et Beretzkoï rentre somnolent dans la cuisine.

— Staline est parti, dit-il en bâillant à demi.

-0-

Nous parlons avec les Olminski de cette ombre de Staline sur le mur. Ils sont d'accord avec moi. C'est un présage inquiétant.

— Vous n'allez pas faire chorus avec Tania ! leur reproche Beretzkoï.

Il est furieux.

-0-

6

Nadejda Konstantinova ne sera pas de retour avant deux semaines et Beretzkoï voudrait que nous en profitions pour passer quelques jours ensemble quelque part. Si je m'écoutais, je sais que nous ne devrions pas prendre un tel risque, mais j'ai tellement envie de partir que j'accepte. Mais où aller ?

Je pense à ce groupe de merveilleux vieillards d'une vallée des alentours qui venaient régulièrement à Zernoïe Selo nous vendre des pommes de terre pendant la famine. Dans ma chambre, je retrouve un morceau de papier sur lequel l'un d'eux avait écrit un numéro de téléphone. Je suggère à Beretzkoï que nous allions dans la vallée des vieillards.

Je me rends à la poste pour téléphoner. La femme que j'ai au bout du fil me dit que nous sommes les bienvenus à la *dolena* (Note 89) Le numéro que j'ai appelé est celui d'une gare de jonction. La femme qui m'a répondu est l'épouse du maître de la jonction. Son mari nous descendra en charrette dans la vallée et nous pourrons résider chez sa tante. Nous n'aurons rien à payer, ni à son mari ni à sa tante. Un cadeau, un tout petit cadeau, suffirait.

— ... une bouteille de quelque chose ... peut être de la *roukovka* (Note 90) pour mon mari et quelques *papirosi* pour ma tante, dit-elle.

Je préviens la femme que nous avons un chat, il est aussi le bienvenu, dit-elle.

Nous prenons le train de marchandises de nuit Moscou Kiev. Il possède un wagon *zhestky* et de nuit ce train roule en direction du sud en s'arrêtant à chaque station, jonction et voie de garage pour charger et décharger des marchandises. À midi nous arrivons à la jonction de la vallée. Le camarade maître de la jonction nous attend avec sa charrette. Il faut compter vingt minutes pour se rendre à *l'izba* de notre hôtesse.

— Elle s'appelle Valentina Grigorïevna Pavolovna. Je m'appelle Igor et ma femme s'appelle Valentina, comme sa tante, dit-il.

Les flancs escarpés de la vallée sont couverts de luxuriantes frondaisons. Dans le fond court un mince ruban argenté : une rivière. Ce n'est pas vraiment une rivière, à peine un filet d'eau qui parcourt la vallée, comme un ruban abandonné.

Valentina Grigorïevna Pavolovna, petite femme aux cheveux blancs comme de la neige ne se souvient pas exactement de la date de sa naissance, elle se rappelle seulement qu'à l'époque il y avait encore des serfs en Russie, mais elle n'en était pas. Elle tient à ce que nous le sachions. Elle est née libre.

— De l'aristocratie, précise-t-elle, en fronçant son visage ridé pour souligner le mensonge ostensible qu'elle nous conte.

L'*izba* de Valentina a tout d'un grand tas de bûches. Je me demande pourquoi nous avons opté pour ça, quand Beretzkoï me susurre que ça lui rappelle un endroit où, étant enfant, il avait l'habitude d'aller avec son grand-père. Cette *izba* est située à bonne distance de la vingtaine d'autres *izbas* de la vallée que Valentina appelle tout simplement la *Dolena.* . La rivière s'appelle tout simplement aussi, la *Reka.* (Note 91)

— Je vis seule, raconte-t-elle. Mon mari est mort.

Ce mot mort résonne dans l'air.

Elle nous entraîne dans son salon. À gauche, nous apercevons une petite chambre à coucher, à droite, une cuisine.

— C'est confortable, dit Beretzkoï diplomatiquement.

C'est mon mari qui a construit notre maison de ses propres mains, dit-elle. Et sans aide.

Le jour de leur mariage il l'avait portée dans ses bras pour en franchir le seuil, puis l'avait déposée dans la cuisine pour préparer le repas.

— La vie était tout autre alors. Les gens vivaient heureux. Il n'y avait pas de Staline en ce temps-là. Pas de collectivisation. Alors que maintenant, ce n'est plus qu'une question de temps pour voir arriver les barbares de Staline et leurs bulldozers, avec l'intention de transformer aussi la vallée, en *kolkhoze*, nous dit-elle.

La chambre sera la nôtre. Elle compte dormir dans la cuisine.

— Ah non, dis-je. C'est votre chambre.

Elle fait non de la tête, avec détermination, la peau flasque de son cou et de son visage ondule de part et d'autre.

— Je dormirai dans la cuisine. C'est là que je dors habituellement. Je n'ai pas dormi dans la chambre depuis la mort de mon mari.

L'époux de Valentina est mort, nous dit-elle, la même année que Lénine. Ses yeux se remplissent de larmes comme si c'était hier. Elle semble autant affligée par la mort de Lénine que par celle de son mari. Les larmes coulent sur son visage ridé. Elle ne fait rien pour les essuyer.

Dans la cuisine il y a un poêle à bois, une table et quatre chaises en bois décapé, un lit de camp branlant et un grand buffet.

Le lit de camp est posé sur des blocs en bois pourvus de clous proéminents. Cela signifie qu'il y a des souris dans l'*izba*, peut-être même des rats : les clous ont été fixés dans le bois des blocs pour les empêcher de grimper. Je me réjouis que Beretzkoï ait apporté Secret, cet émérite tueur de rongeurs. Il est assis près de la porte, le bout de son nez rose reniflant l'odeur étrangère qui s'échappe de trois grosses marmites posées sur le poêle.

— De la blanquette de poulet, dit Valentina, en soulevant le couvercle de l'une des marmites pour tourner, ce qu'elle contient avec une louche en bois.

Secret ronronne comme s'il avait compris ce qu'elle venait de dire : il adore le poulet.

Valentina lèche la louche, puis plonge un doigt dans la sauce pour que je le suce.

Je suce son doigt.

Dans une seconde marmite, elle a mis des pommes de terre à cuire et dans la troisième, la plus grande des trois, elle fait chauffer de l'eau pour qu'on puisse se laver la figure à l'eau chaude avant d'aller au lit car les *izbas* n'ont pas d'eau chaude courante.

— Nous n'acceptons rien de ce diable du Kremlin, dit Valentina. Nous faisons pousser ce que nous mangeons. J'ai tordu moi-même le cou de ce poulet et les légumes viennent de l'*ogorod* (Note 92) de mon neveu.

Un samovar en cuivre posé sur le poêle commence à émettre des gargouillis.

Valentina nous propose du thé.

Nous nous attablons, puis elle pose une assiette de biscuits aux noix devant nous.

— Mangez, dit-elle. Vous êtes maigres, tous les deux. Vous avez besoin de manger de la bonne nourriture.

C'est la faute de Staline si nous sommes si maigres, se lamente-t-elle.

-0-

Il semble que tous les habitants de la *Dolena* soient âgés. Ils viennent nous saluer dans leurs plus beaux atours. Les hommes en blanc – *roubachkas* et pantalons larges serrés autour des chevilles par des rubans – les femmes en robes noires les couvrant du menton aux chevilles.

Valentina, qui est aussi en noir, fait les présentations : Boris Petrovitch Beretzkoï et Tania Nikolaïevna Beretzkaïa.

Nous ne la contredisons pas.

Tous nous font promettre de leur rendre visite individuellement, ce que nous leur promettons de faire.

Notre semaine dans la vallée s'annonce chargée si nous devons aller voir chacun d'eux.

-0-

À la fin de l'après-midi nous demandons à Valentina de nous permettre de nous reposer de notre voyage.

Elle hoche la tête, elle comprend.

Dans la chambre il y a une odeur âcre, une odeur de pommes blettes. Nous pensons que Valentina a dû entreposer des pommes dans le placard. J'ouvre la fenêtre pour aérer. En dessous, dans le jardin il y a deux grands pommiers. Les arbres sont couverts de minuscules pommes rouges. Je réalise que c'est la première fois que je vois une pomme sur un arbre.

Beretzkoï vient se mettre derrière moi et passe vigoureusement ses bras autour de ma taille. Une poussée de désir me traverse lorsque ses lèvres frôlent mon cou. Je sens ses mains relever ma jupe, me caresser les cuisses.

Nous ne quittons pas la chambre jusqu'à ce que Valentina nous appelle pour venir manger la blanquette qui risque de refroidir.

Le lendemain matin, un moineau nous réveille. Il est perché sur l'une des branches d'un des pommiers et picore une pomme si mûre qu'elle commence à se moucheter de brun.

Notre petit déjeuner est un festin de poissons et d'œufs au plat sur du pain frit. Un voisin qui élève quatre vaches, apporte un grand bol de lait tiède, avec une bonne couche de crème jaune flottant à la surface. Valentina prélève la crème, la met dans un petit bol et décrète qu'elle est pour moi. La crème est fade, comme de la *smetana* qui serait trop longtemps restée au chaud. Je n'aime pas trop ce goût, mais je dis à Valentina que je n'ai rien mangé d'aussi délicieux.

Beretzkoï et moi allons nous promener le long de la rivière. L'eau est claire, nous apercevons de petits galets éparpillés dans le fond. Nous nous allongeons à plat ventre sur les berges et buvons de l'eau de la rivière. Elle est délicieusement fraîche.

Nous traversons la rivière en sautant d'une grosse pierre glissante sur une autre. Sur la rive opposée, nous tombons comme des sacs sur la berge. Je pose ma tête sur l'épaule de Beretzkoï.

— Voilà ce que j'appelle le bonheur, dit-il.

Je suis entièrement d'accord.

-0-

En passant devant les *izbas* des habitants de la vallée, nous ne pouvons éviter de nous arrêter après qu'ils nous y aient invités. Les *izbas* sont bien tenues et sentent bon la cuisine parce que dans la vallée, à n'importe quelle heure de la journée, il y a quelque chose qui cuit. Les gens veulent nous faire goûter ce qu'ils préparent et nous donnent de petits cadeaux, au goût merveilleux. Sur les murs des *izbas* sont accrochées des photographies jaunies montrant de jeunes hommes et femmes avec de jeunes enfants qui depuis ont grandi et vivent à Moscou ou Léningrad et ne viennent plus assez souvent les voir. C'est ce que ces vieilles gens nous disent. Le fils d'un des couples vit en Alaska. Ils parlent de lui comme s'il était encore un enfant. Nous demandons l'âge qu'il a. Ils répondent qu'ils ne s'en souviennent plus.

— Après tout, qu'est-ce que l'âge ? nous disent-ils.

-0-

Je voudrais rester à la *Dolena* pour toujours. Je suis couchée sur le lit, la couverture remontée jusqu'au menton. Beretzkoï est assis sur le rebord de la fenêtre. Secret est couché à côté de lui, il dort.

— Beretzkoï, j'ai quelque chose à te dire, lui dis-je.

— Je t'écoute.

— Pourquoi ne pas rester toujours ici ? demandé-je.

— Ce serait merveilleux en effet, dit-il rêveur.

C'est exactement ce dont j'avais besoin.

— Alors faisons-le, dis-je avec précipitation, en sortant de dessous la couverture.

Il se lève et vient s'asseoir sur le lit. Secret aussi, saute du rebord de la fenêtre sur le lit.

— Tu es sérieuse, Tania ?
— Je suis sérieuse, dis-je.
— Il n'y a pas d'électricité ici, dit-il.

Il y a un fumeur sur une table de nuit.

— Valentina vit sans électricité. À Zernoïe Selo, ça nous arrive aussi. Même à Moscou les gens doivent parfois vivre sans électricité, répliqué-je.

Il pose ses mains sur mes yeux.

— Il fera noir, dit-il. Noir comme ça.
— J'aime quand il fait noir.
— Tolstoï a écrit : croire qu'il est possible de changer sa vie en modifiant les circonstances extérieures, reviendrait à croire qu'il suffirait de s'asseoir sur un bâton et d'en tenir les deux bouts, pour réussir à se soulever... dit-il.

Je comprends ce qu'il essaie de me dire.

-0-

Valentina nous accompagne en charrette à la jonction du chemin de fer.
— Revenez nous voir, s'il vous plaît, dit-elle.
— Sans faute, dit Beretzkoï en l'embrassant sur les deux joues.
— Si nous vous écrivons, est-ce que vous nous répondrez ? lui demandé-je.
— Non, dit-elle en souriant. Je ne sais ni lire ni écrire.

Je lui propose de demander à quelqu'un de la *Dolena* de lui lire nos lettres et de lui dicter sa réponse.

— Non, dit-elle en riant. Personne ne sait lire ni écrire dans la vallée. Nous n'avons pas besoin de ce genre de choses. Nous avons tout ce qu'il nous faut. Dieu nous a pourvus de tout ce dont nous avons besoin.

Je ne peux pas dire la même chose.

-0-

Pendant des jours et des jours, le numéro Un rue Ob sent la pomme. Valentina a insisté pour que nous en emportions.

Je lui écris un billet pour la remercier, sachant pourtant qu'elle ne pourra pas le lire. *Merci pour tout. Si Dieu le veut, nous nous reverrons.*

Je n'avais jamais éprouvé le besoin d'évoquer Dieu – un dieu – au cours de ma vie, mais là, en écrivant ce billet, je n'ai pu m'en empêcher. Le Dieu auquel je pense, c'est celui que Valentina vénère. Pourquoi l'ai-je fait ? Peut-être est-ce parce que j'éprouve un très grand désir de retourner dans sa vallée pour fuir cette amère réalité : mon amour a une femme et deux fils.

-0-

7

Pour Beretzkoï, voici venu le temps de retourner rue Léna. Il me demande s'il peut me laisser Secret.
— Il ne vous manquera pas rue Léna ? lui demandé-je.
— Si, aux garçons, mais ils ne seront pas là.
— Tu leur manquerais si tu n'y retournais pas.
Il hoche lentement la tête.
— Aux garçons oui.
— Ils ne seront pas là.
— Je dois y être pour eux.
Je n'ai plus d'argument.
Beretzkoï s'en va comme il est venu. En poussant la brouette où il a empilé ses affaires. Je l'accompagne jusqu'au terrain vague en portant Secret. Je veux voir s'il décide de suivre son maître. Il reste. Kolia m'explique que les chats sont des créatures solitaires. Je lui réponds que je sais ce qu'ils ressentent.

-0-

Beretzkoï se rend à Moscou pour voir ses fils dans leur gymnasium puis ramener Nadejda Konstantinovna à Zernoïe Selo. Il sera absent pendant deux semaines et non pas pendant quarante-huit heures comme il l'avait initialement prévu. Il veut s'assurer que ses fils sont bien installés.

Ma *datcha* est soudain bien calme. Elle est pleine de vide. Je passe de pièce en pièce. J'essaie de lire, mais n'arrive pas à me concentrer. Maxime vient me voir. Il m'invite à dîner à La Bannière Rouge. Je refuse son invitation. Kolia m'y invite aussi, mais comme je ne veux pas blesser Maxime, je refuse la proposition de Kolia. Pour couronner le tout, nos amis viennent m'annoncer qu'ils repartent pour Moscou.

Les premiers à partir sont Zinaïda et les Zhoukov. Ils viennent me dire au revoir. Malioutka m'embrasse sur les deux joues. Zinaïda m'embrasse à la russe, sur la bouche. Elle me serre très fort dans ses bras et me dit qu'elle fait le projet de passer l'automne et l'hiver dans un monastère près d'Alma Ata. Ils démarrent, les deux femmes se penchent pour me faire des signes de la main, mais la voiture fait une embardée et disparaît aussitôt en tournant au bout de la rue. Semion a dû appuyer sacrément fort sur l'accélérateur.

Galina et Micha suivent. Galina dit que j'aurais dû partir pour Moscou avec Beretzkoï, Micha ajoute que si je viens à Moscou je dois venir les voir.
— Viens au théâtre, dit-il.
— Il te retiendra la meilleure place de la salle, dit Galina.

C'est à la gare que j'assiste au départ des Olminski.
— Quand nous reverrons-nous ? demande Dan.
— Bientôt, j'espère, ajoute Elena.
— J'espère aussi, dis-je la gorge nouée.
— Tu aurais dû partir à Moscou avec Beretzkoï, dit Elena.
— Ah ces femmes ! grogne Dan.

Je leur passe leurs bagages par la fenêtre et saute dans le train pour les serrer encore dans mes bras.

Ils repartent pour Moscou comme passagers *miagky*. Dan dit que c'est pour gâter Elena. Qu'elle le mérite.

— Tania, ne reste pas ici au village toute seule, dit Elena.

Je lui promets que j'essaierai d'aller à Moscou avant la fin de l'année.

— Ne tarde pas trop, dit Dan, avec un sourire dans les yeux.

Elena fond en larmes. Je lutte pour retenir les miennes.

— Nous t'aimons, dit Dan.

Le train siffle le départ.

— Vous voilà partis, dis-je, sans pouvoir retenir mes larmes.

Je suis toujours près de leur banquette, les autres passagers me lancent des regards inquiets.

— Ce n'est pas la peine de te presser, dit Dan. Le chemin de fer soviétique nous prévient trois fois pour qu'on sache que c'est l'heure.

— S'ils ne le faisaient pas cette fois-ci ?

— Non, dit Dan. Il prend ma main. Non, il reste deux sifflements avant que ce bon vieux train soviétique nous emporte. Même Dieu n'a pas une telle courtoisie envers l'humanité avant de la rappeler à lui.

Je saute sur le quai, continue d'agiter la main, alors que le train a déjà disparu.

-Ω-

Je me mets à nettoyer la *datcha* en pensant que le temps passera plus vite si je fais quelque chose. Je frotte jusqu'à ce qu'on ne voie plus un grain de poussière.

Je décide de faire de la confiture. Alisa m'explique comment faire. J'achète tous les fruits que je trouve, les mets dans une grande marmite, ajoute de l'eau et du sucre et fais bouillir le tout. Je remplis plusieurs grands bocaux.

— On dirait une femme qui ne sait plus quoi faire d'elle, dit Maxime.

Tous les soirs, en partant de la clinique pour regagner son grenier, il s'arrête pour me voir. J'aimerais qu'il ne le fasse pas, car je crains de m'habituer à sa présence. Pourtant, tous les soirs, je suis heureuse de le voir.

— Je n'ai rien à faire, lui dis-je.

— Pourquoi ne pas sortir dîner alors ?

— Oui, ce serait bien. Merci, répondis-je.

C'était une réponse sans arrière-pensée.

— Demain soir, Tania ? demande-il.

J'informe Kolia que j'irai dîner à La Taverne Rouge avec Maxime. Je lui demande de venir se joindre à nous pour boire un verre.

-0-

Maxime arrive. Il me regarde d'un œil désapprobateur. J'ai pris la précaution de ne pas me mettre sur mon trente-et-un. Je porte une vieille robe, aucun bijou, aucun maquillage. Lui, en revanche, l'est sur son trente-et-un. Il est en veste blanche, pantalon noir et chaussures brillantes. Les trois boutons du haut de sa chemise blanche sont déboutonnés. Son torse est glabre.

Ce qu'on sert à La Taverne Rouge est très simple : de la soupe, du poisson et des pommes de terre bouillies. Maxime parle sans même s'arrêter pour avaler. Il parle de son travail, de Staline, d'Hemingway. J'écoute. Je le regarde. De petites gouttes de sueur perlent au-dessus de sa lèvre supérieure et au-dessus de ses sourcils. Décidemment, il est très séduisant.

Kolia entre et tire une chaise pour s'asseoir près de nous. Rodia s'avance et lui demande ce qu'il veut boire. Il opte pour une bière. Maxime ne fait pas un geste pour la lui payer, alors Kolia la règle lui-même.

— C'était très malin de ta part, dit Maxime en me ramenant à la maison.
— Kolia est très seul.
— Tania, c'est ta solitude qui me préoccupe, pas la sienne, dit-il calmement.
Il me dit bonne nuit au portail.
Je reste éveillée presque toute la nuit.
Il faut que Beretzkoï revienne ! Je me sens si seule !

-0-

Maxime vient me demander d'aller danser avec lui. Il va y avoir un bal au *kolkhoze*. Je lui dis que c'est impossible.
— Je sais que tu aimes danser, Tania, alors pourquoi refuses-tu ? demande-t-il.
— Et Oksana ? Elle aussi aime danser.
— Oksana vit à Léningrad maintenant.
Je hoche la tête en signe de compassion.
— Je pense que tu devrais inviter une jolie jeune fille pour le bal.
— C'est bien ce que j'essaie de faire, dit-il, avec un grand sourire.
Je lui dis qu'à mon avis ce n'est pas une bonne idée d'aller danser tous les deux.
Pourtant je décide d'y aller quand même.
Je prends la décision de bien m'habiller cette fois, sans me poser de question. Je sais que je ne veux pas d'un flirt avec Maxime. Peut-être ai-je accepté de sortir avec lui parce que mon amour-propre est au plus bas et que l'été fini, mon amant s'en est retourné auprès de sa femme.
Je mets une longue jupe rouge, un pull blanc, des chaussures blanches à talons. Je coiffe mes cheveux en chignon banane que je fixe avec une jolie

barrette garnie de perles rouges. J'ai acheté cette barrette il y a si longtemps, avant même de me marier avec Vassili. J'avais oublié son existence jusqu'au jour où je suis tombée dessus dans ma frénésie d'astiquage. J'épile mes sourcils comme Galina nous l'a montré le soir de notre fête et je me mets du vernis à ongles rouge. Je fais de même sur mes ongles de pieds. Mes chaussures sont ouvertes, je veux que Maxime voie que je suis une jeune femme raffinée.

Il vient me prendre dans une fourgonnette blanche. Elle appartient à la clinique.

— Tu sais conduire ! dis-je, étonnée.

Il porte un costume bleu nuit. Ca lui va très bien. Le pantalon n'est pas avachi comme le sont les pantalons confectionnés chez nous en Russie.

— Le costume est italien, me dit-il.

Sa chemise à rayures blanches et rouges est aussi italienne. Elle est en soie.

— Touche la soie, dit-il. Il écarte les pans de sa veste pour que je la touche.

— Je n'ai pas les mains propres.

Il n'a pas mis de cravate, parce que, comme je le sais déjà, au *kolkhoze* cela ferait bourgeois.

Ses chaussures à deux tons, noir et blanc, sont aussi italiennes.

Il est superbe.

— Tu ... bien ..... tu es très beau ce soir, dis-je.

— J'allais te dire la même chose, mais tu m'as devancé, réplique-t-il.

Le bal a lieu à l'école du *kolkhoze*.

Nous commençons par écouter le camarade Afonov remercier les *kolkhozniks* pour l'excellent travail qu'ils ont fait durant l'année. Il épilogue encore et encore. Zernoïe Selo est devenu la première région de culture céréalière du monde, dit-il. On applaudit fort et longtemps. Une cérémonie de remise des prix suit. Six *kolkhozniks* se voient décerner des médailles. Le camarade Afonov a quelques difficultés pour les épingler sur les *roubachkas*. Il ne cesse de se piquer les doigts. L'un d'eux commence à saigner. Il le suce, puis déclare qu'il a assez parlé, que nous devrions aller nous chercher quelque chose à manger. De la nourriture et des boissons sont disposées sur une table appuyée contre un mur. Très vite, il ne reste plus sur la table que des os et des assiettes sales. Une fois qu'on a débarrassé la table des déchets, on la plie et les musiciens s'installent. Ils vont jouer de la musique russe, pas de la musique enregistrée, comme celle du gramophone de Micha. Cela me plaît bien parce qu'avec la musique russe il faut sauter, taper des mains, se donner des claques sur les cuisses et on touche à peine son partenaire.

Maxime ne veut danser qu'avec moi.

-0-

8

La soirée se termine. Nous nous promenons dehors puis remontons épuisés dans la fourgonnette. Les sièges ont dû être confortables du temps où la fourgonnette était neuve, mais les ressorts ont fini par transpercer leur revêtement de cuir. Un ressort me rentre dans le dos.

— As-tu déjà vu l'intérieur de la clinique ? demande Maxime.

— Mes parents m'ont donné de bonnes dents. Alors non, je n'y suis jamais entrée.

Il est minuit passé, les rues sont désertes.

— Aimerais-tu voir comment est la clinique à l'intérieur ?

— Non, non pas vraiment.

— Je vais te montrer la chambre de Staline.

— Ah bon ?

Maxime ne se dirige pas directement vers la clinique mais tourne en direction du triangle sud-est et des rues aux noms de fleuves. Il n'arrête pas de parler. D'Hemingway une fois de plus. Il vient de terminer *Mort dans l'Après-Midi* en anglais. Il le lit à haute voix pour parfaire sa prononciation.

—Maintenant, mon anglais est excellent. Les Américains pourront facilement me comprendre, dit-il fièrement.

— Alors, si je comprends bien, tu fais toujours le projet de nous quitter ?

— Oui, Tania. J'ai toujours l'intention de partir, à moins que ...

Il ne finit pas sa phrase.

— À moins que quoi ?

— À moins que. Juste à moins que.

Nous changeons de sujet et parlons du temps qu'il va faire. Il se demande s'il fera beau demain. Je lui dis que nous sommes déjà demain.

Il s'arrête devant la clinique, obscure à l'intérieur. Je n'attends pas qu'il fasse le tour de la voiture pour m'ouvrir la portière. Il passe devant et se dirige vers la porte de côté dont il possède une clé. Nous montons un escalier de ciment, traversons plusieurs couloirs, les sols et les murs sont couverts de carrelages verts. Il allume puis éteint la lumière à notre passage. L'air est imprégné d'odeur d'éther. Elle s'intensifie quand nous prenons un autre couloir. Il pousse une porte.

— Nous y voilà, dit-il.

Il entre dans la pièce, allume une autre lumière et me fait signe de le suivre. La pièce est petite, il y a une seule fenêtre, sans rideau.

— Surprise ? demande-t-il.

— C'est la chambre de Staline ? demandé-je, évidemment surprise.

Il hoche la tête.

— Mais la chambre est si simple …
— Staline est un homme aux goûts simples. Tu peux penser que je suis fou de dire ça, mais c'est la vérité. C'est un homme simple. Pas simpliste, entendons-nous. Un homme simple. Relativement peu exigeant. Même, oserais-je dire, aimable.
— Mon Dieu, dis-je, ce qui fait sourire Maxime.

Les murs de la chambre sont couverts de tissu marron et le sol de linoléum marron. Sur l'un des murs est fixé un petit tableau représentant un bouquet de fleurs. Les fleurs ont pris une couleur brune à cause de la poussière. Le lit de Staline est un lit d'hôpital traditionnel, haut et étroit. Il n'est pas fait. Un oreiller est posé dessus. Le matelas est tâché. D'un côté du lit se trouve une table en métal, de l'autre une chaise droite en osier. Sur le dossier de la chaise pend un tapis de bain en paille tressée, sur la table en métal est posé un bassin en émail. Au-dessus de la tête de lit, un tableau technique avec plusieurs prises électriques, des boutons, des crochets et un dispositif destiné à l'éclairage. Le dispositif est dépourvu d'ampoule, la prise et le bouton d'allumage sont cassés. C'est une chambre réservée à Staline.

Je remue la tête.
— Alors c'est ici que dort le diable ?
— Tu le détestes, à ce que je vois.
Je fais oui de la tête.
— Je dois avouer que je ne le déteste pas, dit-il.
— Mais l'aimes-tu ?
— Étant au pied du mur, je dirais que je le respecte.
— Alors pourquoi quitter la Russie ?
— Parce que contrairement à lui, sa politique est détestable.
— Si tu pars seulement pour rencontrer Hemingway, sache qu'il se peut qu'il vienne un jour en Russie et que, par l'intermédiaire de *Profpro* ou *Gozuzdom*, Beretzkoï puisse t'organiser un rendez-vous.
— Je suis pressé.
— Il y a des gens qui savent attendre pour obtenir ce qu'ils désirent, tu sais.
— Tu parles pour toi ?
— Non. C'est de toi que nous parlons.
Il secoue la tête.
— Tu es bien sûre ?
Il s'approche de moi, je sens mes nerfs à vif.
— J'essaye seulement de comprendre pourquoi tu persistes à croire que tu ne peux pas rester en Russie ? Surtout maintenant que je sais que tu trouves Staline … aimable ?
Je crache le mot aimable comme si j'avais avalé une mouche.
— Est-ce que tu n'essaierais pas de me demander de rester, Tania ?
Il s'approche encore un peu plus.
— Je n'en ai pas le droit, Maxime.
— Et si je t'en donnais le droit ?

— Alors j'en userais pour te demander ce que tu ferais si tu n'aimais pas l'Amérique, parce que tu le sais bien, tu ne pourrais plus revenir ?
— Je l'aimerai.
— Si tu te sentais seul ...
— Tu peux faire quelque chose pour parer à cette éventualité.
Il me fixe, d'un regard calme et déterminé. L'expression de son visage laisse deviner ce qu'il a en tête.
— Cela ne me concerne absolument pas, Maxime, dis-je brusquement.
— Si je te demandais d'y prendre part ?
— Pas question que je prenne part à quoi que ce soit.
— Est-ce que j'ai le droit de te demander d'y prendre part quand même ?
— Non.
— Parce que tu préfères attendre et obtenir ce que tu désires ?
— Oui.
— Comme je te l'ai dit, je n'aime pas attendre.
— Je sais. Et tu as l'intention d'aller en Amérique parce qu'il est plus que probable qu'Hemingway ne considère pas Staline comme un homme aimable, par conséquent il ne se rendra pas en Russie. Et il faut que tu rencontres Hemingway. Il le faut absolument !

-0-

Il me dit qu'il veut me montrer autre chose. Son atelier. Il est au rez-de-chaussée. Nous revenons sur nos pas. De nouveau il allume puis éteint la lumière sur notre passage. Je le suis en silence. Son atelier donne sur une cour intérieure. La fenêtre est ouverte. Il a commencé à pleuvoir et l'on peut voir des éclairs à l'horizon.
— Ça va être bientôt l'hiver, dis-je d'un air détaché.
— Je ne serai plus là cet hiver.
Il ferme la fenêtre.
Dans la pièce, il y a un fauteuil de dentiste et un tabouret, un placard dans lequel sont entreposés plusieurs jeux de fausses dents et d'empreintes de mâchoires solidifiées. On dirait, d'après les empreintes, qu'ils éclatent de rire. Il me propose le fauteuil de dentiste. Il rapproche le tabouret pour s'asseoir à son tour.
— Je ne serai plus là cet hiver, répète-t-il.
— Tu vas nous manquer, Maxime.
— Tu ne me demandes pas quand je vais partir ?
— Quand ?
Il dit qu'il va à Budapest assister à une conférence, de là il se rendra à Vienne en bateau puis à Paris en train, puis au Havre toujours en train, puis au Québec par bateau pour enfin gagner New York.
— Je ne connais pas la moitié de ces endroits, dis-je.
— Budapest est en Hongrie, dit-il.

— Où se trouve Québec ?
— Au Canada.
— Je n'en ai jamais entendu parler.
— Là-bas, on parle le français.
— Alors, oui j'en ai entendu parler. Est-ce que ce n'était pas français autrefois ?
— Comme ton père.
— Il ne l'est plus.

Je lui dis de ne pas rester trop longtemps à Vienne parce qu'il va y avoir la guerre en Autriche.

— Il va y avoir la guerre partout, Tania, corrige-t-il.

Je lui demande ce qu'il fera dans une Amérique en guerre.

— Que feras-tu dans une Russie en guerre, me demande-t-il en retour.
— Je suis Russe. Je m'adapterai, dis-je avec enthousiasme.
— Je suis Russe moi aussi – tu t'en souviens ? Alors je m'adapterai aussi, me dit-il.

Le fauteuil sur lequel je suis assise est en cuir marron. Il est assez confortable, mais je dois me pencher en arrière pour éviter le bras métallique qui pend au-dessus.

— Alors, quand comptes-tu partir, Maxime ? demandé-je.

Il repousse le bras métallique sur le côté. Son visage est bien plus près de moi maintenant qu'il n'y a plus ce bras métallique. Je sens même l'odeur de son savon sur sa peau.

— Bientôt, réplique-t-il.
— Tu viendras nous le dire avant de partir ?
— Tu sauras quand je partirai pour la conférence, oui, mais je ne dirai pas que je ne reviendrai pas, toi seule le sauras.
— Et Beretzkoï ? Tu dis que je le saurai, mais est-ce que tu le lui diras ? Tu ne veux pas qu'il le sache ?
— Je ne lui dirai pas.
— Tu ne veux pas non plus que je lui en parle ?
— Je ne veux pas que tu lui parles de ce soir, Tania.
— Pourquoi ?
— Parce que je vais te garder ici encore un peu.
— Contre ma volonté ?
— Tu y crois ?

Je lui dis que non.

-0-

À l'arrière du bâtiment, il y a des chambres où dorment les gens qui accompagnent les patients. Nous nous rendons dans l'une d'elles. En nous tenant la main, sans parler. Je ne sais pas pourquoi j'y vais. Je trouve Maxime très beau, mais il ne m'attire pas comme cela a toujours été le cas pour Beretzkoï.

Est-ce la solitude ou le besoin d'être désirée ; est-ce le besoin de sentir quelqu'un contre ma peau qui me fait marcher à ses côtés maintenant ?

La chambre est petite et fonctionnelle : un lit étroit, une table de nuit en métal, un placard avec un grand miroir central fendu. Aucun tableau sur les murs. Aucun tapis sur le sol. Ni drap ni couverture sur le lit.

Je m'arrête à la porte. La porte se ferme mais comme il n'y a pas de serrure, elle ne pourra pas être fermée à clef. Si quelqu'un entrait ?

— C'est un endroit très privé, dit Maxime comme s'il lisait dans mes pensées.

— Je pense .... qu'après tout je dois partir. Ce n'est pas bien, Maxime. Je suis désolée ... dis-je presque suppliante.

Il est tout près de moi, et je crois un instant qu'il va attraper la poignée de la porte derrière moi et l'ouvrir pour me laisser partir, mais non, il s'approche un peu plus et plie légèrement les genoux pour que nos visages soient à la même hauteur et m'embrasse doucement sur le front, puis sur le bout du nez, puis il se penche encore un peu et pose ses lèvres sur les miennes.

— Attends, murmure-t-il en m'éloignant de lui.

Il commence à se déshabiller tandis que je reste plantée, immobile, le dos appuyé contre la porte froide, sans pouvoir m'empêcher de le regarder. Il laisse tomber sa veste bleu nuit au sol. Il défait les boutons de sa chemise et l'enlève. Il a un corps parfait ; mince, aux formes sculpturales et sans poils. Je sens une chaleur intense m'envahir. Il est sexuellement excité, je m'étonne de ne pas trouver cela déplaisant. Au contraire, j'ai très envie de le caresser.

— Laisse-moi te déshabiller, dit-il.

Ses gestes sont rapides et sûrs, ma jupe et mon pull tombent sur le sol. Je dégrafe mon soutien-gorge moi-même. Je me déchausse. Mes mains courent sur le torse de Maxime ; sa peau est chaude, douce et parfumée. Je tente de mettre un nom sur cette odeur : du patchouli peut-être. Nous traversons la chambre et nous allongeons côte à côte sur le lit qui craque et crisse sous notre poids. Maxime glisse ses doigts dans mes cheveux, puis prend mon visage entre ses mains et m'embrasse profondément. Je ne sais plus où je suis. Je ne peux plus interrompre ce qui est en train de se passer ; je suis tenaillée par le désir de faire l'amour avec lui. Il glisse son corps sur le mien, des gouttes de sueur tombent de ses cheveux sur mes seins, il les aspire dans un baiser. Il est plus musclé, plus passionné que je n'en ai l'habitude. Nos deux corps se cambrent et s'entrelacent, se cherchent et se contractent. Il me pénètre. Il lâche un cri : Tania !

Je le serre très fort, ma tête contre sa poitrine.

J'ai l'impression de ne faire qu'un avec lui.

Je voudrais être amoureuse de lui.

-0-

En retournant rue Ob, nous n'échangeons dans la fourgonnette que très peu de mots. À l'horizon le ciel est rose. Le jour se lève.

Nous nous arrêtons devant ma *datcha*. Il se penche pour m'ouvrir la porte. Je me retourne et le regarde. Nos lèvres se rencontrent brièvement. Un baiser d'un frère à sa sœur. D'une mère à son enfant.

— Ce n'est pas comme ça que ça doit finir, Tania, dit-il.

En accord avec lui mais sans le dire, je suis frappée d'une panique qui me glace jusqu'aux os. Je rentre dans la *datcha*. Sans me retourner.

Qu'ai-je donc fait ?

-0-

Est-ce que l'adultère se voit ? Était-ce un adultère ? C'est ce qui me trotte dans la tête alors que, près du portail, j'attends Beretzkoï.

Il porte un nouveau pull-over noir. Il s'est fait couper les cheveux à Moscou et maintenant on voit des cheveux gris sur ses tempes. Je me demande s'il les avait avant ou si je ne les avais pas remarqués, tout simplement.

— Tu as l'air en pleine forme, dit-il

— Tu m'as manqué. Si seulement tu savais combien !

— C'est bien ce que j'espérais, dit-il en souriant.

Je prends les mains de Beretzkoï et les embrasse. J'aime ces mains, ce visage, l'être humain qu'il est. Mais je ne peux pas le regarder dans les yeux.

Je réalise que ce qui s'est passé avec Maxime ne doit plus jamais se reproduire. Ni avec Maxime. Ni avec quiconque. J'en suis sûre. Je suis à Beretzkoï et lui seul.

-0-

9

Cet automne, Beretzkoï et moi sommes très proches l'un de l'autre. À longueur de journée, il trouve toutes sortes d'excuses pour être avec moi. Où que je me trouve, il s'y précipite et me dit : Tania, viens t'asseoir, j'ai oublié de te dire quelque *chose*, ou bien, Tania, n'entreprends pas ça tout de suite, je voudrais que tu m'écoutes. Il m'appelle aussi dans la véranda. Tania, où es-tu ! J'accours, pensant que quelque chose de grave est arrivé, mais il veut seulement que je m'asseye auprès de lui quelques instants.

Étant donné ce grand besoin de proximité, Beretzkoï m'aide pour la première fois à préparer la *datcha et* le jardin pour l'hiver. Nous ramassons les feuilles mortes, taillons les arbres, coupons l'herbe, prélevons les plantes fragiles pour les transférer au grenier. Nous vérifions, reconstituons le stock de bûches, puis aidés de Kolia, installons un appentis en planches et tôle ondulée dans le jardin de derrière. Nous décrochons les rideaux, les lavons, les repassons et les pendons de nouveau. Nous lavons les couvertures. Avec l'aide de Kolia de nouveau, nous aménageons une *fortochka* (Note 93) dans la porte de la cuisine, parce que cet hiver, il y aura un chat à la maison. Nous vidons les placards pour voir ce que nous avons et ce qu'il nous faudrait acheter pour passer l'hiver. Nous jugeons qu'il y manque beaucoup de choses mais que cela n'a pas d'importance, car nous nous avons l'un l'autre.

-0-

Morne nous envoie des nouvelles d'Hitler par courrier. Ce premier octobre la fontaine de la Place Marx gèle déjà. C'est Maxime qui l'a remarqué le premier. Il a commencé à passer me voir moins fréquemment et lorsque nous sommes obligés de nous rencontrer, nous ne savons pas quoi nous dire.

Avec le temps qui refroidit, nos problèmes reviennent. Ou plutôt, ils ne nous ont jamais quittés. Nous les avions oubliés. Quelques temps.

Savez-vous que Mussolini s'est déplacé pour rencontrer Hitler ? Mussolini, l'homme du peuple, a pris tout simplement un train pour l'Allemagne, même s'il n'a pas voyagé en zhestki. S'en suivirent quatre jours de réceptions et de défilés, des choses que l'Europe ne connaîtra probablement plus jamais. Les uniformes du Petit Caporal et du Gros Duce et de leurs suites respectives étaient en soi un véritable spectacle d'opéra.

Nous savons que Mussolini est allé en Allemagne – en septembre – que sa visite a débuté à Munich où Hitler l'attendait, pour se terminer à Berlin. Nous savons aussi qu'il n'y eut pas seulement des réceptions, des défilés et des uniformes de fantaisie, mais aussi des manœuvres militaires et un rassemblement dans le Stade Olympique de Berlin auquel assistèrent près d'un million de spectateurs. Ce sont des choses qu'on a lues dans nos journaux. Nous essayons d'imaginer un million de personnes concentrées au même endroit.

Morne continue.

Mussolini a même visité la tombe de Frédéric le Grand et passé quelques heures agréables avec Göring, à jouer tous les deux avec le train électrique miniature du Reichsmarschall. On dit ici, que le plus grand admirateur de Mussolini en Allemagne est Göring. Tous deux s'étaient déjà rencontrés en 1933 quand Hitler avait envoyé Göring et Von Papen (Vice-chancelier du Reich) à Rome. Göring, Mussolini et le chef de l'aviation italienne avaient tellement fait la fête que Göring s'était trouvé mal durant le vol qui le ramenait à Munich ! Plus tard, Göring dira que cet étourdissement était dû au mauvais temps, à la trop basse altitude (pour des raisons de sécurité l'avion devait voler à 20 000 pieds) et au manque d'oxygène. Ici, les diplomates prétendent que Mussolini n'avait nullement été impressionné par les troupes ni l'équipement qu'il avait vus au cours des manœuvres militaires d'Hitler. On l'a même entendu dire à son Chef d'état-major, le Maréchal Badoglio, que quoi que fassent les Allemands, les Italiens feront mieux, et que l'armement allemand ne lui paraissait pas si létal que ça. Les Italiens se sont alors pavanés en déclarant que Mussolini avait bien raison de dire que les Anglais - et les Français, devrais-je ajouter – manquaient de clairvoyance. Après un Schnaps ou deux de trop, quelques uns allèrent jusqu'à dire qu'Hitler manquait de matière grise et qu'en conséquence, c'est à Mussolini qu'incomberait le devoir de sauver le monde. Autre chose entendue : Hitler s'amuse à imiter la rhétorique de Mussolini au grand rassemblement de Berlin. Se forçant à sortir le ventre – en glissant parfois un coussin sous sa vareuse –il écarte les jambes en tournant ses pieds vers l'extérieur, cogne le pupitre de sa main gauche tandis que la droite reste tendue dans un salut fasciste.

Au village, nous avons entendu dire que d'après la presse italienne, une alliance en bonne et due forme allait être signée entre l'Italie et l'Allemagne. Ce n'était qu'une question de temps. Sinistres nouvelles, avons-nous pensé. Elles nous ont terrifiés.

Les nouvelles de Moscou ont aussi de quoi nous terrifier. Les Moscovites disent que la *Chistka* – les gens parlent de plus en plus de la *Iejovschina* (Note 94) et sa soif de sang qui s'intensifient. Elle frappe maintenant les étrangers. Tous les communistes qui ont quitté leurs pays et leurs êtres chers pour venir aider la Russie à construire le premier état communiste du monde, sont sortis de leurs lits en pleine nuit pour être conduits dans les bois les plus proches où un peloton d'exécution les attend pour les fusiller.

Ils les ramassent tous, écrit Dan. *Quel réveil pour ces pauvres imbéciles qui ont fait le rêve suprême, le rêve des rêves.*

Même les étrangers qui avaient fui le fascisme allemand, italien et espagnol et s'étaient réfugiés chez nous où ils avaient été reçus avec drapeaux et fanfares, sont emmenés dans nos bois pour y être exterminés.

Ma mère m'écrit son angoisse pour mon père, car un de leurs amis, d'origine française, a été emmené.

Ils sont venus chercher le vieux Léo Petrovitch la semaine dernière. Quand il a demandé pourquoi, une brute d'un mètre quatre-vingts l'a assommé en hurlant, « voilà pourquoi, espèce d'espion ! » Ce cher Léo a quatre-vingt-six ans et il est diabétique. Ton père aurait-il dû le défendre ? Étant lui-même d'origine étrangère ? Est-ce que ton père doit prendre le risque d'aller au NKVD ? S'il leur disait que Léo était avec Lénine à Zurich, est-ce que cela aurait un sens pour ces gens-là ? Ils croiront peut-être que Zurich est le nom d'un bain turc de la région, car j'ai entendu dire que c'est la seule chose qui les intéresse : c'est là, qu'ils vont se débarrasser de leur stress. À propos, je me suis renseignée pour ce qui te concerne, et on m'a assurée qu'étant née d'une femme russe, tu es russe. Parfois on se demande si Staline est à ce point cruel et on en vient à espérer qu'il ne sait pas ce qui se passe, mais que dès qu'il le saura il fera cesser tout ça. Que tout ça finisse un jour…

Dans une des lettres de Galina, nous apprenons que Staline est réellement cruel.

Quelqu'un de bien informé nous a dit qu'Iejov ne faisait rien sans l'avis de Staline. Il envoie à Staline des propositions d'exécutions afin d'avoir son aval, et à l'encre bleue (il écrit toujours à l'encre bleue), Staline griffonne des commentaires du genre – « d'accord » ; « fumier, à mort ! »; « chien, la mort sans aucun doute ! » ou « porc, Tirez ! Tirez ! » en regard des noms. Parfois il écrit seulement – « premier degré ». Cela signifie la mort par balle. Ici à Moscou, circule la liste des noms et les lieux des camps de travail. Vous ne le croirez pas quand je vous dirai qu'il y a maintenant trente-cinq complexes de 200 camps chacun ? La plupart sont situés près de l'Arctique – vingt degrés au-dessous de zéro les jours les plus doux ! Nous avons demandé à plusieurs personnes combien de personnes sont détenus dans ces camps. On nous a répondu cinq, six, sept millions peut-être. Ça dépend si vous êtes optimistes ou pessimistes. Hommes et femmes. Était-ce ce à quoi ils pensaient lorsqu'ils nous ont promis l'égalité des sexes ?

Oui. C'est bien à ça qu'ils pensaient, répondit Beretzkoï à Galina.

Cet automne il est devenu illégal aussi de contester devant les tribunaux, de solliciter la clémence, ou d'attirer l'attention sur l'arrestation d'un être cher. Ce genre de choses, qui de toute façon, n'avait jamais été autorisé.

Oui, oui, je me rappelle trop bien toutes les demandes que j'ai postées au NKVD lorsqu'ils ont pris Dan, écrit Elena, sarcastique. *Oui, je me rappelle trop bien les jours où je suis restée plantée devant le mausolée de Lénine avec une pancarte implorant la clémence et l'interview que j'ai accordée à tous les correspondants de la presse étrangère qui m'ont interrogée sur Metelovsk.*

Cet automne nous apprenons aussi que Staline avait exigé que l'histoire de notre Révolution d'Octobre soit récrite. Il veut en être le héros au même titre que Lénine. Douchenka Koba a été sollicité pour ce projet.

Beretzkoï écrit un poème pour fait savoir à Morne que ce n'est pas encore le moment de publier ses poèmes à Paris.

Ris, ris, ris mon cher ami, car nous ne serons pas,
Je n'ai même pas besoin de te dire pourquoi
Chaque matin, à la première lumière,
Nous pensons que nous pourrions encore.
Mais toutes les nuits nous savons que nous ne pouvons pas,
Je n'ai même pas à te dire pourquoi.

Mais il reste encore des gens qui rient : Douchenka Koba, qui va récrire l'histoire de notre peuple ; Semion et Malioutka, parce que leur enfant, un garçon, vient de naître. Ils l'appellent Joseph.

-0-

10

— Tania, il est mort !

J'ignore de qui Beretzkoï parle.

— Il est mort, répète-t-il. Je l'ai tué. Hier soir. Je l'ai tué !

Je réalise enfin qu'il me parle de *Docteur Rudi Zinn*.

Hier soir, chez lui, il a mis un point final à son roman.

Il veut que je vienne immédiatement dans la véranda pour l'écouter me lire la fin du livre. Nous nous asseyons, il commence sa lecture.

Ce ne fut pas une mort douce que celle du docteur Rudi Zinn, sans être aussi violente que celles dont il avait été souvent le témoin, ou comme celle de sa mère, qu'il avait toujours en mémoire.

J'écoute la voix de Beretzkoï. Jamais forte d'habitude, elle résonne aujourd'hui comme si les mots venaient du plus profond de lui.

Le docteur Rudi Zinn est assis dans un tramway. C'est un homme âgé. Son manteau est devenu trop ample pour lui. Il se persuade que c'est parce que le tissu s'est distendu à force d'avoir servi. Il refuse d'admettre qu'il s'est tassé avec l'âge. Il lit la *Pravda*. Quittant le journal des yeux il voit, de l'autre côté de la rue, assise à un arrêt de tramway, une jeune fille en manteau violet. Son esprit fatigué lui fait croire que cette fille est Lili ; Lili dont il s'était séparé pendant la famine pour rejoindre sa femme et ses enfants et qu'il n'avait pas revue depuis. Il hurle au conducteur du tramway de s'arrêter pour pourvoir descendre, mais celui-ci lui hurle en retour qu'il doit respecter l'horaire. Ne voulant à aucun prix perdre Lili de nouveau, Rudi saute du tramway en marche. Il glisse dans la neige, tombe sous les roues d'un tramway arrivant en sens inverse. Écrasé, il gît mourant dans la neige, regarde ce tramway s'arrêter et la fille, qui n'a pas vu l'accident, monter à bord. Il essaie de l'appeler comme cela arrive dans les rêves, il pense qu'il l'appelle – mais le tramway passe, elle ne le regarde même pas. Elle parle au contrôleur du tramway et lui sourit gentiment. C'est un jeune homme séduisant qui ressemble à Rudi quand il était jeune. Le docteur pousse un dernier soupir, la mort l'emporte.

— Laisse-moi lire le dernier paragraphe moi-même s'il te plaît, demandé-je à Beretzkoï.

Il me tend la dernière page que je lis tout fort.

C'est ainsi que finit la vie du docteur Rudi Zinn. Ceux qui s'étaient attroupés pour voir ce qu'il se passait et se demandaient avec anxiété qui était ce vieil homme, purent voir, lorsque ce fut la fin, que le vieil homme souriait. Ils ne sauront jamais qu'il était mort heureux parce qu'il avait vu la fille sourire et qu'il savait, comme tous les hommes, que lorsqu'une fille est malheureuse, elle ne sourit pas. Son départ ne lui avait donc pas brisé le cœur. C'était ce qu'il avait redouté.

Je regarde Beretzkoï : il est en pleurs.
Je fonds en larmes aussi.

-0-

Au cours de l'après-midi, Beretzkoï me demande de taper le manuscrit. Il comprend six-cent-quatre-vingt-dix pages manuscrites. Certaines sont recto verso. Ce sont celles qu'il a écrites pendant la famine lorsque nous manquions de papier. Il me demande d'en faire quatre exemplaires. Un pour nous, un autre pour l'envoyer aux Olminski, un à Galina et le dernier à Morne, à Paris.

J'installe la machine à écrire sur la table de la cuisine et commence à taper. Il entre dans la cuisine et me demande d'en faire cinq exemplaires au lieu de quatre parce qu'il veut en envoyer un à Semion.

— J'aimerais que ce roman soit publié ici, dans notre pays. Il faut qu'on entende la voix du Docteur Rudi Zinn parce qu'une nation qui ne parvient pas reconnaître les crimes de son passé, ne peut pas vivre en paix et en harmonie avec son présent et par voie de conséquence n'a pas d'avenir, dit-il.

-0-

Maxime m'apporte du papier machine, des feuilles de carbone et des rubans de machine à écrire. Il me demande ce que je suis en train de taper. Je lui dis que Beretzkoï a écrit un livre.

— Une fiction ? demande-t-il.

— Ça parle de la Russie, dis-je.

— Donc, ce n'est pas une fiction, déclare-t-il.

— Non, dis-je. C'est sur la vie.

Je tape à chaque moment libre, même jusqu'à la nuit tombée.

— Comme tu tapes vite ! dit Ivan.

La *datcha* des Gromiko est juste en face. Je ne me rendais pas compte qu'on entendait le bruit de la machine si loin dans la rue Ob.

— C'est un bruit plutôt envahissant, dit-il.

— Qu'est-ce donc que tu tapes ? demande Anna.

Je ne tiens pas à le lui dire, n'ayant parlé du roman à aucun de mes voisins.

— L'encyclopédie, dis-je en mentant.

Je leur raconte que le camarade Staline est pressé de la faire publier, alors les yeux d'Anna s'ouvrent tout grands.

— Alors, n'arrête pas de taper, ma chère petite !

Ils me disent que si le bruit devient trop gênant, ils mettront des disques. Leur fille qui habite à Moscou, leur a procuré un gramophone et quelques disques.

— Mais nous allons bientôt manquer d'aiguilles, dit Ivan.

J'attends Maxime dans la rue à l'heure où je sais qu'il passera en revenant de son travail.

— J'ai besoin d'aiguilles de gramophone de toute urgence, lui dis-je.
— Tu as l'intention de donner des leçons de danse ? demande-t-il en souriant à demi.
— Je veux les donner aux Gromiko parce que le bruit de ma machine les gêne.

Il m'apporte six paquets d'aiguilles de gramophone, fabriquées en Amérique.

Il n'y aura plus de réclamation venant des Gromiko, mais moi, j'entends leur musique, de la merveilleuse musique russe.

Je tape les six-cent-quatre-vingt-dix pages en une semaine. Dans la cuisine pendant la journée, dans la véranda le soir. Mon cerveau est saturé de cliquetis des frappes et les bouts de mes doigts sont noirs d'encre et insensibles.

— Nous formons une bonne équipe, dit Beretzkoï.
— Tu es un bon patron.
— J'aurais aimé être aussi un bon époux. Ton bon époux.

Je lui dis que c'est ce qu'il est.

-0-

11

C'est le milieu de la nuit. Chez les Beretzkoï, dans le couloir le téléphone accroché au mur sonne bruyamment. Beretzkoï se précipite pour décrocher.

— Je te réveille ? dit une voix à l'autre bout de la ligne.
C'est Douchenka Koba.
— Pas seulement moi, mais toute la rue Léna, murmure Beretzkoï.
— Je pensais que tu ne décrocherais pas, dit Douchenka Koba.
— Eh bien, me voilà !
— Connais-tu la nouvelle ? Olminski a été arrêté !
— Dan ?
— Tu en connais un autre ?
— Bien sûr, répond Beretzkoï, Elena.
— Non, c'est lui. Mais elle est venue à *Profpro* demander de l'aide. C'est comme ça que j'ai appris l'arrestation de Dan.
Une Elena échevelée avait fait irruption dans l'immeuble de *Profpro* en demandant à parler au camarade président du syndicat.
Beretzkoï demande quand cela s'est passé.
— Ce matin même. Elle est venue au bureau ce matin.
Douchenka Koba ignore quand Dan a été arrêté.
— Où est-ce qu'on le détient ? Tu le sais ?
Douchenka Koba est incapable de le dire.
— Elle m'a insultée, cette madame Olminskaïa !
— Est-ce que tu l'as aidée au moins ?
— Qui suis-je, moi, pour pouvoir aider quelqu'un ?
— *Profpro*, dit Beretzkoï. Toi... Tu représentes *Profpro*. Ou quelqu'un de *Profpro*. N'importe qui de *Profpro*.
Non, personne à *Profpro* n'a voulu écouter ce qu'elle avait à dire.
— C'était un agitateur, dit Douchenka Koba avec assurance.
— Sais-tu où se trouve Elena à présent ?
— Suis-je le gardien d'Elena ?
— Ça, c'est de la Bible, dit Beretzkoï. Dois-je te dénoncer comme un croyant ?
— Voilà que tu dis des cochonneries !
Beretzkoï entend des bruits de pas dans l'escalier. Nadejda Konstantinovna apparaît derrière lui. Elle est pieds nus et noue sa robe de chambre en la serrant autour de sa taille.
— Qu'est-ce qu'il se passe ?
— Daniel Mironovitch Olminski a été arrêté.
— Qui est au téléphone ?

Beretzkoï le lui dit.

— C'est à cette heure-ci de la nuit qu'il t'appelle au sujet de cette ordure d'Olminski ? Il n'aurait pas perdu la tête ?

Non, répond Beretzkoï à sa femme, nous avons tous perdu la tête.

Elle se tourne et remonte à l'étage en parlant toute seule.

Douchenka Koba, qui a dû entendre la conversation entre Beretzkoï et Nadejda Konstantinovna, explique qu'il aurait bien attendu le matin pour appeler, mais il voulait s'assurer que seul Dan avait été arrêté.

— Qu'est-ce que tu entends par seul ?

Douchenka Koba tousse.

— Mon cher ami, je craignais que toi aussi, on t'ait arrêté. Avec tous ces gens que vous recevez ces jours-ci, cela ne m'aurait pas surpris.

-0-

12

Nous sommes assis dans la cuisine. Kolia est là aussi. Nous ne pouvons parler que de Dan et d'Elena. Maxime nous rejoint. Un peu plus tôt, un patient tout juste arrivé de Moscou, l'avait mis au courant de l'arrestation.

Beretzkoï et moi décidons que l'un de nous se rende à Moscou pour être auprès d'Elena. Je propose que ce soit moi. Je sais que Beretzkoï et moi avons dépensé pas mal d'argent cet été, mais il faut que j'aille soutenir Elena. Maxime dit que je pourrais faire des économies en ne prenant pas le train pour me rendre à Moscou.

— Prends plutôt notre autocar.

La clinique dentaire possède maintenant un car qui fait le trajet entre le village et Moscou. Il est réservé aux patients de la clinique, mais Maxime dit qu'il va s'arranger avec le chauffeur pour qu'il me laisse monter.

— C'est une très bonne idée, dit Beretzkoï.

Ne voulant rien devoir à Maxime, j'allais décliner son offre, mais pour éviter toute embrouille ou tout soupçon de la part de Beretzkoï, j'opte pour cette solution.

Je sors préparer mes affaires.

Maxime étant retourné à son grenier, Beretzkoï me rejoint dans la chambre. Il reste là, à me regarder fourrer mes vêtements dans une valise.

— Pourquoi faut-il que Maxime se mêle toujours de ce qui ne le regarde pas ? dis-je brutalement.

— De ce qui ne le regarde pas ? C'est une étrange expression en parlant de Maxime.

— N'empêche, ça ne le regarde pas.

— Je crois qu'il essaie d'aider, Tania. Là tu es vraiment excessive.

Il est contrarié.

— C'est juste ... juste que je ne veux pas être une gêne pour personne.

— Tu n'es pas une gêne, Tania. Tu es sotte !

-0-

— Votre petit ami ne devrait pas tarder, dit le chauffeur du car.

— Mon quoi ? demandé-je avec quelque appréhension.

— Le camarade Maxime Mikaïlovitch, bien sûr.

Le car est à l'arrêt devant la clinique, attendant que les patients aient terminé leurs soins avant de repartir pour Moscou. Le chauffeur m'a désigné la banquette arrière. Il se montre aimable. Il s'assied sur le siège face au mien, repose les bras sur le dossier du siège, commence à me parler de lui. C'est un sergent de l'Armée

Rouge à la retraite. Il habite au village maintenant. Il y a deux ans, il a perdu sa femme. Il apprécie ce travail de chauffeur, il peut ainsi connaître des gens.

— Comme votre petit ami, dit-il.

— En fait, ce n'est pas mon petit ami, rectifié-je.

— C'est dommage, dit-il. Un jeune gars si bien.

Je dis au chauffeur que je suis mariée. C'est ce que je me dis toujours dans mon for intérieur.

Portant une valise et une petite caisse en bois, Maxime arrive avec les autres passagers. Il pose la valise et la caisse avec la mienne dans le filet au-dessus de nos têtes.

Il s'assied auprès de moi.

— Ce n'était pas prévu, dit-il précipitamment.

— C'est moi qui ne devrais pas être là.

Le car démarre. Les passagers font signe à une infirmière penchée à une fenêtre. Maxime lui fait aussi signe de la main, je me sens obligée d'en faire autant.

Les adieux étant terminés, Maxime se tourne vers moi et pour attirer mon attention, me donne une petite tape sur l'épaule.

— Tania, comme c'est la première fois que ni Beretzkoï ni son espion Kolia ne sont présents, je tiens à te dire que je te demande pardon pour cette nuit de l'été dernier. Je ne la regrette pas, ça non, mais je regrette que tu la regrettes.

Je me mords la langue.

— Oublie tout ça, lui dis-je brutalement.

Je fixe le paysage qui défile derrière la vitre en quête de quelque diversion. Nous passons devant la statue de Lénine, Place Karl Marx. La fontaine qui se trouve derrière elle est gelée.

Maxime pose une main sur mon bras.

— Allez, Tania, je t'en prie !

On dirait un petit garçon qui essaie de convaincre un copain de venir jouer au ballon avec lui.

Mon regard s'éloigne de la fontaine.

— Je regrette cette nuit, oui.

— Je le sais. Je le savais déjà cette nuit-là.

— Alors tu comprendras pourquoi je me sens coupable, coupable et ...

Sa main tremble légèrement sur mon bras.

N'en dis pas plus.

L'ancien sergent de l'Armée Rouge conduit lentement car la route Moscou Minsk est couverte de verglas, il s'arrête fréquemment pour inspecter les pneus, en frappant dessus comme un médecin frappe la poitrine d'un enfant qui a un rhume. De son siège, il nous invite à descendre pour nous détendre les jambes ou nous soulager avant le prochain arrêt. Nous devrons le faire derrière un arbre.

Arrivée à Moscou, je donne à Maxime le numéro de téléphone de mes parents.

— Pourquoi ? demande-t-il.

— Si tu as un moment, tu peux venir.
— Merci. J'interprète cette invitation comme un geste de réconciliation.
Je ne réponds pas, il plie le papier et le glisse prestement dans sa poche.
C'est ma mère qui m'ouvre la porte et me voilà de nouveau sans l'avoir prévenue, elle devient blême comme la fois précédente.
— Maman, ce n'est pas ce que tu penses ! dis-je aussitôt.
Je lui raconte pour Dan.
— Tu ne dois pas t'en mêler, me prévient-elle sévèrement.
Je lui demande comment elle peut dire une chose pareille.
— Voltaire ! répond-elle. On dirait mon père.
Mon père n'est pas à la maison. Il est allé jouer aux échecs avec un ami dans le Parc de la Culture et de Repos à proximité.
— La vie revient peu à peu comme avant, ici à Moscou. La *Chistka* n'est pas tout à fait finie bien sûr, mais maintenant nous sommes moins inquiets, ton père joue assez souvent aux échecs, m'explique ma mère.
Parle pour toi, maman ! hurle une petite voix au fond de moi.
Je me rends immédiatement à l'appartement des Olminski.

-0-

Elena n'ouvre pas la porte. J'ai beau frapper.
— Elena, tu vas bien ? demandé-je à travers la porte.
J'appuie mon front contre la porte.
— Elena, je t'en prie, ouvre-moi !
— Vous cherchez quelqu'un ? dit une voix derrière mon dos.
Je me retourne et me trouve face à un jeune homme en pyjama.
— Oui. Je suis venu rendre visite à Elena Fiodorovna Olminskaïa.
— Sa porte n'est pas fermée à clé. Tournez la poignée, me dit-il.
Je tourne la poignée, pousse la porte, pénètre dans le salon. La pièce, qui en des temps plus calmes, était en désordre est aujourd'hui complètement dévastée. Le rembourrage du canapé, des fauteuils a été arraché ; les étagères renversées ; les livres à moitié déchirés ; un matelas est en travers de la porte de la chambre ; dans la cuisine quelques dalles ont été soulevées, sur la table se trouve une marmite de *kacha* avariée. Ça empeste.
— Pouvez-vous me dire ce qu'il s'est passé ? demandé-je au jeune homme. Il m'a suivi dans l'appartement.
— Non.
— Savez-vous s'il y a quelqu'un qui est au courant ?
— Non.
— Ces personnes sont mes amis et je veux savoir ce qu'il leur est arrivé. Si vous le savez, je vous en prie, dites-le moi.
— Moi, je ne sais pas, mais je connais quelqu'un qui pourrait le savoir.
Il m'entraîne dans le couloir jusque dans la cuisine communautaire. Une femme est en train de repasser un drap humide.

— Elle, elle sait, dit le jeune homme.

Je veux remercier le jeune homme, mais il n'est plus derrière moi. Il s'est presque enfui de la cuisine.

Je tends la main à la jeune femme.

— Je m'appelle Tatiana …

— Ça ne m'intéresse pas de savoir qui vous êtes. Je ne m'occupe que de mes propres affaires, m'interrompt-elle.

— Je vous en prie. Je voudrais savoir ce qui est arrivé à Elena Fiodorovna Olminskaïa. C'est mon amie.

— Ce n'est pas la mienne ! répond sèchement la femme, en se penchant en avant pour exercer plus de pression sur un faux pli du drap étendu devant elle sur la table.

— Allez vous faire foutre ! lui dis-je furieuse.

Je lui tourne le dos pour m'en aller.

— Écoutez ! Attendez ! Ne partez pas !

— Vous êtes détestable, lui dis-je.

— On m'a dit qu'elle était partie, dit la femme brusquement.

— Quand ? Quand est-elle partie ?

— Pas ce matin.

— Hier ?

— Pas hier. Avant hier.

— Était-elle seule lorsqu'elle est partie ?

— Ils sont venus la chercher. C'est tout ce que je sais.

— Je suis son amie. Je veux l'aider.

— Vous ne le pourrez pas.

— Ça ne m'empêchera pas d'essayer.

— Ben, je ne peux pas vous aider !

— Vous l'avez déjà fait. Je vous remercie.

La femme me lance un regard sans pitié en plissant ses yeux noirs.

— Je ne m'occupe que de mes affaires, seulement de mes affaires et vous devriez en faire autant, me dit-elle.

-0-

Je reprends le tramway pour retourner chez mes parents. Mon père est revenu de sa partie d'échecs. Ma mère l'a mis au courant pour Dan et lui a dit que j'étais allée voir Elena. Je trouve mon père dans la cuisine, assis à la table, buvant du thé en lisant la *Pravda*.

— J'imagine qu'elle n'était pas là.

— Je t'en prie, papa, dis-je.

— Alors, elle n'y était pas, c'est ça ? Chez elle ?

— Non, dis-je, elle n'y était pas, parce qu'ils l'ont aussi emmenée.

Mon père tire une chaise et me fait signe de m'asseoir.

— Tanochka, tu ne peux rien pour elle.

Ma mère entre dans la cuisine.
— Vassili, dit-elle durement, Tu t'en souviens ? On ne peut rien faire, Tania !
— Mais alors, nous ne sommes rien, nous ne valons rien dans ce pays ?
— Nous ne sommes rien, confirme mon père avec fermeté.
— Alors que la Russie soit maudite ! dis-je avec force.

Je tape du poing sur la table, la théière se renverse du samovar en répandant du thé sur la *Pravda* de mon père. Calmement, il ramasse la théière, la repose sur le samovar. Ma mère lui tend un chiffon pour essuyer le thé.
— Je suis désolée, je ne sais plus quoi faire, m'excusé-je.

Mon père soupire.
— Ma chère Tanochka, tu as tellement tord. Tu ne dois pas maudire la Russie pour la folie de quelques individus. La Russie souffre aussi. Notre pauvre chère patrie souffre. Elle souffre comme nous tous. Mais nous ne souffrirons pas toujours, pas plus que notre patrie chérie. Un jour ... cela arrivera, pour nous comme pour elle. Alors, n'injurie plus la Russie devant moi. Tu m'as compris ?

Pour moi, la seule chose à faire, c'est d'aller chercher de l'aide auprès de *Profpro*. Comme Elena. Elle n'avait pas réussi, mais je pense avoir plus de succès. J'irai directement voir Douchenka Koba. Ce n'est pas précisément mon ami, et je ne fais pas partie des siens. En réalité, je sais qu'il ne m'aime pas, je ne l'aime pas moi non plus. La première fois que je l'ai vu, c'était lors d'un rassemblement de *Profpro*. Je venais alors d'entrer à la *Pravda*, lui était un important personnage du syndicat. Un cours d'une conversation, je l'avais repris après qu'il ait dit que Versailles était la capitale de la France. C'était un lapsus, m'avait-il rétorqué avec rudesse et colère. Je sais que sa femme et lui sont des amis de Beretzkoï, et bien que je ne l'aie pas aperçu depuis que je suis venue m'installer au village, je me doute que lui – ainsi que sa femme – doivent me détester pour ce que je suis.

Je l'appelle de la poste à côté de chez mes parents.
— Mon nom est Tatiana Nikolaïevna Brodovskaïa, j'aimerais beaucoup avoir un rendez-vous avec vous.
— À quinze heures, dit-il. Cinq minutes.

Je ne lui ai pas dit le motif de ma visite.

Sa secrétaire m'invite à m'asseoir sur un tabouret inconfortable et me demande de patienter.

Elle n'est pas très jeune, porte des lunettes perchées au bout de son nez. Elle a des dents irrégulières et jaunes. Elle tape assez maladroitement car la barre d'espacement est absente et pour passer d'une ligne à l'autre, elle doit sans cesse tourner la petite roue sur le côté de la machine. À quinze heures précises, elle se lève et me prie de la suivre. Douchenka Koba est assis derrière son bureau, son crâne luisant penché sur un registre. Il fait comme s'il ne nous avait pas vues entrer. La secrétaire me regarde, fait la moue, se retourne et sort. Je ne bouge pas. Je me mets à compter mentalement, j'en suis à cent vingt quand Douchenka Koba lève la tête et me regarde. Il ne me salue pas mais me désigne une chaise.
— Merci de me recevoir, dis-je en m'asseyant.
— J'ai dit dix minutes, ce sera dix minutes.

Je suis tentée de lui demander si on pourrait en ajouter deux, pour le temps où j'ai attendu qu'il s'occupe de moi. Je préfère lui dire que je serai brève.

Sur son bureau, il y a deux tas de trombones. L'un à sa droite, l'autre à sa gauche. Il prend un trombone dans le tas de droite et commence à l'étirer. En moins d'une minute, je lui dis qu'Elena a disparu, qu'elle a probablement été arrêtée et que j'espère qu'il pourra faire quelque chose pour elle.

— Quoi, par exemple ? demande-t-il.

Le trombone complètement étiré se retrouve maintenant sur le dessus du tas de gauche. Il me jette un regard furieux.

— J'aimerais vraiment que tu me précises ce que je peux faire pour elle ? Brandir une baguette magique et la voilà ?

— Je ne voulais pas dire vous personnellement, mais notre syndicat.

Il finit d'étirer le trombone et en prend un autre.

— Tu es donc encore un membre du syndicat ?

— J'en fais toujours partie, oui, mais il ne s'agit pas de moi aujourd'hui. Je ne suis pas venue parler de moi.

— Il s'agit de toi parce que tu es dans mon bureau et que tu as demandé l'aide du syndicat

— Pas pour moi-même. Pour Elena.

— Permets-moi de t'interrompre. Nous ne pouvons rien faire pour cette femme-là.

— Vous pourriez essayer. Il doit bien y avoir un moyen.

Je le supplie presque.

— Il n'y a plus rien à ajouter.

— Je ne connais personne d'autre à qui demander. S'il vous plaît ?

Maintenant je le supplie carrément.

— Alors, tu crois que tu peux venir me voir, comme ça, parce que toi et moi sommes des amis ? Je ne savais même pas que nous nous connaissions.

Il me regarde, le dégoût que je lui inspire suinte par tous les pores de sa peau.

— Vous savez qui je suis.

Il rit.

— Tu as raison. J'ai entendu parler de toi. Je ne sais que trop qui est Tatiana Nikolaïevna Brodovskaïa !

— Ce n'est pas pour moi, dis-je en criant, la voix brisée.

— Sors d'ici ! hurle-t-il.

Il claque le dessus du bureau avec les paumes de ses mains, les deux tas de trombones s'effondrent.

La porte s'ouvre et la secrétaire entre. Elle a dû écouter à la porte : elle est toute rouge et tremble.

— Faites sortir cette femme ! Remettez-la dans la rue à laquelle elle appartient ! lui ordonne-t-il en hurlant.

La secrétaire ne dit rien et me fait signe de la suivre.

— Estime-toi heureuse que je ne te fasse pas arrêter pour avoir sollicité de l'indulgence à l'égard d'une terroriste ! me crie Douchenka Koba.

En silence la secrétaire et moi quittons l'immeuble, mais une fois sur le trottoir, elle se tourne vers moi et me dit qu'elle a trois enfants qu'elle élève seule.

— Pourquoi me dites-vous cela ? demandé-je.

— Je vous le dis parce que je voudrais que vous compreniez pourquoi je n'ai pas dit à ce salaud d'aller lui-même se faire foutre, me répond-elle.

-0-

Maxime est chez mes parents. Il a appelé ma mère qui lui a demandé de venir. Elle lui prépare des oignons frits, il lui avait dit qu'il les aimait. Maxime n'est pas le seul à apprécier quelque chose ici. Mes parents aussi. Manifestement, ils apprécient Maxime.

-0-

Après avoir dîné, je sors dans la rue avec Maxime.

— Tania, en venant ici je suis passé devant une taverne. Ça avait l'air pas mal. Allons-y prendre un verre, me propose-t-il.

— Non, Maxime, dis-je. Je te remercie, mais c'est non.

Il me dit qu'il s'y attendait, tout en espérant que je change d'avis.

Ces dernières années m'avaient enseigné qu'il était vain d'espérer, mais je ne le lui dis pas.

-0-

En retournant à Zernoïe Selo, dans le car je parle à Maxime de ma visite à Douchenka Koba. Cette fois encore, c'est le sergent retraité de l'Armée Rouge qui est au volant. Aujourd'hui il conduit encore plus prudemment, parce que les essuies glaces ne fonctionnent pas et qu'il doit se pencher à la fenêtre pour voir la route.

Je demande à Maxime de ne pas parler à Beretzkoï de ma visite à Douchenka Koba.

— À ce que je vois, nous collectionnons les secrets, dit-il en souriant.

Il va m'en confier un autre.

— Je suis allé à Moscou pour mettre au point mon projet de défection.

Il doit partir dans quinze jours.

-0-

13

Chez les Beretzkoï le téléphone sonne. Tard le soir, de nouveau.

Beretzkoï n'est pas encore couché, il travaille à son bureau. Il entend, plus distinctement que jamais sur un téléphone soviétique, une voix de femme lui dire que le camarade Staline désire lui parler.

— Ne raccrochez pas, je vous prie, dit la femme.

Beretzkoï pense que quelqu'un le fait marcher.

— Bonsoir, j'apprends que du côté de chez toi le temps n'est pas meilleur qu'ici à Moscou, lui dit une voix d'homme.

C'est vraiment la voix de Staline. Beretzkoï reconnaît son accent géorgien nasillard.

— Bonsoir.

Beretzkoï a complètement oublié d'ajouter *camarade*.

— Tu as dû croire que j'avais oublié que nous avions convenu de nous rencontrer pour parler poésie. Non, non, non, je n'ai pas oublié. Mais ici à Moscou on me donne beaucoup de travail.

Staline prend un ton jovial.

— Je comprends, camarade Staline.

Beretzkoï n'oublie pas d'ajouter *camarade*, cette fois.

— Nous avions fait le projet de nous voir ici à Moscou, tu te le rappelles ?

— Oui, camarade Staline, je m'en souviens.

— Alors ta mémoire est meilleure que celle de la bande de crétins qui m'entoure ici, parce que, crois-moi, il leur arrive même d'oublier de se lever le matin !

Staline rit. C'est un grognement plutôt qu'un rire.

Beretzkoï n'est pas certain de devoir rire aussi.

— De toute manière, c'est de poésie que je veux parler avec toi. Ou de ceux qui en écrivent. Ou de ceux qui devraient en écrire, mais qui, au lieu de ça, préfèrent déprécier les autres.

— Vous voulez dire d'autres poètes, camarade Staline ?

Beretzkoï jette un coup d'œil à sa montre. Il est minuit vingt-cinq.

— Non, non, non ! Je parle des politiciens. Des chefs. De ceux qui font de leur mieux pour mettre de quoi manger dans chaque bouche et un vêtement chaud sur chaque dos.

— Ah, je vois, camarade Staline.

— Dis-moi ? Qu'est-ce qu'on raconte de ton côté à propos d'Olminski ?

— Le camarade Olminski, camarade Staline ?

— O-l-m-i-n-s-k-i, épelle Staline. Son arrestation.

— Nous ... lui et moi ... nous sommes tous deux des poètes, camarade

Staline...

— Et des amis ? interrompt Staline.

— Aussi, camarade Staline.

— Mais lui et toi, vous êtes différents ? C'est bien ce que tu veux me dire ?

— Non, camarade Staline. Ce n'est pas ce que je veux dire. Ce que je veux dire, c'est que je ne me permets jamais d'insulter un autre être humain.

— Bien, un bon point pour toi !

De nouveau, Staline insiste pour savoir ce qu'on dit à Zernoïe Selo à propos de l'arrestation de Dan. Beretzkoï lui répond qu'il n'a encore rencontré personne au courant de son arrestation.

— Qu'est-ce que tu me racontes ! Ne me dis pas que les gens de Zernoïe Selo ne savent pas lire ! C'est dans la *Pravda* et les *Izvestia* ! Avec tout l'argent que j'ai dépensé pour construire des écoles, tout le monde devrait savoir lire !

— Les écoles fonctionnent bien, camarade Staline.

— Elles ont intérêt. Donc tout le monde sait pour Olminski. Que dit-on ?

— Je n'en sais rien, camarade Staline.

— Ils devraient dire qu'avec ce poème, Olminski a commis une faute inqualifiable.

De quel poème Staline parle-t-il ?

Beretzkoï le lui demande.

— De ce poème répugnant à mon sujet !

— Je ne connais pas ce poème, camarade Staline, dit Beretzkoï avec sincérité.

— Je vois que tu ne cherches pas à le défendre.

— Bien au contraire.

Staline grommelle.

— En réalité, camarade Staline, j'aimerais vous parler d'Olminski et pas seulement de lui, mais de nous tous.

— Viens à Moscou et tu en auras l'occasion, mais pour le moment, c'est Olminski qui m'intéresse.

— Nous pourrons parler d'Olminski, certainement, camarade Staline, mais j'aimerais parler avec vous de la vie en général.

— De la vie ? Hum, ce n'est pas une mauvaise idée.

— Et de la mort, camarade Staline. J'aimerais vous parler de la vie et de la mort.

— La vie et la mort. Voilà de bien grands mots pour des événements insignifiants. On naît et on meurt. La vie ! La mort ! Voilà !

On entend un bruit sur la ligne, comme si quelqu'un frappait sur le micro avec un objet tranchant. Suivi d'un silence.

— Camarade Staline ! Camarade Staline ? appelle Beretzkoï.

Personne ne répond.

Staline a raccroché.

Beretzkoï entend un bruit derrière lui.

— Tu viens de dire camarade Staline ? Tu as appelé cette personne camarade Staline !

Nadejda Konstantinovna est dans l'encadrement de la porte comme la nuit où Douchenka Koba avait appelé au sujet de Dan.
— C'est ainsi qu'on doit s'adresser à lui, répond Beretzkoï d'un ton moqueur.
Elle écarte des mèches de son visage. Ses mains tremblent.
— Tu parlais avec le camarade Staline ?
— Oui.
Elle applaudit de joie.
— Les garçons ne vont pas le croire !
Elle remonte à l'étage, Beretzkoï lui crie de dire à ses fils que le camarade Staline ne sait pas dire bonsoir.
Que le camarade Staline est mal poli.

-0-

Le téléphone sonne de nouveau. C'est le matin, Beretzkoï et Nadejda Konstantinovna prennent leur petit déjeuner. Elle se lève brusquement pour décrocher. Semion est au bout du fil. Il se présente, elle lui dit qu'elle est enchantée de l'entendre, puis elle passe le récepteur à Beretzkoï, de l'autre côté de la table.
— Je l'aime bien ! dit Semion.
— Qui ça, Semion ? demande Beretzkoï.
— Votre médecin !
— Le roman ?
— Le roman. Nous l'avons tous aimé.
— Tous ?
— *Gozuzdom*. Les camarades.
Sa secrétaire a tapé plusieurs exemplaires du manuscrit qu'il a transmis à tous les éditeurs de *Gozuzdom*. Ils veulent publier le roman.
Ils aimeraient seulement faire quelques modifications.
— J'exagère en disant *quelques*, dit-il. Votre roman est merveilleux, absolument magnifique. Félicitations !
Il se propose d'écrire à Beretzkoï pour lui en dire plus.

-0-

14

Après trois jours de grosses chutes de neige, je fais le tour du jardin pour voir si mes arbres et les légumes d'hiver ont subi des dégâts.

Le portail est ouvert, Maxime entre dans le jardin.

— Tania ? Qu'est-ce que tu fais dehors avec ce temps ? demande-t-il.

Il remonte le col en peau de mouton de sa veste de cuir pour protéger ses oreilles. C'est la première fois que je vois cette veste : ce doit être une acquisition récente.

— Tu as un moment ? demande-t-il.

Je jette un coup d'œil par-dessus mon épaule pour voir si Beretzkoï travaille encore à l'encyclopédie dans la véranda : il y est.

— Bien sûr, dis-je. Entrons dans la cuisine.

— Non. Pas à l'intérieur. Ici. Je ne serai pas long. Je pars demain.

— L'Amérique ?

— L'Amérique.

— Ce sera donc adieu.

— C'est triste, dit-il. Maintenant que je suis sur le point de partir je suis triste.

— Peut-être pourras-tu revenir un jour. Si ce n'est pas définitivement, au moins pour une visite.

Je voudrais lui dire qu'il n'est pas forcé de partir, mais les mots ne sortent pas.

Il déglutit à plusieurs reprises. Sans doute a-t-il la gorge nouée.

— Non, je ne pourrai pas revenir, dit-il. Je n'ai aucune illusion. C'est sans retour.

Il me dit qu'il est passé partout, a tout regardé, tout touché, en se disant que c'était la dernière fois. Qu'il ne le ferait plus jamais.

— Ça fait mal.

Il se détourne, je ne vois plus son visage.

Il parle de nouveau, les yeux baissés.

— Tania, ça fait terriblement mal, je ne m'attendais pas à ce que ça fasse si mal de partir. J'ai bien essayé de trouver des raisons de rester, d'oublier tout ça.

— Mais tu n'y es pas arrivé ... à trouver des raisons ?

— Je croyais en avoir trouvé une.

Il ne se tourne toujours pour ne pas me regarder. Je préfère qu'il en soit ainsi. J'ai envie de le toucher, de le réconforter, mais mes bras me restent collés au corps, refusant obstinément d'obéir à ma tête.

— Je ne veux pas que Beretzkoï le sache, dit-il.

— Maxime ... regarde-moi, lui dis-je.

Ce qu'il fait. Ses yeux sont remplis de larmes.

— Je ... tu ... pour lui je me rends seulement à Budapest assister à une conférence dentaire.

— Si tu préfères, c'est entendu, Maxime.

— Je voulais te demander si tu permets que je vienne te dire au revoir un peu plus tard.

— Plus tard ?

— Dans la soirée.

Je me retourne en entendant derrière nous des pas qui crissent dans la neige profonde. C'est Beretzkoï qui s'approche en tendant la main à Maxime.

— Ça, c'est de la veste, Maxime ! dit-il en lui donnant une tape sur l'épaule.

— Elle est américaine, répond Maxime.

— Comme tu le seras un jour, dit Beretzkoï.

Comme c'est vrai.

Maxime annonce à Beretzkoï qu'il est sur le point de partir pour Budapest assister à une conférence. Il sera absent pendant cinq jours.

— J'ai entendu dire que Budapest est le plus bel endroit du monde, lui dit Beretzkoï.

— C'est ce qu'on dit aussi de Léningrad, répond Maxime. Et de Venise.

— Et de Paris, ajouté-je.

— Elle rêve de voir Paris un jour, dit Beretzkoï avec un large sourire.

— Les femmes sont des rêveuses, dit Maxime.

Lui aussi, dit-il. Il est rêveur.

— Je sais, dis-je. De l'Amérique.

— Et de bien d'autres choses, Tania.

Les regards des deux hommes se portent sur moi.

Si seulement je pouvais lire dans leurs pensées.

Il fait froid dehors, Beretzkoï déclare que si nous voulons parler plus longtemps, il vaudrait mieux le faire à l'intérieur, mais Maxime fait un geste pour le retenir.

— Non je dois partir. Je vous dis au revoir maintenant, parce que je ne vous reverrai probablement pas avant de partir pour Budapest et je préfère que ce soit rapide car je n'aime pas les adieux.

— Ce n'est que pour quelques jours, dit Beretzkoï.

— Oui, quelques jours.

— Dans ce cas, ne nous disons pas adieu mais au revoir.

Les deux hommes se serrent la main, puis Maxime serre la mienne.

-0-

J'attends Maxime. La nuit est tombée. Il neige à gros et lents flocons. Secret est couché sur mes pieds. Il dort. Maxime entre. Il apporte deux boîtes. L'une est grosse, l'autre très petite. Il pose la grosse par terre à côté du canapé où je suis assise. Secret se réveille, sort de la pièce.

— Tiens, Tania. C'est pour toi.

Maxime me tend la petite boîte.
— Tu n'aurais pas dû, Maxime !
J'ai la gorge serrée.
— Tu l'ouvriras plus tard, après que je sois parti. Et, ah oui, la grosse est pour Beretzkoï, ajoute-t-il.
Je tapote le canapé pour qu'il vienne s'asseoir. Secret est rentré et s'est assis sur la boîte.
— Maxime, comment saurons-nous que tu as réussi à rejoindre l'Amérique ? lui demandé-je.
— Vous le saurez parce que je vous le dis maintenant : j'irai en Amérique.
— Tu as confiance, ce qui est bon en soi, mais c'est autre chose. Comment savoir que tu y es arrivé ?
Il me demande si j'ai entendu parler du magazine américain *Time* ? Je lui réponds par l'affirmative.
— Je serai dans *Time*.
— Comment peux-tu en être certain ?
Ce sera forcément le cas puisque que *Time* ne s'intéresse qu'aux gens riches et qu'il sera devenu riche, très riche.
— Mais Maxime que se passera-t-il, si en Amérique tu es très pauvre ?
— Personne n'est pauvre en Amérique.
— Mais Maxime, si tu n'es pas heureux en Amérique ?
— J'y serai heureux. Tania, j'y serai très heureux, parce que ce sera l'Amérique. Mais ... mais je serai aussi très triste parce que je ne serai pas en Russie. Heureux d'être là-bas, malheureux de n'être pas ici.
— J'ai cessé de rêver, Maxime, lui dis-je.
— Je sais, Tania. Je sais. Moi ... désormais je n'ai plus que mes rêves. Si je suis en vie c'est grâce à mes rêves. Ma vie, ce sont mes rêves. Mes rêves sont toute ma vie.

-0-

Maxime ne veut pas que je le raccompagne au portail.
— Tu vas attraper froid.
Il y a une couverture sur une chaise. Je la prends et la jette sur mes épaules.
— Je vais jusqu'au portail.
— Ne reste pas dehors. Allez ! Rentre ! insiste-t-il au portail.
— Si je m'enrhume, je prendrai de la vodka.
— Bois-en un verre ou deux quoi qu'il arrive. Bois à l'Amérique.
C'est ce que je ferai, lui dis-je.
Il me demande si je l'autorise à m'embrasser.
J'opine lentement de la tête.
Il se penche par-dessus le portail.
Son baiser est long et tendre, mais il ne me touche qu'avec ses lèvres. Ces bras sont croisés derrière son dos. Je ne le touche pas non plus.

C'est moi qui interromps le baiser.

Il caresse mon visage.

— Tania, puis-je savoir comment tu te souviendras de moi ?

— Comme d'un bon ami. De quelqu'un qui m'aimait bien. Et que j'aimais bien.

— Cela me suffit.

— Maxime, j'ai rencontré Beretzkoï avant toi.

— Si cela n'avait pas été le cas, aurais-je eu une chance ? me demande-t-il.

— Oui, Maxime, tu aurais eu une chance.

— Alors ça, Tania, ça me fait du bien. Ca me fait du bien de le savoir.

Je lui dis qu'en Amérique il rencontrera une fille merveilleuse. Il l'épousera et comme dans les films de Hollywood, ils vivront heureux pour toujours. Ses yeux me sourient, bien que débordant de larmes.

Il s'en va.

Je le vois s'éloigner le dos courbé, sans me regarder, luttant contre la neige qui continue de tomber.

— À un de ces jours, Tania, dit-il sans se retourner.

-0-

Je mets la grosse boîte sur ma table de chevet et j'ouvre la petite.

Maxime m'a offert un médaillon en forme de cœur pendu à une fine chaîne en or. Dans le médaillon, un portrait de Beretzkoï. Il l'a découpé dans une des photographies que Morne avait prises le jour où nous étions tous allés déjeuner chez la veuve Alexandra. Morne nous avait envoyé les photos en double et j'en avais donné quelques unes à Maxime.

Dans la boîte, il y a aussi une lettre. Pliée en un petit carré et glissé dans le couvercle de la boîte.

Ma chère Tania Nikolaïevna, je ne t'oublierai jamais, toi et ton poète. Est-il besoin de te dire que je t'aime ?

La lettre est signée Maxime Mikhaïlovitch Zorin.

Je suis soulagée de ne pas avoir été tout à fait honnête avec Maxime.

Bien sûr qu'il aurait eu sa chance avec moi, oui, si je l'avais rencontré avant Beretzkoï. Jusqu'au jour où j'aurais rencontré Beretzkoï.

-0-

15

Voilà deux semaines que Maxime est parti.

La veuve Alexandra est devant sa *datcha* et m'appelle.

— Tania ! Viens ici vite ! me crie-t-elle.

Je feins de ne pas l'avoir entendue, mais Beretzkoï se montre au portail et me demande de voir ce qu'elle veut. Je l'évitais jusque là, parce que je ne voulais pas lui parler de Maxime. Il lui avait dit que sa délégation serait à Budapest pendant dix jours. Cela fait quatre jours qu'il aurait dû être de retour.

Elle balaye la neige accumulée dans la rue devant chez elle, je m'apprête à en faire autant devant la mienne.

— Maxime Mikhaïlovitch, susurre-t-elle, en rapprochant son visage du mien. Il n'est pas revenu de Budapest.

Beretzkoï est rentré dans la *datcha*, la veuve Alexandra et moi sommes les seuls êtres humains plantés dans la rue gelée, mais elle continue de chuchoter avec un ton de conspiratrice.

— Certainement pas. On doit le retenir à Moscou, lui répliqué-je à voix basse.

— Hier ils sont venus le chercher.

— Des gens de la clinique ?

Elle fait non de la tête.

— Les *Tchékistes*.

Deux hommes étaient venus. Elle avait d'abord pensé qu'ils étaient de la clinique et les avait priés d'entrer. Ils lui avaient demandé si elle était une parente de Maxime, elle leur avait répondu qu'étant une *bezprizornik*, elle n'avait aucun parent.

Elle se met à pleurer. Les larmes coulent sur ses joues.

— C'est vraiment bizarre. Que voulaient-ils donc à Maxime ? Est-ce que vous pensez qu'il reviendra ? lui demandé-je en rougissant, sachant que ce ne sera pas le cas.

— Je ne crois pas. Les *Tchékistes* sont montés dans le grenier et ont emporté toutes ses affaires. Ils m'ont conseillé de prendre un autre locataire.

Elle essuie ses larmes avec le col de son manteau.

— Allons, ne pleurez pas, bredouillé-je en passant un bras autour de ses épaules pour la consoler.

— Il était comme un fils pour moi. Il va beaucoup me manquer, dit-elle.

-0-

Beretzkoï est dans le séjour. Il est debout à coté du canapé. Il m'attend.

— Maxime est parti, dis-je.
De la tête, il fait un signe affirmatif.
— Je sais. Je pressentais qu'il ne reviendrait pas de Budapest.

Il me dit qu'il n'avait pas voulu m'en parler pour ne pas m'inquiéter. Je lui réponds que je savais que Maxime ne reviendrait pas. Je lui montre les deux boîtes. Il ouvre la petite boîte et voit le médaillon. Il l'ouvre et sourit en voyant sa photo. Je lui dis que la grosse boîte est pour lui, alors il l'ouvre et en sort une veste en cuir avec un col en peau de mouton, la même que celle que Maxime portait.

— On ne s'est même pas dit adieu, dit Beretzkoï, avec un air triste.

Je ne lui dis pas que nous, Maxime et moi, nous sommes dit adieu.

Je garde aussi pour moi la lettre que Maxime m'a écrite

Comme l'avait dit Maxime, nous – lui et moi – savons garder nos secrets.

-0-

16

À Moscou, on a accordé une semaine de congés à Douchenka Koba.

Il arrive en voiture au village : Sa nouvelle fonction et le succès qu'il y a remporté en récrivant l'histoire de notre Révolution d'Octobre lui a permis de s'acheter une automobile.

Il roule lentement à travers tout le village, saluant les uns et les autres, connaissances et étrangers. Il tourne rue Léna. D'une main, il appuie sur le klaxon. Il veut prévenir sa femme et ses enfants de son arrivée.

Au numéro Quatorze, Beretzkoï l'observe par la fenêtre du séjour.

La voiture, une GAZ M-1 semblable à celle de Semion, est remplie de boîtes. Il apporte des cadeaux pour toute sa famille.

Ses enfants sautent de joie en se demandant ce qu'il leur a acheté. Alexandra les prie de se tenir correctement.

Sur le toit est attachée une boîte que Douchenka Koba ne peut descendre seul.

Beretzkoï sort pour l'aider.

— Belle voiture, dit-il.

— J'ai quelque chose à te dire, dit Douchenka Koba. Elle a été relâchée.

— Qui ?

— L'Olminskaïa.

Les deux hommes descendent la boîte du toit. Les enfants pressent leur père de l'ouvrir. Il ouvre la boîte sur place. Elle contient une maison de poupée. Elle a des murs roses, un toit jaune. On dirait un énorme gâteau en pâte d'amandes.

— J'ai de bons enfants, dit Douchenka Koba. C'est pour les remercier de leur gentillesse.

— Et Elena ? demande Bereztkoï.

— Elle a été relâchée, répète Douchenka Koba, d'un ton irrité.

— Est-ce qu'elle va bien ?

— Comment veux-tu que je le sache ? hurle-t-il, en s'éloignant à toute allure.

-0-

Le soleil brille, je suis à la fenêtre de mon séjour. Kolia est dans la véranda auprès de Beretzkoï. J'entends frapper fort contre le portail. Kolia me crie qu'il va voir qui c'est, mais le portail s'ouvre grand : c'est Eléna. Elle porte une petite valise et un paquet enveloppé de papier journal. Elle n'a pas sa cape rouge, mais un manteau marron. Elle est tête nue, les pieds dans des pantoufles. Je me précipite.

— C'est bien la maison de Tania ? demande-t-elle.

— Elena !

Elle rit timidement.

— C'est toi, Tania.

Beretzkoï et Kolia sortent. Kolia prend la valise de la main d'Elena, Beretzkoï passe un bras autour de ses épaules.

— J'avais un parapluie, dit-elle à Kolia Je crois que je l'ai perdu.

Kolia lui répond que cela n'a pas d'importance, que le soleil brille, qu'elle n'en a pas besoin.

Nous emmenons Elena dans le séjour, elle se laisse tomber sur le canapé.

— Ils m'ont laissée partir, mais ils ont gardé Dan.

Son visage reste impassible, comme si les mots n'avaient plus de sens. Mais ses mains tremblent violemment. Je m'assieds près d'elle et les prends dans les miennes pour essayer d'arrêter ses tremblements.

Beretzkoï lui apporte un verre de vodka qu'elle avale d'un trait.

— J'étais à la Lioubanka. Bon Dieu, j'étais à la Lioubanka ! dit-elle.

Elle commence à pleurer.

Elle porte son verre vide à ses lèvres, Beretzkoï le lui reprend, le remplit de nouveau. Elle le vide aussitôt. Il lui propose de s'allonger un moment, de se reposer et de parler plus tard.

Nous l'aidons à se remettre debout et l'accompagnons dans la chambre. Elle porte une robe d'été sous son manteau ; sa peau est glacée.

Je repousse les couvertures. Elena se laisse tomber sur le lit et se tourne contre le mur comme un enfant qui boude.

Beretzkoï et Kolia se tiennent au pied du lit, inquiets, le regard fixe.

Moi, je couvre Elena, la borde et lui recommande de dormir. Elle est si minuscule dans le lit, que la couverture semble l'engloutir.

À minuit elle se réveille, m'appelle à haute voix pour que je vienne dans la chambre.

Elle me prie de l'excuser d'avoir débarqué chez moi comme ça.

Je lui dis qu'elle ne doit s'excuser de rien.

Je vais dans la cuisine lui préparer un sandwich et un verre de thé.

— J'ai perdu ma cape, me dit-elle lorsque je reviens dans la chambre.

— J'avais remarqué que tu ne la portais pas.

— Et ... je vais aussi perdre Dan.

-0-

Je la réinstalle dans le lit au milieu des oreillers, avec son sandwich.

— Il faut que je te raconte ce qu'il s'est passé quand les *Tchékistes* sont venus, dit-elle.

Je m'assieds sur le lit à côté d'elle.

Dan et Elena avaient été réveillés par un coup violent sur leur porte d'entrée. Elle avait allumé et en voyant qu'il était trois heures du matin, elle avait compris que c'était les *Tchékistes*. Elle était allée leur ouvrir la porte. Pendant ce temps,

Dan s'habillait.

Elle me dit qu'il y avait six hommes et une femme dans le couloir. La femme devait avoir la vingtaine, petite et mince, une vilaine peau, une mauvaise haleine. Les hommes d'âge moyen portaient de longs manteaux gris. L'un d'eux avait un pince-nez, un autre une moustache en guidon de vélo. Où est Olminski ? avait demandé ce dernier. Elle lui avait dit que Dan était couché comme tout bon époux, à cette heure de la nuit. Guidon de Vélo – c'est ainsi qu'Elena l'appelle – avait émis un grognement, la femme une grimace de mépris.

Dan était apparu derrière Elena. Il avait revêtu son long manteau noir et sur la tête son bonnet de laine. Guidon de Vélo lui avait tendu un mandat d'arrêt. C'était Iejov qui avait signé lui-même le mandat, comme Dan avait pu le constater. Il l'avait montré à Elena. Je suis ravi de voir que je lui ai donné quelque chose à faire, avait dit Dan à Guidon de Vélo.

Les *Tchékistes* avaient ordonné à Dan et Elena de s'asseoir et s'étaient employés à fouiller l'appartement. Ils avaient retourné le lit, plongé des couteaux dans le matelas et les oreillers, ils avaient fait des trous dans la moquette du séjour, soulevé le plancher de la cuisine et celui de la chambre. Ils avaient vidé le contenu de tous les tiroirs, des boîtes en fer, des cartons, avaient fait tomber les livres des étagères. Ils avaient gratté les morceaux de charbon encore fumants à même le poêle, pour voir s'ils n'y trouveraient pas quelque chose que Dan et Elena auraient tenté de brûler et qui n'aurait pas été complètement consumé. Les braises ayant commencé à mettre le feu à la cuisine, ils l'avaient éteint en vidant un sac de farine sur les flammes. L'appartement ravagé, ils s'étaient acharnés à déchirer les photos – les photos de famille – qui étaient accrochées aux murs. Ils les avaient mises en pièces en se servant de la ménorah d'Elena, qu'ils avaient ensuite brisée sur le poêle. Puis ils étaient revenus dans le séjour pour dire à Guidon de Vélo qu'ils n'avaient rien trouvé de compromettant.

C'est alors que la *Tchékiste* avait pris la parole pour la première fois. Elle avait demandé à Elena de la suivre dans la chambre. Elena avait refusé. Comme tu veux, avait-elle dit, mais déshabille toi. À contrecœur, Elena l'avait suivie dans la chambre, où elle avait dû s'étendre sur le matelas déchiré, jambes écartés. La femme l'avait alors fouillée intérieurement. Détends-toi, avait-elle dit à Elena. Fais comme si j'étais un très beau mec. Dans le séjour, on faisait subir la même chose à Dan. Il avait refusé d'ôter son manteau. Il avait dégrafé sa ceinture et lorsque son pantalon était tombé à ses pieds, il s'était penché en avant. Il n'acceptait pas de se mettre nu devant les *Tchékistes*.

Elena avait demandé aux *Tchékistes* de l'arrêter aussi. Ils avaient refusé, même lorsqu'elle les avait supplié. Ton tour viendra, lui avait dit Guidon de Vélo. Dans ce cas, épargnez-vous la peine de revenir pour moi et emmenez-moi tout de suite ! avait-elle plaidé.

Ils avaient sorti Dan du séjour.

Elena les avait suivis jusque dans le couloir en continuant de réclamer d'être aussi arrêtée. Mon mari est malade, leur avait-elle dit. Il est mourant. Il a de fréquents arrêts cardiaques. Dans ce cas, pourquoi ne restait-il pas tranquillement au coin du feu comme un invalide, au lieu de tramer des actes de terrorisme ? avaient-ils réfuté.

La femme *Tchékiste* avait donné l'ordre à Elena de retourner se coucher. Dan avait acquiescé. Allez, retourne dormir encore un peu. Il lui dit que ça irait, qu'il serait de retour pour le déjeuner. Ils n'ont rien à me reprocher, lui avait-il dit. Tout ça, c'est du cinéma. Je reviendrai bientôt. Si tu ne reviens pas j'irai te chercher, lui avait dit Elena. Elle l'avait imploré : Promets-moi, Danni, promets-moi que tu reviendras. Il avait fait oui de la tête en s'efforçant de sourire. Il avait demandé à Guidon de Vélo de le laisser l'embrasser pour lui dire au revoir. Guidon de Vélo avait trouvé cela plutôt drôle. Pour quoi faire, puisque tu dois revenir bientôt ? s'était-il moqué.

— Des *Tchékistes* ont poussé Dan dans l'escalier. Celui qui portait un pince-nez m'a repoussée dans l'appartement. J'ai couru à la fenêtre. *Un corbeau noir* attendait devant la porte. Guidon de Vélo est monté à l'arrière avec Dan. Je les ai regardés...en pleurant. La voiture a démarré. C'était la *Tchékiste* à l'haleine fétide qui conduisait, raconte Elena.

Une semaine plus tard, les *Tchékistes* venaient chercher Elena. Elle n'avait pas encore tout à fait rangé l'appartement, n'avait même pas tenté de remettre les livres sur les étagères. Deux hommes s'étaient présentés, tous deux à peine sortis de l'adolescence. Ils étaient remarquablement polis, ce qui l'avait surprise. Ils lui demandèrent si elle s'était préparée à être arrêtée. Lorsqu'elle leur avait répondu qu'elle s'y était préparée depuis le jour de sa naissance, ils lui dirent qu'elle ne devrait pas être si pessimiste. *Vous serez bientôt de retour.* Pas tu seras : vous serez.

Elena avait été emmenée à la Loubianka. Dans une cellule du dernier étage. Dans la cellule, il y avait deux banquettes et sur l'une d'elle, une jeune fille d'une vingtaine d'année gémissait. Elena s'était allongée sur l'autre. La jeune fille essaya d'engager le dialogue, mais Elena prétendit avoir sommeil. Quelques heures plus tard, la porte de la cellule s'ouvrit et une voix d'homme s'adressa à la jeune fille, Alors ? Qu'est-ce qu'elle a à dire pour sa défense, cette vieille pute ? La jeune fille répondit, la vieille pute s'est endormie instantanément.

La jeune fille était sortie avec l'homme.

On garda Elena six jours.

Deux fois par jour, elle était emmenée dans une pièce sombre où une équipe d'hommes jeunes l'interrogeaient. Toujours les mêmes. L'un d'eux l'appelait *babouchka*. Elle ne fut jamais torturée, ni maltraitée. Les jeunes gens commençaient toujours leur interrogatoire par Allez, dis-nous la vérité, ne voudrais-tu pas te retrouver dans le prochain tram pour regagner ton agréable petit chez toi?

Certaines de leurs questions étaient ridicules, d'autres profondément offensantes ou carrément perfides. Quelques questions d'apparence anodines comme Le frère de ta mère, celui qui s'appelle Jacob, mais qu'on appelle Joe dans la famille, n'a-t-il pas été arrêté pour avoir volé la truie d'un voisin ? Elle avait alors répondu qu'elle doutait que l'Oncle Joe eût pu voler une truie, parce qu'en tant que Juif Orthodoxe, il ne se serait jamais permis de poser le regard sur un cochon, encore moins de le toucher.

— Ma réponse avait été interprétée comme la confirmation que mon oncle était sinon un voleur de cochon, du moins un voleur malgré tout. Ensuite, ils cherchèrent à savoir si je l'avais accompagné quand il avait volé. Je leur fis remarquer que mon oncle était décédé il y a plus de trente-cinq ans, et que la dernière fois que je l'avais vu, je devais avoir dix ans environ. Qu'ont-ils dit alors ? Les hommes meurent mais leurs péchés leur survivent. Ce n'était même pas la peine que j'essaye de me disculper, c'était couru d'avance.

Finalement, Elena avait fini par confesser qu'elle avait été complice du crime de son oncle. On lui avait alors donné une feuille de papier, un stylo et l'ordre d'écrire les noms de tous les autres complices de son oncle. Finissons-en et que ce soit bien clair, nous voulons faire table rase du passé, alors tu pourras rentrer chez toi.

Elle avait rempli la page de noms inventés, puis elle avait signé dans le bas.
— Alors ils m'ont laissée partir, dit-elle.

Elle me dit qu'elle veut me montrer quelque chose. Elle va chercher son manteau. Elle me le tend, me demande de mettre ma main dans la poche et de lire ce que je trouverai. C'est une petite feuille de papier.

Un poème y est écrit.

Plus facile à dire qu'à faire, garçon
Dit la mère à son fils
Quand Nicolas est venu pour votre père, votre Papa
A dit que je serai bientôt de retour,
Quand Lénine est venu pour votre frère, il a dit, Maman
Je serai de retour vers la fin du jour,
J'ai dit que je savais la mélodie,
Quand la cloche a sonné pour votre Papa
Le prêtre a dit, Chère Mère Russe
Notre terre a encore besoin du frère de votre fils
J'ai dit un fils est assez
Mais le prêtre a dit, un est rien,
J'ai dit plus facile à dire qu'à faire
Et en fin, fils,
Staline ne te laisserait pas t'enfuir.

-0-

Dan avait écrit ce poème le jour de son arrestation.
Les *Tchékistes* ne l'avaient pas trouvé.
Ou peut-être l'avaient-ils trouvé mais avaient été incapables de le lire.

-0-

17

Nous prenons la décision de garder Elena rue Ob un certain temps. Nous devons la surveiller. Nous empruntons un lit à Alisa et l'installons dans la chambre, à côté du mien. La nuit, je l'entends pleurer.

Beretzkoï confie à Kolia, que tout en étant très sensible à la détresse d'Elena, il trouve sa présence perturbante. Kolia vient me voir et me dit que Beretzkoï a l'air fatigué. Je suis d'accord avec lui et le lui dis. Moi aussi je le trouve fatigué.

— Comment te sens-tu, Beretzkoï ? lui demandé-je.

Nous sommes tous deux dans la véranda. Je ferme la porte car je ne veux pas qu'Elena puisse nous entendre.

— Un peu abattu, répondit-il.

— Pourquoi ne te reposes-tu pas une semaine ?

— Il m'est impossible d'avoir la paix au numéro Quatorze, et franchement, j'ai besoin d'être près de toi pour être heureux, me dit-il.

— Alors, viens ici rue Ob comme d'habitude chaque matin, mais ne fais rien, repose-toi seulement. Reste assis. Lis.

Lentement, il m'enlace et appuie son visage sur mon ventre. Je me penche et dépose un baiser sur cette tête lasse à la chevelure grisonnante.

— Voudrais-tu qu'Elena retourne à Moscou ? lui demandé-je.

— Non ! Ca non ! Je suis parfois un fichu égoïste, mais pas égoïste à ce point. Elle a besoin qu'on l'aide, et nous devons le faire.

— Tu es un brave homme, Beretzkoï, lui dis-je.

-0-

L'année 1937 promettait d'être une bonne année, elle le sera tout au long de l'été, maintenant qu'il se termine, elle tourne au cauchemar. Pas seulement pour Beretzkoï et moi ou pour nos entourages familiaux respectifs, nos amis et nos voisins, mais pour tout le monde. Quand je dis tout le monde, j'entends le monde entier.

Le mot continuation est dans toutes les bouches.

En Allemagne, Hitler continue son réarmement et continue de parler de *Lebensraum*. (Note 95) Morne nous écrit que cela veut dire la déclaration imminente d'une Union Germano-Autrichienne et que le Grand Reich Allemand s'apprête à envahir la Tchécoslovaquie et la Pologne pour annexer les régions dont la population est d'origine allemande.

La France et la Grande Bretagne continuent de parler de paix – d'apaisement, selon certains – et le Premier Ministre Neville Chamberlain dépêche son Ministre des Affaires Étrangères Lord Halifax à Berchtesgaden, la retraite d'Hitler à la montagne, pour avoir quelques échanges avec lui.

En Espagne, la guerre civile continue, on compte des Russes parmi les victimes. Mais on ne le mentionne pas dans nos journaux. Nous le savons par les lettres de Morne.

En Extrême-Orient, la guerre entre le Japon et la Chine continue. Hitler et Mussolini signent un pacte tripartite avec l'Empereur du Japon, tandis que Staline tarde à signer un pacte de non-agression avec la Chine de Chiang Kaï-Chek, le chef du Kouo-Min-Tang.

En Russie, continue notre *Chistka*, ou la *Iejoschina*, ou encore la *Stalinschina* selon certains, pour désigner explicitement Staline et ses épouvantables purges. Nos forces armées sont totalement désorganisées. Voilà l'état de nos infrastructures sociale et industrielle.

Cette situation fait des ravages en chacun de nous. Alors pourquoi s'étonner, dans une période de si grand bouleversement, que Beretzkoï ait l'air épuisé

-0-

Une fois encore, je l'incite à prendre un peu de repos.

— Beretzkoï, lui dis-je finalement, pourquoi n'irais-tu pas à l'une des maisons d'hôtes de *Profpro* pour t'y reposer quelques jours ?

Il me répond qu'il se pourrait qu'il le fasse, mais il veut fêter le Nouvel An avec moi.

— Il nous en restera encore beaucoup d'autres à fêter ensemble, plaide-je.

Il prend la décision de se rendre à Yalta. Les garçons sont rentrés pour les vacances de fin d'année et viendront avec lui. Ses deux fils voulaient être chirurgiens mais ils ont changé d'avis et veulent maintenant entrer dans l'Armée Rouge. Il tient à leur sortir cela de la tête.

-0-

18

C'est le dernier jour de l'année, Beretzkoï est à Yalta.

— Que fait-on à Zernoïe Selo pour la Nouvelle Année ? demande Elena.

— Nous mangerons de bonnes choses si c'est possible. Sinon, nous essayerons d'être heureuses.

Elle dit que la seule chose qui pourrait la rendre heureuse serait de voir Dan revenir.

Je dresse joliment la table. Nous buvons du vin arménien pétillant. Ce vin paraît rosé dans la bouteille, mais il est violet dans nos verres. Nous finissons la bouteille. Pour la première fois depuis qu'elle est ici, Elena rit. Elle rit pour tout et pour rien.

J'ouvre une seconde bouteille. Nous emportons la bouteille et nos verres dans la chambre. Nous nous mettons au lit tout habillées.

Nous commençons à raconter des histoires drôles. Il y a certaines histoires d'Elena que je ne trouve pas drôles, mais je hurle de rire. Je sais que certaines des miennes ne doivent pas être drôles pour elle non plus, mais elle hurle de rire aussi.

J'ai une troisième bouteille dans le placard de la cuisine, je vais la chercher. En revenant dans la chambre, je trébuche et du vin tombe sur Secret. Il tend le dos et feule, j'ai eu peur qu'il me griffe les chevilles, mais non.

Dans la chambre, Elena s'est endormie, recroquevillée comme un enfant, les couvertures remontées jusqu'au menton.

Je m'assieds sur mon lit, bois à la bouteille comme un ivrogne. Après quelques gorgées, je pose la bouteille près du lit sur le plancher et je ramène mes jambes sous les couvertures.

Dès que je me réveille, je regarde l'heure à la pendule de ma table de nuit. Il est cinq heures. On est en 1938.

-0-

En ce premier jour de la nouvelle année, le ciel est gris sombre. Il menace de neiger.

À la Salle Staline on va projeter un film dans l'après-midi, Elena et moi irons le voir. Kolia dit qu'il nous rejoindra dans la salle.

Ce film raconte l'histoire d'un petit garçon de sept ans qui part de chez lui pour aller vivre dans un *kolkhoze*. Nos héros sont de plus en plus jeunes en ce moment. Le public acclame chaque apparition du garçon, mais huent et sifflent lorsque ses parents apparaissent. Pour s'amuser, Kolia acclame et hue plus fort que tout le monde. Il encourage Elena et moi à en faire autant.

À la fin du film, la voix rauque, nous allons tous les trois à La Bannière Rouge. Nous traversons le Bois du Somnambulisme où en dépit du froid, des jeunes gens dansent sur une musique de balalaïka. Elena se fige soudain. Je me demande quels souvenirs cette musique de balalaïka fait surgir en elle.

La Place Marx est décorée pour la fête du Noël Orthodoxe qui doit avoir lieu dans une semaine. Des fleurs en papier, des banderoles scintillantes, des pompons pendent des immeubles. Même du NKVD. Sur la fontaine gelée, on a installé un sapin et accroché à la taille de Lénine une bannière sur laquelle on peut lire *C Novim Godom !* (Note 96)

Comme Vitia a autorisé la vente et les spectacles de rue, il y a des stands sur la place. Nous achetons des saucisses grillées à une *babouchka*. Devant la Bannière Rouge, un jongleur lance des assiettes de métal en l'air et un petit garçon fait des grimaces à un singe qui les lui renvoie à son tour. La Bannière Rouge est bondée, mais quand Rodia et Roma nous voient, ils dégagent rapidement une table. Roma nous prévient qu'aujourd'hui la bière est forte. Il apporte une chope à chacun de nous. La bière est mousseuse, tiède, amère mais lorsque Roma se tourne encore vers nous, nous en redemandons.

À minuit, Elena et moi souhaitons une bonne nuit à Kolia. Nous voulons rentrer rue Ob. La *babouchka* est toujours là à vendre ses saucisses, nous nous arrêtons pour lui en acheter et les mangeons en chemin. Nous empruntons le trajet le plus long pour éviter de passer par le terrain vague au cas où un cercueil tomberait d'un des arbres. Un chien sauvage au poil hirsute, nous suit. Nous arrivons au numéro Un et claquons vivement le portail derrière nous pour que le chien n'entre pas. Elena dit que je devrais lui lancer un morceau de saucisse pardessus la haie, et qu'il s'en ira. C'est ce que je fais, mais le pauvre animal ne cesse d'aboyer pour en avoir encore. Je ressors et lui lance un autre morceau pardessus la haie, en laissant la porte ouverte. Un trait de lumière s'étire du séjour jusque dans le jardin. Je me retourne pour rentrer lorsque j'aperçois la silhouette d'un homme dans la lumière. Il se tient parfaitement immobile dans l'embrasure de la porte. Il ne me regarde pas, mais il est tourné vers la *datcha*, comme s'il n'arrivait pas à se décider d'entrer. Il est vêtu d'un long manteau qui traîne presque jusqu'au sol. Il porte un bonnet de laine. C'est Dan. Je me dirige vers lui les bras tendus et j'ouvre la bouche pour appeler Elena afin qu'elle vienne voir qui est là, mais la porte d'entrée claque, le jardin est plongé de nouveau dans l'obscurité. Dan n'est plus là. Je suis complètement seule.

Dans la rue, le chien a cessé d'aboyer.

Je ne parle pas à Elena de ce qu'il s'est passé. Après tout, j'ai bu beaucoup de bières à la Bannière Rouge.

L'image de Staline sur le mur de derrière.

Maintenant, Dan ici dans le jardin de devant.

Qu'est-ce qui nous attend cette année ?

Je ferme la porte derrière moi, en laissant Dan – le fantôme de Dan – errer quelque part dans la nuit froide.

-0-

Elena veut retourner à Moscou avant que Beretzkoï ne revienne de Yalta. J'essaie de la convaincre de rester encore un peu avec moi, mais elle reste inflexible. Je vais en ville avec elle pour l'accompagner à la gare.

— J'ai l'impression qu'à la maison des nouvelles de Dan m'attendent, dit-elle en se tordant les mains.

— Je l'espère, dis-je. J'espère qu'il y aura des nouvelles concernant Dan.

— Tania, des nouvelles de Dan.

Je suis sûre qu'elle s'attend, en ouvrant sa porte, à trouver Dan assis dans son fauteuil.

Le train entre bruyamment en gare dans un nuage de fumée. J'aide Elena à y monter avec ses affaires. On entend le premier sifflement. Je me souviens de ce que Dan m'avait dit. Il en reste deux.

— Dan avait raison, Staline ne nous avertit pas trois fois … dit Elena.

Un second sifflement couvre sa voix, et je comprends alors qu'elle ne parlait pas de nos trains soviétiques.

-0-

19

Beretzkoï et moi décidons de faire un tour à Moscou. Je veux m'assurer qu'Elena va bien, il veut rencontrer Semion parce qu'il a besoin de son aide. *Gozuzdom* a lancé un magazine littéraire *Slova* (Note 97) dont le premier numéro contient un extrait de *Docteur Rudi Zinn*. Galina nous en a envoyé un exemplaire.

Il faut que je te prévienne, tu ne vas pas reconnaître ton œuvre. Le magazine a changé Rudi en un apologiste des excès du *Bolchevisme,* Lili *en une putain alcoolique, tandis qu'Elena, l'admiratrice de Staline, est devenue une épouse et une mère douce et aimante. Ils ont massacré ton roman,* écrit-elle à Beretzkoï.

Je doute que Semion soutienne Beretzkoï.

Je me garde bien de le lui dire.

-0-

À Moscou, tout est sinistre. Le temps, les immeubles. Les gens aussi. Je regarde par la fenêtre du séjour de mes parents – je loge chez eux, Beretzkoï dans une des maisons d'hôtes de *Profpro* – et je me dis que j'ai de la chance de vivre à Zernoïe Selo. Je ne veux plus supporter Moscou. À travers la vitre, j'aperçois des gens en haillons faisant la queue de l'autre côté de la rue, à l'arrêt du tramway où je montais pour aller à la *Pravda*, celui où la petite fille qui s'appelait Tatiana, était morte de froid. Je vois une jeune femme, une jeune maman tenant la main de sa petite fille. La petite fille a grandi trop vite, son manteau ne lui arrive même pas aux genoux. Elle ne peut pas le boutonner non plus et les manches ne lui couvrent pas les poignets. Elle ne porte pas de gants : je constate que ses mains sont bleues de froid. J'aperçois aussi une femme qui s'appuie contre un arbre. Elle tente d'attirer l'attention d'une autre femme sur ce qu'elle a dans son sac. Il s'agit d'une bouteille de vodka. Un tramway arrive. Il a neigé au cours de la nuit, maintenant il commence à pleuvoir et dans la rue et la neige se transforme en soupe. La mère et l'enfant courent pour monter dans le tram. L'enfant glisse. Personne, pas même sa mère, ne l'aide à se relever. Le conducteur crie à l'enfant de se dépêcher. Elle se relève tant bien que mal et grimpe dans le tram qui démarre. La femme au sac est toujours appuyée contre l'arbre. Elle porte son sac à hauteur de sa bouche et boit de longues gorgées. Je ne l'en blâme pas.

Mes parents sont heureux de me voir. Cette fois-ci mon arrivée inopinée sur le pas de leur porte ne leur a pas fait peur : on s'habitue à tout dans notre pays.

J'envisage de leur demander de venir passer quelques jours avec moi rue Ob : mon père n'a pas encore vu ma maison. Ce n'est pas faute d'y avoir été invité mais ma mère avait toujours trouvé une excuse pour ne pas venir. Je sais ce qu'elle pense de moi et de Beretzkoï - un homme marié - c'est pourquoi elle garde ses distances.

-0-

À un stand, j'achète à une vieille femme un bouquet de thym dont le parfum m'imprègne les doigts.

Le thym, symbole de courage, est destiné à Elena.

Je le lui apporte.

— Tu as entendu, dit-elle, calmement.

Elle est devant la porte. Elle porte une combinaison déchirée et tâchée de laquelle ses bras pendent comme ceux d'une poupée de chiffon. Ses cheveux sont emmêlés, ébouriffés. Ses yeux injectés de sang.

— Entendu ? Non Elena. Quoi ?

— Il est mort de froid !

Elle a presque hurlé ces mots, le corps tremblant et vacillant.

— Quoi ? Qu'est-ce qui est arrivé, Elena ?

Elle est à demi nue : j'essaie vainement de la repousser à l'intérieur de l'appartement.

— Ils ont laissé Dan mourir de froid et de faim !

À l'autre extrémité du couloir, une porte s'ouvre, en sort une femme qui passe son index droit sur sa gorge. Puis avec le sourire, mime le sang qui tombe sur le sol.

Je saisis Elena par les épaules et parviens à refermer la porte derrière nous, je me rends compte alors qu'il fait un froid glacial dans l'appartement. La peau d'Elena est glacée aussi, comme celle d'un cadavre. Elena a effacé les dégâts que les Tchékistes avaient faits dans l'appartement. Elle a remis les livres sur les étagères et réparé avec de la ficelle et du ruban adhésif la ménorah que les *Tchékistes* avaient brisée.

— Elena, raconte-moi calmement ce qui est arrivé à Dan ? lui demandé-je.

— Ils m'ont annoncé qu'il était mort.

Elle se laisse tomber sur le canapé. Je vois que les fenêtres sont grand ouvertes, le vent fait voler les rideaux dans la pièce. Je les ferme soigneusement puis reviens m'asseoir auprès d'elle.

— *Profpro* me l'a dit, dit-elle. Ils ont envoyé quelqu'un me chercher. Ils avaient emmené Dan à Kolima. (Note 98)

— Tu en es sûre, Elena ? Ce n'est pas juste une histoire que *Profpro* aurait inventée ?

— Comment le savoir ? Je ne sais plus ce qui est vrai ou faux.

Elle me raconte l'histoire de la mort de Dan rapportée par *Profpro*.

Après avoir quitté Moscou le 10 octobre l'année dernière, Dan était arrivé à Vladivostok environ deux mois plus tard, vers la fin décembre. Il avait fait le voyage dans le train, l'Express Transsibérien, escorté par deux hommes armés, bien qu'en civil. Ils avaient fait plusieurs haltes d'une nuit, au cours desquelles il dormait avec son escorte dans des auberges. Ce genre de confort nocturne n'a rien de la procédure normale de transports de prisonniers en partance pour le *Goulag*, mais sans qu'on puisse l'expliquer, c'est ainsi que Dan avait gagné la Sibérie. À Vladivostok, Dan avait été emmené en *kochevi* jusqu'à un camp de transit situé à une centaine de kilomètres à l'intérieur des terres. Dan, prétendirent-ils, s'était montré extrêmement pinailleur, posant trop de questions, aussi le commandant du camp avait-il jugé nécessaire de le placer en cellule punitive. Cinq jours plus tard, il s'effondrait, son cœur ayant flanché. Le médecin du camp avait fait de son mieux pour essayer de le ranimer, mais en vain.

Il était mort la veille du Nouvel An.

Le soir du Nouvel An. Le soir où j'ai vu Dan dans mon jardin de devant.

— Alors il n'est pas mort de froid, Elena. C'est son cœur qui a lâché, lui dis-je, pour la consoler.

— Non ! dit-elle d'un ton cassant. Il est mort de froid. Lorsqu'il était revenu de Metelovsk, il m'avait tout raconté sur les cellules punitives du *Goulag*.

Elle me raconte que ce sont de minuscules tanières creusées dans la terre, si étroites qu'il est impossible de s'y allonger, que les *Zeks* sont nus lorsqu'on les y met, qu'on ne leur donne absolument rien à manger.

— Pas même un morceau de pain sec, ajoute-t-elle. Alors Tania, mon Dani est bien mort de faim et de froid.

-0-

Je force Elena à prendre un bain et à s'habiller. Je l'aide à entrer dans son bain, puis je sors acheter de quoi manger. Je trouve des pommes de terre, des poireaux et un os à moelle. J'allume le poêle, mets le tout dans une grande marmite remplie d'eau pour faire une soupe. Je ramasse le bouquet de thym qu'Elena avait laissé tomber sur le sol. Je le plonge aussi dans la marmite.

Elena entre dans la cuisine, les cheveux humides coiffés en chignon sur sa nuque. Elle sent la noix de coco. Dans notre pays en manque de savon, nous utilisons du lait de coco pour remplacer le shampooing.

— Je n'ai pas faim, déclare-t-elle.

— Non, Elena, il le faut absolument. C'est de la soupe.

— Ca m'est égal. Je ne veux pas manger.

Elle s'est mis de la poudre, ce qui souligne davantage les rides qui barrent son front et assombrissent ses yeux.

— D'accord. Tu mangeras de la soupe plus tard. Plus tard quand tu auras faim.

— Je n'aurai pas faim, la soupe aigrira.

— Alors donne-la à l'un de tes voisins, mais ne la gaspille pas. Si tu la laisses aigrir, ca va puer.

— Comme ma vie, dit-elle. Aigrie. Puante.

— Un jour, Galina a dit exactement la même chose. Sais-tu ce que Bereztkoï lui a répondu ? Il lui a rappelé que si elle était capable de sentir, c'est qu'elle était toujours vivante, lui dis-je avec douceur.

— Tania, je n'ai vraiment plus envie de vivre !
Que répondre à cela ?

-0-

Je dis à Elena que je resterai encore quelques jours à Moscou, que d'ici là je viendrai la voir tous les jours. Que j'aimerais qu'elle retourne rue Ob avec moi.
Elle secoue la tête.
— Il faut que je reste ici.
— Il ne s'agirait que de quelques jours, Elena.
— Non ! dit-elle avec colère, Non, Tatiana Nikolaïevna, je reste ici !
— Alors reviens me voir dans quelques semaines, dis-je.
— Non, je vais rester ici. Je dois rester ici. Dan pourrait revenir.
Encore une fois, je ne sais pas quoi lui dire.
Je retire la marmite du feu, la pose en face d'Elena, pour qu'elle n'oublie pas qu'elle est là.
— Veux-tu que je revienne demain, Elena ? demandé-je.
— Non !
— Elena, il ne faut pas que tu restes seule.
— Je suis seule, Tania. Je suis seule maintenant.

-0-

Beretzkoï est chez mes parents. Semion a accepté de le recevoir. Il voudrait que je l'accompagne. En tant que son assistante. Évidemment.

-0-

20

Le rendez-vous est à seize heures. Je constate que Bereztkoï est tendu. J'essaie de le rassurer en lui disant que ça va très bien se passer. Ça m'étonnerait.

Assise derrière un comptoir dans le hall de *Gozuzdom,* la réceptionniste dit à Bereztkoï qu'elle est heureuse de le revoir et qu'elle va immédiatement l'accompagner à l'étage.

Il se tourne vers moi.

— Venez.

La réceptionniste hoche la tête.

— Elle doit attendre ici, dit-elle d'un ton inamical.

Je fais ce qu'on me dit.

Le hall ressemble à celui d'une bibliothèque publique. Les murs sont peints en vert foncé, du linoléum vert couvre le sol. Le linoléum est si usé que le long d'un passage qui va de la porte d'entrée à la cage d'escalier, il en est presque transparent. Le long d'un mur, un comptoir sur lequel sont posées plusieurs piles de journaux et de magazines, tous en russe. Trois portraits sont suspendus à une cimaise au-dessus du comptoir. Un portrait de Marx, un de Lénine, un troisième de Staline. Celui de Staline légèrement plus grand que les deux autres, est suspendu à gauche. Ça me rappelle la *Pravda.* En face du comptoir, un bureau et deux fauteuils en cuir. Une souricière dotée d'un morceau de fromage de couleur orange est posée sous le bureau. Du fromage pour les souris, quand nous, peuple de Russie, en avons oublié jusqu'au goût.

Derrière son comptoir, la réceptionniste m'informe que je peux monter. Je dois monter au premier étage et me diriger vers la dernière porte sur la droite.

— Ce n'est pas la peine de frapper.

Dans la pièce, m'attend une femme rousse disant se prénommer Olga. C'est la secrétaire de Semion. Elle l'appelle le camarade Zoukhov. Je la suis jusqu'à un petit auditorium équipé de rangées de sièges droits en bois, face à une scène. Sur la scène, il y a une table et des chaises autour. Derrière la table, du plafond jusqu'au sol pend un rideau de velours rouge sur lequel sont accrochés de nombreux aide-mémoire. Un chandelier garni de boules de cuivre et d'ampoules en forme de flammes est suspendu au-dessus de nos têtes. Nous nous asseyons, Olga et moi, à une petite table sur un côté de la scène. Elle ouvre son cahier puis arrange ses crayons en demi-cercle devant elle. Elle pose en face de moi quelques feuilles de papier blanc et plusieurs crayons taillés.

Olga me jette un coup d'œil, mais avant que j'aie le temps d'y répondre, la porte s'ouvre : Bereztkoï et Semion entrent. Derrière eux, suit Douchenka Koba et cinq autres personnes - trois hommes et deux femmes. Je n'en connais aucun. Seul Douchenka Koba me regarde. Très furtivement. Il me reconnaît et fait mine de sentir quelque chose de puant.

— Humm oui, marmonne Semion, en passant la main sur le peu de cheveux qu'il lui reste.

Le groupe prend place autour de la table. Semion et Bereztkoï me font face. Bereztkoï porte son costume foncé. Semion est en manches de chemise.

— Nous devions parler de la liberté de la presse et dire comment concrètement, elle est pratiquée dans notre pays, mais comme vous le savez je pense, aujourd'hui nous allons aussi parler de tout autre chose, déclare Semion en préambule.

Il sourit, regarde dans la direction d'Olga, me voit et cesse de sourire.

— Nous allons parler du camarade Bereztkoï, dit l'une des femmes.

Elle a les cheveux gris, porte un costume gris avec un chemisier lie-de-vin garni de boutons blancs. Elle est assise à la droite de Bereztkoï. Elle se lève, recule sa chaise, la tire vers elle puis s'assoit de nouveau.

— Quand va-t-on enfin commencer camarade ? demande Semion, agacé, à la femme.

Elle déclare espérer que chacun sera d'accord avec elle, que le camarade Bereztkoï est un bon poète. Tous opinent du chef.

— C'est aussi le jugement du camarade Staline. Mais le camarade Bereztkoï n'est pas satisfait de l'extrait de son roman *Docteur Rudi Zinn* dans *Slova*.

L'autre femme, plus jeune que la femme aux cheveux gris, saisit un cartable posé par terre et en extrait un exemplaire du magazine. Elle le claque sur la table comme s'il lui brûlait les mains.

— Boris Petrovitch, pouvez-vous nous dire exactement de quoi vous vous plaignez ? demande-t-elle.

Bereztkoï fixe la femme.

— Je me plains de ce qui est imprimé dans *Slova* sous mon nom. Ce n'est pas moi qui l'ai écrit.

— Nous n'avons fait que corriger vos fautes de grammaire, camarade ! Tous les écrivains ont besoin qu'on corrige leurs fautes de grammaire. Même Dostoïevski ou Tolstoï avaient besoin qu'on corrige leurs fautes. Même celles du camarade Semion doivent être corrigées parce que ses adjectifs courts et ses déclinaisons sur les noms masculins inanimés sont choquants.

— Il ne s'agit pas que de fautes de grammaire ... réplique Bereztkoï avec douceur.

— Il a bien fallu qu'on nettoie votre histoire. Nous devions raccourcir les bafouillages antirévolutionnaires de votre docteur.

Cette réflexion vient d'un homme assis à côté de Douchenka Koba. Comme lui, il est complètement chauve. Tous deux transpirent abondamment. Des rigoles de sueur coulent sur leurs crânes luisants.

Olga commence à griffonner sur son cahier. Pensant devoir faire de même, je me mets à tracer des cercles et des croix sur le papier qu'elle m'a donné. Je ne suis pas sténographe.

Bereztkoï prend la défense de *Docteur Rudi Zinn*. Il parle de Rudi enfant, adolescent, de Rudi adulte. Comment depuis sa naissance, il avait supporté avec dignité, honneur et courage les imperfections et les excès du tsarisme, puis dans sa vieillesse, la démesure de ceux qu'il avait cru autrefois, honnêtes ; honnêtes et incorruptibles.

— Qu'y a-t-il de contre-révolutionnaire dans tout ça ? demande-t-il.

Personne ne répond.

— Connaissez-vous la signification du mot *Zinn* ? demande l'un des hommes à Beretzkoï.

Autour de la table, tout le monde se regarde en souriant.

— Cela signifie étain, dit l'homme. Votre Docteur Rudi Zinn est fait en étain. Vous avez choisi un nom bien approprié pour votre pathétique docteur. Il est fait en étain !

Maintenant tout le monde rit.

Semion cogne légèrement sur la table. Les rires s'arrêtent.

— Je crains que *Gozuzdom* soit de l'avis de *Slova*, dit-il à Beretzkoï.

— Moi, je crois que je vous ai fait perdre votre temps, réplique Beretzkoï.

-0-

Sur ce ton, la réunion se termine. On pousse les chaises en arrière. Les hommes et les femmes commencent à quitter la salle. Beretzkoï me regarde et sourit. Olga m'entraîne dans une pièce attenante. Elle me montre une machine à écrire posée sur un bureau.

— Il faut remplacer le ruban, dit-elle.

Elle me donne un ruban. Elle espère que je sais retirer l'ancien et placer le nouveau. Elle me dit aussi que si j'avais quelques difficultés à relire mes notes, je pourrais toujours lui demander les siennes. Elle me fait un petit clin d'œil : je constate qu'elle m'a vue griffonner au lieu de faire la sténo.

Je tape l'alphabet pendant une heure.

-0-

Beretzkoï m'annonce qu'il m'emmène dîner dehors. Il vient me chercher. Nous nous rendons au restaurant à pied. Comme il bruine, nous nous partageons le parapluie.

Au restaurant, éclairé par des bougies fichées dans des bouteilles enrobées de paille, les tables sont recouvertes de nappes à petits carreaux rouges et blancs, sur lesquelles sont posés des gobelets en verre. Le restaurant s'appelle *Susasin* comme l'opéra de Mikhaïl Ivanovitch Glinka, *Ivan Susasin*. La serveuse porte un caftan rouge. Elle me tend une rose rouge en papier. Il n'y a que deux tables d'occupées : deux couples, des *apparatchiks* probablement, à en juger par leurs vêtements élégants et leurs bijoux étincelants. Ils sont assis la tête penchée en avant, en train de couper leurs canards rôtis. Ils ne nous prêtent pas attention. La serveuse nous dit qu'il n'y aura pas beaucoup de monde, aussi pouvons-nous

nous installer où nous voulons. Nous choisissons une table près de la fenêtre.

— Comme ça, nous pourrons voir les *Tchékistes* arriver, dit Beretzkoï.

Je constate à son visage qu'il ne plaisante pas.

Nous demandons à la serveuse de nous conseiller. Elle suggère de s'en remettre au chef. Elle nous apporte une bouteille de vin rouge. Une bouteille semblable à celle qui tient la bougie.

— Du *Chianti*. Italien, explique Bereztkoï.

Le chef nous envoie notre premier plat. C'est une terrine de sanglier sur des canapés triangulaires. Comme plat principal, du turbot grillé accompagné de pommes de terre bouillies avec une sauce chaude au concombre. Comme dessert, une glace à la fraise. Envahis par la culpabilité et la honte après un tel festin, nous retournons à l'appartement de mes parents.

— Je vais retirer le roman de la publication, dit soudain Bereztkoï.

— À cause de ce qui s'est passé aujourd'hui ?

— Pas seulement. Mais oui. Aujourd'hui est l'une des raisons.

— Je ne voudrais pas que tu le fasses.

— J'ai bien réfléchi, je t'en prie n'essaie pas de me faire changer d'avis.

— La trouille ? demandé-je prudemment.

— La trouille. Oui, Tania, mon amour, j'ai peur de nouveau.

Il ne monte pas à l'appartement de mes parents.

Je regarde Beretzkoï s'éloigner. Il trébuche légèrement, regarde arrière et rit en maudissant le mauvais état des trottoirs de Moscou. Je ne ris pas avec lui, toute mon attention est accaparée par son allure. Il a le dos voûté, une voussure du dos et des épaules que je n'avais pas remarquée jusque là.

Demain je retournerai à Zernoïe Selo, lui me suivra quelques jours plus tard. Il veut d'abord assister à la rentrée des classes de ses garçons.

-0-

21

Valentin Sergueïevitch, le secrétaire qui a accompagné Staline à Zernoïe Selo, appelle Beretzkoï à la maison d'hôtes de *Profpro*. Staline a appris que Beretzkoï est à Moscou et veut le voir. Il l'invite à dîner.

— Est-ce que ce soir te convient ? demande Valentin Sergueïevitch.

— Oui, c'est parfait, répond Beretzkoï.

Une voiture vient le prendre peu après vingt heures. Le chauffeur est jeune. Il porte un manteau bon marché. L'auto est une Ford noire. À l'arrière, un homme est assis.

— Rivière, dit-il en se présentant. Je suis chargé de la propreté de nos rivières.

Il fait partie du Comité de la Ville de Moscou : il est l'un des invités de Staline.

En quelques minutes, la voiture arrive à la Place Rouge. Le chauffeur tourne à droite, prend une rue de côté, puis tourne à gauche en direction du mur du Kremlin, s'arrête enfin devant une porte en métal rouillé. Il klaxonne deux fois, le vieux mur de pierres renvoie l'écho. Les battants s'ouvrent, une sentinelle en uniforme bleu gris sort. Il tient un fusil dans une main, une lampe à huile de paraffine dans l'autre. Il reconnaît la voiture et fait un pas de côté pour la laisser entrer.

C'est la première fois que Beretzkoï pénètre dans cette forteresse aussi révérée que redoutée.

Le chauffeur fait marche arrière, met les phares en codes et pendant cinq minutes il parcourt un labyrinthe de petites allées étroites, traverse des cours vides, puis s'arrête enfin devant l'entrée d'un long bâtiment bas. Aussitôt le moteur arrêté, une autre sentinelle fait son apparition.

— Attends là et ne te saoule pas ! braille-t-il au chauffeur.

Il prie Beretzkoï et l'homme du Comité de la Ville de le suivre. Il les conduit dans un vestibule. Là, il les fouille. Il prend un paquet de *papirosa* dans une poche de l'homme du Comité de la Ville.

— Vous n'en aurez pas besoin, dit-il en glissant le paquet dans celle de son pantalon.

Ils les conduit au second étage dans un élégant ascenseur aux parois de bois puis à travers un long et large couloir bordé de statues dorées, jusqu'à une porte donnant sur d'autres couloirs, d'autres corridors. Enfin, il frappe à une porte.

Valentin Sergueïevitch ouvre la porte.

Il serre Beretzkoï dans les bras.

— Enchanté de te voir, camarade !

— Moi de même, dit Beretzkoï.

— Le camarade Staline sera ravi aussi de te revoir.

Il y a des cartes sur une table : Valentin Sergueïevitch vient de faire une partie de cartes avec un autre homme. Tous deux sont en *roubachkas* et pantalon de flanelle. Beretzkoï et l'homme du Comité de la Ville sont en costume mais sans l'accoutrement bourgeois – la cravate.

L'autre homme se présente.

— Innokentii.

Il est de Tbilisi en Géorgie. C'est l'éditeur d'un magazine technique : il connaît Staline depuis l'école.

L'homme du Comité de la Ville semble impressionné.

Valentin Sergueïevitch propose des boissons, mais une porte s'ouvre avant qu'il ait le temps de les servir. Staline apparaît, sa main droite, la bonne, prête à être serrée. Il est vêtu comme au dîner de Zernoïe Selo. Il a une pipe à la bouche. Elle est allumée, sa bouche moustachue est tout sourire.

— Boris Petrovitch ! Enfin te voilà !

Il attire Beretzkoï contre sa poitrine. Il fait de même avec l'homme du Comité de la Ville. Une odeur de champ de tabac colle à Staline, un nuage de fumée flotte. Il s'est remis à fumer.

Valentin Sergueïevitch invite chacun à s'asseoir. Lui, se dirige vers une table sur laquelle sont disposés des bouteilles et des verres.

— La bonne dose, Valia ! lui ordonne Staline.

Au dîner de Zernoïe Selo, s'adressant à son secrétaire, Staline s'était montré plus cérémonieux, le nommant par son prénom suivi de son patronyme.

Valentin Sergueïevitch remplit les verres de vodka, puis les distribue à chacun. Les invités proposent de porter un toast à leur hôte, puis à l'Union soviétique, puis à tous les poètes du pays, enfin à tous les ingénieurs.

La soirée commence par un film.

Staline et ses invités empruntent un escalier recouvert de moquette jaune pour se rendre à une salle de projection. La pièce est faiblement éclairée, des chaises sont placées en demi-cercle entre un écran et un projecteur dans lequel une bobine de film est déjà installée. Staline s'assied sur une chaise juste face à l'écran. C'est Valentin Sergueïevitch qui fera le projectionniste. Il éteint les lumières, la pièce est dans l'obscurité totale pendant quelques instants. La bonne odeur du tabac à pipe de Staline devient oppressante. Des rayures blanches surgissent sur l'écran et soudain la pièce baigne dans une musique de violon. Les mots *Anna Karenina* apparaissent, suivis d'autres rayures blanches.

— Ça vient ! Ça vient ! chante Staline, comme un enfant surexcité.

Des noms commencent à défiler sur l'écran. Greta Garbo, Fredric March, Basil Rathbone. Le violon s'arrête de jouer. Sur l'écran, deux hommes entrent dans une pièce. Ils se parlent en anglais. Valentin Sergueïevitch en donne une traduction simultanée en russe. Après quelques minutes, de nouvelles rayures blanches apparaissent sur l'écran. Staline explique que c'est la fin de la première bobine et qu'on doit charger la seconde dans le projecteur. Pendant que Valentin Sergueïevitch s'y emploie, Staline bavarde avec Innokentii qu'il nomme Kecha.

La seconde bobine tourne, les invités de Staline reportent leur attention sur l'écran de nouveau.

— Ces stupides Américains ! Ils ne peuvent donc pas s'arranger pour tout mettre sur la même bobine ? maugrée Staline.

La seconde bobine tourne pendant quinze minutes puis de nouvelles rayures blanches apparaissent. Staline se lève, furieux. Il sort, se rend dans une pièce attenante d'où il appelle Beretzkoï à se joindre à lui.

Beretzkoï se tourne vers Valentin Sergueïevitch pour avoir son conseil.

— C'est bon. Je te rappellerai ainsi que le camarade Staline, dès que la troisième bobine sera prête, dit-il sur un ton encourageant.

Staline est assis sur une chaise longue capitonnée de bleu. Il a enlevé ses bottes de cuir. L'une d'elle gît au sol, l'autre est sur la chaise longue. La pièce est petite, étouffante par la chaleur émanant d'un radiateur électrique.

— Assieds-toi, dit Staline. Je veux te parler.

Avec sa pipe, Staline désigne un fauteuil en cuir, face à la chaise longue. Beretzkoï fait ce qu'il lui ordonne.

— Je me demandais ce qu'il aurait fallu que je fasse pour te faire venir à Moscou, mais ne nous tracassons pas avec ça, ce qui compte c'est que tu sois là ! Je voulais savoir ce que tu as à dire à propos de ton ami qui a écrit ces poèmes fallacieux sur moi ?

— Nous avons déjà parlé du camarade Olminski lorsque vous m'avez téléphoné, camarade Staline, répond Beretzkoï.

Staline mort le bec de sa pipe. Ses dents sont plus foncées qu'il ne l'avait remarqué, sa moustache plus foncée et plus noire aussi.

— C'est vrai, dit Staline.

— Maintenant, il est mort, camarade Staline, dit Beretzkoï.

— Oui, il est mort. Il est mort d'une pneumonie.

— J'ai entendu dire qu'il était mort d'un arrêt cardiaque, camarade Staline.

— D'une pneumonie, insiste Staline. Il est mort d'une pneumonie.

Staline veut savoir si Beretzkoï a déjà souffert d'une pneumonie. Beretzkoï lui répond qu'une fois il avait eu une grippe très sévère, que ça pouvait bien être une pneumonie.

— Quelle maladie affreuse. La pneumonie, dit Staline, presque ému.

Il faut absolument faire quelque chose pour arrêter cette pneumonie qui tue notre peuple, dit-il.

— Absolument, camarade Staline, murmure Beretzkoï.

— C'est une telle perte de vies humaines.

Beretzkoï est de son avis.

— Mais dis-moi, poursuit Staline en tenant sa pipe dans la bonne main, as-tu lu le poème dont il est question ?

— De quel poème s'agit-il, camarade Staline ?

— *Le Nez et le Nœud*.

— *Le Nez et le Nœud* ? Dan a écrit un poème intitulé *Le Nez et le Nœud*, camarade Staline ?

— Est-ce qu'il t'arrive de lire les poèmes qu'écrivent tes confrères ?

— J'ai lu à peu près tous les poèmes du camarade Olminski, mais je ne connais pas celui-là, camarade Staline.

— C'est un tas d'ordures !

— J'aimerais le lire avant de le commenter, camarade Staline.

Staline sourit, les dents serrées sur sa pipe, le regard sournois.

— Tu vas en avoir l'occasion, Boris Petrovitch. Valia va t'en donner une copie. Après, lorsque tu auras lu le poème, tu me diras ce que tu en penses.

Beretzkoï lui dit qu'il le fera.

— Je vois que tu es un ami loyal, Beretzkoï, l'homme poète. J'aime ça. J'aime la loyauté... c'est tout ce dont on a besoin. C'est rare de nos jours. Mais je voudrais parler d'autre chose. J'ai lu ton manuscrit. Comment dirais-je ? Il m'a laissé un goût amer dans la bouche. Comme du vomi. Oui, un goût de vomi sur la langue.

On entend des voix et des rires venant de la salle de projection.

— Tu tiens à défendre ton roman ? demande Staline.

— Ce n'est plus un roman, camarade Staline. J'ai pris la décision de brûler le manuscrit aussitôt rentré à Zernoïe Selo.

Staline s'étonne.

— J'ai une copie. Puis-je la brûler aussi ?

— C'est à vous de décider, camarade Staline.

— Je vais demander à Gozuzdom de s'arranger pour que ton roman soit publié parce que, tu le sais bien, je n'approuve pas la censure.

Beretzkoï se tait.

— Qu'en penses-tu ? demande Staline.

— C'est à vous de décider, camarade Staline. Comme je vous l'ai dit, la décision vous appartient.

— Oui, mais toi, qu'est-ce que tu en penses ? insiste Staline, en prenant une intonation grave.

Plus aucun bruit ne s'échappe de la salle de projection, comme si on avait entendu la conversation.

— Le roman, dit Beretzkoï, je considère le roman comme appartenant au passé, camarade Staline. Comme quelque chose qui n'existe plus.

Staline hoche la tête.

— Non, dit-il, cela n'est pas suffisant. Je veux savoir ce que tu penses de ce que tu as écrit.

Le visage de Staline s'est empourpré. Il malaxe la botte qui est à côté de lui avec le poing.

De nouveau, Beretzkoï ne répond pas.

Les yeux de Staline ne quittent pas les siens une seconde.

Valentin Sergueïevitch apparaît dans l'embrasure de la porte.

Il tousse.

— La troisième bobine est prête. Voudriez-vous quelque chose à boire, camarade Staline ou préférez-vous regarder immédiatement la suite d'Anna

Karénine ?

— Autant aller voir la suite de ces conneries, bougonne Staline à son intention, le regard obstinément fixe.

Sans ajouter un mot, Staline se lève, essuie ses bottes – sans les renfiler – et sort de la pièce. Il y a un trou dans une de ses chaussettes.

Valentin Sergueïevitch prend Beretzkoï par le bras.

— Nous appelons cette pièce la rôtissoire. C'est la pièce où le camarade Staline entraîne tous ceux qu'il veut ... rôtir, murmure-t-il.

-0-

Le repas commence par du hareng fumé. Tous sont maintenant installés dans une salle à manger, assis autour d'une table ovale couverte d'une nappe rouge brodée de fleurs. Innokentii est assis à la gauche de Staline, Beretzkoï à sa droite. Valentin Sergueïevitch et l'homme du Comité de la Ville leur font face. Les couverts sont en argent massif, les verres en un cristal étincelant, la vaisselle en porcelaine si fine que lorsqu'un couteau ou une fourchette touche une assiette, on n'entend aucun bruit.

Plusieurs bouteilles de vin et de Vodka sont disposées en cercle sur une desserte.

Deux serveurs poussent une table roulante jusque dans la salle. Tous deux sont d'apparence négligée : ils ne se sont pas rasés depuis des jours et ne se sont pas fait couper les cheveux depuis des semaines. S'agit-il vraiment de serveurs professionnels ou bien sont-ils des gardes du corps ? Sur la table roulante sont disposées des petites assiettes de harengs. Les deux serveurs passent maladroitement les assiettes. Sur chacune, il y a une demi-douzaine de harengs. Chaque petit poisson a été éviscéré puis aplati. Les têtes sont restées intactes. Lorsque chaque convive a une assiette devant lui, l'un des hommes ouvre une bouteille de vin blanc. Il introduit le tire-bouchon si profondément dans le bouchon que ce celui-ci éclate. En quête d'assistance, il regarde Valentin Sergueïevitch.

— Pousse le bouchon dans la bouteille. Ce n'est qu'un bouchon. Nous ne risquons rien, dit Staline.

Il s'agit d'un vin géorgien.

— Buvez, buvez ! Il est suprêmement bon, ordonne Staline.

Il pose brutalement sa pipe dans un cendrier. Près de chaque couvert, il y a un cendrier ainsi qu'un petit panier en argent rempli de cigarettes et de cigares. Il pousse bruyamment sa chaise en arrière, comme dans une modeste taverne, lève son verre au-dessus de sa tête et propose à l'assistance de porter un toast au socialisme.

Tous se mettent debout et font ce que leur hôte demande.

Ils se rasseyent, Staline pointe du doigt l'assiette de harengs qui est devant lui.

— Mes préférés.

Avec sa mauvaise main, Staline prend une poignée de sel dans une salière en argent et négligeant le couteau et la fourchette, de sa bonne main il saisit le plus gros des harengs de son assiette, balance la tête en arrière et découvrant ses dents jaunes, arrache la tête du poisson. Puis il la mâche lentement, crache un petit os sans se soucier de son point de chute – heureusement pour ses invités, celui-ci retombe dans son assiette – puis il avale le reste d'un coup.

Les invités observent leur propre assiette avec candeur, sachant qu'ils devront copier la technique de leur hôte.

Staline sourit aux visages perplexes assis autour de la table.

— Voilà comment en Géorgie, dans mon enfance, on mangeait le hareng ! Maintenant mangez !

— Le hareng est aussi mon plat favori, camarade Staline, dit l'homme du Comité de la Ville, tentant probablement de repousser le moment d'avaler le poisson couvert de sel.

— Ah, mais je suis sûr que tu ne l'as jamais mangé comme il doit l'être ! raille Staline.

Dans la pièce, tous – invités et serveurs – observent l'homme du Comité de la Ville choisir le plus petit hareng de son assiette. Ils le regardent couper la tête du poisson avec les dents.

— Alors, c'est bon ? demande Staline.

— Bon ... confirme l'homme du Comité de la Ville, la tête du poisson encore dans la bouche.

Il avale la tête sans la mâcher.

Staline sourit.

— Maintenant, un autre. Mais sale-le !

L'homme du Comité de la Ville saisit la salière en argent, cherche une cuillère du regard, mais Staline attrape une poignée de sel et la jette sur l'assiette de l'homme.

— Maintenant ! Mange ! ordonne-t-il.

L'homme du Comité de la Ville hésite, mais finit par prendre avec ses dents le hareng qu'il venait d'étêter, blanc de sel à présent, et mord dedans. Il le mâche lentement. Ses yeux se remplissent de larmes. Il mâche la bouche ouverte, comme s'il voulait que Staline voie qu'il mange bien le hareng. Il en fait une boule grise avec ses dents, puis avale. Une fois. Une deuxième fois. Sa pomme d'Adam tressaute, de ses yeux coulent encore plus de larmes.

Staline glousse de plaisir.

— Bien ! Comment c'était ?

— Délicieux. En vérité, absolument, extraordinairement délicieux, camarade Staline !

L'homme du Comité de la Ville est écarlate.

— Je savais que tu l'aimerait, dit Staline.

Il frappe la table de son poing, le bon. Les verres, pleins à ras bord, tremblent et le vin se répand sur la belle nappe.

Ensuite, vient le porc. Il est présenté en gros cubes tendres recouverts d'une épaisse sauce sucrée.

— Rafraîchis ma mémoire, dit Staline s'adressant à Innokentii. Ce n'est pas géorgien, n'est-ce pas ?

— Je ne saurais pas le dire, Soso, répond Innokentii. Je suis ingénieur, pas cuisinier, tu le sais.

Staline acquiesce.

— Et un excellent ingénieur, je dois dire.

— Oh, Soso ! s'extasie Innokentii. Tu es un si merveilleux ami !

— Nous sommes très au-dessus des Américains en matière d'ingénierie, déclare Staline.

Un exemple de la supériorité soviétique, le Métropolitain de Moscou. Il loue l'expertise de Nikita Sergueïevitch Kroutchev, l'homme responsable de sa construction. Autre exemple de la supériorité soviétique, le canal Moscou Volga. L'homme du Comité de la Ville faisait partie du projet avant d'être transféré ailleurs.

Le dessert, un cake à la carotte posé sur la table. Les deux serveurs remplissent les verres de *shamspanska* (Note 99), alors Staline cherche à qui on pourrait porter un toast. Valentin Sergueïevitch suggère de boire au Métropolitain de Moscou.

— Justement, on en parlait.

Tous lèvent leurs verres.

— Stop ! crie Staline. Nous avons un poète parmi nous, alors buvons aux poètes.

Il désigne Beretzkoï sans rien dire, à la table, tous se tournent vers lui.

Leurs verres levés.

— À Boris Petrovitch, déclare Valentin Sergueïevitch.

— Boris Petrovitch, dit en écho Staline, en se penchant lourdement au-dessus de la table. Raconte donc ton livre à mes invités.

— Le livre n'existe plus, camarade Staline.

— Quel en est le titre ? demande Innokentii.

— *Docteur Rudï Zinn,* répond Staline.

— C'est un nom étranger, dit Innokentii. Ce gars Zinn, ça m'a l'air d'être un étranger.

— Ce n'était pas un étranger, dit calmement Beretzkoï à Innokentii, en évitant de s'exposer à donner plus ample explication.

— Que voulez-vous dire par ce n'était pas ?

— Il a détruit son manuscrit. Ou il est sur le point de le faire, explique Staline. Ce docteur Zinn appartient au passé.

— Tu vas détruire ton œuvre ? demande Valentin Sergueïevitch, surpris.

— Oui, j'ai l'intention de le brûler dès mon retour à Zernoïe Selo, dit Beretzkoï à Valentin Sergueïevitch.

Autour de la table, les visages observent un silence prudent.

— Mais le personnage principal meurt à la fin du livre, voilà pourquoi il a aussi utilisé le passé, dit Staline à Innokentii sur un ton enjoué.

— Vraiment ? demande Valentin Sergueïevitch à Beretzkoï. Tu l'as tué ?

— Il meurt, oui.

— C'est triste, dit catégoriquement Innokentii. Ca a l'air d'être une histoire triste.

Lui, préfère les histoires qui se terminent bien, explique-t-il.

— Ça c'est complètement idiot, intervient Staline. Qu'est-ce que tu es ? Une timide écolière ?

C'est idiot, poursuit-il parce qu'à la fin de la vie, nous mourons tous.

— C'est vrai, Soso, dit Innokentii, en baissant les yeux humblement.

— Dis-moi Boris Petrovitch, toi le poète, dis-moi, est-ce que la mort, c'est la fin, demande Staline.

Beretzkoï opine de la tête.

— La mort, c'est la fin, camarade Staline. C'est ce que je crois, oui, la mort c'est la fin.

— Explique-moi ce que tu entends par là si tu peux. Tu sais bien, certains disent que la mort est un commencement, comme un passage vers une autre vie, qu'est-ce que le poète qui est en toi dit de ce concept ?

— Pour moi, la mort n'est pas un commencement, camarade Staline, réplique Beretzkoï, avec sincérité.

— Non ?

— Non. Après la mort, il n'y a rien. La mort en elle-même, l'instant où la vie s'échappe du corps, n'est qu'un instant de néant, cet instant de néant étant lui-même suivi par l'après mort.

— L'après mort ? se moque Staline en caressant sa moustache.

— C'est ce que je crois, camarade Staline.

— Que veux-tu dire par l'après mort, mon vieux ?

— Ce qui vient après le dernier soupir. Le néant éternel qui fait suite au dernier soupir.

— Alors la mort est un instant de néant, suivi de l'après mort, qui elle-même est un néant éternel. Une non-existence ? demande Staline.

Il pose ses coudes sur la table à côté de son assiette.

— C'est ce que je crois, camarade Staline.

— Alors, il n'y a pas de vie après la mort ?

Il se tourne vers Beretzkoï et le regarde, attendant une réponse.

— Je ne sais pas si c'est ainsi, je crois seulement que c'est ainsi, camarade Staline.

— Ça me plaît, dit Staline. L'après mort est un néant éternel. Ça paraît logique !

Valentin Sergueïevitch approuve.

— C'est ainsi que je comprends la mort. Et la vie, confirme Bereztkoï à Valentin Sergueïevitch.

— Alors nous n'avons qu'une seule vie ? demande ce dernier.

— Oui, répond Staline à la place de Beretzkoï, en se levant de nouveau. C'est ce que je dis constamment. Nous n'avons qu'une vie, une seule, donc nous devons en tirer le meilleur parti. Se respecter les uns les autres, s'aider les uns les autres, être bon. C'est ce que j'ai toujours dit. Oubliez ce qu'il y a après la mort. Occupez-vous seulement de la vie que vous vivez.

Tous se lèvent pour boire à la vie.

Staline se rassied, en invitant tous les autres à en faire autant. Il fixe toujours Beretzkoï.

— Ça m'a fait mal, quand j'ai lu ton livre. Après avoir lu quelques pages à peine, j'ai eu d'abord envie de le jeter dans la corbeille à papiers. Mais j'ai continué. Maintenant je ne le regrette pas et je vais même te demander de m'en écrire un autre. Je te le demanderai très poliment car je suis un homme poli. Je te dirai s'il vous plaît et merci. Je veux que tu écrives sur nos échecs, nos souffrances, comme tu l'as fait dans *Docteur Rudi Zinn*, mais je veux que tu fasses ressortir dans ton livre que nous ne souffrons plus, que nous travaillons à surmonter nos échecs. Mais aucun mensonge je te prie, aucune exagération. Je ne mens jamais, donc je ne tolère pas le mensonge. Tu as dit beaucoup de mensonges dans *Docteur Rudi Zinn*. Alors tu vas m'écrire un livre rempli de vérité. Je t'appellerai une fois par semaine pour te demander où en est le livre. Mon premier appel sera dans une semaine. Je te donne une année pour m'écrire ce livre. C'est-à-dire douze mois à compter de maintenant.

Il claque sa bonne main sur la table. Du vin gicle des verres sur la jolie nappe.

-O-

Brusquement, Staline se lève. Le dîner touche à sa fin. Il reste debout auprès de la table, serre les mains de ses invités avec gravité. Il ne dit pas un mot. On ne retourne pas au salon, aucun café, aucun digestif n'est proposé.

À trois heures du matin, Beretzkoï et l'homme du Comité de la Ville remontent dans la Ford noire. Innokentii passe la nuit au Kremlin. Le chauffeur sent la vinasse.

— Malgré tout ce qu'on a dit sur votre livre, j'ai le sentiment que Staline me déteste mais vous aime, dit l'homme du Comité de la Ville à Beretzkoï.

— Dois-je m'en réjouir ? demande Beretzkoï.

Le chauffeur penche légèrement la tête. Il s'intéresse manifestement à la conversation.

— Vous ne devriez pas poser cette question, dit l'homme du Comité de la Ville.

— Quelle question devrais-je poser ?

— La question que vous devriez me poser est, camarade, qu'allez-vous faire maintenant ? Alors je vous dirais que je me demande si je ne ferais pas mieux dans la matinée, de m'attacher une des dalles préfabriquées de Staline autour du corps et sauter dans la Moskova ?

— Vous n'exagérez pas un peu ?

— Je ne crois pas. Ça fait un moment que j'y pense, ce n'est qu'une question de temps, comme ça je ne nettoierai plus nos rivières, je les polluerai avec mes restes. Maintenant, sachant que le camarade Staline ne m'aime pas, j'ai acquis la certitude que mes soupçons étaient justes.

— Il se pourrait bien que mon corps rejoigne le vôtre, dit Beretzkoï.

Le chauffeur hoche la tête.

— Le mien aussi, camarades.

Il rit sournoisement.

-0-

Le matin même, un poème – *Le Nez et le Nœud* – est déposé à la maison d'hôtes à l'intention de Beretzkoï.

Pour lui, il s'agit bien de l'œuvre de Dan.

C'est un long poème narratif.

Il a un sous-titre : *Un jour un genre de cafard grimpa dans le nez d'un certain Joseph Vissarionovitch Doughasvili, la plus abominable canaille, celle que tout le monde déteste.*

Pour son poème, Dan trouva l'inspiration dans l'image de Staline telle qu'elle était apparue sur le mur derrière de ma *datcha*.

Après l'avoir lu en entier, Beretzkoï en déchire les pages et les brûle dans la corbeille à papier de sa chambre.

Mais lorsqu'on a lu le poème, il paraît évident que la plus abominable canaille, celle que tout le monde déteste, ce n'est pas le cafard, il s'agit de Staline.

-0-

22

J'espérais que Bertezkoï serait là à midi. Mais c'est Kolia qui vient. Il a maintenant une bicyclette décorée de serpentins qui bruissent au vent quand il roule vite. Il contourne la *datcha*, jette la bicyclette au sol, fait irruption dans la cuisine.

— Qu'y a-t-il ? demandé-je inquiète.
— Beretzkoï !

Kolia reste sur le pas de la porte. Des gouttes de transpiration perlent sur son front, il n'a plus de souffle.

— Tu devrais être prudent. Ne pas rouler si vite. Tu pourrais tomber. Et Beretzkoï qui n'est pas encore là, alors qu'il devrait l'être ...

Je m'arrête de parler.
Kolia me regarde avec un sourire triste.
— Beretzkoï n'est pas rentré hier soir.
— Pas ... ?
— Il fallait qu'il reste à Moscou. C'est ce que je suis venu te dire. Il est à l'hôpital. Alors qu'il dînait avec Semion, il ne s'est pas senti bien. Mais ... rien de grave. Il s'est évanoui à table. Il a perdu connaissance, quelques secondes seulement.
— Perdu connaissance ?
— Semion a commencé par le transporter chez lui – il habite à Arbat (Note 100) - puis il l'a transporté à l'hôpital du Kremlin. Semion a prévenu Nadejda Konstantinova par téléphone.

Beretzkoï souffre de l'estomac. Ne sachant pas pourquoi, les médecins procèdent à des tests. En attendant, il souffre, mais les médecins arrivent à le soulager avec des médicaments. De la morphine.

Mon cœur bat de plus en plus vite. Je sais que la morphine n'est prescrite qu'en cas de douleurs intenses.

Je tremble.
— Il faut que j'aille à Moscou.
Kolia dit que c'est impossible.
— Comment peux-tu dire ça ! Tu ne peux pas m'interdire d'y aller ! Pour qui te prends-tu ? hurlé-je.
— Bien sûr, ce n'est pas à moi de te dire ce que tu dois faire, mais ce n'est vraiment pas la peine de te précipiter à Moscou. Tu m'as mal compris. Beretzkoï n'est pas à l'article de la mort. Ce qu'il a n'est même pas très grave. Beretzkoï est épuisé, voilà la raison de son évanouissement. La fatigue peut s'exprimer de toutes sortes de manières. L'une d'elles se traduit par des maux d'estomac. C'est ce qui est arrivé à Beretzkoï à Moscou. Ne te fais pas tant de soucis, Tania !

Il me promet de me tenir au courant de l'état de Beretzkoï à chaque minute de la journée en se mettant en rapport avec Nadejda Konstantinovna, et de me rapporter sans délai tout ce qu'elle lui dira.

Kolia me dit que lorsque Beretzkoï s'est trouvé mal, Semion étaient en train de discuter de son livre avec lui, tentant de le convaincre de ne pas détruire le manuscrit, mais plutôt d'accepter quelques modifications. Soudain Beretzkoï a fermé les yeux et peu après il est tombé par terre, évanoui.

— Mais, Tania, Beretzkoï n'est pas mourant !

Kolia est catégorique, c'est ce que je retiens.

-0-

Mes voisins m'apportent à manger. Les Gromiko viennent avec un petit panier rempli de fraises sauvages. Nous sommes en mars, il y a une première éclosion de baies dans le Bois du Somnambulisme. Alisa m'apporte un pain de seigle qu'elle a fait elle-même et me dit qu'elle fera en sorte que Enilats soit silencieux. Je ne lui dis pas à quel point les aboiements de son chien sont préférables aux deux voix qui en moi se contredisent. L'une me dit d'aller à Moscou, l'autre me conseille le contraire. Ces deux voix sont les miennes, bien sûr.

Je reçois un télégramme de Galina.

L'ai vu. Envoie son amour. Va bien. Lettre bientôt.

Qui va écrire, elle ne le précise pas.

— Je déteste les télégrammes, dis-je à Kolia. Ils ne disent rien.

Kolia fait plusieurs fois par jour le va-et-vient à bicyclette entre la rue Ob et la rue Léna, car Semion et Douchenka Koba restent en contact avec Nadejda Konstantinovna par téléphone. Ainsi, il peut me raconter ce qu'ils lui disent. Beretzkoï se sent chaque jour de mieux en mieux, me dit-il. Les médecins avaient d'abord cru à un ulcère de l'estomac, mais ce n'était pas le cas. Cela pourrait venir de ce qu'il a mangé. Un poison ou tout simplement quelque chose d'avarié.

— Il sera bientôt de retour, dit Kolia.

Beretzkoï revient au village une semaine plus tard.

Il dépose sa valise rue Léna et se rend aussitôt rue Ob.

— Ne dis pas un mot sur ce qui s'est passé, dit-il avec fermeté.

Il me tend une petite boîte recouverte de velours noir.

Je l'attendais au portail. Je l'avais regardé remonter la rue. Nous allons dans la salle de séjour.

— Qu'est-il arrivé ?

Je n'arrive pas à retenir mes larmes.

— Tu ne préfères pas ouvrir ton cadeau ? me demande-t-il.

Ses yeux me fixent puis son visage s'illumine dans un sourire.

Il a maigri. Il nage dans ses vêtements. Ses cheveux sont plus gris qu'avant. J'essaie de me persuader que je me fais des idées.

— Je vais ouvrir le cadeau, dis-je. Bien sûr que oui.

La boîte contient deux petites boucles d'oreilles en formes d'étoiles.
— Regarde si elles sont à la bonne taille.
Je ris pour la première fois depuis des lustres.
— Les boucles d'oreilles sont toujours de la même taille, lui dis-je.
— Va te regarder dans la glace.
Je vais dans la chambre me regarder dans la glace. Beretzkoï entre, derrière moi.
— Tu es belle, Tania. Je me demande ce que j'ai fait pour mériter tout le bonheur que tu me donnes.
Je me retourne pour le regarder.
— C'est étrange, dis-je, je me disais la même chose.
Je ne lui dis pas que j'aurais préféré qu'il m'offre une alliance.

-0-

23

Nous sommes le premier avril. Beretzkoï trouve une grande enveloppe dans ma boîte aux lettres. Elle lui est adressée. Il la décachette. C'est un exemplaire du deuxième numéro de *Slova*.

C'est Galina qui l'a envoyé.

Une note est épinglée au magazine.

Elle y a écrit, *Que puis-je dire d'autre ?*

Beretzkoï brandit le magazine pour que je puisse voir sa couverture.

Il est pâle comme tous ces jours-ci, au point que mes voisins me demandent s'il ne serait pas malade.

Je lis les mots *Olovoi Chelevek* (Note 101) imprimés en gros caractères. La couverture est jaune ; le lettrage, noir. Le magazine est entièrement consacré à *Docteur Rudi Zinn*.

— Viens, dit-il.

Il vaut mieux aller dans la chambre. Nous nous asseyons sur le lit.

Slova est divisé en trois parties. La première reprend l'extrait publié dans le numéro précédent, la seconde expose la trame du roman. Beretzkoï me la lit. Dans le roman *Slova* a coupé tous les événements tous les incidents qui présentaient notre pays, son peuple et ses dirigeants sous un jour favorable. La troisième partie consiste à analyser le roman et l'état d'esprit de celui qui avait été capable d'écrire un tel ouvrage sur notre patrie. Dans cette troisième partie figure aussi une lettre ouverte destinée à Beretzkoï. La lettre ouverte porte seize signatures. Il y en a deux que nous n'arrivons pas à déchiffrer, trois sur lesquelles il nous est impossible de mettre un visage, mais les six autres, nous les connaissons. Parmi elles, celle de Douchenka Koba et celle de Semion.

Nous lisons la lettre.

Elle commence par le mot honte. Honte est en italiques. Dans chacun des paragraphes suivants, il y a un mot en italiques. Il y a huit paragraphes. Les huit mots en italiques composent la phrase Honte À Toi Car Ton Pays T'aime Assurément. Ce n'est pas seulement une manière astucieuse d'avertir Beretzkoï, c'est aussi une phrase du livre : une phrase qu'Elena Zinn dit à Rudi. Le magazine se garde bien de le dire.

La lettre se termine ainsi : Quant à l'auteur de ce livre : il a dans le passé, écrit de magnifiques vers patriotiques qui ont touché les cœurs de tous ceux qui les ont lus, ce qui nous laisse espérer que la malveillance dont ce livre est imprégné ne vient pas de sa plume mais des forces du mal dans lesquelles il baigne. Nous l'exhortons à bannir ces forces du mal de sa vie et à présenter des excuses à sa mère patrie pour lui avoir craché au visage. Il doit brûler ce livre !

Dans ce que dit le magazine, il est difficile de faire la part de ce qui revient au docteur Rudi Zinn, le personnage de fiction, ou à Beretzkoï, l'auteur de la fiction. L'un et l'autre sont qualifiés d'abrutis, de sauvage, de lâches. De politiquement immatures.

Je suis étendue sur le lit, les mains sur les yeux. J'entends Beretzkoï rire. Surprise, j'ouvre les yeux et le regarde.

— Faut-il en rire ou en pleurer ? me demande-t-il.

Je me mets à pleurer. C'est trop pour moi, cette vie que nous menons. Toujours vivre dans la peur.

— Non, Tania, dit-il. Je t'en prie, non. Ne pleure pas.

Il laisse tomber le magazine au sol. Il s'allonge à mes côtés.

— La force du mal, dis-je. Je suppose que c'est moi ? C'est ça ?

— J'en suis seul responsable.

— Non. Je le suis avec toi. Ils le savent.

Il me demande d'oublier *Slova* quelques temps.

Nous tirons la couverture jusque par-dessus nos têtes.

Dans l'obscurité, ses lèvres se posent sur les miennes.

-0-

Il fait nuit.

Semion appelle Beretzkoï pour s'excuser d'avoir signé la lettre. Il essaie de lui faire comprendre qu'il n'avait pas eu d'autre choix. Malioutka attend un autre enfant ; elle a besoin de lui. Joseph, leur fils, a besoin de lui. Beretzkoï lui dit qu'il comprend.

Le téléphone sonne une fois encore chez les Beretzkoï. Douchenka Koba est au bout du fil. Il veut que Beretzkoï comprenne qu'il n'a pas eu d'autre choix que de signer. Beretzkoï lui dit qu'il comprend.

— Merci, minaude Douchenka Koba.

Il s'attarde sur la ligne, échangeant des politesses. Beretzkoï tient le combiné contre son oreille et écoute impassible, le visage blême.

— Beretzkoï, mon vieil ami, je voudrais te donner un conseil. Si je peux me permettre, dit Douchenka Koba.

— Tu n'es pas le seul, dit Beretzkoï. Alors, vas-y.

— Brodovskaïa. Brodovskaïa ne te vaut rien. Cette femme empoisonne ton esprit. Toute cette poisse, c'est à elle que tu la dois. Pense à ta femme, à tes fils. Ils ont besoin de toi. Si tu saisis ce qui est bon pour toi, tu devrais l'envoyer faire ses valises, grogne-t-il.

Bereztkoï raccroche le combiné, coupant court à la conversation.

-0-

Beretzkoï commence à recevoir des lettres d'insultes. Envoyées à la fois rue Léna et rue Ob. Il rapporte rue Ob, celles de la rue Lena, encore cachetées, car Nadejda Konstantinovna ne veut rien avoir affaire avec tout ça, ni avec *Docteur*

Rudi Zinn. Je les lis toutes. Je les lis le soir quand je suis seule, pour que Beretzkoï ne soit pas tenté de me demander de les lui lire. Je préfère qu'il ne sache pas ce que l'on dit de lui. Ces lettres viennent de tout le pays, certaines ne sont pas signées. Quelques unes ne portent même pas le cachet de la poste, ce qui signifie qu'elles ont été mises directement dans nos boîtes par des habitants du village.

Comme les voisins sont maintenant au courant du roman et de ce qui se passe, Alisa me demande ce que je fais des lettres après les avoir lues. Je lui dis que je les déchire en mille morceaux que je jette à la poubelle. Pour elle, c'est du gaspillage. Je pourrais utiliser ces lettres pour allumer le poêle. Je lui demande si elle veut qu'on se les partage, elle en serait ravie.

— Le bois de chauffage est tellement cher, marmonne-t-elle.

Les Gromiko viennent me demander pourquoi nous ne leur avions pas dit que Beretzkoï était en train d'écrire un roman et s'ils pourraient le lire ? Ils parlent à mi-voix comme s'ils craignaient de réveiller un nouveau-né qu'ils seraient venus voir.

— Vous voulez vraiment lire le roman ? leur demandé-je.

— On ne te l'aurait pas demandé, sinon, dit Igor.

— C'est vrai, dis-je, excusez-moi, mais je crois qu'il vaut mieux que vous ne le lisiez pas, que vous n'en sachiez rien.

Ils pensent que j'ai sans doute raison.

J'ai raison en effet, car la *Chistka* fait parler d'elle de nouveau.

Staline a fait exécuter trois membres de la vieille garde de Lénine, des hommes avec qui mon père avait combattu la cause : Nikolaï Ivanovitch Boukharine, Alexeï Ivanovitch Rykov et Nikolaï Nikolaïevitch Krestinski. Tous trois sur le banc des accusés avec dix-huit autres prévenus, dont Iagoda - *Iagodka* — qui dût répondre du meurtre de plusieurs personnes, mais aussi de celui de Gorki par empoisonnement. Les vingt-et-un inculpés avaient plaidé coupables des charges qui leur étaient imputées, bien qu'au début, Krestinski ait protesté de son innocence. Tous sauf trois, avaient été condamnés à mort et les sentences exécutées dans la foulée. Les accusés avaient été fusillés. Staline avait fait cacher des micros dans la cour afin d'entendre les débats depuis son appartement privé du Kremlin. Lorsque la sentence concernant Boukharine avait été prononcée, il avait tortillé sa moustache avec allégresse en disant, Très bien, laissons la mort se charger de ce vieux cabot.

Il y en est un, parmi ces vingt-et-un inculpés, pour lequel nous n'avions aucune pitié : Iagodka.

Une lettre de Morne nous apporte aussi des nouvelles d'Hitler. Le 12 mars, sa Huitième Armée a envahi l'Autriche. Hitler s'y est rendu en personne. Il s'est fait conduire directement à Leonding à proximité de Linz, sur la tombe de ses parents pour y déposer une gerbe. Il a pleuré : tous les Autrichiens ont pleuré avec lui. Plus tard dans un discours, il a qualifié l'Autriche de province du Reich allemand.

Beretzkoï me rappelle ce que Morne avait écrit dans une lettre précédente. Il avait écrit qu'Hitler envisageait d'annexer tous les pays européens dont une partie de la population était d'origine allemande, c'est-à-dire l'Autriche, la Tchécoslovaquie, la Pologne.

Après l'Autriche, lequel serait annexé ? La Tchécoslovaquie, la Pologne ? Était-ce cette guerre dont Morne nous avait parlé ? Est-ce que cette guerre nous débarrasserait du *Vozdh* ? Avions-nous besoin d'une guerre pour en arriver là ? Le peuple russe pourrait peut-être s'en charger tout seul.

Beretzkoï ne brûle pas son roman. Il l'enveloppe dans une serviette de toilette et nous le cachons sous le plancher de la véranda.

Staline ne l'a pas appelé pour avoir des nouvelles du roman qu'il lui avait ordonné d'écrire.

-0-

24

Sous un beau soleil de printemps, je me rends à la gare. Mes parents viennent à la maison. Je porte une robe jaune, des sandales blanches avec des socquettes et un chapeau de paille blanche. Je suis seule sur le quai ; mes parents, les seuls passagers à descendre du train. Ma mère me caresse le visage, mon père me prend les mains. Tous deux me disent qu'il leur tarde de voir comment je vis.

Nous nous rendons rue Ob en attelage. Comme c'est la première fois que mon père vient à Zernoïe Selo, je demande au camarade cocher de prendre le plus long trajet. Tout au long de la route je désigne les bâtiments à mon père. Je lui montre celui du NKVD sur la Place Marx. Le camarade cocher, souriant, lui dit qu'il n'existe pas dans le village de meilleur endroit pour séjourner.

— Ici, point de pénurie, dit-il. Tout y est abondant, y compris la mort.

Beretzkoï nous attend.

— Soyez les bienvenus. Vous auriez dû venir depuis bien longtemps.

C'est exactement ce que mes parents lui avaient dit un jour.

— Oui ... eh bien, dit mon père.

Déjà, ma mère regarde partout, elle me dit se rendre compte que j'ai beaucoup amélioré la maison.

— La *datcha* n'était pas aussi confortable quand Tania y a emménagé, vous ne trouvez pas, Beretzkoï, dit-elle sur un ton accusateur.

— Tania a toujours été heureuse ici, réplique-t-il résolument.

-0-

— Beretzkoï n'a pas bonne mine, dit ma mère.

Il est reparti rue Léna.

Mes parents et moi sommes assis dans le jardin, à la table où nous avions déjeuné. Le soleil qui s'était montré éclatant et chaud toute la journée, a baissé et plonge maintenant la table dans l'ombre.

Secret est assis près de la table, implorant du regard quelque chose à manger. Je laisse tomber par terre un restant de viande qu'il engloutit avidement. Ma mère lui jette un regard sévère. Elle déteste les chats.

Mon père va chercher un pull pour ma mère, une veste pour lui.

— Oui, Beretzkoï n'a pas bonne mine. Il a le teint brouillé et il mange très peu, dit mon père, à son retour au jardin.

— Ne le lui dites surtout pas, leur demandé-je.

— Pourquoi, Tanochka ? Il est malade ?

Je leur raconte le séjour à Moscou de Beretzkoï, comment il était tombé malade. Je parle du livre, des lettres d'insultes que Beretzkoï reçoit quotidiennement. Je leur parle de sa peur de me voir arrêter, de ma peur de le voir arrêter.

— Mais est-ce que Beretzkoï a un problème de santé ? insiste ma mère.

— Mis à part cet incident à Moscou il va bien, mais il a mangé quelque chose de pas frais au restaurant ce soir-là.

— A-t-il vu un médecin depuis ? demande mon père.

— Non, pas depuis.

— Je crois qu'il devrait.

Ma mère approuve d'un hochement de tête énergique.

-0-

Gozuzdom convoque de nouveau Beretzkoï à une réunion.

— Est-ce que je peux venir aussi ? demandé-je.

— Non, pas cette fois, dit-il.

Je veux accompagner Beretzkoï parce que nos voisins sont tous de l'avis de mes parents. Ils trouvent qu'il ne va pas bien. Alisa parle de la pâleur de sa peau, la veuve Alexandra trouve qu'il a maigri. Kolia, qui fait parfois le trajet de la rue Léna à la rue Ob avec lui, m'apprend que Beretzkoï s'essouffle très vite.

— Nous essaierons de le convaincre de consulter un médecin pendant qu'il à Moscou, me dit ma mère.

Beretzkoï part pour Moscou dans le même train que mes parents.

-0-

Je décide de repeindre le mur arrière de la *datcha* pendant l'absence de Beretzkoï.

— Je te donnerai un coup de main, dit Kolia.

Je veux peindre le mur en jaune parce que je trouve que c'est une couleur chaleureuse. Cela m'aidera à oublier ce fameux jour d'été, lorsque l'image de Staline était apparue sur le mur. Je voudrais effacer à jamais ce mauvais augure de nos vies.

-0-

25

J'attends Kolia pour commencer à peindre le mur. Soudain, j'entends un véhicule tourner dans la rue Ob. Du jardin arrière où je me trouvais, je traverse la *datcha* pour aller dans le jardin de devant regarder par un trou dans la haie. Je veux voir qui, de nos voisins reçoit de la visite. Un *corbeau noir* roule dans la rue. Je l'entends approcher de plus en plus. On coupe le moteur. Mes mains tremblent. Je ferme les yeux : je n'ai pas besoin de voir pour me rendre compte que la voiture s'est arrêtée devant mon portail. J'entends ses portières s'ouvrir. Enilats se met à aboyer. J'entends cogner très fort sur mon portail. J'écarquille les yeux, je sens mes pieds devenir deux blocs insensibles, mais je me tourne instinctivement vers la direction d'où provient le bruit. Je me demande comment je peux encore tenir debout.

— Tatiana Nikolaïevna Brodovskaïa ?

Trois hommes se dressent entre le *corbeau noir* et mon portail. L'un d'eux porte un borsalino gris.

— Oui ?

— Pouvons-nous te dire un mot ?

Je fais un pas de côté.

L'homme au borsalino est petit mais corpulent. Il n'a pas l'air hostile, pas comme un *Tchékiste* en tout cas, mais ceux qui étaient venus pour Vassili ne l'avaient pas non plus.

— C'est à propos de quoi ? bredouillé-je.

L'homme ôte son chapeau. Son front est barré par une grosse cicatrice d'une oreille à l'autre.

— Qui êtes-vous ? lui demandé-je.

— À l'intérieur, ordonne-t-il.

Ils m'escortent jusque dans mon propre séjour. Je me demande de nouveau comment j'arrive à tenir debout.

— Pouvons-nous parler ici ? demande l'homme au chapeau.

— De quoi voulez-vous parler ?

— Nous sommes ici pour éclaircir un point ou deux plus précisément.

— Lequel ? De quoi s'agit-il ? En quoi puis-je vous être utile ?

J'essaie de paraître enjouée.

— Je n'irai pas par quatre chemins, dit l'homme. Camarade Brodovskaïa, tu as enfreint nos lois, tu as fait du marché noir.

Je ricane involontairement.

— Ah bon ?

— Connais-tu un certain Zorin ?

— Maxime Mikhaïlovitch Zorin ?

— Celui-là même. Sais-tu où il se trouve ?
— Je crois qu'il est à Moscou. En tout cas, il a quitté le village.
— Nous savons qu'il a quitté le village.
— Alors, qu'attendez-vous de moi ?
— Nous pensons que tu sais où il est.
— Pourquoi devrais-je le savoir ?
— Tu as eu affaire avec lui.
— Comment ça ?
— Tu es la complice de Zorin.
— C'est bien du camarade Zorin dont vous parlez ?
— De toi et de lui. Vous avez fait du marché noir ensemble.
— Le camarade Zorin travaillait à la clinique dentaire, il travaille maintenant dans une clinique de Moscou. Je suis l'assistante du camarade Beretzkoï. Le camarade Beretzkoï rédige une encyclopédie de la littérature russe. Le camarade Staline tient beaucoup à ce que le projet aboutisse. Je tape pratiquement jour et nuit, alors je n'ai pas le temps de faire du marché noir. Je n'en fais pas. Traitez-moi de dactylo si vous voulez, mais ...
— Tu dois nous suivre, m'interrompt-il.
— Pourquoi ?
— Tu dois signer ta déclaration.
— Je peux le faire ici.
Mes yeux balayent la pièce. Il ne s'y trouve personne pour me défendre.
L'homme secoue la tête.
— Il y a des personnes qui veulent t'interroger.
— Ils peuvent le faire ici.
Mes nerfs commencent à lâcher, mes genoux ne me portent plus.
— Non, camarade Brodovskaïa, tu dois nous accompagner. Va chercher tes affaires.
L'homme me suit dans ma chambre. Je prends la valise qui se trouve dans le placard. Il la regarde, fait un grand sourire.
Secret nous suit jusque dans la rue. Il essaie d'entrer avec moi dans le *corbeau noir*, mais l'homme au borsalino l'attrape par le cou et le projette contre le mur.

-0-

Il fait une chaleur suffocante à l'arrière du *corbeau noir*.
Je suis assise sur le plancher du véhicule. Il n'y a qu'un siège, un siège en acier enchaîné à sa paroi. C'est l'homme au borsalino qui l'occupe. Il tient une matraque qu'il frappe contre le plancher en métal. Le bruit est assourdissant. Je pense que la matraque est en bois. Le manche a des rainures dans lesquelles ses doigts fins s'adaptent parfaitement. Il serre la matraque si fort que les articulations de ses doigts sont bleues.
Nous nous rendons à la Place Marx. Je le sais, parce que je compte mentalement les virages que nous faisons. Nous allons au Quartier Général du

NKVD. Je me sens un peu soulagée, car j'avais craint qu'ils me conduisent à Moscou, à la Loubianka. Nous nous arrêtons. Quelqu'un vient ouvrir la portière. L'homme au borsalino descend et me fait signe de le suivre. Je glisse sur les fesses pour m'extraire du fourgon, le plafond étant trop bas pour me permettre de tenir debout. Ma robe s'accroche à un clou et se déchire. Nous nous sommes arrêtés dans une cour pavée – je ne savais pas qu'il y avait une cour pavée à l'intérieur de l'immeuble du NKVD. Je me demande si c'est ici que les *Tchékistes* ont amené Léonid. Les talons de mes chaussures se coincent entre les pavés de la cour et me font trébucher. Mais pourquoi ne les ai-je donc pas changés contre des chaussures plates ?

Ma valise est lourde : j'espère avoir assez d'affaires pour un long séjour. Nous traversons un petit vestibule : on me dit de la poser sur une table. Une femme surgit de derrière un rideau de bambous et l'ouvre. En deux temps et trois mouvements, elle répand le contenu sur la table. L'un des trois hommes qui étaient venus me chercher, prend le livre de poèmes de Beretzkoï que j'avais emporté.

— Ah ! dit la femme. Le bouquin de son amant. Mignonne ! Non ?

Son visage couvert d'acné me rappelle celui de Vladimir de la *Pravda* tamponnant ses boutons suintants le soir où il m'avait reproché de me conduire en bourgeoise. J'ai l'impression que c'était dans une autre vie.

— Suis-moi, m'ordonne la femme.

Nous empruntons un long couloir, montons un escalier métallique, suivons un autre couloir bordé de portes en fer. La femme en ouvre une, elle donne sur une cellule.

— Entre ! aboie-t-elle.

Je n'ai que quatre pas à faire pour me retrouver au centre de la cellule. À ma gauche se trouve un banc de bois en piteux état, à ma droite un lavabo. Une eau marron goutte d'un robinet rouillé. Sous le lavabo, il y a un seau. La puanteur qui s'en dégage suffit à en révéler l'usage. Sur le banc en bois se trouve une couverture de l'armée. Je pense à ce que Dan nous avait dit à propos de Metelovsk.

La femme sort, alors je m'assieds sur le lit. Je perds très vite la notion du temps car la cellule baigne dans une semi obscurité. Je ne saurais dire si c'est la nuit ou si un autre jour commence. Je lève les yeux. Une ampoule pend du plafond. Elle est protégée par du fil de fer barbelé. Ah ! Je pourrais toujours m'ouvrir les veines avec ses pointes, si je jugeais que ma vie dans cette cellule ne valait pas la peine d'être vécue. Mais non ! Le plafond est trop haut. Trop haut pour que je puisse l'atteindre. Je ne pourrais même pas tirer le lit en dessous puisqu'il est enchaîné au sol.

-0-

Alors que je ne m'y attendais pas, la porte s'ouvre. Deux hommes entrent.

— Venez ! hurle l'un d'eux.

Ils sont en uniformes gris, bottes noires. Ils m'entraînent dans une petite pièce à l'autre bout du couloir. Il y a une table et deux chaises dans la pièce. Un homme est assis sur une des chaises. Il est jeune, porte des lunettes à verres épais. Les verres agrandissent ses yeux bleus. Il ressemble à une grenouille-taureau. Je me retiens de rire.

— Mon nom est Gorbalev, me dit-il.
— Le mien Tatiana Nikolaïevna Brodovskaïa.
Il sourit.
— Oui, camarade Brodovskaïa, je sais qui vous êtes.
Qui vous êtes, et non pas qui tu es.
Il me dit savoir aussi que je traficote.
Les deux hommes qui sont venus me chercher dans ma cellule attendent au fond de la pièce.
— C'est faux ! Je ne trafique pas, protesté-je.
— Je vais vous dire une bonne chose, à cette heure-ci je préférerais sans doute être ailleurs, alors ne me faites pas perdre mon temps en répliquant à tout. C'est moi qui parlerai et vous qui m'écouterez.
— Moi aussi je préférerais être ailleurs à cette heure, donc ...
— Fermez-la, connasse ! hurle-t-il.
Pour me faire taire il se lève d'un bond, saisit sa chaise d'une seule main, la lance à travers la pièce.
On me dit détenir la preuve que j'ai fait du *nalevo* avec Maxime.
— Nous n'avons pas de temps à perdre, surtout avec des femmes de votre genre, alors je vais vous présenter une déclaration que vous signerez. Après vous pourrez rentrer chez vous. Nous voulons savoir où se trouve Maxime Mikhaïlovitch Zorin. En ce qui vous concerne, nous n'en avons rien à foutre, me dit-il, avec un sourire morbide.
Je lève la main comme une écolière.
— Puis-je dire quelque chose ?
— Puis-je dire quelque chose, commandant Gorbalev, me dit-il.
— Puis-je dire quelque chose, commandant Gorbalev ?
— Soyez brève !
— Je n'ai aucune idée de l'endroit où se trouve le camarade Zorin, et je n'ai jamais fait de *nalevo* avec lui.
— Vous êtes vraiment une connasse ! crie-t-il, le visage rouge de colère.

-0-

On prétend que dans un hôpital, le jour et la nuit se ressemblent. Je peux témoigner qu'au NKVD il n'y a ni jour ni nuit non plus.

Je passe de longues heures allongée sur le banc à regarder le plafond en me demandant comment atteindre le fil de la lampe. En dehors de mon interrogateur et des deux hommes qui viennent me chercher pour chaque interrogatoire dans la pièce au fond du couloir, la seule personne que je voie est la surveillante qui me demande de l'appeler Natacha. Elle me dit qu'ils savent que j'ai été la maîtresse de Maxime, et qu'au moins je pourrais le reconnaître.

— Oui, bien sûr, Maxime et moi avons été amants, dis-je exaspérée.

— Vous étiez amoureux ?

— Nous avons couché ensemble. Une seule fois. Je ne dirais pas qu'être amoureux, c'est ça.

— Moi non plus, dit-elle. J'appellerais ça, faire la pute.

— Faire la pute est une expression comme une autre, mais vous ne pouvez en aucun cas m'accuser d'avoir fait du marché noir, lui dis-je.

— Lui en faisait. Et à coucher avec les chiens, on attrape des puces, ricane-t-elle en claquant la porte de la cellule.

-0-

Natacha revient.

— Tu vas partir, dit-elle.

— Partir ? Pour aller où ?

— Où crois-tu, espèce de salope ? Chez toi.

Je ne sais même plus combien de jours ils m'ont gardée ici.

La femme qui m'avait réceptionnée nous rejoint. C'est la première fois que je la vois depuis ce jour.

— J'ai l'impression de vous avoir déjà vue quelque part, dit-elle.

Je hoche la tête.

— Vous étiez présente lorsque je suis arrivée.

— Non, dit-elle. Je veux dire que je vous ai vue au village. Maintenant je sais que vous vivez avec le poète. J'adore la poésie.

Elle m'ordonne de prendre ma valise et de la suivre. Une fois dans son bureau, elle me tend un formulaire que je signe sans le lire.

— Vous devriez toujours lire ce qu'on vous fait signer, me conseille-t-elle gentiment.

— Je m'en fiche ! lui dis-je.

— Vous ne devriez pas, dit-elle.

Dehors il fait nuit et j'en suis heureuse. Mes vêtements sont sales, je sens mauvais. Je sais que je dois être épouvantable.

La porte d'entrée du numéro Un n'est pas fermée à clé. Je traverse la *datcha*, vais tout droit dans la cuisine faire bouillir de l'eau pour prendre un bain. Dans la salle de bain je remplis la baignoire, m'y plonge toute habillée.

Je reste assise dans la baignoire jusqu'à ce que l'eau soit froide. Malgré cela, je me sens crasseuse, répugnante.

Je n'ai aucune idée de quel jour nous sommes.

-0-

Je sors de la baignoire, me débarrasse de mes vêtements mouillés, et me précipite nue dans la chambre. Secret dort sur le lit. Je lui caresse la tête, il se réveille et se faufile avec moi sous les couvertures.

Sur ma table de chevet, le réveil indique quatre heures du matin.

-0-

26

Kolia se tient près de mon lit.
— Tania, quand es-tu rentrée ?
La pendule de ma table de nuit affiche onze heures.
— Où est Beretzkoï ? demandé-je d'une voix cotonneuse. Toujours à Moscou ?
Je ne peux pas m'asseoir, je suis nue. Kolia est perché au bout de mon lit.
— Où est Beretzkoï ? répété-je.
— Quand es-tu rentrée ?
— Au cours de la nuit. Ils m'ont relâchée. Mais où est Beretzkoï ? Quel jour sommes-nous ?
— Jeudi.
— Jeudi de quelle semaine ?
— Ils t'ont emmenée mercredi dernier. Tu as été absente huit jours.
— Comment va Beretzkoï ? Pourquoi n'est-il pas là ?
— Aujourd'hui Beretzkoï ne viendra pas, répond Kolia en regardant ailleurs. Il ne va pas bien.
J'oublie que je suis nue, me dresse sur le lit. Pendant un instant, mes seins sont à l'air. Vite, je tire la couverture jusque sous mon menton.
— Où est-il ?
— Il est revenu de Moscou. Il ne s'y sentait pas très bien. Trois jours plus tard, il s'est de nouveau évanoui.
Kolia me prend par les épaules. Il m'explique qu'il s'agissait d'une hémorragie, un saignement dans l'estomac de Beretzkoï. Nadejda Konstantinovna l'avait entendu vomir dans la salle de bains. Elle était allée voir ce qu'il se passait, l'avait trouvé étendu sur le sol, inconscient. Elle avait accouru chez les Douchenka Koba pour chercher de l'aide. Par chance, Douchenka Koba était chez lui. Il s'était précipité chez les Beretzkoï pendant que sa femme envoyait un des enfants au dispensaire chercher le docteur. Le docteur avait décrété que c'était un ulcère. Ils avaient transporté Beretzkoï dans sa chambre et l'avaient mis au lit. Le docteur lui avait donné un breuvage marron à boire.
— Il prend de la belladone et de la valériane. La belladone pour la douleur, de la valériane pour le calmer. Les deux font de l'effet car Beretzkoï se sent déjà mieux, me dit Kolia.
— Je ne peux pas aller le voir, n'est-ce pas ? Rue Léna ?
— Tania, tu connais la réponse.
— C'est stupide ! m'écrié-je.

-0-

Je déambule d'une pièce à l'autre, sors dans le jardin puis rentre dans la *datcha*. Je m'assieds, me relève, ne supportant pas de rester assise. Je m'étends, les murs de la chambre se referment sur moi. Je sors en courant, reste plantée à côté du portail en espérant que tout ça n'est qu'un mauvais rêve, que très bientôt, d'un moment à l'autre, Beretzkoï va sortir du terrain vague et apparaître dans la rue. Si seulement je pouvais aller rue Léna, j'ai tant besoin de le voir, de le prendre dans mes bras. Nadejda Konstantinovna ne me refuserait sûrement pas d'entrer chez elle ?

— Bien sûr que si, dit Anna Gromiko.

Elle sait de quoi elle parle, m'apprend-elle : elle-même a été la maîtresse d'un homme marié autrefois.

— C'était bien avant que je ne rencontre Ivan. Mon amant était tombé malade et sa femme avait refusé que je le voie. C'est comme ça. C'est toujours comme ça. Il y a l'épouse. Il y a l'autre femme. L'épouse a le dessus.

— Que lui est-il arrivé ?

— Il a guéri, nous avons perdu tout contact puis j'ai rencontré Ivan. Maintenant je comprends pourquoi cette femme m'avait interdit le seuil de sa maison.

-0-

Pierre m'envoie un paquet et une lettre. Il écrit qu'il m'envoie plusieurs articles à traduire. Je les trouverai dans le paquet.

Dans le paquet, il n'y a aucun article à traduire, mais un opuscule de poèmes de Beretzkoï.

L'opuscule a été publié à Paris. Douze pages, grossièrement reliées. Beretzkoï ne m'avait pas dit qu'il avait autorisé Morne à faire publier ses poèmes. Pierre ne dit pas comment il a pu se procurer l'opuscule.

D'après les indications qui figurent en première de couverture, ce n'est pas Beretzkoï qui en détient les droits, mais Morne. Sur la quatrième de couverture, une mise en garde signale que l'ouvrage ne doit pas être distribué en Union soviétique.

La déclaration des droits et la mise en garde suffiront-elles à le protéger ?

J'ai bien peur que non.

-0-

27

On est le premier juin. Il n'y a pas un seul nuage dans le ciel.

Kolia vient me dire que Bereztkoï va mieux et qu'il va venir.

Peu avant midi, j'entends le portail s'ouvrir, se refermer, puis des pas approcher de la porte d'entrée. Je ne me précipite pas. Je reste assise derrière son bureau dans la véranda. La porte vitrée qui la sépare du séjour est ouverte. Dehors sur la pelouse, Secret est couché une patte en l'air. De sa petite langue rose, il se lèche le ventre.

— Tu prends le relais ? demande Beretzkoï en plaisantant.

Il est sur le pas de la porte.

Je lui renvoie la balle.

— Il faut bien que l'un de nous deux travaille.

Il a tant maigri que je n'ose pas le fixer. Ses joues se sont creusées, on dirait que ses yeux se sont enfoncés dans leurs orbites. Mais son visage reste celui que j'aime, même s'il n'est plus tout à faitle même.

— Je suis de retour, dit-il pour rien.

Il respire par petits halètements irréguliers. C'est sans doute l'effet de mon imagination, mais je trouve que sa voix a changé aussi. Elle est plus grave, plus basse.

— Alors tu es rentré de Moscou et tu t'es de nouveau trouvé mal, dis-je.

Je me lève du bureau.

— J'ai un ulcère. Voilà tout.

— C'est ce que Kolia m'a dit.

— Il s'était mis à saigner, mais il est guéri maintenant.

— Tu te sens bien ?

— Je ne me suis jamais senti aussi bien de ma vie.

— Tes poèmes ont été publiés à Paris, dis-je. J'ai reçu le livre. Pierre me l'a envoyé. Ça a l'air d'être un très bon livre.

— *Khorosho*, dit-il.

Le mot neutre.

— Tu veux travailler ?

— Pas tout de suite, dit-il. Plus tard.

Il me demande s'il y a du lait à la *datcha*, je lui dis que oui, alors il me prie de lui en faire chauffer un verre.

Il s'assied à la table de la cuisine. Il veut que je lui raconte mon arrestation. Je lui dis que je préférerais lui parler de son état de santé. De son livre.

— Ma maladie est maintenant de l'histoire ancienne.

— Je ne savais pas que tu avais autorisé Morne à faire publier tes poèmes à Paris, dis-je.

— Je voulais t'en faire la surprise.
— Je vais chercher le livre.
— Non, dit-il. Assieds-toi près de moi. Bois d'abord ton thé.

J'approche une chaise. Je veux être tout près de lui. Il me prend la main, l'embrasse.

— Tu as mal ? demandé-je.
— Ne parlons plus de douleur ni de maladie, s'il te plaît Tania.
— D'accord.
— Ici, auprès de toi, dit-il, tout va bien aller maintenant.

-0-

Il est tard dans l'après-midi. Beretzkoï et moi sommes toujours assis dans la cuisine. Il me demande si je verrais un inconvénient à ce qu'il travaille pendant une heure ou deux. Au contraire, lui dis-je j'en serais ravie, parce qu'un homme malade n'aurait aucune envie de travailler.

— Mais doucement. N'en fais pas trop, lui conseillé-je.

Je sors faire un tour dans le Bois du Somnambulisme.

Dans le bois, les rayons du soleil filtrent à travers les arbres. Une femme creuse le sol. Elle a défait son tablier et l'a étalé sur le sol. Elle avait planté des pommes de terre dans le bois, ce qui bien sûr, est illégal. Maintenant elle les récolte. Elle m'en offre une que j'accepte. Elle achète ainsi mon silence que je lui cède bien volontiers.

Je sens la chaleur du soleil sur ma peau. L'été sera chaud. Je vais demander à Beretzkoï qu'on retourne dans la vallée au cours de l'été. J'appellerai la nièce de Valentina à la jonction de chemin de fer pour lui dire que nous venons.

-0-

De retour à la *datcha*, Beretzkoï m'appelle dans la véranda.

— J'ai quelque chose pour toi.

Il me tend une feuille de papier.

— Qu'est-ce que c'est ?
— N'aie pas peur, me rassure-t-il.

Il s'agit d'une lettre *À qui de droit*.

C'est le copyright de *Docteur Rudi Zinn*. La lettre porte la date d'aujourd'hui. Elle entre en vigueur à partir de ce jour.

— Pourquoi fais-tu ça ? lui demandé-je.
— Parce que je pense que tu mérites de détenir le copyright, c'est l'unique raison. Nadejda Konstantinovna n'a manifesté aucun intérêt pour le roman et dans tous les cas, ce roman est autant le tien que le mien.
— Le copyright ne t'appartient pas ?
— Si, mais je te le laisse maintenant.
— Et tes garçons ?

— Ils ont leurs propres vies à vivre.
— Je ne veux pas du copyright. Merci. Ça non.
Je lui rends la lettre.
Il hoche la tête.
— Ce n'est pas un copyright, Tania. Pas au vrai sens du mot. C'est juste un morceau de papier. Juste un ...
— Beretzkoï, ce n'est pas nécessaire. Tu es ici, ne parlons pas de copyright.
— Il le faut.
— Non, pas question !
Je suis en colère : des larmes chaudes me piquent les yeux.
— Tania, c'est fait !
— Beretzkoï, c'est comme un testament, un legs.
— Non, dit-il. Rien qu'un copyright.
— Est-ce que tu me cacherais quelque chose ?
— Non, dit-il. Bien sûr que non.
— Beretzkoï, tu es malade et tu ne veux pas me le dire, lui dis-je, le menaçant presque.
— Mais non ! Personne ne doit être au courant de ça, Tania. Cela ne regarde que nous. Nous le rangerons quelque part. Inutile d'en reparler. Allez, rangeons-le.
Il glisse le papier dans un dossier brun qu'il met sous d'autres dossiers au fond du tiroir de son bureau.
— Les testaments viennent à la fin, ce sont eux qui ont le dernier mot, protesté-je.
Il ferme le tiroir.
— Ce n'est pas un testament, c'est juste quelque chose d'important pour moi.
— Pour moi ça y ressemble.
— Eh bien, il ne faut pas se fier aux apparences. Et c'est moi qui aurai toujours le dernier mot, Tania, dit-il en riant.
Je n'ai pas le cœur à rire.

-0-

Il doit retourner rue Léna, me dit-il. Il me demande de traverser le terrain vague avec lui.
— Tu ne veux pas voir ton livre d'abord ? lui proposé-je.
— Demain, répond-il.
— Non, insisté-je. Maintenant !
Je vais chercher le livre dans la chambre où je l'avais laissé. Je le lui tends. Il le feuillette, d'un air détaché.
— Emporte-le, lui dis-je.
Il pose le livre sur son bureau.
— Demain, Tania, demain.

Nous traversons le terrain vague lentement. Beretzkoï marche comme un vieil homme qui a du mal à avancer dans le sable mou d'une plage. Il fait une pause sur un pied puis sur l'autre.

— Asseyons-nous un moment, suggère-t-il.

Le soleil s'est couché : il fait frais. Nous nous asseyons sous un arbre, il bascule sa tête en arrière, contre le tronc. Un reflet de sueur illumine ses traits, ses cheveux sont collés à son front.

— À propos de la lettre, Tania.

Je remue la tête.

— Pas maintenant. Restons simplement assis un moment.

— Maintenant, dit-il, et ne m'interromps pas je te prie.

Je me force à rire.

— Deux minutes, dis-je.

Beretzkoï ne rit pas, lui. Il ne sourit même pas.

— Ces jours derniers, j'ai commencé à travailler à une pièce de théâtre. Elle a pour titre *Sourd à la Beauté*. Travailler est un bien grand mot, je n'ai pris que quelques notes. Ça se passe au dix-neuvième siècle. Le personnage central est un propriétaire cossu mais généreux qui, lorsqu'Alexandre libère les serfs, décide non seulement de laisser partir les siens, mais aussi de leur laisser son domaine. Devenu pauvre à son tour, il part pour le Lac Baïkal afin d'y devenir pêcheur, mais en chemin, il est capturé et enrôlé de force dans l'armée d'Alexandre. Le titre de la pièce révèle l'hypocrisie d'Alexandre. Il libère les serfs, mais fait enrôler des hommes libres de force. Il est de ces hommes qui clament aimer les belles choses mais qui en réalité ... sont sourds à la beauté. Comme je te l'ai dit, je n'ai fait qu'écrire quelques lignes, mais demain je te donnerai une autre lettre car je tiens à ce que tu aies aussi le copyright de cette pièce. Si j'arrive au bout, bien sûr.

Il va aussi me donner une lettre pour Morne. Il ne l'a pas encore écrite.

— Je l'écrirai ce soir. Je veux qu'il sache que tu détiens le copyright du roman et qu'il doit te consulter chaque fois qu'il entreprendra quelque chose le concernant. Nous lui ferons aussi parvenir *Sourd à la Beauté*.

Je hoche la tête.

— Je te demanderai alors ce que tu veux qu'on fasse.

— Je parle pour le jour où tu ne pourras plus me le demander.

— Pourquoi est-ce que je ne pourrais plus te le demander ? crié-je en l'étreignant.

Il caresse mon visage, ses doigts s'attardent sur mes lèvres.

— Garde-les fermées, dit-il, et écoute-moi.

Il me dit que personne n'est éternel, et que dans notre pays, plus encore que nulle part ailleurs, la durée de vie d'un homme est courte.

— Alors Tania, un jour ou l'autre, pas aujourd'hui, ni demain ni même après-demain, mais un jour, il se pourrait que tu aies à prendre une décision à propos de *Docteur Rudi Zinn*, ou de la pièce, et la lettre que je t'ai donnée tout à l'heure ainsi que celle que je te donnerai demain, seront pour ce jour-là. Quoi que tu décides de faire pour le roman ou les poèmes – les brûler si tel est ton choix – je suis sûr que ce sera pour le mieux.

— Alors ce n'est qu'une précaution, rien d'autre ?

— Exactement.

Je lui demande alors de me parler de sa santé.

Il se tourne vers moi, prends mon visage entre ses mains. Je remarque à quel point l'épaisseur de ses mains, de ses bras a diminué.

— Je vais bien, dit-il. N'importune pas cette jolie tête avec mes problèmes de santé. Oui, je me sens bien, beaucoup mieux. Mais j'ai connu encore mieux, je dois l'admettre. Ce n'est pas que je sois malade, non, ne va pas t'imaginer ça ! Je dis seulement que ma santé a été meilleure et que je voudrais la retrouver de nouveau.

Il me dit qu'il lui sera difficile de venir rue Ob quotidiennement. Le trajet est trop exténuant, il doit économiser ses forces pour récupérer. Il me dit que je n'ai rien à craindre. Il guérira.

— Promets-le moi, s'il te plaît, lui dis-je en l'implorant.

— Je te le promets, Tania, je vais aller mieux, bien mieux. Bientôt.

Il m'attire vers lui alors j'enfouis mon visage contre sa poitrine.

— Je t'aime, dit-il. La meilleure chose qui me soit arrivée est de t'avoir rencontrée.

Je me retiens de répondre. Si je le fais, je sens que je vais éclater en sanglots, le supplier de revenir avec moi rue Ob, ensuite j'irai dire à Nadejda Konstantinovna que Beretzkoï ne reviendra pas chez eux. Qu'il ne faut pas qu'elle l'attende. Ni ce soir. Ni un autre soir. Plus jamais. Qu'il va vivre avec moi. Qu'il est à moi maintenant.

-0-

Il me dit qu'il doit partir. Je l'accompagne jusqu'au bout du terrain vague.

— Que vas-tu faire demain ?

— Rien, dis-je.

— Non, dit-il, on doit toujours faire quelque chose, même s'il ne s'agit que d'être assis au soleil.

— Alors, nous resterons assis au soleil.

— Maintenant il faut que j'y aille, dit-il. C'est l'heure.

Je le regarde prendre la rue Léna. Au numéro Quatorze, il se tourne, lève un bras, me fait signe.

Je consens à pleurer, enfin.

-0-

28

Tandis que je balaye la rue devant ma datcha, je vois Kolia la descendre à toute allure. Sur sa bicyclette, les serpentins volent au vent. Il arrive à ma hauteur et saute de son vélo.

— Qu'est-ce que c'est ? demandé-je.

— Beretzkoï s'est remis à saigner.

Kolia a la lèvre inférieure qui tremble comme celle d'un enfant qui se retient bravement de pleurer.

— Non ! dis-je en gémissant.

Il tient toujours son vélo. Le vent fait voler un de des serpentins sur mon visage.

Soudain Alisa apparaît.

— Qu'est-ce qui se passe ? demande-t-elle.

— C'est Beretzkoï ... il ... bégayé-je.

— Calme-toi, calme-toi ..., dit-elle.

Elle pointe le doigt vers ma *datcha* pour que nous rentrions. Docilement, comme de petits agneaux, nous la suivons. Kolia passe le portail en poussant son vélo. Dans le jardin, il le laisse tomber par terre.

— Beretzkoï s'est remis à saigner cette nuit, explique Kolia à Alisa.

Nous nous asseyons à la table, lui et moi.

— Les ulcères, ça saigne, dit-elle. Il le faut. Vous comprenez. Il faut sortir toute cette cochonnerie qu'ils contiennent. Ensuite il ira bien.

Alisa se met à ouvrir et fermer les tiroirs, les boîtes, les emballages. Elle veut faire du thé. Elle ne sait pas où je range les choses pour faire le thé.

— Non, Alisa, dis-je. Nous n'en voulons pas. Nous n'allons pas boire du thé maintenant.

— Ça ne fait rien, j'en ferai quand même, dit-elle.

Kolia commence à me raconter ce qu'il s'est passé dans la *datcha* des Beretzkoï mais dans ma tête un bourdonnement m'empêche d'entendre ses paroles. Ce que je saisis, c'est que Beretzkoï a commencé à vomir pendant la nuit, mais a refusé que Nadejda Konstantinovna appelle le médecin. Le lendemain, la première chose qu'elle ait faite a été de demander à Alexandra Alexandrovna si l'un de ses enfants pourrait aller chercher le médecin de nouveau. Le médecin ne veut plus que Beretzkoï prenne de la belladone. Il pense qu'accidentellement, Beretzkoï a pu en prendre trop. Il voudrait que Beretzkoï aille à l'hôpital du Kremlin pour faire des examens plus approfondis, mais pas tout de suite. Il doit d'abord se remettre de sa dernière hémorragie.

Alisa verse le thé. Elle ajoute trois cuillerées de sucre dans le verre qu'elle pose devant moi.

— Le sucre, ça calme les nerfs, dit-elle.

C'était les paroles de Nina lors de la pandémie de grippe, le jour où j'avais appris que Beretzkoï en était atteint.

Si seulement ça pouvait encore être la grippe encore maintenant.

-0-

Il fait nuit. J'allume un fumeur dans la salle de séjour. J'attends Kolia qui doit me rapporter d'autres nouvelles de ce qu'il se passe au Quatorze rue Léna. J'entends la sonnette de sa bicyclette : je me précipite dehors.

Il est blanc comme un linge.

— Quoi ... Quoi ... Quoi ... ? bégayé-je.

— Ils parlent de la fin.

Ils parlent de la fin !

— Ils ont commencé à en parler, me répète-t-il.

— J'ai bien entendu, lui dis-je.

Comment est-ce possible ? Nous étions heureux. Nous faisions des projets, enfin moi, de retourner cet été dans la vallée. Et voilà que *Beretzkoï va* mourir.

— Il faut que j'aille le voir, dis-je.

— Tania, ma chère Tania, tu sais bien que tu ne le peux pas.

— Mais il le faut ! Je dois absolument dire à cette femme qu'il n'est pas en train de mourir !

— C'est le médecin qui lui a dit de s'y préparer.

— Le médecin dit des conneries ! dis-je brutalement.

Kolia se tait.

— Ne sais-tu pas que les malades cherchent chez ceux qui les entourent la force de combattre leur maladie ? lui demandé-je.

— Nous l'y aidons, dit-il, calmement. Avec douceur.

— En parlant de mort ?

— Ce n'est pas nous qui parlons de mort. Pas en sa présence, ça non.

— Faut-il que je vous en remercie tous ?

Secret tourne autour de nous. Il miaule. Il a faim. J'ai complètement oublié ce pauvre petit animal.

— Laisse-moi faire, dit Kolia. Dis-moi seulement ce qu'il faut que je lui donne.

Tandis que Kolia nourrit Secret, j'arpente le jardin.

Voilà six années que Beretzkoï est dans ma vie, est-il possible que ces six années prennent fin ainsi ? Sans au revoir. Sans adieu.

Oui, de toute évidence. C'est possible quand on est l'autre femme.

Alisa apparaît de nouveau, comme surgie de nulle part.

— J'ai vu Kolia arriver. Comment va Beretzkoï à présent ?

— On dit qu'il va mourir.

Je m'effondre sur le sol. Elle s'assied près de moi.

Kolia vient me dire qu'il a nourri Secret et qu'il doit retourner rue Léna au cas où on aurait besoin de lui au numéro Quatorze. Il porte Secret dans ses bras et le pose sur mes genoux. Secret me lèche les mains. Sa petite langue est rugueuse et sèche. Je me demande s'il sait que son maître est malade.

Je n'ai pas le courage de parler de Beretzkoï comme d'un mourant.

-0-

Une semaine plus tard.

Kolia est venu rue Ob plusieurs fois pas jour, pour m'informer sur l'évolution de l'état de Beretzkoï.

Il me dit que Beretzkoï glisse alternativement entre conscience et inconscience. Toutefois, les périodes d'inconscience raccourcissent, ce qui fait dire au docteur que c'est un bon signe. Il parle même de le faire transférer à l'hôpital du Kremlin pour y être soigné. Douchenka Koba a proposé de le transporter – avec Nadejda Konstantinovna qui l'accompagnera. Elle a accepté son offre.

— Et Beretzkoï. Qu'est-ce qu'il en dit ? demandé-je à Kolia.

— Plutôt ce qu'il en pense : il semble manifestement réticent à l'idée d'aller à Moscou, lorsqu'on a évoqué cette éventualité à son chevet, il a fait non de la tête. Il ne peut pas parler.

Mes parents et nos amis m'envoient des télégrammes. Ils me disent de ne pas perdre espoir. Ils viendront à Zernoïe Selo en cas de besoin. Ils veulent aussi rendre visite à Beretzkoï. Ils avaient prévu de toute façon d'y venir passer quelques jours cet été. Ah bon, ne sommes-nous pas déjà en été ?

Je reste assise près de la fenêtre des heures durant, les yeux fixés sur le portail. Je voudrais qu'il s'ouvre, je voudrais voir Beretzkoï venir vers moi. Je reste près de la fenêtre, même pendant la nuit. Secret est couché à mes pieds ; il ne me quitte plus. Une bouteille de vodka est au sol près de ma chaise. Alisa me confie qu'elle a fait la même chose après que les *Tchékistes* aient emmené Léonid : elle a attendu le retour de son mari.

— Jusqu'à ce que je perde tout espoir, dit-elle.

Je ne perdrai pas espoir.

-0-

29

Douchenka Koba téléphone de Moscou à Nadejda Konstantinovna : Beretzkoï a été exclu de *Profpro*. L'exclusion a été prononcée démocratiquement : à scrutin secret.

— J'ai voté contre, annonce-t-il.

— Auriez-vous voté la même chose si cela n'avait pas été à scrutin secret ? demande-t-elle.

— J'ai une femme et des enfants, je dois en tenir compte. Tenir compte de leur sécurité, répond-il avec sincérité.

Puis Semion l'appelle.

— *Gozuzdom* a annulé le projet de l'encyclopédie. Cela a été décidé par vote. J'ai voté contre, bien entendu.

— Était-ce à scrutin secret ?

— Oui.

— Auriez-vous voté contre si cela n'avait pas été à scrutin secret ?

— J'ai une femme et un fils, ainsi qu'un bébé à naître, vous savez bien. Je dois penser à eux.

— Je comprends, répond-elle.

La *Pravda* ne perd pas de temps pour faire connaître l'exclusion de *Profpro* et dans la foulée, l'annulation du projet de l'encyclopédie. Car on doit y appartenir, écrit la *Pravda*. Que ce soit une famille, une usine, une ville, un village, un syndicat. Beretzkoï ne voulait pas en faire partie, mais ne pas en faire partie est une preuve d'individualisme et l'individualisme est contre-révolutionnaire, contraire à nos lois, Beretzkoï est donc coupable d'individualisme. C'est un crime affreux, un crime particulièrement abominable.

Nadejda Konstantinovna écrit une lettre à la Pravda.

Je tiens à déclarer que mon mari aime le camarade Staline et notre pays, comme nos fils et moi même. Je tiens à déclarer que mon mari a élevé nos fils dans l'amour profond de la patrie et de nos dirigeants. Je dois dire par honnêteté, que si nos fils aiment leur père et leur mère, ils aiment par-dessus tout le camarade Staline et notre pays.

La *Pravda* publie la lettre. Je la lis à haute voix à Kolia. Je n'arrive pas à m'arrêter de pleurer.

— Nadejda Konstantinovna tente de sauver ce qui peut encore l'être, explique-t-il comme pour l'excuser.

-0-

Une lettre parvient au Soviet du Village par courrier spécial. Vitia l'apporte rue Léna. Il la remet entre les mains de Nadejda Konstantinovna.

— C'est très important, dit-il. C'est une lettre du camarade Staline.
— Cela va plaire aux garçons, dit-elle.

Staline écrit : *Cher Boris Petrovitch, j'ai appris que vous n'alliez pas bien. Avez-vous besoin de quelque chose ? J'ai demandé à Vladimir Sergueïevitch d'aller vous voir pour que vous puissiez lui dire quels sont vos besoins, et il fera de son mieux pour vous aider. À Sotchi le temps est merveilleux à cette époque de l'année – c'est peut-être même la meilleure saison à Sotchi – et si vous désiriez y venir, vous n'auriez qu'à appeler VS et il s'en occupera. Je vous souhaite un prompt rétablissement et une excellente santé dans le futur. Je vous adresse mes meilleurs vœux.*

La lettre est manuscrite. Elle est signée *Joseph Vissarionovitch Staline*.

Nadejda Konstantinovna lit la lettre à Beretzkoï puis la pose sur la cheminée du couloir.

— Une telle lettre mérite qu'on ne la cache pas. Une telle lettre mérite qu'on la voie, dit-elle à Kolia.

-0-

L'état de Beretzkoï s'améliore. Il ne retombe plus dans l'inconscience et le docteur lui administre à nouveau de la belladone et de la valériane. Il paraît ne plus souffrir.

Kolia me dit que Nadejda Konstantinovna lit la lettre de Staline à Beretzkoï chaque jour. Il écoute et ferme les yeux sans faire de commentaire. Je dis à Kolia que ces mots doivent être comme du poison, ils doivent s'infiltrer dans son corps et polluer son âme.

Beretzkoï a demandé à Kolia de me dire qu'il m'écrira dès qu'il le pourra. Je demande à Kolia s'il peut apporter une lettre de moi à Beretzkoï, mais il me répond que ce n'est pas encore le moment.

— Quand ce sera le moment, je la lui apporterai.

-0-

30

L'interminable et monotone mois de juin se termine.

Galina et Micha arrivent à Zernoïe Selo. Ils se rendent directement au Quatorze rue Léna. Nadejda Konstantinovna refuse de les laisser voir Beretzkoï. Elle ne les laisse même pas entrer dans la *datcha*.

— Beretzkoï ! Beretzkoï ! hurle Galina depuis la rue.

Beretzkoï l'entend et appelle sa femme pour qu'elle les laisse entrer.

Puis ils viennent rue Ob.

— Il a l'air d'aller beaucoup mieux que nous le pensions, dit Galina pour me rassurer.

Comme d'habitude, ils sont tous deux élégamment vêtus. Elle porte un pantalon jaune et une veste blanche fermée par une ceinture. Je n'avais encore jamais vu de pantalon jaune.

— Je croyais que les pantalons ne se faisaient qu'en trois couleurs: noir, marron et gris, lui dis-je.

Elle me serre dans ses bras. Elle s'est fait couper les cheveux, les a teints aussi en jaune, presque du même jaune que celui de son pantalon. Une boucle retombe sur ses yeux. Elle l'écarte. Ses yeux sont remplis de larmes. Micha a toujours le même costume sombre et les chaussures en cuir vernis qu'il portait pour notre soirée. Ça me fait mal de penser à cette soirée : je n'arrive pas à croire que l'été dernier à peine, nous dansions joyeusement sur la musique étrangère de Micha.

Je leur offre du thé, mais Galina et Micha demandent quelque chose de plus fort. Je pose une bouteille de Vodka sur la table. Micha remplit trois verres.

— Est-ce que Beretzkoï a vraiment l'air d'aller mieux ?

C'est ce que je veux savoir.

— Est-ce qu'on te mentirait ? demande Galina.

— Qu'est-ce qu'il a dit sur sa maladie ?

— Nous n'en avons pas parlé, dit Micha.

— Avez-vous parlé de moi ?

— Nous avons parlé de toi, dit Galina.

— Et ?

— On n'aurait pas dû.

Beretzkoï s'était mis à pleurer.

— Nous avons vite changé de sujet, dit Micha.

— Je veux le voir, dis-je.

Je ressens une douleur comme un coup de poignard au fond de moi.

Galina secoue la tête.

— Il est très sensible. Il ne peut déjà pas supporter de parler de toi avec nous, alors te voir lui serait encore plus insupportable.

Micha prend ma main.

— Quand il ira mieux, nous ferons en sorte que tu puisses aller le voir.

-0-

Elena prend le train pour Zernoïe Selo. Je suis à la gare et l'attends. Nous prenons l'attelage pour nous rendre rue Ob. Je regarde furtivement Elena : je vois qu'elle pleure en silence. Elle ne fait pas un geste pour essuyer ses larmes. Le camarade cocher se retourne et nous regarde.

— Cette image sur ton mur, l'ombre de Staline ..., murmure Elena.

— Beretzkoï ne voulait pas croire que c'était un mauvais présage, dis-je en lui prenant le bras.

— Dan, si. Dan et moi, je veux dire.

Elle se dirige vers la rue Léna. Je l'accompagne jusqu'à la limite du terrain vague et la suis du regard jusqu'à ce qu'elle atteigne la *datcha* des Beretzkoï.

Bien qu'elle ait toujours détesté les Olminski, Nadejda Konstantinovna ne s'est pas opposée à ce qu'Elena voie Beretzkoï. Elle l'invite même à prendre un verre de thé dans sa cuisine.

— J'ai refusé le verre de thé, dit Elena à son retour.

Comme Galina et Micha, elle me dit que Beretzkoï a meilleure mine qu'elle ne s'y s'attendait.

— Tu me dis ça pour que je me sente mieux?

— Je ne chercherais pas à te tromper. Tu es une adulte, alors que tu n'étais qu'une enfant au tout début. Tu es une femme maintenant. Hélas!

Une voiture s'arrête devant la *datcha*. Elena regarde par la fenêtre du séjour.

— C'est Semion et Zinaïda, me dit-elle.

Zinaïda porte un bouquet de fleurs

— Que le Créateur de l'Univers apporte la paix dans cette maison, dit-elle en me mettant le bouquet dans les bras.

— Ce n'est pas le moment de dire ça, Zinaïda, lui reproche vivement Elena.

— Nous venons de voir Beretzkoï, l'interrompt Semion.

— Nous somme restés près d'une heure auprès de lui, dit Zinaïda.

Ils ne pensent pas comme les autres que Beretzkoï a l'air d'aller mieux. Eux, disent qu'il a l'air très malade. Le problème ne viendrait pas que de son ulcère perforé. Il a aussi une anémie sévère et son rythme cardiaque est faible.

— Qu'en dit Nadejda Konstantinovna? leur demandé-je.

— D'après elle, le docteur pense que c'est comme dans une réaction en chaîne. Une chose en amène une autre, répond Semion.

Les fils de Beretzkoï sont revenus de l'école parce que ce sont les vacances d'été.

— Est-ce que les garçons vous ont parlé? demandé-je à Semion et Zinaïda.

— Ils sont abattus, très abattus, dit Semion.

— Ce qui ne me surprend pas, parce que sans le soutien de la foi, le chagrin

est insurmontable, déclare Zinaïda.
   Elle fait de nouveau le signe de croix sur nous.
   — Arrête Zinaïda! grogne Elena.

-0-

Semion me demande de le suivre dans la véranda pour que nous puissions parler en privé.
   — Si j'ai bien compris, tu n'as pas vu Beretzkoï, dit-il.
   Nous sommes devant le bureau de Beretzkoï.
   — Non, je ne l'ai pas vu.
   — Tu veux le voir ?
   — Bien sûr, désespérément. Comment faire ?
   — Tu connais la situation?
   — Oui, je la connais.
   — Je parle de la situation au plan médical, pas domestique.
   — Mais oui! lui dis-je irritée.
   — Si tu désires aller rue Léna, dis-le moi et je ferai le nécessaire.
   — Comment, Semion ? Que pourras-tu faire ?
   — Je trouverai un moyen, Tania. Crois-moi, chuchote-t-il.

-0-

Le jour est venu pour eux de retourner à Moscou.
   Premiers arrivés, Galina et Micha, sont les premiers à partir.
   Nous nous tenons à côté de la voiture brillante et immaculée de Micha : une petite danseuse en tutu rose est accrochée au rétroviseur et se balance au-dessus du tableau de bord. Micha ouvre la portière, côté conducteur, le souffle d'air fait tourner la danseuse sur elle-même. Galina est aussi en rose : robe, veste, chaussures, ongles, lèvres.
   Ils reviendront bientôt à Zernoïe Selo, me disent-ils.
   — Moi aussi j'aime Beretzkoï, susurre Galina à mon oreille.
   Semion et Zinaïda arrivent. Semion klaxonne pour me faire sortir dans la rue.
   — Si nous entrons, nous allons rester trop longtemps, s'excusent-ils.
   Semion me rappelle la conversation que nous avions eue dans la véranda.
   — Je n'ai pas oublié, dis-je.
   — Bien. Je garde le contact, dit-il avec un sourire forcé.
   Je les regarde partir. Zinaïda me fait des signes de la main et, contrairement à l'été dernier, Semion me fait signe aussi. Au bout de la rue, il tape même contre la carrosserie de la voiture.
   J'emmène Elena à la gare en attelage, même si le camarade cocher me fait payer ces jours-ci un rouble pour la course.
   — Tu as été là pour moi, Tania, maintenant c'est à mon tour d'être là pour toi, me dit-elle à la gare.

Je monte dans le train avec elle, de nouveau.

Le premier sifflement se fait entendre.

— Quand quelqu'un vous manque, c'est terrible, dit-elle, la voix prise par l'émotion.

On entend le second sifflement suivi presque aussitôt du troisième. Je me vois obligée de sauter du train avant d'avoir vraiment fait mes adieux.

Elena se penche à la fenêtre et me fait signe de la main.

Une fois encore, je regarde son train jusqu'à ce qu'il disparaisse dans le lointain.

Des larmes coulent sur mon visage jusqu'à la rue Ob.

Seule, à la maison, la *datcha* m'apparaît soudain très calme.

Elena m'a dit combien c'est terrible quand quelqu'un vous manque.

Je ressens déjà ce qu'elle veut dire.

-0-

Pierre m'envoie un gros colis. Je l'ouvre à contrecœur. Je n'ai plus envie de faire des traductions pour lui. Dans le gros colis il y a deux paquets plus petits, tous deux enveloppés dans de vieilles *Pravda*. J'en déchire une et en sors un livre. Je vois le visage de Beretzkoï sur la couverture du livre. C'est un exemplaire de *Docteur Rudi Zinn*, le titre est écrit en caractères noirs réguliers avec le nom de Beretzkoï en dessous. Le roman est sorti à Paris. Il est magnifiquement relié, avec une jaquette couleur moutarde. Au dos du livre, la photo de Beretzkoï est une copie de la photo que Maxime avait mise dans le médaillon qu'il m'avait donné. Sous la photographie, il y a une brève biographie de Beretzkoï. *L'auteur est né à Léningrad et vit avec sa femme et leurs deux fils à Zernoïe Selo, le village des poètes, au sud de Moscou.*

Tout ça est exact, bien sûr.

Je déchire le papier du second paquet. Alors que je m'attends à un autre exemplaire du roman, je trouve des billets de banque français. Des billets de mille francs. Une lettre est épinglée à l'un d'eux. *Mon cher Beretzkoï, je te prie de les accepter. Ce n'est pas pour Docteur Rudi Zinn, mais pour les poèmes. Morne.*

Je décide de cacher cet argent. Je le remballe dans la vieille *Pravda* et introduis le paquet dans un trou du mur de la cuisine, en y joignant la lettre. Ce trou y était déjà lorsque j'ai emménagé. J'avais fait le projet de le reboucher mais je n'ai pas réussi à trouver le temps de le faire. Je pousse un vieux placard devant.

Je n'ai pas compté combien il y avait.

-0-

31

Kolia m'apporte deux enveloppes fermées de la part de Beretzkoï.

J'emporte les deux enveloppes dans la chambre en demandant à Kolia de ne pas partir.

— Peux-tu mettre de l'eau pour le thé ? lui dis-je par-dessus mon épaule.

Beretzkoï a numéroté les enveloppes '1' et '2'.

J'ouvre la '1'. Elle contient une lettre de deux pages.

Tatiana Nikolaïevna Brodovskaïa, Je ne t'en voudrais pas si tu te demandais qui est cet homme qui t'écrit. J'espère que tu ne m'as pas oublié. Je dois te dire d'abord que j'ai été sérieusement malade, mais que maintenant je me sens beaucoup mieux. Je ne souffre plus. Il ne faut pas que j'oublie de demander au docteur lorsqu'il viendra dans la journée comment interpréter cette soudaine rémission. Si c'est un bon ou un mauvais présage.

Je vais te raconter ces derniers jours, au cas où tu te poserais des questions. J'ai beaucoup dormi et me croyais rue Ob chaque fois que je me réveillais. Je voulais t'appeler, mais glissais aussitôt dans une non-existence. J'étais dans un état de non-existence, un vide mental. Un trou. Du néant. Ce n'était ni un rêve ni un cauchemar. Peut-être était-ce ce qu'on appelle le néant, le néant de la mort. Je n'en sais rien.

Mais assez parlé de ça.

Je t'aime. Te l'ai-je déjà dit ? Récemment ? Assez ? Tu me manques. Je voudrais être rue Ob auprès de toi. Pas seulement pour y passer les heures du jour, mais aussi celles de la nuit. Il se peut que nous ne puissions pas partir cet été comme nous l'avions prévu mais nous le ferons dès que j'aurai retrouvé mes forces. Elles reviendront. Je le sais. Je me sens déjà plus fort. Je pense que nous pourrons aller au bord de la puissante Volga. Nous louerons une izba, nous y resterons tout l'hiver et c'est moi qui veillerai sur toi. Ma chère petite, pourquoi avons-nous été ainsi séparés ?

Mais il faut que je te parle maintenant d'autre chose. Je veux que tu continues à vivre comme si j'étais auprès de toi. Si on te demande de prendre une décision me concernant, prends-la. Tu sais que je pense comme toi. Maintenant je dois finir cette lettre. Je t'aimerai toujours. Je t'aimerai même si le grand néant final me menace. Ton Beretzkoï.

J'ouvre l'enveloppe marquée '2'.

Elle contient trois feuilles. L'une d'elles est un codicille au testament que Beretzkoï m'a laissé. Il me lègue, comme il me l'avait dit, le copyright de *Sourd à la Beauté*. La deuxième feuille est une lettre destinée à Morne, qu'il me demande de lui remettre lorsque je le reverrai. La troisième feuille est un poème.

Les arbres murmurent
Des vieillards gémissant.
Ils ne voient plus dans la nuit,
La lumière de l'amour étincelant.

Sur la terre était la neige : ultra blanc.
A la fenêtre ton visage, comme la lune dans l'ombre.
Mais comme tous les vieillards finissent par mourir
Ainsi je le serai,
Et alors ces arbres vont commencer à pleurer
Comme notre dernier souffle, enfin libéré,
Dans la solitude bienheureuse, je te dis au revoir.

-0-

— Tu peux lui écrire, dit Kolia.
— Je ferai mieux que ça, dis-je.
Je lui demande de ne pas partir. Je grimpe sur ma bicyclette, roule jusqu'à la rue de la Constitution. Je vais envoyer un cadeau à Beretzkoï. Ne disposant que d'un rouble, je maudis cette pauvreté qui est la mienne. Je lui achète un mouchoir.
— Cinq kopecks, dit la camarade marchande.
— Avez-vous des enfants, camarade ?
— Un.
Je donne mon rouble à la femme.
— Gardez la monnaie et achetez quelque chose pour votre enfant.
— C'est un garçon. Il s'appelle Boris, dit-elle.
Le mouchoir est bleu clair. Des oies couleur bleu sombre, toutes ailes déployées, le traversent.

-0-

J'écris une lettre à joindre au cadeau.
Mon amour, comment peux-tu croire que je t'aie oublié ? L'homme qui m'a écrit de si belles choses est tout pour moi. Je l'aime, je l'aime de tout mon être. J'ai besoin de le voir, comme j'ai besoin de le voir ! J'ai besoin de le prendre dans les bras. Je suis impatiente de le faire.
Sans toi, le numéro Un n'est plus le même. Zernoïe Selo n'est plus le même. Sans toi, je ne suis plus la même. Beretzkoï, guéris et reviens-moi ! Je t'en prie, guéris vite ! Guéris, guéris, guéris. Je t'en supplie.
Je t'aime, Beretzkoï. Tu es toute ma vie. Tania.
Je donne à Kolia le mouchoir et la lettre pour qu'il les remette à Beretzkoï.
— J'espère que tu t'es montrée enjouée dans ta lettre, dit-il gravement.
— Mais oui !
Beretzkoï me répond par un autre poème.
Sombre est la nuit, mais nous voyons des oies s'envolent.
Où vont-elles?
Pourquoi peuvent-elles voler?
Pire, est le sort de l'homme

Nous n'avons pas ce droit.
Dans les ténèbres de la nuit
Qui aveugle l'œil, le jour viendra,
Quand nous tremblons et mourons.

-0-

Dans une lettre, Morne m'apprend qu'en Italie et en Allemagne on publie des extraits de *Docteur Rudi Zinn*. Il ne me fait plus parvenir son courrier par le camarade président du *kolkhoze* de Gorki, mais par la valise diplomatique de Pierre à l'Ambassade de France. Un éditeur américain voudrait publier en Amérique non seulement le roman, mais toute l'œuvre de Beretzkoï. Le plus enthousiasmant, mais aussi le plus affligeant, c'est qu'à l'étranger on parle d'attribuer le Prix Nobel de Littérature à Beretzkoï.

Nos journaux n'en disent pas un mot, pas plus qu'ils ne disent à leurs lecteurs que *Docteur Rudi Zinn* a été publié à l'étranger. Nadejda Konstantinovna, elle, le sait. Semion l'a appelée pour le lui annoncer. C'est elle qui décide de n'en rien dire à Beretzkoï.

— Je le lui écrirai, dis-je à Kolia.

— Non, surtout pas !

— Cela l'encouragera pour lutter contre la maladie.

— C'est déjà ce qu'il fait.

Je dis à Kolia que j'attendrai une semaine, si d'ici là Nadejda Konstantinovna n'a pas dit à Beretzkoï que *Docteur Rudi Zinn* a été publié à Paris, qu'on y parle du Prix Nobel, je le ferai moi-même, qu'il n'en doute pas.

— Kolia, tu peux toujours essayer de m'en empêcher !

-0-

32

Je me mets à nettoyer la *datcha* de fond en comble parce que je vois des toiles d'araignées et de la poussière partout. Je suis dans la véranda en train de frotter avec un balai brosse. Je lève les yeux : j'aperçois Kolia dans la pièce Je ne l'avais pas entendu entrer. Il est pâle, il tremble. Il n'a pas besoin de parler. L'expression de son visage parle pour lui.

— Non ! murmuré-je.

— Tania ... mon amie ... ma petite ... je suis désolé ...

Il porte des vêtements dépareillés : pantalon large, tunique orange à col montant sous un pull-over, sabots aux pieds, un chapeau mou marron sur la tête. Il sent l'oignon et le hareng.

— Non ! Non ! Non !

— Oui, Tania.

— Non ! Tu mens ! Pourquoi me mens-tu ?

Il ne répond pas.

J'entends crier ; presque hurler. Je sais que cela sort de moi, pourtant j'ai l'impression que ça vient d'ailleurs. Je laisse tomber le balai. Il fait du bruit en heurtant le sol. Mes jambes ne me portent plus, mais Kolia me rattrape avant que je ne tombe.

— Il valait mieux pour lui, dit Kolia.

Je le saisis par le bras.

— Ne dis pas ça !

— Il s'était remis à saigner.

— Je m'en fous ! Jamais, jamais, jamais la mort n'est préférable à la vie ! hurlé-je.

— Je ne voulais pas dire que ... je voulais dire qu'il est mort paisiblement. C'est ce que je voulais dire. Il a eu une mort paisible.

— Paisible ! La mort n'est jamais paisible ! Ne me dis pas que la mort est paisible ! La mort n'est jamais paisible, tu m'entends ? La mort c'est la fin. La fin. Il l'a si souvent dit. Maintenant il ne reste plus rien de lui. Rien ! Il disait que la mort était un néant. Maintenant il n'est plus rien ! dis-je dans un hurlement.

Alisa entre par le jardin. Elle vient auprès de moi. Mes autres voisins sont à la porte, derrière Kolia. Ivan Gromiko tremble de la tête aux pieds et le visage d'Anna est aussi pâle que de la cendre. La veuve Alexandra est en pleurs et la veuve Natalia entre et ressort aussitôt pour aller s'asseoir dans l'herbe.

— Qu'est-il arrivé ? demandé-je à Kolia.

— Pas tout de suite, Tania. Je te raconterai plus tard.

Kolia s'est mis à trembler violemment. Alisa va chercher un verre d'eau pour lui, un autre pour moi. Je renverse l'eau sur le bureau ; je ne sais pas pourquoi je fais ça. Kolia se met à pleurer ; des sanglots rauques, haletants. Personne ne parle. Alisa lui tend un mouchoir pour qu'il s'essuie le visage. De profonds cernes entourent ses yeux inondés de larmes. Il paraît vieux, soudain.

Bereztkoï, lui, ne sera jamais vieux. Il aura au moins échappé à ce naufrage qu'est la vieillesse.

La veuve Natalia revient dans la pièce.

— La vie est une absurdité, murmure-t-elle. La mort rend la vie complètement absurde. Après tout pourquoi vivre ?

-0-

Février 2007 : Moscou – Gérard Lombard, Biographe.

Je suis revenu à Moscou pour tout savoir sur la mort du poète, mais je n'ai même pas eu besoin de leur demander de me la raconter, ils ont tant envie d'en parler !

Ils disent qu'ils ont tous assisté aux funérailles. Nombreux étaient ceux qui étaient venus d'aussi loin que Léningrad afin de lui rendre un dernier hommage. Il y avait aussi des étrangers. Des diplomates, des correspondants de la presse étrangère, des écrivains, des poètes.

— On devait lui attribuer le Prix Nobel de Littérature, comme vous le savez, disent-ils.

-0-

Les derniers jours, une infirmière s'occupait de lui. Elle s'appelait Sonia Konstantinovna Stroganova. Elle avait la soixantaine, n'avait jamais été mariée. C'était quelqu'un de bien. Tout le monde le disait. Même Nadejda Konstantinovna, qui n'était pas des plus amènes, pour ainsi dire. Plus d'une fois, le poète avait dit à Sonia qu'elle aurait fait une merveilleuse épouse et mère ; pourquoi ne s'était-elle pas mariée ? C'est heureux, Boris Petrovitch, c'est grâce à ça que j'ai pu vous rencontrer, avait-elle répondu.

Il s'est éteint le 28 août.

Les arbres avaient commencé à perdre leurs feuilles. Il voulait qu'on laisse sa fenêtre ouverte. Il disait à tout le monde qu'il surveillait une feuille en particulier, une feuille du vieux chêne de son jardin. Il disait que la feuille mourait chaque jour davantage et déclara un jour à Sonia, moi aussi, je suis en train de mourir, c'est même peut-être moi qui partirai le premier, mais elle l'avait houspillé pour son pessimisme. Boris Petrovitch, lui avait-elle dit, ce genre de propos ne conduit nulle part.

C'est cette nuit-là qu'il mourut.

La veille, aux alentours de midi, alors qu'il ne s'était pas encore réveillé, Sonia avait dit à Nadejda Konstantinovna qu'elle allait le réveiller. Nadejda Konstantinovna n'était pas d'accord. Laissez le se reposer, avait-elle dit à l'infirmière. Mais dans l'intérêt du malade, il est préférable qu'il ne dorme pas pendant le jour, cela lui permettra de passer de meilleures nuits, avait argué Sonia. Nadejda Konstantinovna avait fini par accepter à contrecœur. Beretzkoï avait apprécié que Sonia le réveille. Je n'ai pas de temps à perdre à dormir, lui avait-il dit.

Ce n'est qu'environ une demi-heure plus tard, qu'il avait commencé à se plaindre d'une lourdeur dans la poitrine. Il en plaisantait. Je me demande quel est ce fantôme qui danse sur ma poitrine ? disait-il. Plus tard lorsque ses fils étaient entrés dans la chambre, il leur avait demandé de trouver des mots croisés qu'ils pourraient faire à trois. Il y avait une grille dans le magazine que Sonia était en train de lire. Les garçons s'étaient assis sur le lit de leur père, et tous trois avaient complété la grille en riant.

Dans l'après-midi, Beretzkoï s'était assoupi de nouveau, mais contrairement au matin, Sonia l'avait laissé dormir.

La nuit venait à peine de tomber lorsqu'elle l'avait réveillé.

Il lui avait aussitôt demandé d'ouvrir la fenêtre : il voulait savoir où en était la feuille. Comme il paraissait congestionné, elle lui avait demandé s'il souffrait de nouveau. Il avait admis avoir le souffle un peu court. Nadejda Konstantinovna avait décidé d'aller chercher le docteur. Ce dernier était arrivé à vingt heures et avait déclaré à Nadejda Konstantinovna que le pouls de son mari était lent mais que la dose de valériane du soir le corrigerait. Le docteur avait promis de repasser tôt le lendemain matin.

Les garçons étaient partis se coucher peu après le passage du docteur, mais avaient tenus auparavant, à souhaiter une bonne nuit à leur père. Quand ils lui dirent qu'ils avaient trouvé d'autres mots croisés, il leur demanda de ne pas tricher en les regardant à l'avance. Ils avaient promis de ne pas le faire. Je compte sur votre parole, une promesse est une promesse, leur avait-il dit.

À vingt-deux heures ce soir-là Nadejda Konstantinovna était entrée dans la chambre, mais son mari s'était endormi. Elle avait demandé à Sonia si elle ne lui trouvait pas meilleure mine que dans l'après-midi. L'infirmière le lui avait confirmé, mais elle avait quand même décidé de rester auprès de lui toute la nuit. Bon, lui avait dit Nadejda Konstantinovna, mais essayez de dormir.

Comme il n'y avait pas de second lit dans la chambre, elle avait donné deux couvertures à l'infirmière pour qu'elle puisse dormir par terre.

À quatre heures du matin, Sonia avait été réveillée par la toux de Beretzkoï. Elle s'était alors aperçu qu'il avait vomi. Je suis désolé, je n'ai pas eu le temps de vous appeler, s'était-il excusé. Sonia l'avait rassuré en lui disant qu'il n'avait pas à s'excuser. Je suis là pour ça, Boris Petrovitch, lui avait-elle dit. Elle l'avait aidé à changer de pyjama, puis elle avait changé les draps de son lit, et lorsqu'elle lui avait demandé s'il s'était senti mieux après avoir vomi, il l'avait priée de répéter la question parce qu'il devenait dur d'oreille. Je ne vous vois pas aussi bien non plus, lui avait-il dit. Depuis quand ? lui avait-elle demandé. Seulement depuis que je suis réveillé, avait-il répondu. Elle lui avait demandé de s'allonger, de fermer les yeux et d'essayer de se rendormir. Vos yeux récupéreront. Elle l'avait gentiment poussé contre son oreiller. Il avait fermé les yeux, et lorsqu'elle avait cru qu'il s'était endormi, elle était retournée se coucher par terre, mais n'avait pas fermé les yeux et le surveillait. Quelques minutes plus tard, elle s'était aperçue qu'il avait rouvert les yeux. Qu'y a-t-il, Boris Petrovitch ? lui avait-elle demandé en restant par terre. Il fait chaud dans cette chambre, avait-il répondu. Oui, confirma-t-elle. C'est vrai. La fenêtre est-elle toujours ouverte ? avait-il demandé. Oui, Boris Petrovitch, lui avait-elle répondu, la fenêtre est encore ouverte. Je ne l'aurais pas fermée sans vous l'avoir demandé. La fenêtre était en effet ouverte et il faisait bon dans la chambre. Il s'était mis alors à trembler violemment.

Sonia Konstantinovna ? appela-t-il, en essayant de s'asseoir.

Elle se releva aussitôt.

— Boris Petrovitch, je suis là.

— Vous vous rappellerez pour la fenêtre.

— Oui, Boris Petrovitch, je m'en souviendrai.

Demain, vous devez absolument ouvrir la fenêtre.

— Ne vous faites aucun souci pour la fenêtre. Elle sera ouverte. Je ne la fermerai pas, Boris Petrovitch.

Le visage de Beretzkoï était tourné vers l'infirmière qui se tenait à côté de son lit, mais elle savait qu'il ne la regardait pas, qu'il ne la voyait pas. Il avait perdu la vue.

— La fenêtre doit rester ouverte ... rappelez-vous ... demain ...

— Ce sera fait, Boris Petrovitch.

— Grand ouverte. Rappelez-vous ... grand ouverte. La lumière. Par la fenêtre. La lumière. La vie.

Il poussa un soupir et ferma les yeux lentement.

L'infirmière sut alors qu'il n'était plus là.

-0-

— L'infirmière demeura auprès du poète le reste de la nuit. Le matin, lorsqu'elle entendit bouger dans la chambre de Nadejda Konstantinovna, elle alla lui dire que son mari était décédé. Nadejda voulut savoir quand cela était arrivé et lorsque l'infirmière le lui dit, elle déclara Et vous ne m'avez pas appelée. Vous n'avez pas jugé utile de m'appeler ? Ça c'est passé très vite. D'une manière très douce, lui répondit l'infirmière. Il faudrait que je vous en sois reconnaissante, sans doute ? demanda la femme du poète. Nous souhaiterions tous une telle mort, répliqua l'infirmière. Dans ce cas, je ne vous ferai pas le reproche de ne pas m'avoir appelée, dit Nadejda Konstantinovna.

Voilà ce qu'ils me disent.

Ils poursuivent :

— Les yeux secs, la femme de Beretzkoï était allée réveiller les deux garçons qui avaient éclaté en sanglots en apprenant la mort de leur père. Kolia, l'artiste, aida l'infirmière à habiller le poète mort. Kolia se disputa avec Nadejda Konstantinovna à propos des vêtements dont on allait revêtir le poète, choisir entre une *roubachka* ou une chemise et une cravate avec son costume sombre.

— Kolia, appuyé par l'infirmière, était d'avis que puisque nombreux seraient ceux qui viendraient rendre hommage au poète mort, il devait être vêtu d'une chemise et d'une cravate, mais ce fut une *roubachka* que la veuve déposa sur le lit. C'était un poète, certes, mais c'était un poète prolétaire et on doit l'honorer en tant que tel, leur dit-elle. Kolia et l'infirmière mirent du rouge sur les joues du poète, pas trop, juste une touche, un peu de poudre teintée sur son front et son menton pour donner un peu de couleur à sa peau pâle, puis il l'étendirent sur le lit et lui couvrirent les jambes et les pieds avec le couvre-lit brun à pompons dorés. Mais Kolia cria Attendez ! et il courut chercher dans son *izba* une rose en papier rouge qu'il avait fabriquée lui-même. Il voulait poser la rose sur la poitrine du poète, mais l'infirmière la mit entre ses mains croisées.

— Pendant que Kolia et l'infirmière le préparaient, Nadejda Konstantinovna était restée assise dans la cuisine avec Alexandra Alexandrovna, à lui raconter le grand amour qui l'unissait à son mari. Elle parlait au passé et plus tard Alexandra Alexandrovna s'était demandé si Nadejda Konstantinovna avait utilisé le temps passé parce que son mari était mort ou bien parce que son mari s'était éloigné d'elle.

Les deux garçons avaient passé le premier jour sans leur père, à punaiser sur les arbres du village, des avis de décès annonçant sa mort.

-0-

SEPTIÈME PARTIE

1

Je me suis assise dans le jardin de derrière car dans la *datcha* il m'est insupportable de voir toutes ces choses : le mobilier, notre vaisselle, nos couverts, le Ventilateur d'Hitler, notre lit.

Kolia arrive. Il s'assied sur la pelouse, au soleil. Tout en grattant le sol entre lui et moi, il m'informe que dans trois jours l'enterrement de Beretzkoï aura lieu au cimetière du village. Il a déjà prévenu mes parents et nos amis. Ils y assisteront tous. Il n'ose pas me regarder en face.

— J'aimerais qu'Elena reste avec moi, dis-je.

— Tes parents seront là avec toi, mais Elena viendra chez moi, dans l'*izba*, me dit-il.

C'est lui qui se charge d'aller chercher mes parents à la gare avec l'attelage. Ils se parlent peu. Lorsqu'ils ouvrent la bouche, c'est pour demander comment je vais. Kolia hausse les épaules. Mes parents n'évoquent pas la mort de Beretzkoï. Ils n'évoquent pas le nom Beretzkoï.

Nos amis arrivent. Elena arrive au village en voiture avec Galina et Micha, tandis que Zinaïda, qui ne cesse d'évoquer le ciel et l'enfer et pour qui la mort est un commencement et non une fin, est venue avec Semion et Malioutka.

Mon père évoque enfin le nom Beretzkoï.

— Tanochka, que vas-tu faire maintenant que Beretzkoï n'est plus là ? me demande-t-il.

— Il est toujours là, lui dis-je.

Pour moi, Beretzkoï est toujours présent : bien sûr, dans mon cœur et dans mon esprit.

— Il faut que tu décides de ce que tu vas faire. Est-ce que nous pouvons en parler ? me demande ma mère avec douceur.

— Il y a aussi une autre petite chose, Tanochka, dit mon père. Est-ce que tu vas assister à … tu sais bien … aux funérailles ?

Je leur réponds que je n'en sais rien.

Ce que est triste, c'est que vraiment je ne sais pas : je ne veux pas penser au moment où on va le mettre en terre.

-0-

2

Mes amis me racontent comment les choses se passent au numéro Quatorze rue Léna.

Les villageois ont commencé à venir rendre hommage à Beretzkoï.

Nadejda Konstantinovna se tient dans le vestibule, embrasse chacun des villageois sur les deux joues et reçoit leurs condoléances avec le sourire. Elle dit qu'elle n'est pas triste : les poètes ne meurent jamais.

Les garçons – Paul Borisovitch, qui a maintenant seize ans et Grigori Borisovitch, quinze ans, se tiennent aux côtés de leur mère et serrent timidement la main de ceux qu'elle vient d'embrasser.

Douchenka Koba, qui organise les funérailles avec Nadejda Konstantinovna, reste auprès d'elle.

C'est lui qui fait monter les villageois à l'étage puis les accompagne jusqu'à à la chambre de Beretzkoï.

— Entrez donc. Je vous suivrai, dit-il.

Mais il reste sur le pas de la porte.

Comme s'il craignait qu'un fantôme l'attende dans la chambre.

-0-

Mes amis me racontent que la chambre de Beretzkoï est petite, impersonnelle. Froide.

— On dirait que personne n'a jamais utilisé cette chambre que pour mourir, dit Malioutka.

La grande glace de l'armoire est dissimulée sous un drap. Sur un côté de l'armoire se trouve une chaise recouverte de tapisserie. Une robe de chambre masculine pend sur le dossier de la chaise. De l'autre côté de l'armoire, il y a une console sur laquelle se trouve l'inévitable panoplie d'une chambre de malade : un pot de baume ; un flacon de pilules à moitié vide ; une carafe d'eau, vide ; un verre, vide mais portant des traces de gouttes d'eau, une brosse à cheveux et un peigne avec quelques cheveux gris imbriqués dans ses dents ; une petite spatule de bois, de celles que les docteurs utilisent pour abaisser la langue d'un malade pour examiner le fond de sa gorge ; un haricot en métal pour vomir ; un élastique épais pour faire un garrot.

Le lit fait face à l'armoire.

C'est un lit à une place - un lit bateau. Le lit d'un homme qui ne dort pas avec sa femme, mais seule.

Entre le lit et le mur, une table de nuit. Deux choses y sont posées : une bougie dans une soucoupe et une édition des poèmes de Beretzkoï reliée en toile, dont les pages se soulèvent sous le courant d'air qui passe par la fenêtre au fond de la pièce. La fenêtre est ouverte.

Douchenka Koba veille à ce que chaque personne ne reste pas plus de cinq minutes dans la chambre, sans quoi il les rappelle à l'ordre en toussant légèrement. Il reste là, jusqu'à ce que tous aient quitté la chambre puis il ferme la porte doucement. Au moment de sortir de la maison, il leur rappelle que le jour des obsèques, la procession qui suivra le cercueil, les prêtres et les proches du défunt, quitteront la *datcha* à midi.

— Nous irons au cimetière à pied, dit-il.

-0-

— Tania, est-ce que tu viendras avec nous ? demande Kolia.
— Je n'en sais rien.
— Est-ce que tu voudrais te rendre rue Léna avant les obsèques pour … tu sais bien … ?
— Je n'en sais rien.
— Il ne te reste plus qu'un jour.
Nous sommes tous deux dans la véranda. Semion nous rejoint.
— Je voulais te demander, dit-il, si tu as décidé ou non d'assister aux obsèques ?
— Nous sommes justement en train d'en parler, lui dit Kolia.
— Alors j'arrive au bon moment.
— Tania n'a pas encore pris sa décision, dit Kolia.
Ils se parlent comme si je n'étais pas là.
— Je lui ai dit que je pourrais m'arranger avec … sa femme, dit Semion.
— Je ne mettrai jamais les pieds dans cette *datcha* ! hurlé-je pour mettre un terme à leur discussion.
Ils font un demi-tour sur eux-mêmes et me dévisagent.
— Tu ne veux pas aller là-bas pour … pour voir … pour voir Beretzkoï une dernière fois, dit Kolia calmement.
— Je n'irai pas … je ne peux pas. Je suis désolée.
Là, sur le champ, j'ai décidé que je n'ai aucune intention de voir Beretzkoï dans son néant : immobile et froid. Je veux me souvenir de lui comme d'un être humain. Je veux me souvenir de lui plein de vie. Je veux me souvenir de lui comme je l'ai vu pour la première fois ce jour-là à la *Pravda*. Je veux me souvenir de lui comme je l'ai vu pour la dernière fois, lorsque je l'ai accompagné pour traverser le terrain vague, qu'il s'est retourné et m'a fait un signe de la main. Je veux me souvenir de lui quand il me faisait l'amour.

Mais je l'accompagner dans son dernier voyage.

-0-

Ma mère et moi serons en noir. Tout ce que je possède en noir, c'est une jupe et un pull, il faudra faire avec. Ma mère avait apporté une robe noire. Mon père met son costume sombre et une *roubachka* grise.

Nous nous rendons rue Léna. Nous traversons le terrain vague, ce terrain vague qu'on m'avait dit hanté, cependant j'attends toujours de voir ses fantômes. À proximité de la rue Léna, nous entendons un faible murmure comme celui de l'eau coulant sur des galets. Mon père dit que ce que nous entendons, ce sont des voix. En effet. On entend beaucoup de voix : une véritable petite foule s'est rassemblée le long de la rue. Nous passons devant ces gens sans lever les yeux pour nous rendre à l'autre bout. Nous dépassons le numéro Quatorze. Il est onze heures et demie. Un timide soleil brille en plein milieu du ciel. C'est le premier jour de septembre. Bientôt, la fontaine de la Place Marx gèlera.

À midi moins dix la porte d'entrée du numéro Quatorze s'ouvre. Douchenka Koba apparaît, vêtu d'un costume noir. Il met ses deux mains en cornet contre sa bouche et annonce que la procession va partir. Il demande aux gens de s'écarter pour permettre au corbillard de passer.

Derrière nous, le corbillard tourne rue Léna. C'est une charrette à plateau tirée par des chevaux. Elle est recouverte d'un tissu noir brillant. On a aussi couvert les dos des quatre juments qui la tractent de toiles noires. Le camarade cocher soulève son haut-de-forme pour me saluer. Il me connaît : je le connais. C'est le camarade de l'attelage qui fait les allers et retours de la gare.

A midi sonnant, le corbillard s'arrête devant la *datcha* Beretzkoï.

La porte d'entrée s'ouvre.

Six hommes vêtus de noir en sortent. Ils portent le cercueil sur leurs épaules. Je n'en connais aucun. Le cercueil est en un bois sombre qui reflète le soleil. Les six hommes serrent les poignées du cercueil avec tant de force qu'ils en ont les poignets blancs. Exsangues. Nadejda Konstantinova respecte la vieille tradition russe : à l'avant, où se trouve la tête, le cercueil est ouvert. De là où mes parents et moi sommes, j'aperçois l'éblouissante doublure de soie blanche qui tapisse le cercueil. Mais je suis trop loin pour apercevoir le visage de Beretzkoï. Soudain, j'ai envie de rire. L'ouverture du couvercle du cercueil me rappelle la *fortochka*. Je me dis que ce qui se joue rue Léna n'est qu'une comédie. Qu'à tout moment Beretzkoï va se lever, sauter par la *fortochka*. Alors il s'inclinera légèrement et nous l'applaudirons.

Une femme suit juste derrière le cercueil.

— Sa femme, me murmure ma mère.

J'aurai vécu six années à Zernoïe Selo et c'est la première fois que je la vois. Je n'arrive pas bien à distinguer son visage, mais je constate qu'elle a des cheveux gris et une silhouette de matrone. Lorsque pour la première fois Beretzkoï était venu à l'appartement de Vassili, il avait parlé d'elle comme d'une femme assez grande, élancée, élégante et c'était l'image que j'en avais gardée. J'aurais pu demander à nos amis, en particulier à Kolia, de me la décrire, mais je ne l'ai pas fait. Je n'ai jamais voulu savoir. Elle est en noir de la tête aux pieds : une robe noire jusqu'aux chevilles, des chaussures plates noires, des gants noirs. Derrière elle, marchent deux jeunes gens. Sans doute les fils qu'elle a eus de Beretzkoï.

Eux non plus ne sont pas tels que je les avais imaginés. J'avais gardé à l'esprit le souvenir de deux petits garçons en culottes courtes et *roubachkas* brodées. L'un tient un grand portrait de Beretzkoï en noir et blanc, le second un sac en feutre vert, probablement la housse d'un instrument de musique.

Nadejda Konstantinovna a un petit bouquet de fleurs blanches dans les mains.

Derrière le second garçon, suivent Douchenka Koba, Alexandra Alexandrovna et leurs sept enfants. Derrière eux, nos amis. Kolia est vêtu de blanc, comme le jour où il était venu se présenter ; Elena est en noir ; Zinaïda et Malioutka aussi. Micha, ainsi que Semion, portent une cravate noire.

On pose le cercueil sur le corbillard. Je connais à l'avance le chemin qu'empruntera la procession. Elle traversera le terrain vague, passera sur Ob, puis traversera le triangle sud-ouest du village, passera devant la Place Marx et la statue de Lénine, puis se rendra dans le triangle nord-est, de l'autre côté de la gare. Le cimetière est situé sur une colline à l'est de la gare, les dernières demeures des villageois sont signalées par des blocs de pierre blanche.

La procession démarre.

Mes parents et moi marchons tout à fait à l'arrière, mes voisins juste devant nous. Nous tournons rue Ob. Je baisse les yeux, compte mes pas pour savoir quand nous aurons dépassé ma *datcha*. Ma mère cherche ma main. Elle me la serre.

Il nous faut au moins une heure de marche avant d'arriver au cimetière.

La tombe de Beretzkoï, m'a-t-on dit, est à mi-chemin sur une petite butte. Mes parents et moi avons décidé de ne pas y monter. Nous resterons donc en bas. Lorsque les six hommes soulèvent le cercueil du corbillard je détourne encore le regard et baisse les yeux.

— Tania, ouvre les yeux, mon enfant, dit mon père. Tu pourrais regretter plus tard de les avoir fermés.

Pas Tanochka, mais Tania mon enfant.

Des pierres peintes en blanc marquent la tombe de Beretzkoï. De là où nous sommes, ces pierres forment un cercle imparfait autour d'un trou, que l'on a creusé presque au point culminant de la butte. Encore ouvert, le cercueil est soutenu par des cordes tressées. Le bouquet de fleurs blanches de Nadejda Konstantinovna est posé sur le cercueil, le portrait en noir et blanc de Beretzkoï est posé contre le pied.

L'un des porteurs se tient à l'écart du cercueil.

Il commence à parler.

— Personne ne doit être indifférent à la mort d'un poète.

Sa voix résonne autour de nous.

— Je sais qu'en ce jour, notre cher camarade Staline est de cœur avec nous. Je sais que notre cher camarade Staline pleure avec cette veuve et ces deux orphelins !

Il sort une feuille de papier de la poche intérieure de sa veste et la montre à la ronde.

— Mon nom est Valentin Sergueïevitch. Je représente ici notre cher camarade Staline. Ce que vous voyez là, cette feuille de papier, est une lettre. Je ne vais pas vous la lire car c'est une lettre personnelle que j'ai été chargé d'apporter à la veuve de Boris Petrovitch Beretzkoï, la mère de Paul Borisovitch et de Grigori Borisovitch, et c'est ce que je fais. Cette lettre est spéciale ; elle émane d'une personne spéciale – notre bien aimé dirigeant Joseph Vasirionovitch Staline – et elle contient un message. Je vais la remettre à Nadejda Konstantinovna.

Prenant un air théâtral, Nadejda Konstantinovna s'empare de la lettre qu'il lui tend. L'assistance endeuillée se met à applaudir.

Douchenka Koba fait un pas en avant.

— Nous pleurons ! hurle-t-il. Nous pleurons avec notre cher camarade Staline !

Nadejda Konstantinovna et les deux garçons s'avancent. Après un bref entretien avec Douchenka Koba, tous trois s'approchent du cercueil. Les garçons se penchent au-dessus, déposent un baiser sur le visage de leur père. Nadejda Konstantinovna caresse le cercueil, d'un doigt.

Les garçons s'essuient les yeux.

Les porteurs et le cocher du corbillard s'avancent vers la tombe. Ils ferment le cercueil. Ils ont du mal à en ajuster le couvercle. Douchenka Koba et Kolia viennent leur donner un coup de main. À force d'être tiré et poussé, le couvercle finit par retrouver sa place. Les porteurs tirent sur la corde, le cercueil commence à glisser au fond du trou. Non pas en douceur, mais pas saccades. Les porteurs doivent le rattraper à plusieurs reprises pour le stabiliser.

Un des fils de Beretzkoï, celui qui portait un sac en feutre vert, et qui le tenait toujours, s'avance. Il sort une flûte du sac, la porte à ses lèvres en aspirant une bouffée d'air simultanément. Il se tient les genoux légèrement pliés. Des notes aigues et basses s'élèvent et passent sur la colline, jusqu'au village.

Je reconnais la mélodie mélancolique.

Le garçon joue *La Danse des Esprits Bienheureux* de l'opéra *Orphée et Eurydice* de Gluck.

-0-

L'assistance commence à descendre de la colline.

Mon père se tourne vers moi.

— Ils vont passer devant nous, mon enfant.

Je sais qu'il parle de Nadejda Konstantinovna et de ses fils.

— Veux-tu qu'on parte, Tania ? demande ma mère précipitamment.

— Nous restons, dis-je.

Encadrée de ses fils, Nadejda Konstantinovna ne me regarde pas. Elle regarde droit devant elle. Les garçons me regardent, eux. L'un arrête un instant son regard sur moi. Il a les yeux d'un bleu glacé comme le ciel de Sibérie par un matin d'hiver. L'autre, le musicien, me fixe un bon moment. Il a lui aussi les yeux bleus, du bleu du ciel au-dessus d'un champ de blé mûr. J'y lis de la compassion ; de l'intérêt. Tous deux sont blonds, ont la peau claire, comme celle de leur mère dans sa jeunesse. Je la regarde. On dirait une femme qui n'a jamais eu un instant de bonheur de sa vie. Ses épaules sont tombantes, elle marche avec difficulté comme un malade, sa bouche esquisse une sorte de renfrognement. Mais étrangement, elle conserve encore quelque attrait. Sa peau à la couleur de l'albâtre, ses cheveux tombent légèrement sur ses épaules. Je découvre pourquoi Beretzkoï avait dû l'aimer tendrement autrefois.

-0-

Mes parents ont l'intention de rester avec moi un jour de plus, et aussitôt revenus rue Ob, nos amis viennent nous faire leurs adieux.
— Ma chère Tania, ça va aller, n'est-ce pas ? demande Zinaïda.
— Absolument.
— Tu peux compter sur moi.
— Je sais.
Elle me dit qu'elle doit se retirer du monde une fois de plus, qu'elle a déjà prévu de retourner au monastère d'Alma Alta, mais reviendra à Moscou au printemps.
— Viens donc à Moscou alors.
— Certainement.
— Pourquoi n'y viendrais-tu pas maintenant ? Demain avec tes parents ? demande Elena.
— Je vais voir. Pour le moment il m'est impossible de penser.
— Tu pourrais venir et rester chez moi, parce que maintenant nous sommes … enfin tu sais …
— En deuil toutes les deux ? dis-je pour compléter sa phrase.
— C'était un brave homme, dit Malioutka très enceinte.
— Pour quand est votre bébé ?
— Dans un mois. Avant peut-être. On ne sait jamais.
— On a l'intention d'en avoir un tous les ans, me dit Semion.
— Les enfants, c'est la vie, dit Zinaïda. Nous continuons de vivre à travers eux.
Ils se précipitent dans les deux voitures garées dehors, mais aujourd'hui, sans qu'on sache pourquoi, personne ne nous dit au revoir de la main.

-0-

Mes parents et moi retournons dans la cuisine. Ils essaient de me persuader de faire ce qu'Elena m'a conseillé : retourner à Moscou avec eux. Je leur réponds que pour le moment je veux rester où je suis.
— Est-ce que tu le pourras seulement ? demande mon père.
— Que veux-tu dire ?

— Maintenant que tu ne travailles plus pour …
— Bereztkoï. Pour Beretzkoï. Tu peux prononcer son nom tu sais ! dis-je sèchement.
— Il est toujours préférable de prendre des décisions, dit ma mère.
— J'attends l'arrivée des *Tchékistes*. Maintenant, que Beretzkoï n'est plus là avec moi, je suis certaine qu'ils vont venir m'arrêter de nouveau, dis-je.
— Et après, Tania, me demande ma mère.
— Qui sait ? Quoi qu'il arrive, ce sont toujours eux, les *Tchékistes*, qui prennent les décisions il me semble.

-0-

Mes parents vont se coucher. Je vais dans la véranda et y reste assise. J'ai la tête qui tourne à cause du vin que j'ai bu au souper. J'en ai trop bu. Beretzkoï avait encore acheté le vin à Maxime. On dirait qu'il y a un siècle de ça.

Maxime ?

Je me demande où il est. Est-ce qu'il a réussi à gagner l'Amérique ? Y est-il heureux là-bas, dans ce pays où il m'assurait que personne n'était malheureux ?

Je me demande si Morne a eu des échos de la mort de Beretzkoï parce que nous n'avons aucune nouvelle de lui depuis qu'il a envoyé des francs à Beretzkoï. Il doit sûrement savoir que Beretzkoï est mort. Les correspondants étrangers présents à l'enterrement ont dû publier des articles sur son décès.

Un fumeur est posé sur le bureau de Beretzkoï. Il projette un faible rayon de lumière qui traverse la véranda ainsi que les portes vitrées. Secret est couché dans le jardin de devant, il dort dans le rayon de lumière. Je me demande s'il sait qu'il ne reverra plus jamais son maître ? Que faire du chat si je retourne à Moscou ? Est-ce qu'il se fera à la ville ?

Est-ce que moi, je me ferai à Moscou ?

-0-

Mes parents doivent partir. Kolia arrive avec l'attelage pour les emmener à la gare.
— Je viendrai t'aider à déménager, me dit ma mère.
Je lui réponds que je n'ai l'intention d'aller nulle part.

-0-

Je suis seule dans la cuisine. Je ne ferme plus le portail à clé, ni la porte d'entrée. J'entends des pas. J'attends. Douchenka Koba entre dans la cuisine.
— Je ne resterai pas longtemps, dit-il froidement.
Il me dévisage de haut en bas.
— J'ai tout mon temps.
— Malheureusement, je ne peux pas en dire autant.

— Qu'est-ce qui vous amène ?

Je l'invite à s'asseoir. Il regarde autour de lui et choisit une chaise.

— Tu as eu de la veine de te retrouver ici, déclare-t-il.

Il est venu me demander de ramasser tout ce qui appartenait à Beretzkoï dans la *datcha*.

— Sa femme et ses fils veulent qu'on leur retourne tout ce qu'il avait. Je te donne une journée pour ce faire. Je viendrai avec ma voiture pour tout emporter. Si tu as besoin de boîtes de carton, tu n'as qu'à le dire, et je t'en apporterai un peu plus tard, aujourd'hui même.

— Je n'ai besoin d'aucun carton.

— Si tu changes d'avis, dis-le moi.

Je sais que les cartons sont introuvables dans notre pays.

— Je ne savais pas que vous faisiez du marché noir, dis-je sarcastique.

— C'est plutôt toi, dit-il sèchement.

— Je n'ai besoin d'aucun carton parce que je n'ai pas l'intention de me séparer de quoi que ce soit. Tout ce qui est dans la *datcha* m'appartient, lui dis-je.

— Je savais que tu dirais ça, tout en espérant – naïvement, je dois dire – que tu te montrerais raisonnable et éviterais de causer des difficultés à la veuve de Beretzkoï et à leurs fils, dit-il.

Il me lance un regard d'acier.

— Il n'y a qu'une seule chose ici qui ne m'appartienne pas. C'est la *datcha* elle-même, lui dis-je.

— Ce n'est pas mon département, mais je ne doute pas qu'avant longtemps quelqu'un occupera la *datcha*. Mais je suis là pour te dire que tu n'as aucun droit de conserver les papiers de Beretzkoï. Je parle de ses écrits.

— Il emportait toujours tout rue Léna.

— Il travaillait à une pièce de théâtre.

Je n'ai jamais entendu parler d'une pièce.

— C'est ce qu'il m'avait dit.

— Pas à moi. Cherche-la. Elle doit bien être quelque part. Je reviendrai.

Il ne me dit pas quand.

Je ne l'accompagne pas au portail.

-O-

Des étrangers – venus de l'étranger – viennent à la *datcha*, sortent des enveloppes cachetées de leurs poches. Ils me disent qu'ils m'en remettront le contenu si je consens à leur parler de Beretzkoï.

— Avez-vous entendu parler du Prix Nobel ? me demande l'un d'eux.

Son accent chantant me fait deviner qu'il est anglais.

Je lui confirme, aussi incroyable que cela paraisse, que j'en ai entendu parler.

— Il pourrait lui être attribué, dit l'homme. C'est un grand poète et contrairement à l'Union soviétique, en Angleterre nous aimons la grande poésie.

— Nous aussi, enfin certains.

Quelqu'un d'autre se présente à la *datcha*. Un jeune homme : un Russe. Il reste planté dans le l'entrée du couloir et se dandine nerveusement d'un pied sur l'autre.

— Je viens de la part de *Profpro*, me dit-il.

Je le prie d'entrer : il pleut, ses vêtements lui collent à la peau.

— Vous être venu me ficher à la porte ?

— Pour évaluer le bien.

Ses chaussures sont pleines de boue. Il les enlève et les laisse près de la porte.

— Évaluer le bien ou me mettre à la porte, c'est pareil, dis-je

Secret saute du canapé où il était couché, traverse la pièce en courant et sort dans le jardin de devant.

Le jeune homme s'assied.

— Je ne suis pas venu pour vous mettre à la porte. Je suis ici pour évaluer le bien simplement. Nous voulons savoir quelle pourrait être la taille de la famille susceptible d'y emménager.

— J'habite ici. Je suis membre de *Profpro*. J'ai donc le droit d'être logée par le syndicat, lui dis-je.

— Ce n'est pas mon département. Je suis seulement chargé de l'évaluation.

Un éclair suivi d'un énorme coup de tonnerre, précipite Secret dans le séjour. Il est trempé.

— Par où commençons-nous ? demandé-je au jeune homme.

Nous passons d'une pièce à l'autre, lui prend des notes. Devant la porte d'entrée, il remet ses chaussures.

— Je vous prie de m'excuser pour le dérangement. Je suis désolé, mais je dois exécuter ce que l'on me demande.

— N'est-ce pas notre lot à tous ?

— J'aimais les poèmes du camarade Beretzkoï, dit-il.

— Moi aussi, dis-je. Je les aime toujours.

Il rit.

— Bien sûr, dit-il, les poètes ne meurent jamais.

Les éclairs et le tonnerre ont chassé la pluie, alors j'accompagne le jeune homme jusqu'au portail.

— Avez-vous lu son roman, celui dont tout le monde parle ? demande-t-il.

— Pas qu'une seule fois, dis-je. Plusieurs fois. C'est moi qui l'ai tapé. De nombreuses fois.

— Je croyais que c'était juste un alibi.

— Non, dis-je, ce n'était pas un alibi, j'étais réellement son assistante.

— J'aimerais bien lire le roman.

— Il ne faut pas. Le lire, je veux dire. C'est illégal.

— Je fais parfois ce que je ne devrais pas.

Je vais chercher une copie du manuscrit.

— Maintenant, c'est moi qui fais ce que je ne devrais pas, dis-je.

Il prend le manuscrit et le fourre dans son cartable.

— Vous être sympa. Je suis désolé d'avoir dû arpenter votre maison.

— La maison de *Profpro*.
— Si je peux je vais repousser le jour de votre expulsion.
Je le remercie.
— En principe, le syndicat est conciliant, dit-il.
Je me force à rire.
— Je travaillais pour la *Pravda* et lorsque l'on m'a renvoyé, ils me disaient aussi qu'ils se montreraient conciliants, lui dis-je.
Il rit lui aussi.
— Et c'était vrai ?
— À leur manière, oui. De toute façon, cela m'était égal puisque j'avais Beretzkoï.
Il me dit qu'il comprend ce que je veux dire, que je ne craigne rien, je retrouverai ma route. Il fera en sorte que ce manuscrit ne tombe pas entre de mauvaises mains.

-0-

Je reçois une lettre d'expulsion. J'ai deux semaines pour quitter les lieux.

-0-

De la poste, je téléphone à mes parents, ils me disent que je peux revenir chez eux, bien sûr.
— Je m'habituerai à ton chat, dit ma mère.
— Nous nous adapterons, dit mon père.
— Oui, nous nous habituerons à avoir un chat à la maison, ajoute ma mère.
Le chat semble les préoccuper, plus que moi.

-0-

3

En larmes, je tourne en rond dans la *datcha* en essayant de décider ce qu'il faut que j'emporte. Je ne peux pas emporter le mobilier. Je vais appeler Kolia pour lui dire de prendre tout ce qui l'intéresse et de donner ou vendre le reste. Je veux emporter tous les cadeaux que j'ai reçus ces années passées à Zernoïe Selo : la coupe en albâtre, le tapis afghan qui un jour avait recouvert le parquet du bureau de Staline au Kremlin ; la table italienne qui appartenait à la mère de Beretzkoï, l'icône du Christ triste aux cheveux blonds. Les livres me suivront à Moscou. Le ventilateur d'Hitler restera ici. Kolia le veut, il le décrochera lorsque je serai partie. J'emporte aussi les affaires de cuisine et le linge ; ma mère s'en servira.

Je ne sais pas quoi faire de l'argent que Morne a envoyé à Beretzkoï. Je n'en veux pas.

Mes voisins et Kolia m'apportent des cartons, de vieux sacs et des valises. Je m'empresse de les remplir. Maintenant que j'ai accepté de partir, je tiens à en finir.

-0-

C'est ma dernière nuit rue Ob. On frappe à la porte.
— Tania !
Je reconnais la voix.
Je suis assise dans la véranda, derrière le bureau de Beretzkoï : pas le moindre crayon dessus. Je ne me lève pas.
— Tania !
Morne apparaît sur le seuil.
— Il est mort, dis-je.
— Je sais, Tania, je sais. Il fallait que je vienne.
— On vient de l'enterrer dis-je.
Prononcer ces mots me coûte.
— L'Ambassade Soviétique à Paris a refusé de me délivrer un visa. Un ministre du gouvernement français a menacé le Kremlin d'annuler un contrat s'ils ne m'en délivraient pas. Ça a pris du temps, mais voilà, je suis là.
Il s'approche du bureau, se penche vers moi et m'embrasse sur le front.
— Je m'en vais, Morne.
— C'est ce que je vois, dit-il. Vous faites vos bagages.
Des boîtes, des cartons et des valises sont empilés dans le séjour.
— Je pars demain.
— J'aurais voulu être là pour ... eh bien, depuis que j'ai appris que Beretzkoï était tombé malade, j'ai voulu venir.

— Tu es là à présent, lui dis-je.

— J'aurais tant aimé le revoir.

Morne a vieilli. Ses cheveux sont devenus gris, des rides profondes cernent ses yeux, ses lèvres.

Je suppose que moi non plus je ne suis plus la jeune fille que j'étais lorsqu'il m'a vue pour la première fois. Je ne suis plus que l'ombre de cette jeune fille.

Morne me dit que des milliers d'exemplaires de *Docteur Rudi Zinn* ont été vendus en France, que bientôt le roman sera publié à Berlin, Rome, Londres et New York. Le volume de poésies se vend bien aussi.

— Il faut que je vous parle de quelque chose, lui dis-je.

Je me lève et tourne autour du bureau.

— Viens.

J'emmène Morne dans la cuisine. Je le vois balayer la pièce du regard, je sais que la cuisine est devenue anonyme maintenant que toutes les affaires de ménage ont été enlevées.

— Il me reste ça, dis-je.

Je m'approche du buffet qui cache le trou du mur. Je le déplace, sors le paquet du trou, toujours enveloppé de la *Pravda,* et le pose sur la table.

— L'argent ? demande-t-il.

— Je n'ai pas eu le temps de le donner à Beretzkoï. Même pas le temps de lui en parler.

— Il est à vous maintenant.

— Je n'en veux pas. Je ne sais même pas combien ça fait.

— C'est à vous, répète-t-il.

— Ça ne m'appartient pas, Morne !

Il me dit d'attendre un moment. Il sort de la cuisine. Il revient en tenant un autre paquet enveloppé dans une *Pravda*.

— Il faut y ajouter cela.

Il ouvre le paquet. Celui-ci contient encore plus de billets de banque. Peut-être des centaines.

— Je ne veux vraiment pas de cet argent ! lui crié-je.

— Il se met à protester, mais je refuse d'écouter ce qu'il dit.

— Si tu ne les emportes pas, je les brûlerai ! lui dis-je.

— Pour l'amour de Dieu, Tania, c'est de l'argent, beaucoup d'argent ! Beretzkoï et vous n'avez jamais discuté de l'aspect financier d'une publication à l'Ouest ? Vous n'avez besoin de rien, ici en Union Soviétique ? N'a-t-il pas laissé un testament où il aurait nommé ses héritiers ?

— Nous ne faisons rien de tout ça en Union soviétique.

Il veut savoir si je suis absolument sûre que Beretzkoï ne m'a pas laissé un testament.

— Non. Non. Mais, moi je sais ce que tu peux faire avec cet argent. Le lui apporter. L'apporter à sa femme. Il se peut qu'elle en ait besoin. En tout cas, les garçons eux, en auront besoin, lui dis-je.

Il secoue la tête.

— Il est à vous, Tania.
— Non, c'est leur argent. Ce n'est pas le mien.
À contre cœur, Morne s'en va au Quatorze rue Léna.
C'est un des garçons qui lui ouvre la porte.
— Ma mère se repose. Mon père n'est pas là. Mon père est décédé, dit le garçon.
Morne lui dit qu'il voudrait parler à sa mère, que c'est très important. Le garçon part réveiller Nadejda Konstantinovna, puis revient avec elle dans le séjour. Elle est en robe de chambre, ses cheveux aplatis d'un côté par l'oreiller.
Morne se présente.
— Je n'ai jamais entendu parler de vous, réplique froidement Nadejda Konstantinovna.
Sans attendre, Morne lui apprend que Beretzkoï a acquis des droits d'auteur sur la publication à Paris de son roman et du volume de poésie.
— Je ne sais rien de ce dernier et ne veux rien savoir du premier, répond-elle.
Il sort de son cartable les deux paquets enveloppés dans les *Pravda* et les dépose par terre aux pieds de la veuve de Beretzkoï.
— Et voilà, je vous apporte les droits d'auteur.
Elle prend un des paquets, l'ouvre, et découvrant l'argent, le respire profondément, sans proférer une parole.
Le fils de Beretzkoï s'avance pour voir ce qui a réduit sa mère au silence. Il voit l'argent. Lui aussi le respire profondément, sans dire un mot lui non plus.
— Personne ne doit savoir à propos de cet argent, dit Morne en rompant le silence.
— Y a-t-il un document à signer ? demande Nadejda Konstantinovna.
— Rien à signer.
— Mes fils veulent étudier la médecine. Ils auront besoin d'argent plus tard.
— Vous devez en être fière.
— Je le suis, leur père l'était aussi. Il les aimait plus que tout au monde.
Morne dit à Nadejda Konstantinovna qu'il sait que Beretzkoï aimait ses fils. Il lui dit aussi qu'il y aura encore de l'argent plus tard : il le lui fera parvenir discrètement d'une manière ou d'une autre.
— Merci. Je le consacrerai à l'éducation de nos fils, dit-elle.
Je ne dis rien à Morne du testament que Beretzkoï m'a laissé. Pas plus que je ne lui donne la lettre que Beretzkoï lui a écrite.

-0-

Mes voisins viennent me dire au revoir. Ils me disent que j'étais une bonne voisine, qu'ils espèrent que le prochain locataire sera aussi calme que je l'ai été. Alisa craint que le prochain locataire ne supporte pas les aboiements d'Enilats. Igor et Anna Gromiko craignent que le prochain locataire ne supporte pas leur gramophone. La veuve Alexandra craint que le prochain locataire se suicide comme le poète du numéro Quatre ; ça avait fait une telle histoire. Les *Tchékistes* les avaient tous interrogés comme si c'était eux qui l'avaient tué. La veuve Natalia craint que le prochain locataire soit un *Tchékiste*.

Quant à moi, je n'existe plus.

-0-

Morne va passer la nuit à la *datcha* d'Alisa. Il me dit comprendre que je veuille rester seule pour cette dernière nuit rue Ob.

Ce n'est pas vrai, je ne souhaite pas être seule ce soir.

Je veux être avec Beretzkoï.

Ici chez nous, rue Ob.

-0-

4

Un camion vient me chercher pour me conduire à Moscou. Je m'efforce de ne pas pleurer. Je reste derrière le camarade chauffeur et son collègue, qui font des allers et retours de la *datcha* au camion, emportant mes affaires, achevant de détruire la vie que j'ai partagée ici avec Beretzkoï.

Kolia et Morne discutent à côté du camion. J'ai l'impression qu'ils n'osent ni me regarder ni regarder l'intérieur de la *datcha* si rapidement vidée. Je leur suis tout de même reconnaissante d'être présents.

Morne viendra à Moscou avec moi. Nous devrons nous asseoir à l'arrière du camion. Secret sera aussi à l'arrière avec nous.

C'est le moment de partir.

— Alors on y va ? demande le collègue du chauffeur, un costaud au visage rubicond.

— Encore un moment, je vous prie.

Le chauffeur, un homme fort et respirant péniblement, est déjà assis à son volant.

J'entre une dernière fois dans la *datcha*.

Mes pas résonnent comme ceux des danseurs de claquettes sur un parquet nu. J'apprécie qu'ils rompent le silence. Je n'entre pas dans la véranda, je reste juste sur le pas de la porte. Le bureau, dépourvu de tous les crayons, livres, dictionnaires et feuilles de papier couvertes de la petite écriture régulière de Beretzkoï, paraît immense et inadapté : la véranda est redevenue une véranda.

Je m'assieds au bord du lit branlant. La gorge nouée, j'ai du mal à respirer, je me relève et sors de la chambre sans me retourner.

Je m'arrête sur le pas de la porte de la cuisine. J'avais déjà poussé le placard devant le trou du mur. Je me demande ce que le nouvel occupant pourra bien y cacher.

Dans le séjour, j'allume le ventilateur d'Hitler et reste un moment dessous. Il me semble que le bruit de ses pales est plus fort qu'il n'était.

Je ferme les paupières sous le souffle de l'air.

J'entends la musique d'un gramophone : c'est un boogie-woogie.

Je pars sans fermer la porte de la *datcha* à clé.

Kolia m'embrasse sur le front. Il tient Secret entre ses bras et me le donne.

— Moscou n'est pas vraiment un endroit pour un chat, dit-il.

—Secret n'a pas vraiment le choix.

— Tania, c'était merveilleux de t'avoir ici. Comment vais-je maintenant supporter le village sans toi ?

— Kolia, c'était merveilleux de vivre ici, et … tu t'y feras.

Il a des larmes plein les yeux. Je me dépêche de rejoindre le camion. Le moteur démarre en crachotant.

Morne dit au revoir à Kolia.

— Il est probable que nous ne nous reverrons jamais, alors je veux que vous sachiez que ce fut un honneur pour moi de vous connaître, dit Morne.

— Bah ! Nous nous reverrons.

La voix de Kolia trahit son désarroi ; des larmes coulent sur son visage.

— Kolia ! crié-je, tentant de couvrir le bruit du moteur. Il faut que tu viennes à Moscou. Chez Elena.

Il fait oui de la tête.

— Donne-moi souvent de tes nouvelles, Tania.

— Bien sûr, Kolia, bien sûr.

Le collègue du chauffeur vient fermer la porte arrière du camion.

Morne, Secret et moi sommes maintenant enfermés comme dans un *corbeau noir*.

— C'est ça, me dis-je intérieurement, partons.

-0-

Les strapontins que Morne et moi occupons sont dans le sens contraire au sens de la marche. À l'arrière du camion, la seule lumière que nous ayons nous vient d'une petite ouverture près du toit. Secret se tortille, Morne le tient bien serré. La fenêtre est trop haute pour que nous puissions voir quoi que ce soit, alors je me représente notre progression à travers le village en comptant les tournants que le camion prend, comme le jour où les *Tchékistes* m'ont emmenée.

Lorsque le camion ne tourne plus à droite ni à gauche, je sais alors que nous sommes sur la route.

— Je croyais rester ici pour toujours, dis-je à Morne.

Il me prend la main et la serre.

— Je sais.

— J'aurais bien aimé rester au village.

— Je sais.

— J'ai vraiment cru, non, nous avons vraiment cru – Beretzkoï et moi – que nous y resterions pour toujours.

— Je sais.

Je raconte à Morne la visite du jeune homme de *Profpro*, dépêché pour évaluer la *datcha*. Je lui raconte aussi comment Douchenka Koba était venu récupérer les papiers de Beretzkoï.

Ma gorge se serre. Alors que je tente de reprendre le dessus, je ne peux retenir mes larmes.

— Tania, votre chagrin s'atténuera avec le temps, dit Morne.

Il me regarde sans me toucher.

— Non, dis-je, rien n'atténuera mon chagrin. J'aurais toujours du chagrin. Il sera mon éternel compagnon. Tolstoï a écrit, dis-je, que croire qu'il est possible de changer sa vie en agissant sur les circonstances extérieures, reviendrait à croire qu'il suffirait de s'asseoir sur un bâton et d'en tenir les deux bouts, pour réussir à se soulever.

— Ne dites pas cela, Tania. Vous commencez une nouvelle phase de votre vie. Une autre vie.

Je sais ce qui va changer, ce sont les conditions de ma vie, mais l'essence même de ma vie ne pourra jamais changer.

Je serai toujours la jeune fille Tania follement amoureuse d'un poète.

Fin

NOTES

1. Maison
2. Ferme Collective
3. Chef. Dans ce cas Staline
4. GPU. Police d'État de L'Union soviétique constituée en 1922 en remplacement de la Tchéka
5. Le Journal official du Partie Communiste
6. Membre de la Tchéka, Service de Sécurité Soviétique créé par Lénine en 1917
7. Politique de Staline ayant pour objective de consolider la structure agraire dans les fermes collectives
8. Un paysan propriétaire de sa terre
9. Le Parti Communiste, unique parti politique autorisé en Union soviétique
10. Les combattants pro tsaristes de la guerre civile qui fit suite à la révolution bolchevique de 1917
11. Expression signifiant que la police secrète s'intéresse à quelqu'un
12. Ou Troisième Internationale, l'association internationale de travailleurs et/ou partis politiques fondée par Lénine en 1915
13. Enfants sans foyer ni abri
14. Nadejda Konstantinovna Kroupskaïa
15. Le nom Staline vient de « stal » qui veut dire acier en russe
16. Bureau où l'on doit enregistrer les naissances, les décès, les mariages et les divorces
17. Établissement scolaire autrefois réservé aux jeunes filles de l'aristocratie russe, transformé par Lénine en quartier général des Bolcheviks pendant la révolution de 1917
18. Camarade
19. Traduction en français du mot russe *pravda*
20. Les cigarettes soviétiques
21. Au revoir
22. Chapeau
23. Les hors d'œuvres
24. Non
25. Des femmes, souvent de vieilles femmes, qui balayent les trottoirs de Moscou et les débarrassent de la neige
26. Le journal officiel du gouvernement soviétique
27. Fourgons de police
28. Le bâtiment avait autrefois abrité le siège de la compagnie d'assurance « Rossia »
29. Organisation des Jeunes Pionniers de l'Union Soviétique fondée par Lénine en 1918 pour les enfants âgés de 10 à 15 ans. Copiée sur les Scouts anglais

30. Organisation des Jeunesses Communistes fondée par Lénine en 1918 pour les jeunes Communistes âgés de 15 à 28 ans
31. Ceux qui sont opposés au stalinisme aussi appelés les saboteurs ou les terroristes
32. D'accord
33. Une grand-mère ou une vieille femme
34. Au marché noir
35. Jeune fille
36. Certains dirent que Staline n'était pas Géorgien, mais qu'il était d'Ossétie. Ce qui n'était pas flatteur
37. L'éditorial
38. Merde
39. Chemise passant au-dessus du pantalon, comme les portent les paysans
40. Poupée
41. En Union soviétique, la terre appartient collectivement au prolétariat, en d'autres termes, au peuple, et posséder une *datcha* n'inclut pas la possession du terrain sur lequel elle est construite
42. Miagki – Classe Moelleuse ; Zhestki – Classe Dure. L'équivalent des première et deuxième classes des trains d'autrefois
43. Gâteau russe au fromage
44. Porridge
45. Patients seulement
46. Cher Ivan, à bientôt
47. Brûleur au kérosène qu'on utilise en cas de panne d'électricité
48. La faim et le froid
49. Koba est un surnom que Staline s'était lui-même choisi dans sa jeunesse - c'est le nom du héros géorgien du roman 'Le Patricide' datant de 1883, d'Alexandre Kazbegi (1848-1893). 'Douchenka' était le titre d'un conte populaire russe en forme de long poème épique, écrit par Hippolyte Fiodorovitch Bogdanovitch (1743-1803). Staline clamait que 'Le Patricide' et 'Douchenka' étaient ses deux œuvres littéraires préférées
50. Le Commissariat du peuple aux Affaires intérieures : *Narodnii komissariat vnoutrennikh diel*, en russe
51. Bottes en feutre ou laine
52. Monsieur
53. Liqueur à base de vodka, de cerises et de sucre
54. Par la suite, Trotski se réfugiera en Norvège puis au Mexique
55. Krasnaïa Gazeta de Léningrad
56. Yakov Sverdlov était Président du Comité Exécutif Central (Chef de l'Etat)
57. Cette information se révélera inexacte, les cinq enfants du Tsar étant bien morts en même temps que lui et son épouse la Tsarine Alexandra

58. Guerikh Grigoriëvitch Iagoda – Petite Baie (Iagoda signifie baie en russe)- en raison de sa très petite taille, était alors à la tête du département toxicologique du Kremlin. Par la suite, Staline le nomma Responsable-Adjoint de la *Guépéou* en charge des *Goulags*, puis Chef du NKVD, après la démission de Viacheslav Roudolfovitch Menjinski
59. C'est en 1933 qu'Adolf Hitler avait été élu Chancelier du Troisième Reich
60. Le Lac des Grenouilles
61. La grotte aux petits ossements
62. Alexandre Koltchak était le chef de l'Armée Blanche anti Bolchevik lors de la Guerre Civile de Russie
63. Mon Dieu
64. Sergueï Mironovitch Kirov (1886-1934) était le Général Gouverneur de Léningrad
65. Nettoiement, en russe
66. Un saint homme (pas nécessairement un prêtre) qui marche à travers la Russie, en prêchant et vivant d'aumône
67. Un shtetl est un hameau du Centre de l'Europe Centrale, uniquement habité par des Juifs
68. Zone de la Russie Impériale (Sainte Russie) créée en 1791 par Catherine La Grande où les Juifs étaient tenus de vivre, de par la loi
69. Maxime Gorki (dont le vrai nom était Alexeï Maximovitch Pechkov) était un écrivain soviétique et un activiste politique
70. Ville et station balnéaire au bord de la mer Noire
71. Crème épaisse
72. Maxime Gorki
73. Les camps de travail forcé. (L'acronyme formé après le russe pour Administration Principale des Camps)
74. Les détenus du *Goulag*
75. Une carriole tractée par un cheval ou une mule avec possibilité d'être transformée en traîneau
76. Soupe froide de légumes et poisson
77. Boisson fabriquée à partir de la fermentation de pain fait avec du blé, du seigle ou de l'orge
78. Boulette de viande
79. Gâteau au fromage traditionnel pour Pâques en Russie
80. Le mot russe pour le mot 'bien'
81. L'équivalent russe du lycée français
82. Grappiller les forêts' est une expression de Trotski qui avait réalisé qu'on pouvait tirer une véritable fortune de l'exploitation des forêts russes pour en faire du bois pour l'exportation
83. Veste ouatinée
84. Protège bottes
85. Diminutif de 'mere'

86. Membre de l'administration soviétique
87. Violente attaque contre les Juifs, parfois par la foule, le plus souvent par des groupes tsaristes
88. Danse folklorique très rapide, d'origine polonaise
89. 'Vallée' en russe
90. Nom populaire donné à la vodka, dérivé nommé de celui d'Alexeï Ivanovitch Rykov, président du Conseil des Commissaires du Peuple, qui avait aboli la prohibition des boissons alcoolisées instaurée après la révolution
91. Rivière en russe
92. Jardin potager
93. Petite ouverture pratiquée dans une porte pour aérer la pièce et aussi volet aménagé dans le bas d'une porte pour permettre au chat d'entrer et de sortir : une chatière
94. Terme dérivé de Nikolaï Ivanovitch Iejov, chef du NKVD
95. Espace vital, un concept géopolitique crée par les impérialistes allemands, popularisé par les nazis
96. Bonne Année
97. Le Mot
98. Région au Nord-est de la Russie, où Staline a établi le *Goulag*
99. Un vin blanc pétillant russe comme les vins de Champagne
100. Rue de Moscou où ont résidé bon nombre d'apparatchiks
101. L'Homme de Plomb

À PROPOS DE L'AUTEUR :

Marilyn Z. Tomlins est une romancière et chroniqueuse anglaise, experte du Gotha et journaliste spécialisée dans les grandes enquêtes criminelles. Grande admiratrice de la culture française, elle vit à Paris.

À PROPOS DE LA POÉSIE ET LES VERS :

Je rends ici hommage à James Adam Whiston, poète et journaliste, qui nous a malheureusement quittés le 6 juin 2012 et le remercie de m'avoir autorisée à utiliser son poème "Nocturne" dans ce roman. (Première partie - Chapitre 3.)

Bien que l'on prétende que la poésie et les vers soient difficilement traduisibles, j'ai fait le choix d'en donner la traduction. Il me semble que le lecteur français serait plus à même de saisir l'état d'esprit des personnages et les circonstances au cours desquelles ces poèmes ont été écrits.

Première Partie, Chapitre 3 – traduction Hélène Crozier
En Anglais par James Adam Whiston:

Broken stems, falling rain, vapour clouds;
Shining stars, veiled night, blackly still;
Pattering noise, falling rain, silver streams;
Splashing drops, shimmering pools, rippling mere;
Glistening reeds, falling rain, trickling down;
Moisture flows and water runs, and deepening
Shadows smudged in blue dark hold the murky lights;
A deep unknown in a tiny world,
A little sphere of watered runs and moonlit swirls
'Neath the leaning, swaying stalks wet bent ...

Troisième Partie, Chapitre 11 – traduction William R. Kachai
En Anglais par Marilyn Z. Tomlins :

Defiant ...
Defier ...
Defiance ...
Never Defile the Defeated ...

Partie Aout 2005 : Moscou – traduction William R. Kachai
En Anglais par Marilyn Z. Tomlins :

As breath makes the man
A name breaks the soul
As moon makes the night
Metelovsk breaks the might

Sixième Partie, Chapitre 9 – traduction William R. Kachai
En Anglais par Marilyn Z. Tomlins :

Laugh, laugh, laugh my dear friend because we shant,
I don't even have to tell you why
Each morning in the first light,
We think that we still might.
But each night we know that we can't,
I don't even have to tell you why.

Sixième Partie, Chapitre 16 – traduction William. R Kachai
En Anglais par Marilyn Z. Tomlins :

Easier said than done, boy
Said the mother to her son
When Nicholas came for your father, your Pa
Said I will be back soon,
When Lenin came for your brother he said, Ma
I will be back before noon,
I said I know the tune,
When the bell tolled for your Pa
The priest said, Dear Russian Mother
Our land still needs your son's brother,
I said one son is enough
But the priest said one is none,
I said easier said than done
And in the end son,
Stalin would not let you run.

Sixième Partie, Chapitre 31 (poème 1) – traduction William R. Kachai
En Anglais par Marilyn Z. Tomlins

The trees are whispering
of old men whimpering.
They no longer see in the night,
love's light glistening.
On the ground was snow: blisteringly white.
At the window your face, like the moon in shadow.
But as all old men come to die
so will I,
and then those trees will begin to cry
as our last breath, at last released,
in blissful solitude, I bid you goodbye.

Sixième Partie, Chapitre 31 (poème 2) – traduction William R. Kachai
En Anglais par Marilyn Z. Tomlins

Dark is the night, yet we see geese in flight.
Where do they go?
Why can they fly?
Worse, is man's plight
we have no such right.
In the blackness of night
that blinds the eye, the day will come,
when we cower and die.

PAR LE MÊME AUTEUR :

Bella ... A French Life
Bella ... A French Life – The Cookbook
Die in Paris

Bella
....A FRENCH LIFE

MARILYN Z. TOMLINS
Photograph by Paula Rae Gibson

BELLA ... A FRENCH LIFE

"AN EVOCATIVE FRENCH LOVE STORY"

Men leave, says Bella.

There is Jean-Louis – French, a successful Paris lawyer and wealthy, elegant and a good-looker, but arrogant, selfish and scornful of 'losers'.

And he is married and the father of two daughters.

Colin – English, a writer, cultured, kind and protective – steps into Bella's life, but in his own words, "I always run. I always have to be elsewhere, in some other place."

Will Jean-Louis leave his wife? Will Colin stop running? Bella, alone this winter at her guest house on the beautiful Normandy coast of France, recalls words once said – pray that your loneliness will spur you into finding something to live for, something great enough to die for – and she hopes that this 'something' will be either Jean-Louis or Colin.

Romantic, intelligent and truly evocative of the sights, sounds and tastes of rural Normandy; Bella ... A French Life will stay with you long after you have finished reading it.

Bella

...A FRENCH LIFE

THE COOKBOOK

MARILYN Z. TOMLINS

Photograph by Paula Rae Gibson

BELLA ... A FRENCH LIFE – THE COOKBOOK

"YOU ASKED FOR IT ... SO HERE IT IS"

Since the launch of Bella ... A French Life in 2013, reviewers have loved the novel for the way it immerses the reader into rural France; helped in no small way by the descriptions of French cooking that Bella creates for the men in her life or enjoy while dining in restaurants.

The cooking is seamlessly woven into the text such that while evoking the sights, smells and tastes of Normandy, it isn't easy for the reader to replicate these themselves.

So by popular demand, here is *Bella ... A French Life – The Cookbook*.

It details the recipes from the novel with complete ingredients lists, methods, how to serve and what wine to drink with. All this set against a narrative of events in the novel that inspired them.

The author hopes that you enjoy creating these as much as you enjoyed the novel. Bring the smells and tastes of rural France into your kitchen.

Die in Paris

The True Story of France's Most Notorious Serial Killer

Marilyn Z. Tomlins

DIE IN PARIS

A spring night in Paris. The most beautiful city in the world is dark and silent. Uncertainty devils the air. As does normality: war time normality.

The Nazis' Swastika flutters from the Eiffel Tower. The Parisians are huddled indoors.

Suddenly the night's stillness is shattered by sirens and excited voices.

For days foul smoke has been pouring from the chimney of an uninhabited house close to the Avenue des Champs-Élysées. Police and fire-fighters are racing to the house to break down the bolted door. They make a spine-chilling discovery. The remains of countless human beings are being incinerated in a furnace in the basement. In a pit in an outhouse quicklime consumes still more bodies.

Neighbours say they hear banging, pleading, sobbing and cries for help come from the inside of the house deep at night. They say a shabbily-dressed man on a green bicycle pulling a cart behind comes to the house, always at dawn, or dusk.

The house belongs to Dr Marcel Petiot – a good-looking, charming, caring, family physician who lives elsewhere in the city with his wife and teenage son.

Is he the shabbily-dressed man on the green bicycle?

If so, what has he to say about the bodies?

Marilyn Z. Tomlins has crafted an enthralling and suspenseful page-turner about one of history's most fascinating and notorious serial killers. This grisly World War Two era thriller will have you teetering on a slippery edge from beginning to end.

Don Fulsom, veteran UPI and VOA White House correspondent, Washington D.C. reporter, author of the bestselling *Nixon's Darkest Secrets: The Inside Story of America's Most Troubled President*, and a professor of government at American University in Washington.

With style, Marilyn Z. Tomlins' Die in Paris, tells the incredible story of France's most prolific murderer. Readers discover a truly psychotic serial killer.

J.Patrick O'Connor, author of the *bestsellers The Framing of Mumia Abu-Jamal* and *Scapegoat: The Chino Hills Murder and the Framing of Kevin Cooper,* and the creator and editor of the site **crimemagazine.com**

"Die in Paris" will give you new insights into the horrors of Occupied France.

CONTACT :

Le site web de Marilyn Z.Tomlins :
www.marilynztomlins.com

Suivez Marilyn sur Twitter :
www.twitter.com/MarilynZTomlins

Rejoinez Marilyn sur Facebook :
www.facebook.com/marilyn.tomlins

Éditeur :
Raven Crest Books **www.ravencrestbooks.com**

Suivez nous sur Twitter:
www.twitter.com/lyons_dave

Rejoinez nous sur Facebook:
www.facebook.com/RavenCrestBooksClub

www.ingramcontent.com/pod-product-compliance
Lightning Source LLC
Chambersburg PA
CBHW071258110426
42743CB00042B/1096